평화인물전

## 평화인물전

우리는 이미 평화의 길 위에 서 있다

펴 낸 날/ 초판1쇄 2020년 12월 25일
　　　　재판1쇄 2022년 6월 6일

지 은 이/ 김재신
일러스트/ 이우현

펴 낸 곳/ 도서출판 기역
펴 낸 이/ 이대건
편　　집/ 책마을해리

출판등록/ 2010년 8월 2일(제313-2010-236)
주　　소/ 전북 고창군 해리면 월봉성산길 88 책마을해리
　　　　경기도 파주시 회동길 363-8 407호
문　　의/ (대표전화)070-4175-0914, (전송)070-4209-1709

ⓒ 김재신, 도서출판 기역, 2020

ISBN 979-11-91199-01-7 03100

이 도서의 국립중앙도서관 출판예정도서목록(CIP)은 서지정보유통지원시스템 홈페이지(http://seoji.nl.go.kr)와
국가자료종합목록 구축시스템(http://kolis-net.nl.go.kr)에서 이용하실 수 있습니다. (CIP제어번호 : CIP2020044661)

이 저서는 2016년 정부(교육부)의 재원으로 한국연구재단의 지원을 받아 수행된 연구임(NRF-2016S1A6A4A01018973)

# 평화인물전

우리는 이미 평화의 길 위에 서 있다

김재신

ㄱ

# 우리는 이미
# 평화의 길 위에 서 있다

역사상 최초로 인류의 육체적 생존이 인간 마음의 근본적인 변화에 의존하게 되었다. 그러나 인간 마음의 변화는 오로지 급격한 경제적, 사회적 변혁이 일어남으로써 인간 마음에 변화를 위한 기회와 그것을 성취할 용기와 비전을 줄 때만 가능한 것이다.

- 에리히 프롬Erich Fromm의 『소유냐 삶이냐』 중에서

폭력의 세기인 20세기가 지나고 21세기에는 평화의 시대가 펼쳐지리라는 기대는 여지없이 무너졌다. 오히려 깨닫게 된 것은 폭력의 원인이 우리의 내면세계에 깊이 뿌리내리고 있다는 사실이다. 외면세계는 내면세계의 반영이다. 우리 내면의 온갖 억압되고 왜곡된 욕구들은 편견과 고정관념으로 굳어져 우리를 외부세계의 잔인함과 비참함에 무감각해지게 만들었다. 이제 폭력의 뿌리를 제거하는 일은 우리 존재 전체를 송두리째 흔들어 변화시키는 일이 되어버렸다. 그렇다면 폭력을 완전히 종식시키는 일은 불가능한 일일

까? 진정한 평화는 이룰 수 없는 꿈에 불과한 것일까?

이 책이 한 번 읽어볼 만한 것인지, 자신에게 필요없는 책을 읽으며 소중한 시간과 노력을 낭비하게 되는 것은 아닌지 고민하는 이들에게 저자의 생각과 의도를 앞서 밝히는 것이 선택에 도움이 될지 모르겠다.

나는 진정한 평화가 가능하다고 생각한다. 이 말은 진정한 평화에 이르는 쉽고 빠른 길이 있다는 뜻은 아니지만, 그렇다고 그것이 평범한 우리가 할 수 있는 범위를 넘어서는 일이라는 의미도 아니다. 또한 나는 진정한 평화에 이르기 위해 우리가 자신 아닌 다른 누군가가 되어야 한다고도 생각하지 않으며, 그렇다고 우리가 지금 이대로의 모습으로 외부의 세계만을 개혁하여 그것을 이룰 수 있다고도 믿지 않는다.

내가 믿는 것은 누구나 마음 가장 깊은 곳으로부터 자신의 행복과 평화를 바란다는 것이다. 그런 의미에서 나는 우리 모두가 이미 평화의 길 위에서 있다고 생각한다. 그 길의 끝에서 우리 자신은 예수님과 부처님, 간디와 테레사 수녀 같은 성인聖人의 모습으로 변해있을지 모르나, 오히려 그 길 도중에서 불완전한 우리가 겪게 되는 삶의 고통스러운 사건들과 그것으로부터 벗어나려는 처절한 몸부림이야말로 진정한 인간의 모습인 동시에 살아있는 평화의 모습이 아닐까. 그렇다면 고통이 곧 평화란 말인가? 평화를 얻기 위해 고통은 불가피하단 말인가?

고통의 체험은 분명하고 강렬하며 그 중심에 내가 있다. 고통의 중심에 내가 있다는 말은 무슨 뜻일까? 고통이란 내 관점과 인식의 틀이 현실과 부딪치는 것이다. 좀 더 정확하게 말하면, 현실이 나에게 부딪치는 게 아니라, 내가 현실에 부딪치는 것이다. 내 생각의 그릇이 삶의 무게를 감당하지 못해 깨질 때, 고통을 겪게 되는 것이다. 즉 고통은 내가 삶을 받아들이기를 거부할 때 일어난다.

"당신이 삶을 회피한다면 평화는 오지 않는다."

버지니아 울프의 말처럼 평화는 삶을 직면할 때 그 진실한 모습을 드러낸다. 삶을 직면한다는 것은 무슨 뜻일까? 그것은 삶을 이끄는 것이 내가 아니라 삶 자체임을 깨닫는 것으로 시작된다. 그것은 내 관점에서가 아니라 삶 전체를 있는 그대로 온전하게 조망하는 것을 의미한다. 고통은 불가피한 것이 아니라 불필요한 것이다. 그것은 나라는 제한된 관점과 불가분의 것이다. 내가 내 속에 삶을 집어넣기를 멈추고 삶 속으로 빨려 들어가는 나를 보는 순간, 내 인식의 틀은 확장되고 고통은 그 실체를 드러낸다. 변해야 할 것은 외부 사건이 아니라 그 사건을 바라보는 우리 내면의 눈이다. 내면세계가 변하면서 우리는 마침내 외부 사건과 그 사건을 만들어낸 세계를 근본적으로 변화시킬 힘을 갖게 된다.

이 책에는 간디, 마틴 루터 킹, 테레사 수녀, 달라이 라마와 같이 사랑과 자비, 비폭력을 실천한 인물들도 있지만, 이토 히로부미에게 총을 쏜 안중근, 폭력저항운동을 용인했던 말콤 엑스와 같은 인물들도 있다. 평화를 위해 폭력을 사용하거나 용인한 이들도 과연 '평화인물'이라고 부를 수 있을까?

나는 모든 사람의 내면에 평화의 씨앗이 존재한다고 믿으며, 그 씨앗을 꽃피우기 위해 진실되게 노력한 사람은 누구나 '평화인물'이라고 생각한다. 그러한 노력이 간디와 마틴 루터 킹에게서 활짝 꽃피웠다고 한다면, 안중근이나 말콤 엑스에게서는 어쩌면 덜 무르익은 형태로, 혹은 활짝 피었으나 시대적 상황이나 개인적 특성에 따라 다른 형태로 표현되었다고 생각한다. 더 나아가, 나는 전쟁과 학살을 일으킨 인물들에게도 평화의 씨앗이 존재한다고 생각한다. 하지만 이들에게서 씨앗은 제대로 자라지 못했고 어쩌면 싹도 틔우지 못했다. 이들의 마음은 혼란스러웠고, 혼란스러운 마음은 자신과 타인을 파괴하는 잘못된 선택과 행동으로 이끌었다. 사람들은 이들이 인류에 끼친 엄청난 해악을 기억하지만, 누구도 이들 마음속에 존재하는 평화의 씨앗이 잘 자라서 꽃피웠다면 어떠했을지, 그 아름다움을 상상하지는 않는다.

이 책에는 장애인, 과학자, 교육자 등 언뜻 평화와 상관없어 보이는 사람들의 이야기도 포함되어 있다. 폭력은 눈에 보이는 것도 있지만 보이지 않는 것도 있다. 사회적 편견과 무지는 전쟁과 학살과 같은 물리적 폭력은 아니지만 어떤 면에서 그보다 훨씬 뿌리가 깊고 단단한 폭력이다. 장애인이 인간다운 삶을 누리기까지 얼마나 오랜 시간이 걸렸으며, 또 걸릴 것인가? 사람들의 잘못된 상식과 무지를 깨뜨리기 위해 과학자와 교육자 등 깨어있는 지식인들이 얼마나 오랫동안 연구와 실천을 거듭하고 있는가?

오늘날 점점 더 복잡해지고 교묘해지는 방식의 폭력 속에 '평화인물'은 바로 사회 각 분야에서의 편견과 무지에 맞서 싸우는 이들이다. 이들이 온갖 장애물을 뚫고 자신들의 잠재력을 실현하고 진실을 외치는 모습은 개인적 차원의 승리인 동시에 사회적 차원의 승리다. 그것은 우리 사회 안에 수많은 평화의 씨앗들이 건강하게 자라나 꽃피울 수 있도록 모두를 위한 조건을 변화시키는 일이다.

우리는 각자 특별한 성격과 능력을 갖고 태어나 특정한 상황과 조건에 처해있다. 우리에게 필요한 것은 각자가 처한 현실 속에서 자신이 가진 모든 것을 이용해 자기만의 진실, 삶의 본질을 체험하는 것이다. 그것이 곧 평화이며, 나와 우리 사회에 진정한 평화를 길러내는 방법이다. 나는 지금 우리가 우리 안의 평화의 씨앗을 발견하고 키우는 법을 배우지 않는다면, 앞으로 그럴 수 있는 기회는 다시 오지 않을지 모른다고 생각한다. 우리가 자신도 모르는 사이에 우리 자신의 미래를 파괴하는 일에 동참하고 있기 때문이다.

그렇다면 우리에게 필요한 것은 무엇인가? 우리가 지금 무엇을 하고 있는지, 자신의 본질이 무엇인지 일깨워주는 일이 필요하다. 자기 삶을 직면할 수 있도록, 자기 안에 자신의 행복과 평화를 반드시 이룰 수 있는 엄청난 잠재력이 있음을 자각할 수 있도록 일깨워주는 영감inspiration이 필요하다.

이 책은 그러한 영감을 주기 위해 쓰였다. 이 책은 엄밀히 얘기하면 '인물'들에 대한 책이 아니다. 그들의 업적이 무엇인지, 그들에게 숨겨진 약점은 없는지를 살펴보려는 것이 이 책을 쓴 목적은 아니다. 이 책은 그들로 하여금 자기 삶을 송두리째 바치게 만들었던 가슴 속 진실에 대한 이야기다. 그것을 추구하는 과정에서 겪은 고통과 좌절, 의심과 논란, 그리고 그 속에서 떠오르는 지혜와 통찰, 의식의 성장과 진화에 대한 이야기다. 그들은 삶의 본질을 회피하지 않았고, 나는 우리가 그들의 경험으로부터 영감을 얻기를 바란다.

"진정한 배움은 폭풍우와도 같이 우리를 있는 그대로의 모습으로 되돌린다"

는 엘리자베스 퀴블러 로스의 말처럼 나는 이 책의 이야기들이 우리 삶의 본질, 우리 안의 평화의 씨앗을 발견하고 키워나가는 데 도움이 되기를 바란다.

이 책에서 종교적 분위기가 느껴진다면 그 이유에 대해서도 언급해두는 것이 좋을지 모르겠다. 나는 우리가 현실에서 당면한 문제들을 해결하기 위해 종교적 사고방식이 반드시 필요하다고 생각한다. 내가 말하는 종교적 사고방식은 특정 종교의 것을 말하는 것이 아니며 비현실적, 비과학적 사고방식을 의미하는 것도 아니다. 나는 진정한 종교는 현실을 포함하되 그 현실을 넘어서고, 과학을 포함하되 과학적 한계를 넘어서는 차원에서 존재한다고 생각한다. 한마디로 종교적 사고방식은 완전하고 전체적인 시각을 추구하는 것이며, 이것은 평범한 인간으로서 도달하기 어려운 목표이기 때문에 우리가 항상 겸허한 자세를 유지하게 만든다. 예수님, 부처님, 많은 선각자들과 현자들의 말씀은 여전히 우리에게 영감과 깨달음을 주며, 그 말씀의 참된 의미는 우리를 결코 구속하지 않으며, 반대로 우리 스스로 올바른 판단을 할 수 있는 차원으로 우리를 끌어올린다. 오늘날 우리에게 요구되는 변화와 혁명은 바로 이러한 우리 내면의 변화, 보다 높은 차원으로 향해 나아가는 깨달음과 의식의 혁명이다. 나는 그것이 우리 자신의 행복과 모두의 평화를 이루는 길이라고 믿는다.

2020년 가을
김재신

비폭력이란 무엇인가

# 비폭력으로 어떻게 싸우는가

## 마틴 루터 킹 vs. 말콤 엑스

**마틴 루터 킹**Martin Luther King Jr.(1929년 1월 15일-1968년 4월 4일)
미국의 기독교 목사, 흑인민권운동가다. 비폭력저항 운동가로서 흑인인권 신장을 위해 몽고메리 버스 보이콧 운동, 워싱턴 대행진, 셀마 행진을 이끌었으며, 베트남전쟁 반대운동도 벌였다. 1964년 노벨평화상을 받았으며, 1968년 흑인 청소노동자들의 시위에 참여하는 중에 암살당해 사망했다.

**말콤 엑스**Malcolm X(1925년 5월 19일-1965년 2월 21일)
미국의 이슬람교 목사이며 흑인민권운동가다. 마틴 루터 킹이 인종화합을 주장한 반면 말콤 엑스는 흑인 민족주의, 흑인 분리주의를 지지했으며, 흑인의 자기방어권, 폭력에 맞선 폭력 사용의 정당성을 주장했다. 1965년 교파 간 갈등 중 암살자의 총에 맞아 사망했다. 그는 다음과 같이 말했다. "나의 운동과 킹 목사의 비폭력 운동은 접근방식은 다르지만 목표는 항상 같다. 그 목표는 백인이 무방비 상태의 흑인에게 저지르는 만행과 죄악을 낱낱이 드러내는 것이다. 이 나라의 이런 풍토에서 흑인 문제에 대한 '두 극단적 접근방식' 가운데 어느 것이 옳은지 - 즉, '비폭력'의 킹 목사인지, 이른바 '폭력적'이라는 나인지는 - 아무도 장담할 수 없다."

**저는 자기방어에 사용하는 폭력을 폭력이라 부르지 않습니다. 지성이라고 부릅니다.**

— 말콤 엑스, 미국 이슬람교 목사, 흑인민권운동가

**폭력은 살인자를 죽일 수는 있습니다. 하지만 살인 자체를 죽여 없앨 수는 없습니다.**

— 마틴 루터 킹, 미국 기독교 목사, 흑인민권운동가

 

1965년 8월 11일, 미국 로스앤젤레스의 와츠 지역에서 폭동¹이 일어났다. 이 지역은 가난한 흑인들이 주로 사는 곳이었다. 이곳에서 음주운전을 한 것으로 보이는 흑인청년 한 명을 백인경찰이 체포하는 과정에서 몸싸움이 일어났고, 이를 지켜보던 주변 사람들이 몰려들면서 순식간에 사태는 걷잡을 수 없이 커졌다. 이 사건으로 인해 그동안 이 지역에 사는 흑인들의 억눌린 감정이 폭발했다. 폭동은 6일 밤낮으로 지속되었으며, 34명이 사망하고 1000여 명이 부상을 입었으며 4000여 명이 체포되고 지역은 폐허가 되었다.

마틴 루터 킹이 서둘러 현장을 방문했을 때였다. 한 흑인 젊은이가 그를 보고 말했다.

"우리가 이겼어요."

그러자 마틴 루터 킹이 물었다.

"우리가 이겼다니, 무슨 뜻으로 하는 말인가? 서른 명이 넘는 사람들이 죽었다. 그중에서 두 명을 제외하면 모두 흑인이다. 우리는 우리의 형제를 죽인 것이다. 그런데 우리가 이겼다니, 그게 도대체 무슨 말인가?"

젊은이가 대답했다.

---

1) 와츠폭동(Watts riots)은 1965년 8월 11일부터 16일까지 미국 로스앤젤레스의 와츠 지역에서 일어난 폭동을 일컫는다. 이 사건은 1965년 8월 6일 흑인 투표권이 통과된 지 불과 5일만에 발생하여 백인과 흑인 사회 모두를 놀라게 했다. 당시 미국의 인종차별이 정치적뿐만 아니라 사회구조적으로 얼마나 깊게 뿌리내리고 있었음을 보여준 사건이다.

"사람들의 관심을 끄는 데 성공했다는 말이에요."

그의 말은 마틴 루터 킹으로 하여금 인종문제를 다시 생각하게 만들었다.

방화와 약탈 등 폭동에 가담한 와츠 사람들은 죄책감이나 부끄러움보다 어떤 종류의 만족감이나 성취감을 느끼고 있었다. 그것은 설사 범죄행동이지만 오랫동안 소외된 사람들이 자신들의 억눌린 감정을 분출해서 느끼는 통쾌함이었고, 설사 폭도라고 부르더라도 아무도 관심조차 두지 않던 자신들에게 누군가 관심을 갖게 되어 느끼는 뿌듯함이었다.

또 다른 와츠 주민은 말했다.

"우리가 이곳에서 오랫동안 고통을 겪어왔다는 사실에 관심이 있는 사람은 아무도 없었어요. 이제 사람들은 우리가 이곳에 존재한다는 사실을 깨닫게 된 거죠. 폭동은 올바른 방법이 아니었지만, 아무튼 방법 중 하나이긴 했어요."

"킹이나 그가 말하는 비폭력이나 죄다 의미가 없어요. 와츠 사람들도 킹을 존경하긴 하지만 비폭력 얘기가 나오면 그저 웃음만 나올 뿐이죠. 와츠는 인종차별이나 시민권 문제로 고통받은 게 아니에요. 식수대가 단 한 개라는 것, 그게 뭔지 당신은 모를 겁니다. …… 존슨 대통령이 1964년 민권법[2]에 서명했을 때 와츠 사람들은 아무도 신경쓰지 않았습니다. 우리하고는 아무 상관이 없었으니까요."

마틴 루터 킹과 흑인민권운동가들은 흑인의 자유와 권리를 위해 힘겹게 싸웠다. 그 결과 1964년 공공시설에서 인종차별을 금지하는 민권법이 통과되었고, 이러한 공로로 마틴 루터 킹은 노벨평화상까지 수상했다. 하지만 미

---

2) 1964년 민권법(The Civil Rights Act of 1964)은 미국 내 학교, 직장, 식당 등 공공시설에서 인종, 민족, 출신국가, 소수종교, 여성을 차별하는 것을 금지한 법이다. 1964년 7월 2일 제정되었으며, 이 법을 강제하는 공권력은 처음에는 미약했지만 점차 보강되었다.

국 사회에서 인종차별의 뿌리는 더 깊었고 흑인들의 실상은 훨씬 비참했다. 많은 흑인이 지독하게 가난했다. 그들은 백인과 동등하게 식당에 앉아 햄버거를 먹을 권리를 쟁취했지만, 정작 그들 중 많은 이들에게는 햄버거를 사먹을 돈이 없었다.

흑인민권운동가이자 이슬람교 목사인 말콤 엑스는 누구보다도 흑인의 비참한 현실을 잘 알고 있었다. 그는 마틴 루터 킹과 달리 폭력을 사용하는 것에 반대하지 않았고, 그래서 많은 사람들이 그를 비판했다.

그는 자신을 극단주의자라고 비난하는 사람에게 이렇게 말했다.

"그렇습니다. 나는 극단주의자입니다. 북부 미국의 흑인 종족은 극단적으로 열악한 환경에 던져져 있습니다. 극단주의자가 아닌 흑인이 있다면 내게 데려오십시오. 그렇다면 정말 신경정신과 치료를 받아야 할 사람이 누구인지 보여주겠습니다."

또한 자신을 선동가라고 비난하는 사람에게 이렇게 말했다.

"어떤 사람이 나무에 매달려서 소리를 지른다면 감정을 담지 말고 소리를 질러야 합니까? 뜨거운 난로 위에 앉아서 어떤 기분인지 말한다면 감정없이 말할 수 있겠습니까? 이것이 바로 고통받는 것이 부당하다고 이 나라 흑인이 소리를 지르기 시작할 때 당신들이 그들에게 하는 말입니다. 다시 말해, 앞으로 (변화하는 데) 또다시 백 년이 걸릴 것이라 생각하는 상황이 부당하다고 이 나라 흑인이 부르짖는 것을, '감정적'이라 해서는 안 됩니다. 뜨거운 난로 위에 있는 사람은 아마도 이렇게 말할 것입니다. '나는 화가 나고 있다. 분노하기 시작한다. 폭력이든 비폭력이든 생각할 겨를도 없다. 나는 화가 나고 있다.' 무슨 소린지 아시겠습니까?"

말콤 엑스는 미국에서 노예제가 이미 백 년 전에 폐지되었으나 현실은 별로 바뀌지 않았다고 보았다. 분명 흑인은 더 이상 노예 신분은 아니었지만 그렇다고 백인과 똑같은 인간으로 대우받지도 못했다. 비록 마틴 루터 킹으로 대표되는 비폭력저항운동에 의해 흑인의 지위와 권리가 과거보다 향상되었지만, 말콤 엑스는 그것을 대단한 일이라고 보지 않았다.

방송토론에서 어떤 이가 그에게 물었다.

"흑인들이 상당히 발전하였고 또한 보다 더 큰 존엄을 받게 되었다는 걸 당신은 인정합니까?"

그는 대답했다.

"지금 미국에는 인간으로서 어떤 인정을 원하는 2천만의 흑인이 있고 다른 한편으로 백인은 우리가 발전하고 향상하고 있다고 생각합니다. (그러나) 백인은 그들이 처음에 우리를 노예로 만들었다는 사실을 정당화할 수 없습니다. 그건 인간의 법에, 신의 법에 배치될 뿐만 아니라 자연법에 배치되는 일입니다. 우리가 원래 노예가 되기 전에 지녔던 모든 것을 갖게 될 때까지는 그걸 발전이라고 부르지는 않습니다."

"식당에 앉아서 크래커 과자를 곁들여 커피를 좀 마실 기회가 있다고 해서 그것이 성공입니까? 우리 동포 젊은이들이 수천 명이나 감옥에 들어가 아직도 못 나오고 있는 상황에서 커피를 마시고 하는 따위의 기회가 무슨 성공이 될 수 있겠습니까?"

말콤 엑스의 논점은 분명했다. 미국의 흑인은 백인에 의해 강제로 끌려와 노예로 착취당했으며, 노예제가 폐지되고도 아무런 보상이나 사죄도 받지 못하고 아직까지 차별받으며 살고 있다. 상황이 이러한데 누가 누구에게 부탁해야 하는가? 피해자인 흑인이 가해자인 백인에게 부탁해야 하는가? 아니면 백인이 지금이라도 흑인에게 과거의 잘못을 사죄하고 정당하게 보상하고 인간으로서의 당연한 권리, 백인과 평등한 권리를 보장하는 것이 옳은가?

마틴 루터 킹과 말콤 엑스는 동시대를 살았으나 실제로 만난 적은 단 한 번이었다. 1964년 3월 상원의회에서 열린 민권법안에 관한 토론회에 참석하던 차였다. 두 사람이 짧은 인사를 나누는 장면이 카메라에 잡혔다. 그것이 처음이자 마지막 만남이었다. 그로부터 1년이 못 되어 1965년 2월 말콤 엑스가 암살당해 죽었고, 그 후 3년이 조금 더 지난 1968년 4월, 마틴 루터 킹 역시 총에 맞아 죽었다. 두 사람 모두 흑인의 자유와 권리를 위해 헌신했으나 서로의 생각은 매우 달랐다. 말콤 엑스는 마틴 루터 킹을 비판하며 말했다.

"공격하는 사람을 향해 다른 쪽 뺨을 내밀라고 검둥이를 가르치는 검둥이는 신이 주신 권리, 도덕적인 권리, 타고난 권리, 즉 자기 자신을 방어할 수 있는 지적인 권리를 그들에게서 빼앗는 것입니다."

그는 또 말했다.

"그건 짐승처럼 당하고 있는 사람한테 어떻게든 스스로 자신을 지키라고 하기는커녕 그저 짐승 취급을 고스란히 받고 있으라는 말에 불과합니다. 그런 말을 하는 것은 범죄행위라고 생각합니다. 혹시 비폭력을 신봉한다는 그 흑인들을 보게 되는 바람에 우리도 그런 부류겠거니 자칫 착각할지 모르겠습니다. 행여 우리가 왼쪽 뺨도 내밀겠거니 생각하고 우리 오른쪽 뺨을 한번 때려보십시오. 우리는 그냥 똑같이 당신 뺨따귀를 죽어라 하고 후려갈길 테니까."

말콤 엑스의 주장은 사실 특별한 것이 아니었다. 자신의 생명과 재산을 보호하기 위해 필요한 경우 폭력을 사용하는 것은 모든 인간이 가진 보편적인 권리이다. 과거에 미국의 백인 역시 총, 칼로 무장하고 독립전쟁을 일으켜 영국의 지배로부터 벗어나 자신들의 정당한 권리를 쟁취했다. 하지만 미국 사회에서 흑인은 과연 폭력을 통해 자신의 정당한 권리를 얻을 수 있을까?

말콤 엑스가 '눈에는 눈, 이에는 이'로 표현되는 정당한 응보의 원칙을 주장한 반면, 마틴 루터 킹은 '네 원수를 사랑하라'는 사랑의 원칙을 주장했다. 그렇다면 우리는 왜 원수를 사랑해야 하는가? 그의 대답은 단순하고 명료했다.

"만약에 증오를 증오로 갚으면 이 세상에는 증오와 악만 늘어날 게 뻔하기 때문입니다."

마틴 루터 킹은 자서전에서 말콤 엑스에 대해 이렇게 말했다.

"말콤 엑스는 논리정연한 사람이었다. 하지만 나는 그가 지닌 정치적, 철학적 견해의 상당 부분에 동의할 수 없었다. …… 폭력적 행동을 취한다면 우리는 절대적인 열세에 처하게 될 것이다. 또한 폭력적 행동이 끝나도 흑인들은 변함없이 가난하고 굴욕적인 삶을 살아야 할 것이다. 흑인들이 느끼는 증오와 원한은 더욱 심해질 것이며 현실로 돌아오면 더 심한 비참함을 느끼게 될 것이다. 따라서 도덕적인 면에서도 실제적인 면에서도 미국 흑인들이 의지할 수 있는 합리적인 방법은 비폭력밖에 없다."

미국 사회에서 흑인들은 소수이며 힘도 약했다. 그들이 폭력을 사용해 권력을 잡는 것은 거의 불가능했다. 하지만 만약 가능하다면, 그것이 정말 그들이 원하는 것일까?

1965년 와츠폭동 이후 여러 도시에서 비슷한 폭동들이 일어났다. 흑인민권운동가 중에는 폭동을 긍정적으로 평가하는 이들이 있었다. 이들은 폭동이 흑인의식이 성장해서 나타난 성과라고 말했다. 와츠폭동이 있은 지 1년 뒤, 마틴 루터 킹은 다음과 같이 말했다.

"와츠폭동이 얻은 것은 34명의 흑인 사망자와 1000여 명의 부상자 외에 무엇이 있습니까? 직장이 필요한 흑인이 상점과 공장을 불태우고 나서 얻은 이익이 무엇입니까? 폭동의 길은 진보의 길이 아니며 폭동을 일으킨 자 스스로를 더 큰 파멸로 이끄는 죽음과 파괴로 가는 막다른 길입니다."

그는 또 말했다.

"인종적 정의를 이루기 위한 방법으로 폭력은 효과적이지도 도덕적이지도 않습니다. 폭력이 효과적이지 않은 이유는 결국 모두를 파괴하고야 끝나는 악순환이기 때문입니다. '눈에는 눈'이라는 오래된 법은 모든 이를 장님으로 만들 뿐입니다. 또한 폭력이 도덕적이지 않은 이유는 그것이 상대방의 이해를 얻기보다 상대방을 굴복시키고자 하기 때문입니다. 상대방을 변화시키기보다 말살시키고자 하기 때문입니다. 폭력은 비도덕적입니다. 왜냐하면 그것은 사랑보다 미움을 키우기 때문입니다. 그것은 공동체를 파괴하고 형제애를 불가능한 것으로 만듭니다. 그것은 사회에 대화가 아니라 독백만을 남깁니다. 폭력은 스스로를 파괴해야 끝이 납니다. 그것은 생존자에게는 괴로움을 가해자에게는 잔인함을 줄 뿐입니다."

폭력은 상대방을 굴복시킬 수는 있으나 그것으로 상대방의 이해를 얻을 수는 없다. 상대방을 파괴할 수는 있으나 변화시킬 수는 없다. 미국 사회 흑인들이 진정 원하는 것이 백인 대신 권력을 잡고 그들을 지배하는 것일까? 백인들이 만든 것과 똑같이 억압적이고 비도덕적인 사회를 만드는 것이 흑인들이 진정 원하는 것일까?

마틴 루터 킹이 원한 것은 약자가 강자의 자리를 차지하는 것이 아니었다. 그가 바란 사회는 여전히 누군가가 억압하고 누군가는 억압당하는 사회가 아니라 억압 자체가 사라진 사회였다. 그것은 누군가를 위한 사회가 아니라 모두를 위한 사회였고, 그는 그런 사회가 가능하다고 믿었다.

"우리는 백인들을 이기고 그들을 모욕하는 것을 목적으로 삼아서는 안 됩니다. 우리는 백인들의 우정과 이해를 얻는 것을 목적으로 삼아야 합니다.

우리가 추구하는 목적은 평화로운 사회, 양심이 살아있는 사회를 건설하는 것임을 깨달아야 합니다. 그것은 백인의 승리도 아니고 흑인의 승리도 아닌 인간의 승리가 될 것입니다."

그는 또한 문제의 핵심을 꿰뚫어 보았다. 이것은 흑인과 백인 간의 싸움이 아니었다. 이것은 정의와 불의 간의 싸움이었다. 즉 적은 백인이 아니라 불의 이며, 따라서 문제의 본질은 물리적 차원이 아니라 정신적, 심리적 차원에 있었다.

"폭력은 살인자를 죽일 수는 있습니다. 하지만 살인 자체를 죽여 없앨 수는 없습니다. 폭력은 거짓말하는 사람을 죽일 수는 있습니다. 하지만 거짓말 자체를 없애지는 않으며 진실을 밝히지도 못합니다. 폭력은 증오의 대상을 죽일 수는 있지만, 증오 자체를 없앨 수는 없습니다. 아니 증오를 더욱 부채질할 수도 있습니다. 끝 간 데 없는 악순환을 초래할 뿐입니다. 이것이 바로 폭력의 궁극적 취약성입니다. 우주의 악과 폭력을 배가하는 것, 그것은 어떤 문제의 해결책도 되지 못합니다."

그렇다면 정신적 차원의 싸움은 어떻게 하는가? 살인자를 죽이지 않고 살인을 없애는 방법은 무엇인가? 억압하는 자를 없애지 않고 억압 자체를 없애는 방법은 무엇인가? 비폭력으로 싸우는 법은 도대체 무엇인가?

* * *

**너희 원수를 사랑하라. 너희를 박해하는 자를 위해 기도하라.**

— 마태복음 6장 44절

**나는 평화가 아니라 칼을 주러 왔다.**

— 마태복음 10장 34절


말콤 엑스는 폭력을 공격이 아닌 정당한 자기방어 수단으로 인정했다. 그런 점에서 그의 주장은 충분히 이성적이고 합리적이었다. 그렇다면 그가 사람들에게 폭력을 부추긴다고 여겨지는 까닭은 무엇일까? 그는 다음과 같이 말했다.

"제가 생각하기에 미국에는 좋은 사람들이 많이 있습니다. 그러나 나쁜 사람들 또한 많이 있고 그들이 모든 권력을 쥐고 당신과 내가 필요한 것들을 가로막는 자리에 있는 것 같습니다. 그러기에 이 상황을 끝내려면 당신과 나는 필요한 일을 할 권리를 지켜야 합니다. 이는 제가 폭력을 옹호한다는 뜻은 아니지만, 동시에 자기방어에 폭력을 사용하는 것을 반대하는 것도 아닙니다. 저는 자기방어에 사용하는 폭력을 폭력이라 부르지 않습니다. 지성이라고 부릅니다."

"코란에는 고통을 평온히 받아들이라고 가르치는 내용이 없습니다. 우리 종교는 총명해지라고 가르칩니다. 평온해라. 공손해라. 법을 지켜라. 모든 사람을 존중해라. 그러나 누가 너에게 손을 대거든 그를 무덤으로 보내버려라. 어떻게? 수단과 방법을 가리지 말고!"

그의 주장이 세력을 얻고 폭력을 부추긴다고 여겨지는 까닭은 어쩌면 그 내용보다 그 주장이 건드리는 감정의 크기 때문일지 모른다. 그것은 수면 아래 감춰진 거대한 빙산처럼 수백 년 동안 흑인들이 속으로 억누를 수밖에 없었던 절망과 분노를 그대로 드러냈다.

그는 한 방송에서 다음과 같은 비유를 들어 말했다.

"4백 년 동안 백인은 흑인의 등에 30센티미터의 칼을 꽂아 놓았습니다. 이제 그것을 공갈 협박하면서 뽑아내기 시작하고 있는데, 15센티미터 정도는 나왔군요. 그것으로 흑인이 고마워할 것이라고 생각합니까? 천만에요. 만일 백인이 그 칼을 완전히 뽑아 주었다고 해도 등에 상처가 계속 남아 있지 않겠습니까?"

그는 마틴 루터 킹이 주장하는 비폭력과 사랑을 이해할 수도, 받아들일 수도 없었다. 어떻게 수백 년 동안 흑인을 노예로 착취하고 어머니와 누이를 강간해온 백인이 또다시 흑인에게 폭력을 행사하는 것을 참고 견디라고 할 수 있단 말인가? 자신의 정당한 권리를 주장하는 흑인에게 폭력을 행사하는 백인 경찰, 인종차별주의자에게 비폭력으로 대응할 수 있단 말인가? 미워하고 증오해야 마땅할 백인을 어찌 사랑할 수 있단 말인가?

말콤 엑스의 주장은 뒤에 '블랙파워'[3]라고 알려진 흑인민족주의운동으로 이어졌다. 블랙파워는 흑인들이 스스로 힘을 길러 직접적인 변화를 일으키자는 운동이다. 많은 흑인들이 더 이상 견디기 힘든 비참한 처지에 놓여 있었고, 이들에게 마틴 루터 킹과 비폭력운동가들이 이루어낸 변화는 너무 느렸고 만족할 수 없는 것이었다.

한 번은 대규모 집회를 앞두고 청년 지도자, 스토클리 카마이클[4]과 마틴

---

3) 블랙파워(Black Power)는 1960년대 말 미국 흑인들이 자신들의 힘으로 실질적인 사회변화를 일으키려 했던 운동이다. 여기서 힘은 물리적 힘이 아니라 정치적, 경제적 힘이었지만 현실에서 이들 사이의 경계는 모호했다. 처음에 대중 집회에서 사람들이 슬로건으로 외치다가 차츰 흑인 민족주의에 관한 다양한 사상들을 포괄하는 운동으로 발전했다.

4) 스토클리 카마이클(Stokely Carmichael, 1941년 6월 29일-1998년 11월 15일)은 학생비폭력조정위원회SNCC를 이끌며 흑인 유권자 수를 늘리는 흑인유권자권리운동을 성공적으로 이끌었다. 그는 마틴 루터 킹으로 대표되는 비폭력저항에 회의를 품고

루터 킹 간에 의견 차이가 있었다. 스토클리 카마이클은 집회에서 블랙파워라는 슬로건을 사용하기를 주장했으나, 마틴 루터 킹은 그것이 사람들을 과격하고 폭력적인 방향으로 이끌 수 있다며 반대했다. 카마이클은 다음과 같이 주장했다.

"이 세상의 유일한 평가기준은 바로 힘입니다. 그러므로 우리는 어떤 희생을 치르더라도 힘을 축적해야 합니다. 마틴, 미국의 모든 인종별 그룹들이 이런 태도를 취해왔다는 것은 당신도 잘 아는 사실 아닙니까? 유대인들도 아일랜드인들도 이탈리아인들도 그렇게 하는데 우리는 왜 그래서는 안 된다는 겁니까?"

그러자 마틴 루터 킹이 대답했다.

"바로 그것이 문제입니다. 유대인의 힘을 기르자는 슬로건을 공개적으로 내건 유대인을 본 적 있습니까? 그런 슬로건을 내걸지 않아도 그들에게는 힘이 있습니다. 이들은 단합과 결단, 그리고 독창적인 노력을 통해 힘을 모으고 있습니다. 아일랜드인이나 이탈리아인들도 마찬가지입니다. …… 우리도 그렇게 해야 합니다. 우리는 건설적인 수단을 총동원해서 경제적, 정치적 힘을 모아야 합니다. 우리에게 필요한 것은 정당한 힘입니다. 우리는 인종적 자부심을 기르고 흑인들이 사악하고 위험한 존재라는 인식을 깨뜨려야 합니다. 하지만 슬로건이 아니라 프로그램을 통해서 힘을 결집해야 합니다."

결국 그 집회에서 블랙파워라는 슬로건은 사용하지 않기로 했지만 이에 관한 논란은 계속되었다.

흑인들 스스로 힘을 기르자는 외침이 무엇이 잘못일까? 문제는 그 외침이

---

흑인들의 독자적 힘을 강조하는 블랙파워운동을 주장했다. 그는 <뉴욕 서평>에 실린 글에서 다음과 같이 주장했다. "우리는 힘을 얻기 위해 싸워야 한다. 이 나라는 도덕, 사랑, 비폭력이 아니라 힘에 의해 움직이기 때문이다. 그러므로 우리는 정치적 힘을 획득하기로 결의하며, 그로부터 경제적 효과를 내는 활동으로 나아갈 것이다. 힘이 있으면 대중은 자신들의 운명을 스스로 결정하거나 그 결정과정에 참여할 수 있고, 그리하여 일상생활에서의 기본적 변화를 이끌어낼 수 있다."

사람들에게 실제로 어떤 영향을 미치는지, 그것이 과연 정당한 힘을 기르는 데 도움이 되는지일 것이다. 마틴 루터 킹은 블랙파워가 사람들의 감정을 일시적으로 끌어올리는 데는 효과적일지 모르나 지속적이고 바람직한 변화를 일으킬 수 있을지에 대해서는 비관적이었다. 그는 그 말이 사람들 마음속에 무엇을 자극하는지, 어떤 에너지를 갖는지를 생각했다.

"블랙파워라는 말은 절망과 좌절의 상처에서 생겨난 것이다. 이 말은 일상적으로 겪어왔던 정신적 고통에서 터져 나온 외침이다. 수 세기 동안 흑인들은 백인권력의 촉수에서 벗어나지 못하고 있다. 완전한 통제력을 가진 백인권력에게 모든 권리를 빼앗긴 흑인들은 대부분의 백인을 신뢰하지 못하고 있다. 블랙파워가 흑인들에게 호소력을 가지는 것은 백인권력의 잘못된 통치에 대한 반작용이라고 할 수 있다."

좌절과 절망은 분노를 낳는다. 분노는 강력한 에너지지만, 그것은 항상 외부를 향해 있으며 분출구를 찾아 헤맨다. 그것은 자신에게 분노를 일으키게 한 대상을 파괴하고자 하는 에너지이며, 그 과정에서 자신의 인간성까지 파괴하고 만다.

그렇다면 마틴 루터 킹이 말하는 정당한 힘, 파괴가 아닌 긍정적인 변화를 일으키는 에너지란 무엇일까? 그것은 한마디로 사랑과 결합된 힘이었다. 그는 사랑과 힘이 서로 분리되지 않은 개념이라고 생각했다.

"역사가 안고 있는 가장 큰 문제는 사랑과 힘이라는 두 개념이 상극으로 취급되어왔다는 점이다. 사랑은 힘을 포기하는 것으로, 그리고 힘은 사랑을 부인하는 것으로 인식되어왔다."

그는 말했다.

"내가 사랑에 대해 말할 때 어떤 감상적이고 나약한 반응에 대해 말하는 것이 아닙니다. 나는 모든 위대한 종교들이 최고의 통일된 원칙으로서 간주해 온, 바로 그 힘을 이야기하고 있는 것입니다."

"비폭력저항은 사랑을 필요로 하지만 감성적인 사랑을 말하는 것은 아닙니다. 그것은 스스로 고통을 감수함으로써 잘못된 것을 바로잡으려 하는 집단적 행동에 자신을 헌신하려는 매우 준엄한 사랑입니다."

준엄한 사랑이란 무엇일까? 그는 하나님의 두 가지 서로 다른 모습을 통해 이를 설명했다. 하나는 원수를 사랑하고 오른쪽 뺨을 맞으면 왼쪽도 돌려대라는 한없이 용서하고 사랑하는 하나님이고, 다른 하나는 너희가 나의 뜻을 따르지 않으면 내가 너희의 등뼈를 부러뜨리리라고 하신, 한 치의 오차도 용납하지 않는, 벼락같이 내리치는 정의의 하나님이다. 마틴 루터 킹은 다음과 같은 예수님의 말씀을 인용했다.

내가 세상에 평화를 주러 온 줄로 생각하지 말라. 나는 평화가 아니라 칼을 주러 왔다. 내가 온 것은 아들이 아버지와, 딸이 어머니와, 며느리가 시어머니와 서로 싸우게 하려 함이니 원수는 자기 집안에 있다. 어떤 이도 아버지나 어머니를 나보다 사랑하는 자는 내게 합당하지 않으며, 어떤 이도 아들이나 딸을 나보다 사랑하는 자는 내게 합당하지 않다. 누구든 자기 십자가를 지고 나를 따르지 않는 자는 내게 합당하지 않다. 누구든 자기 목숨을 구하는 자는 잃을 것이요, 나를 위해 자기 목숨을 버리는 자는 얻을 것이다.

- 마태복음 10장 34-39절

원수까지도 사랑하라고 하신 예수님이 원수는 자신의 집안에 있다며 가족과 싸움을 부추기는 듯 말씀하시는 것은 도대체 어떤 의미일까? 또 칼로 일어서는 자는 칼로 망한다고 하신 예수님이 평화가 아닌 칼을 주러 왔다는 것은 과연 어떤 의미일까? 이것은 서로 다른 차원의 말씀임이 분명하다. 이것은 물리적 차원이 아니라 정신적 차원의 싸움을 말한 것이다. 여기서 예수님이 주시는 칼은 그것으로 사랑하는 가족을 죽이라는 의미가 아니라, 만약 하나님의 뜻에 반한다면 설사 사랑하는 부모님의 뜻이라도 마땅히 물리쳐야 한다는 의미다. 하나님을 사랑하고 가족은 사랑하지 말라는 말이 아니라 하나님의 뜻을 가장 높은 곳에 두고 그 뜻에 맞게 가족을 사랑하라는 말이다. 결국 내 삶 전체를 하나님의 뜻에 따라 살라는 말이며, 자신과 가족뿐 아니라 모든 인간이 갖는 어리석음에 빠져들지 말라는 말이다. 그러면 이를 통해 우리가 얻는 것은 자기 혹은 가족만 챙기는 이기적인 사랑이 아니라 하나님이 의도하신 진짜 사랑이며, 겉으로 평온한 척하면서 속으로 스스로를 타락시키는 가짜 평화가 아니라 겉과 속, 몸과 마음이 일치하는 진짜 평화이며, 살아도 사는 듯 느껴지지 않는 무기력하고 무감각한 가짜 생명이 아니라 순간순간이 삶의 에너지로 충만한 진짜 생명이다.

마틴 루터 킹은 "평화가 아니라 칼을 주러 왔다"는 예수님의 말씀을 다음과 같이 해석했다.

"나(예수님)는 생명력 없는 수동성과 무감각한 자기만족을 만드는 구시대적인 소극적 평화를 주러 온 것이 아니다. 나는 그와는 다른 것, 즉 낡은 것과 새로운 것, 정의와 불의, 빛의 힘과 어둠의 힘 사이에서 싸움을 일으키러 온 것이다. 나는 소극적 평화가 아닌 적극적 평화를 주러 왔다. 그것은 형제애이며, 정의이며, 하나님의 나라다."

그는 사랑과 정의가 궁극적으로 같은 것이라고 생각했다.

"사랑은 기독교 신앙의 가장 중요한 덕목입니다. 그러나 기독교 신앙에는 정의라는 또 다른 측면이 있습니다. 정의는 현실적인 이해관계에 의해서 실현된 사랑입니다."

"사랑이 없는 힘이란 무모하고 남용하는 것이며, 힘이 없는 사랑이란 감상적이고 무기력하다는 인식이 필요합니다. 최고상태의 힘이란 정의가 요구하는 것들을 실행하는 사랑이며, 최고상태의 정의란 사랑에 반대해서 일어나는 모든 것을 바로잡는 사랑입니다."

이해하기 어려운 듯하지만 다른 한편으로 우리가 일상에서 경험하는 일이기도 하다. 우리는 눈에 넣어도 아프지 않을 사랑하는 자녀라도 그들이 해달라는 대로 무조건 다해주는 것이 그들을 사랑하는 것이 아님을 알고 있다.

"사랑은 분별있게 주고 마찬가지로 분별있게 주지 않는 것"이라는 스캇 펙[5]의 말처럼 자녀의 잘못을 눈감아주거나 분별없이 방관하여 무책임한 어른으로 성장하게 두는 것은 사랑이 아니라 무지다. 마찬가지로 사회의 불의에 눈감고 사회가 잘못된 방향으로 가도록 두는 것은 배려나 사랑이 아니라 사회적 무지이며 불의에 협조하는 것이다. 설사 누군가 일시적으로 고통을 겪게 되더라도 정의롭고 옳은 일을 행하는 것이 결국에 그들과 나, 즉 모두를 위한 일이다.


그러면 어떻게 준엄한 사랑을 할 수 있을까? 어떻게 정신적 차원의 싸움을 해야 할까? 그것은 눈에 보이지 않는 차원, 자신과 세상을 둘러싼 더 깊고 넓은 차원을 볼 수 있어야 할 수 있는 것인지 모른다.

마틴 루터 킹은 말했다.

"인간이 가진 문제와 오늘날 세계가 안고 있는 질병에 대한 진짜 원인을 찾고자 한다면 한층 깊은 곳을 들여다보아야 합니다. 다름 아닌 사람의 마

---

5) 스캇 펙(Scott Peck, 1936년 5월 22일-2005년 9월 25일)은 미국 정신과 의사, 작가다. 『거짓의 사람들』 『아직도 가야 할 길』 『그리고 저 너머에』 『마음을 어떻게 비울 것인가』 『저 하늘에서도 이 땅에서처럼』 『이젠 죽을 수 있게 해줘』 등의 책을 썼으며, 그의 대표작인 『아직도 가야 할 길』은 심리학과 영성을 성공적으로 조화시킨 책으로 평가되고 있다.

음과 정신 속을 들여다보아야 합니다. 진짜 문제는 지식이 모자라서가 아니라 우리가 선하지 않다는 비극적인 사실에 있습니다. 인간 그 자체와 인간의 영혼에 있습니다. 우리는 정의롭고 정직하고 친절하고 진실하며 사랑하기 위해서 어떻게 해야 하는지 배우지 않았습니다. 여기서부터 문제가 시작됩니다. 우리는 과학적 재능을 십분 활용하여 세계를 이웃으로 만들었지만, 도덕적, 영적 재능을 발휘하여 세계를 형제로 만드는 데는 실패하고 말았습니다. 바로 이것이 진짜 문제입니다."

그는 하나님의 사랑을 그대로 본받아 행하고자 했다.

"이 사랑은 모든 사람을 이해하고 창조적이며 구제하는 선의입니다. 보상을 바라지 않는 사랑입니다. 흘러넘치는 사랑입니다. 우리의 삶 속에서 일하시는 하나님의 사랑이라고 신학자들은 말합니다. 이 수준의 사랑에까지 이르게 되면 단지 좋아할 만하여 사랑하는 것이 아니라 하나님이 사랑하시기 때문에 사람을 사랑하게 됩니다. 누구를 만나더라도 그 사람이 이제까지 만난 그 어떤 사람보다 가장 나쁜 사람이라 할지라도 하나님이 사랑하는 사람인 줄 알기 때문에 그 사람을 사랑합니다."

"나는 비폭력을 굳건하게 믿는 사람들이 개인적으로는 하나님을 믿지 않는다는 사실을 잘 알고 있습니다. 그러나 이들 또한 뭔가 우주적 조화를 향해 움직이는 창조적 힘의 존재를 믿고 있습니다. 그 존재를 무의식적 과정, 비인격적인 신, 혹은 하나님이라고 부르든 간에, 이 우주에는 서로 분리된 실체들을 하나의 조화로운 전체로 만들어가는 창조적인 힘이 존재합니다."

그는 비폭력저항을 통해 사람들을 한 차원 높은 곳, 즉 하나님의 준엄한 사랑을 실천하여 진정한 평화에 이를 수 있는 의식수준으로 끌어올리려 했다. 그것은 물론 쉽지 않은 일이지만 다른 한편으로 그렇게 될 수밖에 없는 일이기도 했다. 그것이 거역할 수 없는 하나님의 법칙 혹은 모든 것을 조화로운 방식으로 움직여가는 우주의 법칙이기 때문이다.

우리는 과연 살인, 거짓말, 증오 등 온갖 불의의 근원과 악 그 자체를 없앨 수 있을까? 마틴 루터 킹은 비폭력저항이 유일한 길이라고 믿었다. 비폭력저항은 폭력저항과는 다른 차원의 이해와 능력이 요구된다. 폭력저항에서 용기는 죽음을 각오하고 싸우는 능력이지만, 비폭력저항에서 용기는 죽음에도 불구하고 싸우지 않는 능력이다. 또한 그것은 적에게 가능한 한 많은 고통을 주는 능력이 아니라, 내게 주어진 고통을 기꺼이 감내하는 능력이다. 적에게 주는 고통은 적과 나 사이에 증오를 부추기지만, 내가 감내하는 고통은 나를 정화하고 적의 양심을 깨움으로써 서로를 구원한다. 그것은 적을 죽이지 않고 나를 죽임으로써 우리를 새롭게 태어나게 한다.

비폭력저항이 이루어내는 바는 마치 빛의 작용과 같다. 빛은 어둠과 싸우는 법이 없다. 단지 빛이 있는 곳에 어둠이 존재할 수 없을 뿐이다. 이것이 물리법칙과 같이 빈틈없이 작동하는 우주의 도덕법칙, 정신적 싸움의 작동원리다. 비폭력저항은 누구와의 싸움이나 무엇을 얻고자 하는 싸움이 아니다. 그것은 무엇이 되는 싸움이다. 그 본질은 어둠을 몰아내는 것이 아니라 어떻게 빛이 되느냐에 있다.

자유에 대한 갈증을 증오와 원한으로 채우려고 하지 맙시다. 위엄있고 규율 잡힌 태도로 투쟁해야 합니다. 창조적인 저항운동을 물리적 폭력으로 타락시켜서는 안 됩니다. 거듭해서 당부하지만 우리는 물리적 힘에 대항하여 영혼의 힘으로 맞서는 당당한 태도를 가져야 합니다.

나에게는 꿈이 있습니다. 언젠가 이 나라가 모든 인간은 평등하게 태어났다는 것을 자명한 진실로 받아들이고 그 진정한 의미를 신조로 살아가게 되는 날이 오리라는 꿈입니다.

나에게는 꿈이 있습니다. 조지아 주의 붉은 언덕에서 노예의 후손들과 노예주인의 후손들이 형제처럼 손을 맞잡고 나란히 앉게 되는 꿈입니다.

나에게는 꿈이 있습니다. 불의와 억압의 열기에 신음하는 미시시피 주가 자유와 평등의 오아시스가 되는 꿈입니다.

나에게는 꿈이 있습니다. 내 아이들이 피부색이 아니라 인격에 따라 평가받는 그런 나라에 살게 되는 꿈입니다.

지금 나에게는 꿈이 있습니다. 어느 날 모든 계곡이 솟아오르고 모든 산과 언덕은 낮아지고 거친 곳은 평평해지고 굽은 곳은 펴지고 하나님의 영광이 나타나 모든 사람이 그 광경을 지켜보게 되는 꿈입니다.

- 마틴 루터 킹의 '나에게는 꿈이 있습니다' 연설 중에서

# 비협력운동은 폭력인가

## 타고르 vs. 간디

라빈드라나트 타고르Rabindranath Tagore(1861년 5월 7일-1941년 8월 7일)
인도의 시인, 사상가다. 인도의 사상과 문화를 서양에 알리는 데 공헌했으며, 『기탄잘리』로
1913년 노벨문학상을 수상했다. 1915년 영국으로부터 기사작위를 받았으나 1919년 인도
에서 일어난 암리차르학살에 대한 항거 표시로 작위를 반납했다.

모한다스 카람찬드 간디Mohandas Karamchand Gandhi(1869년 10월 2일-1948년
1월 30일)
인도 독립운동가, 비폭력 사상가다. '마하트마(위대한 영혼)'를 붙여 '마하트마 간디'라고 흔
히 불린다. '마하트마'는 모든 영혼들 속에 그 자신을 구현하는 해방된 영혼, 더 이상 그 자
신 속에 갇히지 아니하는 생명을 의미한다. 자신의 비폭력사상을 기초로 세계 역사상 유래
를 찾기 힘든 대규모 비폭력저항운동을 이끌었다.

**비협력사상의 소극적인 형태 속에 금욕주의가, 적극적인 형태 속에 폭력이 있다.**

— 타고르, 인도 시인, 사상가

**비협력운동은 상호존경과 신뢰를 바탕으로 진실하고 명예로우며 자발적인 협력의 길을 닦고자 하는 것이다.**

— 간디, 인도 독립운동가, 비폭력사상가

1921년 10월, 타고르는 간디가 발행하는 〈영 인디아〉지에 편지 한 통을 보냈다. 거기에는 다음과 같은 내용이 담겨있었다.

"외국산 옷들을 불태우라는 명령이 우리에게 내려졌다. 나는 그 명령에 따를 수 없다. 첫째 이유는 내가 맹목적으로 명령에 복종하는 이러한 무서운 버릇에 대항하여 싸우는 일이 나의 제일의 의무라고 생각하기 때문이다. 이 싸움은 명령에서 명령으로 이끌려가는 사람들에 의해서는 결코 수행될 수 없는 것이다. 둘째로 나는 불에 태워지는 옷들은 내 것이 아니라 그것을 가장 필요로 하는 사람들의 것이라고 생각한다. 만일 헐벗고 있는 사람들이 우리에게 불태우라고 명령했다면, 그것은 적어도 자기희생의 경우였을 것이며, 방화선동죄가 우리에게는 있지 아니한 것이다. 그러나 우리가 실제로 그들 가정의 생활상을 보면 헐벗어서 사실상 나다닐 수 없는 죄수들 같이 살아가고 있는 여자들에게까지 이르렀을지도 모르는 그 가공할 의류파괴죄를 어떻게 속죄할 수 있을까?"

그가 신랄하게 비판하는 대상은 간디의 비협력운동이었다. 이 운동은 폭력적이지 않은 수단을 통해 영국으로부터 인도가 자치와 독립을 얻기 위해 간디가 생각해낸 방법이었다. 당시 인도에서 살 수 있는 옷은 대부분 영국이나 외국에서 만든 것이었다. 영국은 인도로부터 면화를 수입해 옷을 만들어서 다시 인도에 파는 것으로 많은 이익을 취하고 있었다. 간디는 외국에서 생산한 옷을 입지 말고 인도에서 만든 것으로 스스로 만들어 입자고 주장했고, 그의 연설을 듣고 열광한 사람들이 인도 각지에서 외국산 옷을 산더미처럼 쌓아놓고 불을 질렀다. 하지만 외국산 옷을 불태우는 것으로 과연 독립을 이룰 수 있을까? 가난하여 제대로 된 옷을 못 사 입는 사람들도 많은데, 그들에게 주면 줄 것이지, 왜 멀쩡한 옷을 태워 없애야 할까?

그는 계속해서 말했다.

"나는 거듭 말해왔으나 한 번 더 강조하지 않을 수 없다. 우리는 그 어떤 외적 소득을 위해서라도 우리의 정신을 잃어버릴 수는 없다. 마하트마 간디가 전 세계를 억압하고 있는 기계의 폭력에 대항해서 전쟁을 선포한 그곳에는 우리 모두 그의 깃발 아래 병사로 등록되어 있다. 그러나 우리는 우리의 동료들이 가난과 멸시천대의 뿌리인 환상적이고 요행이나 바라는 노예정신을 동맹자로 받아들이는 것을 거부하지 않으면 안 된다. 적 그 자체가 바로 노예정신이며 그것을 쳐부숴야만 스와라지[6]가 안으로나 밖으로나 우리에게서 이루어질 수 있는 것이다."

타고르는 대규모 비협력운동 속에서 스스로의 생각과 성찰 없이 맹목적으로 간디의 주장을 따르고 있는 추종자들을 발견했다. 그가 생각하기에 맹목적인 복종은 그 명령이 어떤 것이든 간에 잘못이었으며, 인도의 진정한 독립을 방해하는 가장 큰 적이었다.

"인도의 외국인 정부는 틀림없는 카멜레온이다. 오늘날에는 그것이 영국인의 옷을 입고 오지만 아마도 내일은 다른 외국인의 옷을 입을지도 모르고, 그 다음날에는 그 증오를 조금도 감소시키지 않은 채로 인도 사람의 모

---

6) 스와라지(Swaraj)는 힌디어로 자치라는 뜻이다. 영국의 식민지 지배에 항거하여 인도인들의 자치를 주장한 민족운동을 말한다.

습을 취할지도 모른다. 우리가 아무리 외부에서 치명적인 무기를 가지고 외적 의존이라는 이 괴물을 기어이 잡고자 노력하더라도, 그것은 피부와 색깔을 바꿈으로써 우리의 추적을 항상 피할 것이다. 그러나 만일 우리가 우리 내면에서 내 나라 인도라고 부를 수 있는 진리를 얻을 수 있다면 모든 외적인 환상과 무지는 그 자체로 사라져 버릴 것이다. 그러한 내 나라가 틀림없이 존재하며 실현될 수 있다는 믿음의 선언은 우리 각자에 의해서 이루어지지 않으면 안 된다."

"단지 우리가 거기서 태어났기 때문에 우리나라가 우리의 것이라는 생각은 오직 외부세계에 의존해서 살아가는 존재방식에 사로잡힌 사람들의 것이다. 그러나 인간의 진정한 본성은 그 본래의 힘을 지닌 자기 내면에 있다. 그러므로 그것만이 진정한 우리나라, 우리 각자의 지혜와 의지, 사랑과 실천으로 창조되는 나라가 될 수 있다."

타고르는 개인이 지닌 내면의 힘을 믿었고, 진정한 독립은 각자의 내면으로부터 이루어져야 한다고 생각했다. 따라서 그가 생각하기에 진정한 독립을 이루기 위해서 인도의 민중은 영국뿐 아니라 간디나 그 누구에도 의존해서는 안 된다.

이 같은 비판에 대해 간디는 다음과 같이 응답했다.

"시인이 물레잣기의 사명을 노예처럼 따르는 모든 사람들에게 과감히 철회하라고 권한 것은 좋은 일이다. 그의 글은 성급함 때문에 우리와 생각이 다른 사람들을 관용하지 못하고 심지어는 폭력까지 가하도록 스스로를 배반한 우리 모두에게 경고가 되었다. 나는 시인이 편협, 무기력, 불관용, 무지, 타성, 그리고 이와 비슷한 종류로 불리는 우리의 적들이 우리에게 접근해오지 못하도록 경고해주는 파수꾼이라고 생각한다. 그러나 나는 우리가 생각을 멈추지 않기 위해 시인이 말한 주의력과 경계가 필요하다는 말에는 모두 동의하지만, 오늘 이 나라에 그 같은 대규모의 맹목적인 복종사태가 벌어지고 있다는 주장은 결코 받아들일 수 없다. 나는 거듭거듭 이성에 호소해왔다. 다행히도 동포들이 물레잣기가 이 땅에 풍요를 갖다 주리라고 믿게 되었다면, 그것은 오랜 망설임과 고심 끝에 그렇게 된 것이라고 확신한다."

간디는 타고르의 말처럼 맹목적인 복종은 잘못이라고 생각했으나, 타고르와는 달리 자신을 따르는 대부분의 사람들이 맹목적인 복종이 아니라 스스로의 생각과 판단으로 참여하고 있다고 여겼다. 간디는 말했다.

"만일 내가 우리 이웃에 사는 물레잣는 사람과 천을 짜는 사람들이 뽑아 놓은 것만을 갖고 있자면 그 옷감을 입었을 것이고, 그 옷감으로 인해 그들도 먹고 살고 또 입었을 것임을 알고 있는 한, 리젠트 거리의 최신형 양복을 입는 것은 나로서는 죄다. …… 내가 감히 시인에게 불태우라고 요청하는 옷들은 그 자신의 옷들이 아니면 안 된다. 만일 그 옷들이 그가 알기에 가난한 사람들이나 누더기를 걸치고 사는 사람들에게 속했던 것이었다면, 그는 이미 오래전에 가난한 사람들에게 그들의 것을 되돌려 주었어야 했을 것이다. 나는 내 외국산 옷들을 불태우면서 내 수치스런 부분을 태운다. 헐벗은 사람들에게 그들이 진정으로 필요로 하는 일자리를 주지 않고 필요치 않은 옷을 줌으로써 그들을 멸시하는 짓을 거부하지 않으면 안 된다."

간디 역시 타고르처럼 개인이 지닌 내면의 힘을 믿었다. 자신이 입던 외국산 옷을 태우는 것은 타고르의 말처럼 누군가에게 꼭 필요한 생활필수품을 없앤다는 의미보다 자기 자신이 지금까지 해왔던 일에 대한 수치스러움을 깨닫고 자신을 정화하는 의미를 가진 것이었다.

그는 타고르에게 비협력운동에 동참하여 물레바퀴를 돌리기를 요청했다.

"나는 시인이며 철인인 그에게 물레바퀴 돌리는 일을 하나의 성례식으로 행할 것을 진정으로 요구한다. 전쟁이 일어나면 시인은 시집을, 법률가는 법률집을, 학생은 책을 내려놓는다. 시인은 전쟁이 끝난 뒤에야 참된 시구詩句를 읊조리게 될 것이요, 법률가는 사람들이 자기들끼리 다툴 수 있는 시간을 갖게 될 때야 자기의 법률책에 눈을 돌릴 기회를 얻게 될 것이다. 내 주위에 있는 모든 사람이 먹을 것이 부족해서 굶어 죽어가고 있는 때, 내가 할 수 있는 유일한 임무는 그 배고픈 사람들을 먹이는 일이다. 나는 인도의 정신이 나날이 초토화되고 있으므로 인도는 불타고 있는 집이라고 확신한다. 사람들이 일할 수 없어서 굶주리고 있는 것이 아니라 할 일이 없어서 굶주리고 있는 것이다. …… 물레바퀴를 돌리라는 요구는 모든 요구 중에서 가장 고상한 것이다. 그것은 사랑의 요구이기 때문이다."

간디는 물레잣기가 타고르가 말하는 우리 각자의 지혜와 의지, 사랑을 실천하는 구체적인 방법이라고 주장했다. 그것은 가난한 동포들에게서 그들의 옷을 빼앗는 것이 아니라 국내 산업을 발전시킴으로써 장기적으로 그들에게 먹을 것과 일거리를 제공하려는 사랑의 구체적인 실천방법이었다. 그는 옷뿐만 아니라 일상생활 물품 일체에 대해서 외국산을 쓰지 말고 국산을 쓰자고 주장했다.

하지만 인도인 일상생활의 많은 부분을 차지하는 외국산, 영국산 물품을 배척하는 것은 영국에 피해를 주지만 당장 인도 사람들에게도 큰 불편과 희생을 주는 일이었다. 과연 대중적인 국산품 장려운동이 인도의 자치와 독립을 가져다줄까? 그리고 더 근본적으로 이러한 배척이 간디와 타고르가 모두 바라는 정신적 차원에서의 인도인의 독립과 어떤 관계를 갖는 것일까? 분리와 배척으로 정신적 독립이 가능할까?

타고르는 간디와는 달리 서양문명을 적대시하지 않았다. 그는 미래에 물질을 중시하는 서양문명과 정신을 중시하는 동양문명이 조화롭게 화합할 수 있다고 믿었으며, 비협력운동은 이러한 방향과는 반대로 육체와 정신, 서양과 동양의 분리를 가속화할 것이라고 보았다.

"나는 현실생활을 기꺼이 무시해버리려는 어처구니없는 공상에 놀라움을 금치 못한다. 나는 인간에게 있어서 보이는 육체가 가장 고귀한 진리가 된다고 믿지 않는 것과 똑같이 서구의 물질문명도 믿지 않는다. 그러나 또한 나는 보이는 육체를 파괴하거나 생활에 필요한 물질적 수요를 무시해버리는 것이 진리를 추구하는 길이라고는 더욱더 믿지 않는다. 필요한 것은 인간의 영적 속성과 물질적 속성 사이에 조화를 이루는 것이며, 상부구조와 하부구조의 균형을 유지해가는 것이다. 나는 동양과 서양이 진정으로 만나게 될 것을 믿는다. 사랑이란 영혼의 궁극적인 진리다. 우리는 그 진리를 모독하지 아니하고 모든 반대세력에 대항하여 진리의 기치를 들고 나가기 위해서 우리가 할 수 있는 모든 것을 해야 한다. 비협력사상은 틀림없이 이 가치를 해친다. 그것은 몸을 덥혀주는 난로 속의 불이 아니라 우리의 난로와 집까지도 태워버리는 불이다."

그는 비협력운동이 인도를 자치와 독립이 아닌 고립과 분리의 길로 이끌어 결국에는 스스로를 파멸시킬 것이라고 생각했다. 그는 비협력이 아니라 협력과 조화로 모든 문제를 풀어야 한다고 생각했다.

"인간은 상호관계 속에서 존재하며 나라 역시 마찬가지다. 각 나라의 진정한 이익은 나라 간 협력 속에 있다는 사실이 사람들에게 분명해질 때만 정치가 진정한 노력의 장이 될 수 있다. 그렇게 된다면 개인에게 도덕적이고 따라서 진리라고 인식하는 것들이 똑같이 나라들에게도 그렇게 인식될 것이다. 나라들은 속임수, 도둑질, 그리고 자기 권력의 배타적인 확대가 이 세계의 목적을 위해 해롭다는 것을 알게 될 것이다."

나아가 타고르는 간디의 비협력사상에서 폭력을 보았다.

　"비협력사상의 뒤에는 기껏해야 금욕주의라는 철저한 자기 파괴에서 얻는 강렬한 쾌락이 있고, 가장 나쁘게는 인간 본성이 정상적인 삶의 실체에 대한 신념을 잃은 채 전쟁이 끝난 후 황량한 폐허 속에서 도피적 즐거움을 찾는 듯한 끔찍한 탐닉의 향연이 있다. 즉 비협력사상의 소극적인 형태 속에 금욕주의가, 적극적인 형태 속에 폭력이 있다. 메마른 사막 역시 폭풍우가 몰아치는 바다와 같이 폭력의 한 형태에 지나지 않는다. 이 둘은 모두 생명에 반대되는 것이다."

　이러한 타고르의 생각은 비폭력에 기반을 두고 비협력운동을 전개하고 있다고 생각하는 간디에 정면으로 배치되는 것이다. 폭력이란 무엇일까? 타고르의 말처럼, 영국에 비협력, 불복종하는 것도 폭력이라고 할 수 있을까? 또한 개인 내적 차원에서 무언가를 이루기 위해 스스로 자신의 기본적인 물질적 욕구를 억누르는 것도 폭력이라고 할 수 있을까? 과연 폭력과 비폭력을 나누는 기준은 무엇일까?

　간디는 다음과 같이 말했다.

　"나는 그와 인도로 하여금 비협력의 개념 속에는 그가 두려워할 것이란 아무것도 없으며, 그의 조국이 비협력운동을 받아들이는 것에 대해 부끄러워할 아무런 이유가 없다는 것을 확신시켜주고 싶다. …… 시인은 결코 비협력운동이 인도와 서양 사이에 만리장성을 쌓으려는 것이라고 우려할 필요가 없다. 오히려 반대로 비협력운동은 상호존경과 신뢰를 바탕으로 진실하고 명예로우며 자발적인 협력의 길을 닦고자 하는 것이다. 현재의 싸움은 강제적인 협력에 대항하는 것이며, 일방적인 결합에 대항하는 것이며, 문명이라는 이름 아래 착취를 가장한 현대적 방법의 폭력적 지배에 대항하는 것이다. 비협력운동은 즐거움과 자발적인 의사 없이 악에 참여하는 삶에 대한 항거이다."

강제로 내 등에 올라타서 어디로 가자고 하는 사람의 명령에 따르지 않는 것이 폭력일 수 있을까? 그것이 그 사람과 나와의 관계를 해치는 일이라고 할 수 있을까? 영국은 인도와 평등한 입장에서 협력하는 것이 아니라 불평등한 입장에서 협력을 강요하고 있다. 간디는 비협력운동을 통해 그러한 요구에 협력하지 말자고 주장했으며, 이러한 운동이 영국과 인도의 관계를 악화시키는 것이 아니라 새로이 정상적인 관계, 진실하고 평등한 관계를 만드는 데 도움이 될 거라고 주장했다.

"나도 위대한 시인처럼 자유로운 공기를 신뢰하고 싶다. 나는 내 집의 사면이 벽으로 둘러싸이기를 원치 않으며, 내 집 창문들이 닫혀있기를 원치 않는다. 나는 모든 나라의 문화가 가능한 한 자유롭게 내 집으로 불어오기를 원한다. 그러나 나는 그 어떤 바람에 의해서도 쓰러지기를 거부한다. 나는 다른 이의 집에서 침입자처럼, 거지 또는 노예처럼 사는 것도 거부한다."

간디 역시 타고르처럼 인도가 다른 나라들과 더불어 자유롭기를 바랐다. 하지만 인도의 현실은 그렇지 못했다. 영국과 인도는 서로 교류했지만 영국은 점점 부유해지고 인도는 점점 가난해졌다. 영국은 강제로 인도의 등에 타서 어깨를 짓누르고 있었다. 그런 현실에서 간디는 영국에게 인도의 등에서 내려오라고도, 이제는 반대로 인도가 영국의 등에 타야겠다고도 하지 않았다. 그저 인도인들에게 걷기를 멈추자고 한 것이다. 그럼으로써 영국인들이 자신들의 잘못을 깨닫고 내려오기를 바랐다. 간디는 인도가 폭력의 피해자도 가해자도 되기를 원치 않았으며, 인도와 영국 모두 폭력의 가담자가 되기를 멈추고 그 악순환에서 빠져나오기를 원했던 것이다.

타고르가 간디의 뜻을 헤아리지 못했던 건 아니었다. 그는 간디보다 먼저 국산품 장려운동을 벌였으며, 1919년 암리차르학살[7] 사건 직후 공포에 떨며 숨죽여있는 대중 앞에 영국으로부터 받은 기사작위를 반납하며 저항운동을 독려한 바 있다. 그렇지만 타고르가 간디의 주장에 반대하며 이의를 제기하는 근본 원인은 대중의 의식상태에 있었다. 타고르와 간디 모두 인도의 독립을 가로막는 가장 큰 장애물은 외부가 아니라 내부에 있으며, 각 개인이 자신의 내면으로부터 모든 악습과 편견을 뿌리 뽑아야 가능하다고 생각했다. 그러나 간디가 대중이 스스로 자신의 편견과 잘못을 고치고 정화할 수 있으며, 그리하여 그 정화된 에너지가 조직화된 운동을 통해 사회 전체로 확대되기를 기대한 반면, 타고르가 생각하기에 대중의 의식상태는 그럴 수 있는 단계가 아니었다.

타고르는 간디에게 보내는 편지에서 이렇게 말했다.

"나는 당신의 가르침이 선으로 싸워서 악을 이기라는 것임을 알고 있습니다. 그러나 그러한 싸움은 용사들을 위한 것이며, 순간적인 충동에 이끌려 행동하는 사람들을 위한 것은 아닙니다. 한편에 치우쳐 있는 악은 반드시 다른 편 상대방에 악을 낳게 되며, 불의는 폭력으로 나아가고, 모욕은 복수를 부릅니다. 불행하게도 그러한 힘의 사용이 이미 시작되었으며 공포를 통해서든 분노를 통해서든 우리의 위정자들은 우리에게 발톱을 드러내었는데, 그 결과는 분명히 우리 중 일부가 내밀한 증오심을 품도록 끌어갈 것이고, 또 어떤 이들은 철저한 도덕적 타락으로 나아가게 할 것입니다."

인도의 대중은 간디처럼 악에 선으로, 폭력에 사랑과 비폭력으로 맞설 준비가 되어있지 않았다. 그들은 폭력에 맞서 당장에 폭력으로 되받아치지는 않을지라도 그들의 마음속에 있는 분노와 증오심은 한층 깊어져 결국 뒤에

---

7) 암리차르학살(Amritsar massacre)은 1919년 4월 13일 인도 펀자브 주의 암리차르라는 도시에서 일어난 학살사건을 말한다.

더 큰 폭력과 악이 분출할 가능성을 갖고 있었다. 대중의 정신적 차원에서의 준비와 단련은 간디와 같은 지도자에 의해 영감을 얻고 촉진될 수 있으나, 그 개발과 완성은 철저히 각자의 몫이며, 다른 누구에게도 의지해서는 안되는 각자의 자유로운 선택에 의한 것이다.

타고르는 말했다.

"우리는 도덕적(영적) 승리가 이김에 있지 아니하며, 실패가 그 존엄과 가치를 앗아가지 못한다는 사실을 알고 있습니다. 영적 삶을 믿는 사람들은 압도적인 물질적 힘을 갖는 악의 세력에 맞선다는 것 자체가 승리이며, 그것은 현실에서의 명백한 패배임에도 이상에 대한 살아있는 신념의 승리인 것입니다."

"당신은 조국이 스스로의 사명을 되새겨야 할 때 조국을 진실한 승리의 길로 이끌고 오늘날의 정치로부터 그 나약함을 깨끗이 씻어내기 위해 돌아왔습니다. 그 나약함은 외교적 기만의 날개를 빌려 입고 거들먹거리는 것으로 자신의 목적을 이루었다고 상상합니다. 이것이 제가 우리의 영적 자유를 약화할 수 있는 그 어떤 것도 당신 가는 길에 끼어들지 않기를, 진리의 대의를 위한 순교자가 숭고한 이름 뒤에 자신을 숨기는 자기기만에 빠져 단순히 말뿐인 광신자로 결코 전락하지 않기를 가장 열렬히 기도하는 이유입니다."

타고르가 생각하기에 인도의 독립은 오로지 인도인 각자가 오직 스스로의 힘으로 생각하고 스스로의 방법으로 쟁취하지 않으면 안 되며, 지도자는 명령자가 아니라 협력자 혹은 촉진자로서 대중이 자신들의 의식을 끌어올리는 데 필요한 숭고한 영감 혹은 창조적 자극을 제공할 뿐이다.

무엇보다 중요한 것은 각자가 자신의 완전한 정신적, 영적 자유를 깨닫는 것이다. 누구도 그 어떤 상황에서도 내 자유를 침범할 수 없으며 나 자신의 운명은 스스로 정한다는 확고한 믿음을 갖는다면, 그 믿음 속에서 나는 이미 나의 독립을 쟁취한 것이며, 그러한 승리는 누구로부터도 빼앗길 수 없는 강력한 것이 된다.

타고르가 기도하고 간디 역시 원했던 것은 인간의 내적 일치였다. 진리를 내 안으로 끌어들여 그것과 하나가 되는 것, 그리하여 광신자도 아니고 어쩌면 순교자도 아닌, 겉으로는 금욕과 절제의 모습으로 보이나 속으로는 한없이 자유로운 인간이 되는 것이었다. 그와 같은 인간은 자신의 모든 욕망을 만족시키지만 그것으로 누구에게도 해를 끼치지 않는다. 그가 가진 모든 욕망은 진리에서 벗어나지 않는 숭고한 것들이기 때문이다. 그리하여 그러한 인간의 내면에는 육체와 정신, 서양과 동양, 영국과 인도 간의 갈등은 사라질 것이다.

1947년 8월, 영국이 마침내 인도에서 물러나고 그토록 바라던 독립이 왔을 때, 인도 내부에 잠재해있던 갈등이 그 실체를 드러냈다. 힌두교도와 이슬람교도 간 갈등으로 인도와 파키스탄이 분리되었고, 그 과정에서 20만-100만 명이 넘는 사람들이 죽고 1400만 명의 난민이 발생했다. 몇 개월 뒤, 계속되는 비극을 막고자 노력했던 간디는 어느 힌두교 극우세력의 손에 암살됐다.

간디와 타고르, 우리는 그들에 대해 어떤 역사적 평가를 할 수 있을까? 간디의 사상과 운동은 인도의 대중 의식을 끌어올리는 데 실패했을까? 아니면 간디가 있었기에 그만큼의 성과가 가능했을까? 타고르가 생각했던 동서양의 조화는 간디의 비협력운동이 아닌 다른 방식으로 추구할 수 있었을까? 그랬다면 어땠을까?

간디는 타고르를 '구루데브(스승)'라고 불렀고, 타고르는 간디에게 '마하트마(위대한 영혼)'라는 칭호를 바쳤다. 둘 다 서로를 진심으로 존경했으며 무엇보다 인도와 세계를 위해 자신을 희생하는 삶을 살았다.

타고르는 간디에 대해 다음과 같은 말을 남겼다.

"폭력의 악순환은 어디에선가 깨지지 않으면 안 되는데, 간디는 그것을 깨는 최초의 영광을 인도가 얻기를 원한다. 아마도 그는 성공하지 못할 것이다. 부처도 그리스도도 사람들이 자기들의 범죄행위를 버리게 하는 데 실패했듯이 그도 실패할 것이다. 그러나 그는 자기의 일생을 다가올 모든 시대를 위해 주는 하나의 교훈이 되게 한 사람으로서 언제나 기억될 것이다."

마음에는 두려움이 없고 머리는 높게 들 수 있는 곳

지식이 자유로운 곳

좁은 장벽들로 세계가 분리되어있지 않은 곳

말들이 진리의 심연으로부터 나오는 곳

쉼없는 노력이 완전을 향해 뻗어가는 곳

이성의 맑은 물줄기가 죽은 관습이라는 음울한 사막에서 길을 잃지 않는 곳

내 마음이 당신에게 이끌려 생각과 행동이 끊임없이 확장되는 곳

그 자유의 천국으로, 아버지시여, 내 나라를 깨우소서.

- 타고르의 『기탄잘리』 중에서

적과 더불어 사는 법은 무엇인가

# 적과 어떻게 협상할 것인가

## 넬슨 만델라

**넬슨 만델라**Nelson Mandela(1918년 7월 18일-2013년 12월 5일)
남아프리카 인종차별에 저항한 활동가이며 정치가다. 1994년 흑인과 백인이 모두 참여하는 최초의 민주적 선거에 의해 대통령으로 선출되었다. 아프리카국민회의ANC에서 활발한 정치활동을 했으며, 27년 동안 감옥생활을 했다. 1993년 아파르트헤이트 체제를 종식시키고 평화롭게 정권이행을 도운 공로로 당시 대통령이었던 프레데리크 빌렘 데 클레르크와 노벨평화상을 공동수상했다.

저는 제 일생을 아프리카인의 투쟁에 바쳤습니다. 저는 백인지배에 맞서 싸웠으며, 또 흑인 지배에 맞서 싸웠습니다.

— 넬슨 만델라, 1964년 재판 최후진술 중에서

1964년 4월, 남아프리카, 프리토리아에서 열린 재판에서 넬슨 만델라의 최후진술이 시작됐다. 아파르트헤이트[8]라는 인종차별정책에 맞선 만델라는 아프리카국민회의ANC[9]의 다른 멤버들과 함께 '파괴 및 음모죄'로 기소됐다. 그는 자신이 파괴행위에 가담했음을 인정하고 그 두 가지 이유를 밝혔다.

"첫째로, 우리는 정부정책으로 인해 폭력투쟁이 불가피해졌다고 믿었습니다. 그래서 만약 책임감있는 리더십이 흑인들의 감정을 조절하고 이끌지 않는다면, 끔찍한 테러가 발생하여 전쟁도 초래하지 않을 막대한 수준의 고통과 적개심을 이 나라 다양한 인종들 사이에 낳을 것이라고 생각했습니다."

"둘째로, 우리는 백인우월주의 원칙에 맞선 흑인들의 투쟁이 폭력 없이는 성공할 수 없다고 느꼈습니다. 이 원칙에 반대하는 모든 표현방식이 법에 의해 차단돼 왔으며, 우리는 우리의 열등성을 영원히 받아들이거나 아니면 법에 저항하는 것 외에는 선택할 수 없었습니다. 우리는 법에 저항하는 것을 택했습니다. 처음에 우리는 폭력적이지 않은 방식으로 법을 어겼습니다. 오직 이 같은 비폭력적인 방식이 법으로 금지되고 정부가 폭력으로 반대세력

---

8) 아파르트헤이트(Apartheid)는 남아프리카 백인들이 사용하는 아프리칸스어로 '분리'라는 뜻이며, 남아프리카 공화국의 인종분리정책을 말한다. 백인이 권력을 잡고 있는 남아프리카는 오랫동안 흑인과 유색인을 차별해왔으며, 1948년 법률을 제정하여 이를 제도화하였다. 정부는 비록 '차별이 아닌 분리에 의한 발전'이라고 했지만, 백인, 흑인, 컬러드, 인도인 등 인종을 분류하고 인종 간 결혼금지, 거주지분리, 분리교육을 실시했으며, 소수의 백인은 넓고 좋은 땅에 거주하면서 다수의 흑인과 유색인은 좁은 불모지에 강제이주시켜 살게 했다. 1994년 4월 완전폐지가 선언됐다.

9) 아프리카국민회의(ANC, African National Congress)는 남아프리카 아파르트헤이트 체제에 저항하는 흑인, 유색인들의 조직이다. 1912년 창립되었으며 1994년 민주화 이후 합법적인 정당이 되었고, 조직에서 활동했던 넬슨 만델라, 타보 음베키, 제이콥 주마 등이 대통령으로 선출됐다.

을 진압하자, 우리는 폭력에 폭력으로 대응하기로 결정했습니다."

아프리카국민회의ANC는 비폭력원칙을 고수해왔다. 처음에는 누구도 이 원칙에 반대하지도 의심하지도 않았다. 하지만 그러한 노력이 오랜 기간 아무런 성과를 내지 못하고, 정부가 오히려 인종차별과 탄압을 강화하자 이 원칙을 재고할 필요성이 제기됐다. ANC 의장이자 노벨평화상을 수상한 앨버트 루툴리[10]는 이렇게 말했다.

"빗장이 채워진 닫힌 문 앞에서 참을성있게 온건하게 겸손하게 문을 두드리며 보낸 내 인생 30년이 헛된 것임을 누가 부정하겠는가? 온건주의의 결실이 무엇인가? 지난 30년 동안 우리의 권리와 발전을 막는 가장 많은 법률이 제정되었으며, 오늘날 우리는 어떤 권리도 갖지 못한 지경에 이르렀다."

ANC 지도부 내부에서 치열한 토론이 벌어졌다. 먼저 무장투쟁을 주장한 쪽은 만델라였다. 그가 말했다.

"만일 정부가 우리의 비폭력투쟁을 공권력을 동원해서 진압한다면 우리는 우리 전술을 재고해야 한다."

반대하는 쪽도 많았다. 한 동료가 말했다.

"만일 우리가 더욱 상상력이 있고 의지가 충분히 강하다면 전통적으로 해오던 방식도 재고해 볼 여지는 있다. 만델라가 제안하고 있는 방법에 편승한다면, 무고한 시민들이 적의 대량학살에 무방비 상태로 노출될 것이다."

하지만 정부는 이미 무고한 시민들을 죽이고 있지 않은가? 비무장한 사람들이 죽고 다쳤고, 정부는 평화적 시위마저 법으로 금지하고 있었다. 만델라는 말했다.

"폭력은 우리가 시작하든 말든 시작되었다. 사람이 아니라 압제의 상징을

---

10) 앨버트 루툴리(Albert Lutuli, 1898년경-1967년 7월 21일)는 남아프리카 교육자, 정치가, 부족장이다. 인종차별에 항거하여 비폭력저항운동을 벌였다. 1952년부터 1967년까지 아프리카국민회의ANC의 의장을 지냈고 1960년 노벨평화상을 수상했다.

공격함으로써 인명을 구제한다는 원칙에 따라 우리 스스로 폭력투쟁을 인도하는 것이 더욱 낫지 않겠는가? 만일 우리가 지금 주도권을 잡지 못한다면, 우리는 곧 뒤처지게 될 것이며 우리가 통제하지 못하는 운동의 추종자가 되어 버릴 것이다."

만델라는 비폭력저항으로 더 이상 대중운동을 이끌 수 없다고 판단했으며, 적절한 억제력없이 걷잡을 수 없는 폭력으로 빠져들기 전에 ANC가 스스로 폭력저항으로 노선을 바꾸고 인명피해를 최소화하는 방향으로 이끌어 나가자고 주장했다. 결국 다른 동료들도 그의 주장을 받아들이기로 결정했다. 그렇지만 토론 중에 누군가 이렇게 말한 것이 만델라의 기억에 남았다.

"비폭력이 우리를 패배시킨 것이 아니다. 우리가 비폭력을 패배시켰다."

과연 비폭력저항운동이 실패한 것일까, 아니면 ANC가 비폭력을 실천하는 데 실패한 것일까? 아파르트헤이트 체제를 압박할 만큼 양적으로 큰 규모의 대중행동을 조직하지 못한 것일까? 아니면 억압자들의 양심을 일깨울 만큼 도덕적으로 높은 차원의 힘을 발휘하지 못한 것일까? 이러한 대중운동을 지도하고 이끌기에 ANC가 부족한 건 아니었을까?

이것이 중요한 문제였음에도 불구하고 더 중요한 것은 현실이었고 그 현실은 자신들의 능력이 부족했든, 수단이 잘못되었든 간에 지금까지의 방식으로 바꾸기에 불가능해 보였다. 만델라는 비폭력을 원칙이 아니라 전술이라고 생각했다. 원칙은 변할 수 없는 것이지만 전술은 변할 수 있는 것, 아니 상황에 따라 반드시 변해야 하는 것이었다.

1960년 3월에 일어난 샤프빌학살[11]은 많은 것의 전환점이 되었다. 경찰이

---

11) 샤프빌학살(Sharpeville massacre)은 1960년 3월 21일 남아프리카 샤프빌에서 일어났다. 5천-7천 명의 군중이 통행법에 항의하는 평화적 집회를 가진 뒤 샤프빌 경찰서 앞까지 행진했고 경찰의 발포로 8명의 여성과 10명의 어린이를 포함하여 69명이 사망하고 많은 사람들이 부상당했다.

통행법에 항의하며 시위를 벌이던 비무장 흑인들에게 총을 쏘아 69명이 사망했고 많은 이들이 부상당했다. 대부분이 달아나다가 등에 총을 맞았다. 전국에서 격렬한 시위가 일어났고 정부는 비상사태를 선포했다.

다른 한편으로 이 사건은 남아프리카의 인종차별을 전 세계에 알리는 계기가 되었으며, ANC는 민족의 창MK[12]이라는 군사조직을 설립하고 폭력저항을 시작했다. MK의 사령관을 맡은 만델라는 우선 테러, 게릴라전 등 폭력수단 중에 인명피해를 최소화하면서 발전소, 철도, 전화선 등 국가시설파괴를 목표로 하는 사보타주sabotage를 선택했다. 인명살상을 피하려 한 것은 만약 인명피해가 일어날 경우 인종 간 적개심이 커져 화해가 더 어려워지리라 생각했기 때문이다. 폭력을 수단으로 채택했지만 여전히 목적은 백인을 몰아내거나 죽이는 것이 아니라 백인과 흑인, 모두가 함께 사는 인종차별 없는 사회를 만드는 것이었다.

1964년 재판에서 만델라는 말했다.

"얼마나 더 많은 샤프빌이 우리나라 역사에서 일어나겠습니까? 이 나라는 얼마나 더 많은 샤프빌을 일상화된 폭력과 공포 없이 세울 수 있겠습니까? 그때가 오면 우리에게 무슨 일이 일어나겠습니까? 장기적으로 우리는 승리를 확신합니다. 그러나 어떤 대가가 우리 자신과 이 나라에 있겠습니까? 만일 그렇다면 어떻게 흑인과 백인이 평화와 조화 속에 다시 함께 살 수 있겠습니까?"

만델라의 논리는 계속해서 문제의 본질로 파고들었다. 문제의 원인은 흑인도 백인처럼 평등한 권리를 가져야 한다는 것, 모든 인간은 존중받을 가치가 있다는 진리를 부정하는 남아프리카 백인들의 생각과 믿음에 있었다.

---

12) 민족의 창(MK, Umkhonto we Sizwe, 코사어: 움콘도 웨 시즈웨)은 ANC의 군사조직으로 넬슨 만델라가 초대사령관을 지냈다. 관공서, 군부대, 발전소 등에 대한 무장공격을 실시했으며, 그러한 과정에서 무고한 민간인 희생자가 발생하기도 했다.

그는 말했다.

"흑인이 경험하는 인간 존엄성의 결핍은 백인우월주의 정책의 직접적인 결과입니다. 백인우월주의는 곧 흑인열등주의를 의미합니다. 백인우월주의를 유지하기 위하여 고안된 법률은 이러한 관념을 내포하고 있습니다. 남아프리카에서 천한 일은 항상 흑인의 몫입니다. 뭘 옮기거나 청소할 일이 있으면 백인은 그저 자기를 위해 그 일을 할 흑인이 있는지 둘러봅니다. 자기에게 고용된 사람이든 아니든 상관없습니다. 이런 식의 태도로 인해 백인은 흑인을 자신과 다른 종족이라고 여깁니다. 자신과 같이 가족이 있는 사람이라고 생각하지 않습니다. 자신처럼 사랑에 빠지는, 감정이 있는 사람이라고 생각하지 않습니다. 자신이 그러는 것처럼 흑인도 아내와 아이들과 함께 있고 싶어 한다고 생각하지 않습니다. 가족을 부양하고 그들을 먹이고 옷 입히고 학교에 보내기에 충분한 돈을 벌기를 원한다고 생각하지 않습니다."

아파르트헤이트 체제 하 인종분리법은 각 인종이 지닌 특성에 맞게 분리 발전시킨다는 취지로 제정되었으며, 그 법에서 정한 각 인종의 특성은 백인은 우월하고 다른 인종들은 열등하다는 백인들의 편견을 그대로 반영하는 것이었다. 이에 따라 백인들은 지적이고 고상한 일을 했고, 더럽고 힘든 일은 다른 인종들의 일이 되었다. 인종마다 거주지역도 다 달랐다. 백인 가정에서 일하는 흑인 집사와 식모는 백인거주구역과는 멀리 떨어진 흑인거주구역에서 새벽부터 일어나 버스를 타야 했다. 흑인거주구역은 백인거주구역보다 훨씬 좁았고 훨씬 많은 사람이 살도록 되어 있었다. 많은 억압과 차별이 일상 속에서 합법적으로 이루어지고 있었다.

그렇다면 이 문제를 어떻게 평화적으로 해결할 수 있을까? 만델라는 말했다.

"무엇보다도 우리는 평등한 정치적 권리를 원합니다. 그것 없이는 우리는 영원히 무능력할 것이기 때문입니다. 저는 이 말이 이 나라 백인들에게 혁명적으로 들릴 것임을 압니다. 흑인이 유권자 다수를 차지하게 될 것이기 때문입니다. 이것이 백인으로 하여금 민주주의를 두려워하게 만듭니다. 그러나 이러한 두려움이 인종 간 조화와 평화를 이룰 유일한 해결책에 방해가 되어서는 안 됩니다. 보편적인 선거권이 인종적 지배를 낳을 것이라는 것은 사실이 아닙니다. 인종에 의한 정치적 분리는 전혀 자연스러운 것이 아니며, 이것이 사라질 때 한 인종의 다른 인종에 대한 지배도 사라질 것입니다. ANC는 반세기를 인종주의와 싸워왔습니다. ANC가 승리할 때 ANC는 그 정책을 바꾸지 않을 것입니다."

당시 만델라가 당면한 남아프리카 상황은 간디가 있던 인도와 마틴 루터 킹이 있던 미국과 비슷하면서도 달랐다. 인도, 미국, 남아프리카에서 백인들은 모두 피억압자들의 저항에 못 이겨 이들의 권리를 인정하거나 양보, 타협했지만, 각 나라에서 백인들이 느끼는 두려움은 달랐다. 인도를 지배했던 영국 백인들은 인도독립 후 자기 나라로 돌아가면 되었고, 미국 백인들은 흑인들의 권리를 일정 부분 인정해주었다 하더라도 여전히 다수였고 권력과 재산을 변함없이 유지했다. 하지만 남아프리카에서는 소수의 백인이 다수의 흑인을 지배해왔고 민주주의가 된다면 그 힘의 구조가 완전히 뒤바뀔 수 있는 상황에 놓인 것이다. 백인지배가 흑인지배로 바뀔 수 있었으며, 백인들은 자신의 권력과 재산을 모두 빼앗길 위기에 처한 것이다. 남아프리카 인종분리를 지지하는 밑바탕에는 백인들의 이러한 두려움이 자리하고 있었다.

마지막으로 만델라는 다음과 같은 말로 자신의 진술을 끝마쳤다.

"저는 제 일생을 아프리카인의 투쟁에 바쳤습니다. 저는 백인지배에 맞서 싸웠으며, 또 흑인지배에 맞서 싸웠습니다. 저는 모든 사람이 평등한 기회를 누리며 조화롭게 살아가는 민주적이고 자유로운 사회라는 이상을 간직해왔습니다. 이것이 제 삶의 목적이며, 제가 반드시 이루기를 바라는 이상입니다.

그러나 필요하다면 저는 이 이상을 위해 목숨을 바칠 준비가 되어있습니다."

1964년 6월 만델라와 동료들은 종신형을 선고받았다. 그 뒤 이들은 20년 넘게 감옥에서 지낸 뒤 풀려났다. 사람들은 만델라가 오랜 시간 감옥에 갇혀있으면서 백인에 대한 증오와 복수심을 키웠을 것이라고 생각했다. 백인들을 모두 바다에 쓸어 넣어버리고 싶을 것이라고 생각했다.

그러나 그는 자서전에서 이렇게 말했다.

"나는 사람들이 내가 백인을 향한 분노를 품고 있으리라 예상하고 있다는 것을 알았다. 그러나 나는 분노 같은 것은 가지고 있지 않았다. 감옥에서 백인을 향한 분노는 줄어들었으나 체제에 대한 증오는 커졌다. 나는 서로를 등지게 만든 체제는 미워했지만 나의 적들은 사랑했다."

감옥에서 만델라는 자신 삶의 목적과 이상이 무엇인지 잊지 않았다. 그는 복수가 아니라 흑인과 백인, 모두를 위한 정의롭고 민주적인 체제를 만들고자 하는 마음의 준비가 되어있었다. 하지만 복수와 정의, 다수 독재와 민주주의의 차이는 중요하지만 미묘했다. 높은 곳에 매단 줄 위를 걷는 것처럼 자칫하면 균형을 잃고 떨어질지 모르며, 만약 추락한다면 그 나락은 어디까지가 될지 모를 정도로 깊었다. 모든 악의 근원은 체제였지만 막상 그 체제가 무너지면 다음에 어떤 재료를 사용해 무엇을 만들지, 만든 것이 얼마나 지속될 수 있을지 아무도 알 수 없었다. 이상은 분명했지만 그것은 온통 진흙더미로 둘러싼 벌판에서 멀리 희미하게 보이는 불빛에 불과했다.

한편 감옥 밖에서는 폭력의 악순환이 시작됐다. ANC의 MK가 1963년 12월 첫 사보타주를 일으킨 이후 심각한 사건들이 뒤를 이었다. ANC는 흑인 과격분자들을 제대로 통제할 수 없었고, 이들은 경찰서 방화, 교도소 습격, 상점 약탈, 백인 주거지 공격 등을 일으켰고, 당연히 인명피해가 발생했다. 이에 맞서 정부는 사보타주법을 제정해 경찰이 의심되는 용의자를 영장 없이 최대 90일 동안 구금할 수 있게 했으며, 총이나 폭발물을 소지한 채로 체포된 용의자는 사형에 처할 수 있도록 했다. 저항세력의 테러와 경찰에 의한 자의적인 체포, 납치, 심문, 고문, 명령에 따른 살인, 흑인저항세력과 흑인경찰, 서로의 가족이나 친척 간의 관계, 그 깊은 폭력의 나락 속에서는 오직 의심과 불신, 분노와 증오만이 살아남을 수 있었다.

누구에게 책임을 물어야 할까? 거대한 폭력 자체인 아파르트헤이트 체제, 그 체제의 복잡한 구조 속에서 최고 권력자에게 모든 책임을 물어야 할까? 이에 맞서 폭력저항을 승인한 ANC와 MK사령관 만델라에게는 전혀 책임이 없을까? 또 체제를 지지하는 백인들 혹은 체제에는 무관심하지만 자신들의 기득권은 놓지 않으려는 백인들은 어떨까? 또 자기 생각 없이 폭력저항에 가담하는 흑인들과 무엇을 해야 할지 모른 채 일상에 쫓겨 체제에 순응하며 사는 흑인들은 어떨까? 그 누구에게도 온전한 책임을 물을 수 없는 상황, 아무도 온전히 책임지고자 하지 않는 상황, 그 속에서 계속되는 희생과 혼란은 바로 폭력의 악순환이 가져오는 결과다. 그렇다면 우리는 어떻게 이 악순환에서 빠져나올 수 있을까? 커져만 가는 서로에 대한 증오 속에서 우리를 구해낼 방법은 무엇일까?

\* \* \*

우리는 새처럼 하늘을 나는 법을 배웠으며 물고기처럼 바다를 헤엄치는 법을 배웠다. 하지만 우리는 아직 형제자매로 이 땅에서 사는 법을 배우지 못했다.

— 마틴 루터 킹, 미국의 기독교 목사, 흑인민권운동가


1980년대 중반 남아프리카는 혼돈에 싸여있었다. 아파르트헤이트 체제는 국내외로부터 압력을 받고 있었다. 국내에서는 폭력사태가 빈번했고 국제사회로부터는 공개적으로 인종차별국가로 불리며 비난과 제재를 받았다. 뭔가 변화하지 않으면 안 되는 시기였고, 만델라는 정부와 협상해야 할 때가 오고 있음을 감지했다.

만델라는 이때를 자신의 자서전에 다음과 같이 적었다.

"우리는 75년 동안 소수 백인의 지배에 대항하여 투쟁해왔다. 20여 년 동안은 무장투쟁을 해왔다. 양측 모두 많은 사람이 죽었다. 적은 강력하며 완고했다. 그러나 그 모든 탱크와 비행기를 가지고서도 그들은 자신들이 역사에 역행하고 있다는 것을 틀림없이 느꼈을 것이다. 우리는 역사의 흐름에 순응하는 쪽이었지만 아직 힘을 갖추지는 못했다. 군사적 승리가 불가능하지는 않을지라도 아주 먼 미래의 꿈이라는 사실을 나는 명백히 느낄 수 있었다. 불필요한 갈등 속에서 양측 모두 수백만 혹은 수천만의 생명을 잃는다는 것은 말도 되지 않는 일임이 분명했다. 그들 역시 이 사실을 틀림없이 알고 있을 것이다. 그러니 이제 대화할 시기가 되었다."

하지만 만델라의 이 같은 생각에도 불구하고 남아프리카 백인우월주의자들의 생각과 믿음은 여전한 듯 보였다. P. W. 보타[13] 대통령은 내각 관료들

---

13) 피터르 빌럼 보타(Pieter Willem Botha, 1916년 1월 12일-2006년 10월 31일)는 1978년부터 1989년까지 남아프리카 공화국 총리와 대통령을 지냈으며, 아프리칸스어로 '큰 악어Die groot Krokodil'라는 별명으로 불렸다. 그는 네덜란드 출신 아프리

앞에서 이렇게 말했다.

"프리토리아(남아프리카의 행정수도)는 백인을 위한 백인의 정신에 의해 세워 졌다. 우리는 우리가 우월한 인종이라는 것을 흑인들이나 다른 누구에게도 증명해야 할 의무가 전혀 없다. …… 오늘날의 남아프리카 공화국이 단지 소망한다고 이루어진 것이 아니다. 우리가 이 나라를 우리의 지성과 피와 땀으로 창조했다. 호주 원주민들을 몰살하려고 한 것이 우리 아프리카너인가? 미국에서 흑인을 차별하고 검둥이라 부른 것이 우리 아프리카너인가? 노예무역을 시작한 것이 우리 아프리카너인가? (우리가 그러지 않았다는 것을) 감사히 여기는 흑인들은 도대체 어디 있는가? 영국은 흑인을 차별한다. 영국의 이른바 의심법Sus law은 흑인들을 통제하기 위한 것이다. 캐나다, 프랑스, 러시아, 일본, 모두 그들의 방식대로 차별하고 있다. 그런데 도대체 왜 우리에 대해서만 이렇게 시끄러운가? 왜 우리에게만 편향되게 대하는가?"

아프리카너Afrikaner는 '아프리카 사람'이라는 뜻으로 남아프리카에 와서 정착한 백인들이 스스로를 일컫는 말이다. 이들은 17세기 중반 네덜란드를 비롯하여 프랑스, 독일에서 온 유럽계 백인이며, 대부분 신교도이고 농부였다. 이들을 네덜란드어로 농부라는 뜻인 '보어Boer'라고 부르기도 한다. 아프리카너들은 네덜란드 정부나 군대로부터의 별다른 도움 없이 스스로 새로운 땅을 개척하고 나라를 세웠다. 이들은 영국과 전쟁을 치르고 독립과 경제성장도 이루었지만, 그러한 성취의 밑바탕에는 수많은 흑인, 유색인들에 대한 착취와 약탈이 있었다.

카너의 후손이며, 국민당 소속으로 1948년 국회의원으로 선출된 후 활발한 정치활동을 했다. 1978년 대통령이 되어 국내외의 압력에도 불구하고 인종분리정책인 아파르트헤이트를 유지하고자 했다. 1998년 진실화해위원회의 증언요청을 거부했고 유죄판결을 받았으나 항소했고 절차적 문제로 판결이 번복되었다. 2006년 90세의 나이로 세상을 떠났으며, 아파르트헤이트 체제에 대한 사죄는 하지 않은 것으로 알려져 있다. 당시 만델라 전 대통령은 보타의 죽음에 대해 "많은 사람들에게 보타는 아파르트헤이트 체제의 상징으로 남겠지만, 우리는 또한 그가 평화적 협상을 위한 길을 닦은 점을 기억한다"고 말했다.

보타 대통령은 자신들처럼 인종차별을 했던 나라들이 자신들을 비난하는 모순을 지적했지만, 문제는 그 나라들이 이제는 스스로 잘못이었다고 인정한 정책을 남아프리카는 여전히 고수하고 있다는 것이다. 남아프리카 백인 우월주의자는 흑인을 자신과 동등한 인간으로 여기지 않았으며, 이 나라가 백인의 피와 땀뿐 아니라 흑인과 유색인의 피와 땀으로 세워졌음을 인정하지 않았다.

그는 말했다.

"흑인이 인간처럼 보이고 인간처럼 행동한다고 해서 그들이 지각있는 인간인 것은 아니다. 단지 비슷해 보인다고 해서 도마뱀이 악어가 아니고 고슴도치는 호저가 아닌 것처럼 말이다. 만약 신이 우리가 평등하기를 바라셨다면, 우리를 모두 똑같은 피부색과 지성을 갖도록 창조했을 것이다. 그러나 신은 우리를 백인, 흑인, 황인종으로 통치자와 피통치자로 서로 다르게 창조했다. 지적으로 우리는 흑인보다 우월하다. 이것은 합리적인 의심수준을 넘어 오랜 세월 증명된 것이다."

그의 말은 자신과 남아프리카 백인들의 뿌리 깊은 편견을 적나라하게 드러내는 것이었다.

"지금쯤이면 누구나 흑인이 실질적으로 자신들을 통치할 수 없다는 것을 알고 있다. 흑인은 소란을 부리고 춤추고 여러 부인을 거느리고 섹스에 탐닉하는 것 외에는 할 줄 아는 것이 없다. 이제는 흑인이 빈곤, 정신적으로 열등한 존재, 게으름, 감정적 무능의 상징임을 인정하자. 그렇지 않은가? 그러니 백인이 흑인을 통치하기 위해 창조된 것이 아닌가? 어느 날 당신이 잠에서 깨어나 보니 흑인이 왕위에 있다면 무슨 일이 벌어질지 생각해보라. 우리 부인들에게 무슨 일이 벌어질지 상상할 수 있는가? 당신 중 누가 흑인이 이 나라를 다스릴 수 있다고 믿는가?"

이어 보타 대통령은 흑인 인구를 감소시킬, 즉 흑인들을 체계적으로 죽이는 데 사용할 생화학무기[14]에 대해 설명했다. 흑인들이 마시는 술과 음료에 독을 푼다든지, 산부인과에서 태어나는 흑인 아기를 죽이는 방법을 언급했다. 그는 원자폭탄으로 흑인을 몰살시킬 수는 없는 노릇이니 '지성'을 사용해서 효과적인 방법을 찾아야 한다고 말했다. 결국 이와 같은 극단적인 인종차별적 편견이 아파르트헤이트 체제를 단단하게 지탱하고 있는 힘이었다.

1985년 1월, 국내외 압력에 밀려 상황이 더욱 심각해지자, 보타 대통령은 중대한 결정을 내렸다. 감옥에 있는 넬슨 만델라에게 석방을 제안한 것이다. 그러나 조건부 석방이었다. 그는 의회에서 말했다.

"정부는 만델라의 석방을 고려할 의사가 있습니다. 하지만 의회는 만약 만델라가 감옥에서 풀려나는 즉시 다시 폭력행위에 가담한다면 우리가 그를 풀어줄 수 없음을 잘 알고 있을 것입니다. 따라서 이제 만델라의 자유를 막는 것은 남아프리카 정부가 아니라 만델라 자신입니다. 이제 선택권은 그에게 있습니다. 필요한 것은 그가 정치적 수단으로써 모든 폭력을 단념하는 것입니다."

보타 대통령은 만델라를 풀어줌으로써 국내외 여론을 완화하고 그가 폭력투쟁을 단념케 하여 더 이상의 폭력사태가 발생하지 않기를 바랐다. 하지만 그의 바람이 실현가능한 것일까? 아파르트헤이트에 대한 어떤 조치 혹은 폐지 없이 사태 해결이 가능할까?

만델라는 보타 대통령의 조건부 석방 제안에 대해 다음과 같은 메시지를

---

14) 프로젝트 코스트(Project Coast)는 1980년대 아파르트헤이트 체제 하에서 실제로 백인정부가 체제방어를 목적으로 화학적, 생물학적 무기개발을 시도했던 프로그램이다. 진실화해위원회 등에 의해 뒤에 알려진 바에 따르면 이 프로그램은 물에 독을 타는 등 흑인 인구를 줄이는 다양한 방법들을 연구했다.

국민에게 전달했다.

"저는 폭력적인 사람이 아닙니다. …… 우리가 무장투쟁으로 돌아섰던 것은 다른 모든 형태의 저항이 더 이상 우리에게 허용되지 않았기 때문입니다. …… 보타로 하여금 폭력을 단념하게 합시다. 그가 아파르트헤이트를 폐지하겠다고 선언하게 합시다."

만델라는 정부의 조건부 석방 제안을 거절함과 동시에 오히려 이를 기회로 이용하여 폭력투쟁의 정당성을 주장했다. 즉 폭력사태는 우리 때문이 아니니, 먼저 정부가 폭력적이고 강압적인 인종차별정책을 폐지하라, 그러면 우리가 폭력투쟁을 할 필요가 없다는 것이 그의 주장이었다. 그는 이어서 말했다.

"여러분들처럼 저도 자유로운 삶을 사랑합니다. 하지만 저는 저 타고난 권리를 팔 수 없을 뿐 아니라 자유로워야 할 다른 사람들의 타고난 권리 또한 팔 생각이 없습니다. 저는 국민의 대표자이자 ANC, 현재 금지된 여러분의 조직의 대표자로서 감옥에 갇혀있습니다. 민중의 조직이 금지당한 상황에서 제가 도대체 어떤 자유를 누릴 수 있겠습니까? 통행증 위반죄로 체포될 수 있는 상황에서 제가 어떤 자유를 누릴 수 있겠습니까? …… 저는 저와 여러분, 국민이 자유롭지 않은 상황에서 어떤 약속도 할 수 없고, 또한 하지 않겠습니다. 여러분과 저의 자유는 분리될 수 없습니다."

현재 보타 대통령의 정부는 어떤 정부인가? 정부와 협상했을 때 과연 바라는 성과를 얻을 수 있을까? 또한 자신이 폭력투쟁을 단념하고 그 대가로 개인적 자유를 얻는 행위가 그를 따르는 흑인들에게 어떻게 비춰질까? 이 모든 점을 고려해서 만델라는 석방 제안을 거절했다.

그러자 보타 대통령은 이렇게 발표했다.

"만델라는 다시 한번 그의 뻣뻣함과 호전적인 성격을 증명해 보였습니다. 만델라는 우리가 제안한 평화의 과정을 받아들이기를 거부했습니다."

과연 만델라가 평화를 잡을 수 있는 기회를 놓친 것일까? 만델라는 변화하는 상황을 냉철하게 주시했다. 그가 정부의 제안을 거절했다고 해서 정부와의 협상에 부정적인 것은 아니었다. 오히려 그는 매 순간 정부와의 협상을 추구했고 적절한 타이밍을 노렸다. 그는 폭력투쟁이라는 수단이 흑인과 백인 간 평화를 가져다주기보다 자칫하면 내전으로 치닫게 할 수 있다는 점을 잘 알고 있었다. 흑인이 다수이고 백인이 소수였지만 경제력과 군사력은 모두 백인이 쥐고 있었다. 전쟁이 일어난다면 어느 편의 승리도 장담할 수 없으나, 분명한 것은 수많은 흑인과 백인이 생명을 잃을 것이며 그렇게 되면 남아프리카에서의 흑백 간 진정한 평화는 훨씬 더 멀어질 것이라는 점이었다. 남아프리카의 운명이 갈리는, 자칫 잘못하면 나라가 산산조각이 날 수 있는 시기였다.

1989년 상황은 또 한 번 변했다. 보타 대통령이 갑작스런 뇌일혈로 쓰러지고 몇 달 뒤 대통령을 사임했다. 뒤를 이어 대통령에 오른 프레데리크 빌렘 데 클레르크[15]는 전면적인 개혁의향을 밝혔다. 그해 10월 감옥에 있는 만델라의 동료 7명을 석방하고, 마침내 1990년 2월 데 클레르크 대통령은 세계가 주목하는 가운데 의회연설에서 아파르트헤이트를 폐지하고 새로운 체제를 만드는 협상을 시작하겠다고 밝혔다.

데 클레르크 대통령이 말했다.

"점점 더 많은 남아프리카인들이 국민 전체를 대표하는 리더들 간 협상과 상호이해만이 지속가능한 평화를 보장할 수 있음을 깨닫고 있습니다. 그 외 선택은 증가하는 폭력, 불안, 갈등이며, 이것들은 받아들일 수 없으며 어느

---

15) 프레데리크 빌렘 데 클레르크(Frederik Willem de Klerk, 1936년 3월 18일-현재)는 1989년부터 1994년까지 남아프리카 대통령을 지냈다. 아파르트헤이트 체제의 마지막 대통령이며 만델라와 함께 이 체제를 종식시키는 데 기여했다.

누구에게도 도움이 되지 않습니다. 이 나라 모든 이의 안녕은 리더들이 새로운 체제 하에서 서로 타협하고 합의하는 능력에 달려 있습니다. 누구도 이 단순한 사실에서 벗어날 수 없습니다. 정부는 이 협상에 최우선권을 부여할 것입니다. (협상의) 목적은 모든 사람이 헌법적, 사회적, 경제적, 모든 측면에서 평등한 권리, 대우, 기회를 누릴 수 있는 완전히 새롭고 공정한 헌법체제를 만드는 것입니다."

이어 그는 구체적인 조치들을 발표했다. ANC와 많은 정치단체들에 대한 금지가 조건 없이 철회되고, 많은 정치범들이 석방되고, 그 간에 행해졌던 언론긴급조치, 교육긴급조치 등이 폐지되었다. 또한 만델라의 조건 없는 석방이 결정되었다. 의회의 한쪽에서는 환호가 다른 쪽에서는 분노와 비난의 소리가 들리고, 일부 보수당 소속 국회의원들이 퇴장했다. 하지만 그의 연설은 계속되었다. 그는 이제 협상을 가로막는 방해물이 사라졌음을 밝히며 만델라를 비롯한 흑인 지도자들을 지칭하며 말했다.

"열린 문으로 들어오십시오. 협상테이블에 앉으십시오. 정부와 의회 안이든 밖이든 지지세력을 가진 지도자들과 함께 말입니다. 지금부터는 모든 이의 정치적 주장이 현실에서 실현가능한지, 공정한지를 증명하는 시험대에 오를 것입니다. 협상의 시간이 왔습니다."

드디어 며칠 뒤, 약속대로 만델라가 석방되었다. 만델라를 마중 나온 군중 속에는 백인들도 있었다. 그는 이렇게 말했다.

"오늘 대다수 남아프리카인은 흑인과 백인 모두 아파르트헤이트에는 더 이상 미래가 없음을 알고 있습니다. 평화와 안전을 확립하기 위해 우리 스스로의 단호하고 대중적인 행동을 통해 아파르트헤이트를 종식시켜야 합니다. 우리 조직과 우리 국민들이 주도하는 대중적인 저항만이 민주주의를 정착시킬 수 있습니다."

그는 자신이 과거 재판 때 최후진술로 한 말을 되새기면서 연설을 마무리
했다.

"저는 결론으로 1964년 재판 중에 제가 한 말을 다시 한번 전하고 싶습
니다. 그것은 당시에도 그랬지만 지금도 여전히 진실입니다. 저는 백인지배
에 맞서 싸웠으며, 또 흑인지배에 맞서 싸웠습니다. 저는 모든 사람이 평등
한 기회를 누리며 조화롭게 살아가는 민주적이고 자유로운 사회라는 이상
을 간직해왔습니다. 이것이 제 삶의 목적이며, 제가 반드시 이루기를 바라는
이상입니다. 그러나 필요하다면 저는 이 이상을 위해 목숨을 바칠 준비가 되
어있습니다."

만델라가 석방되었으나 혼란은 쉽게 가라앉지 않았다. 얼마 뒤 열린 백인
우파 집회에서는 '배신자 데 클레르크', '데 클레르크를 교수형에 처하라', '만
델라를 교수형에 처하라'라는 문구가 걸려있었다. 데 클레르크 대통령이 변
화를 약속하고 만델라가 석방되었지만, 알 수 없는 미래는 백인과 흑인 모
두에게 두려움을 가중시켰다. 과거 아파르트헤이트를 지지했던 많은 백인이
직장을 잃을까, 땅과 재산을 뺏길까, 흑인들이 쳐들어올까 불안해하는 한편,
만델라와 새로운 변화를 지지하는 백인들은 배신자로 낙인찍히기 일쑤였다.
흑인들 또한 오랫동안 억눌린 분노를 터뜨릴 배출구를 찾고 있었고 다양한
세력집단들이 새로운 변화 속에서 자신의 힘을 인정받고 확대할 기회를 노
리고 있었다. 흑백갈등뿐 아니라 흑흑갈등, 백백갈등까지 주의깊게 살펴야
할 시기였다. 잘못 다루어진 한 사건으로 인해 나라 전체가 내전으로 빠질
수 있는 민감한 상황이었다.

1993년 4월, 사건이 또 하나 터졌다. 젊은 흑인 지도자 중 가장 유력한 크

리스 하니[16]가 야뉴시 왈루스라는 한 백인우월주의자에 의해 살해당한 것이다. 사태는 심각했다. 분노한 흑인들이 거리로 쏟아져 나왔다. 전국적으로 시위가 발생했고 무고한 백인들에 대한 가차없는 보복으로 이어질 수 있는 상황이었다. 만델라는 텔레비전 생방송에서 다음과 같은 메시지를 국민에게 전했다.

"오늘 밤 저는 모든 남아프리카인 한 사람 한 사람에게, 모든 흑인과 백인에게 온 마음으로 호소하고자 합니다. 한 백인남성, 편견과 증오에 가득 찬 그가 이 나라에 와서 악랄한 행위를 저질렀고 그것이 나라 전체를 재앙으로 빠뜨릴지 모르는 벼랑 끝으로 밀어 넣었습니다. 한 백인여성, 아프리카너 출신인 그가 생명의 위협을 무릅쓰고 우리에게 알려 이 살인자가 정의의 심판을 받도록 도왔습니다."

만델라의 연설은 흑인들의 분노를 진정시키고 그들의 에너지를 바람직한 방향으로 이끄는 데 초점을 두고 있었다. 그는 가장 먼저 살인자인 백인남성과 함께 살인자의 차량번호를 알려 사건 해결에 도움을 준 백인여성을 대비시켜 말했다. '흑인을 죽인 자가 백인이지만 흑인을 도운 자도 백인이다. 모든 백인이 나쁜 것은 아니다.' 단순한 대비와 단순한 논리지만 분노에 휩싸인 대중에게 가장 직접적으로 다가갈 수 있는 논리였다. 그런 뒤에 그는 대중이 나아가야 할 바를 제시했고 대중의 선택과 행동에 대한 책임에 대해 말했다.

"지금은 우리 모두에게 역사적인 전환점이 되는 순간입니다. 우리의 선택과 행동은 우리가 우리의 고통, 슬픔, 분노를 통해 이 나라를 위한 유일한

---

16) 크리스 하니(Chris Hani, 1942년 6월 28일~1993년 4월 10일)는 남아프리카 공산당 지도자이자 ANC, MK의 사령관이었다. 흑인 청년들의 열렬한 지지를 받았으며 자기 집 앞에서 총에 맞아 죽었다. 총을 쏜 사람은 야뉴시 왈루스Janusz Walus였다. 그는 폴란드에서 태어나 남아프리카로 이주한 반공주의자이자 극우주의자였으며, 크리스 하니의 암살로 종신형을 선고받았다.

궁극적 해결책인 선거를 통한 정부, 국민의 국민에 의한 국민을 위한 정부를 향해 나아가느냐 마느냐를 결정할 것입니다. 우리는 전쟁을 바라고 피를 부르는 사람들이 이 나라를 또 다른 앙골라¹⁷로 추락하게 두어서는 안 됩니다."

내전을 피하고 선거를 통해 민주주의 정부를 구성하자는 만델라의 연설은 효과가 있었다. 많은 집회와 시위가 있었지만 폭력사태는 드물었다. 그의 연설은 흑인들뿐 아니라 일부 백인들의 마음도 움직였다. 백인들은 특히 만델라가 아프리카너 백인여성의 도움을 높이 평가한 것에 주목했다. 하지만 여전히 많은 백인들이 선거에 부정적이었다. 백인이 소수이고 흑인이 다수인 상황에서 투표권을 얻은 흑인은 당연히 흑인 정당을 찍을 것이고 그렇게 선출된 흑인 정부는 민주주의가 아니라 다수독재, 즉 흑인지배를 시작하리라 믿었기 때문이다.

얼마 뒤 크리스 하니를 죽인 야뉴시 왈루스의 재판이 열렸다. 그는 재판에서 사형을 선고받았으나 뒤에 정부가 사형제를 폐지함에 따라 종신형으로 감형되었다. 경찰이 발견한 그의 살해리스트에는 만델라도 포함돼 있었다. 왈루스는 재판에서 이렇게 말했다.

"그들(흑인)은 이 아름다운 나라를 파괴할 것이다. 그들은 백인들이 힘들게 쌓아 놓은 모든 것을 헛되이 낭비할 것이다. 이 모든 것이 결코 이루어지지 못할 다인종적 유토피아라는 이름 하에 파괴될 것이라는 점이 나를 고통스럽게 한다. 그들은 자유와 민주주의를 원한다. 몇 년 뒤에 자유와 민주주의는 그들이 가질 수 있는 전부가 될 것이다."

많은 백인이 야뉴시 왈루스의 행동에는 공감하지 않더라도 그와 비슷한

---

17) 앙골라(Angola) 공화국은 아프리카 남서부에 위치하고 있으며 1975년 포르투갈로부터 독립한 뒤, 그때부터 2002년까지 내전을 치렀다. 그로 인해 많은 백인들이 나라를 떠났다.

생각을 했다. 또한 앞으로 일어날지 모를 흑인들의 보복과 물리적 공격에 스스로를 방어할 수 있도록 준비해야 한다고 생각했다. 남아프리카방위군 총사령관을 역임한 퇴역장군 콘스탄트 필엔[18]도 그중 한 사람이었다. 그는 계속되는 흑인 집회에서 ANC를 포함한 많은 조직의 젊은 당원들이 '보어를 죽여라', '농부를 죽여라'는 구호를 외치고 있음을 알고 있었다. 그것은 만델라의 기대와는 전혀 달랐지만 어쩔 수 없는 현실이었다. 또한 그로 인해 필엔을 포함한 많은 백인이 위협을 느끼는 것도 현실이었다. 많은 백인 무장단체들이 필엔의 휘하에 모여들었고, 이들이야말로 직접적으로 이 나라를 내전에 빠져들게 할 수 있었다.

정부와 ANC 역시 필엔의 군사력을 주시해왔다. 그들은 필엔이 이끄는 조직의 군사력에 대해 남아프리카방위군의 현직 총사령관이 작성한 비밀 보고서를 검토했다.

1993년 8월, 만델라와 필엔이 만났다. 필엔은 자신의 생각을 직설적으로 말하는 사람이었다. 다행히 회담은 순조롭게 이어졌으며, 서로가 상대방을 협상의 상대로서 신뢰할 수 있는 사람이라고 여겼다. 대화가 막바지에 이르렀을 때, 필엔은 자신의 솔직한 의견을 전달했다.

"우리 백인들은 ANC가 권력을 잡았을 때 아무 문제가 생기지 않으리라고 믿기가 힘듭니다. 이 점을 이해해주시기 바랍니다. 그러므로 이 일은 여기서 중단되는 게 바람직합니다."

이에 만델라 역시 솔직하게 답했다.

"당신들의 군사력이 강력하다는 것은 잘 알고 있습니다. 무기도 갖춰져 있

---

18) 콘스탄트 필엔(Constand Viljoen, 1933년 10월 28일-현재)은 남아프리카방위군 총사령관을 지냈다. 1990년대초 필엔은 백인 아프리카너의 이익을 방어하기 위한 목적으로 모인 5만-6만의 준군사조직을 이끌었으나 무력행동을 벌이지 않고 선거에 참여했다. 1994년 최초로 흑인을 포함한 국민전체가 참여한 민주선거에서 필엔은 자유전선Freedom Front 당의 리더로 2.2% 득표율, 국회의원 9석을 획득하여, 소수정당으로서는 상대적으로 우세한 성과를 거두었다.

고 훈련도 잘된 상태니 우리보다 훨씬 강할 것입니다. 군사력 면에서 우리는 당신들과 싸울 수 없습니다. 우리는 이길 수 없을 것입니다. 하지만 정말 전쟁이 벌어진다면 장기적으로는 당신들도 이기지 못할 것입니다. 이 점에는 의심의 여지가 없습니다. 그 이유 중 하나는 국제사회가 전적으로 우리를 지지할 것이기 때문입니다. 둘째 이유는 당신들이 우리 모두를 없애기에는 우리 수가 너무 많다는 것입니다. 닥치는 대로 죽여버리면 이 나라에서 누가 당신들을 대신해 일해주겠습니까? 우리 국민은 아마 더 거칠어질 것이고 국제사회의 압력은 견딜 수 없을 정도로 커질 것입니다. 이 나라는 우리 모두에게 살아있는 지옥이 될 것입니다. 그게 당신이 바라는 바입니까? 그건 아닐 것이라고 생각합니다. 장군, 우리가 전쟁을 벌이기로 한다면 승자는 있을 수 없습니다."

필옌은 동의하지 않을 수 없었다.

"그렇습니다. 승자는 있을 수 없습니다."

더 이상 대화의 진전은 없었다. 하지만 필옌과 만델라는 서로가 충분히 알고 동의한 내용을 토대로 이 나라가 내전의 소용돌이로 빠져들지 않도록 폭력사태를 막는 데 힘을 합칠 수 있었다.

1994년 1월, 백인 우파의 집회에 필옌이 참석했다. 4월에 열릴 선거로 흑인 정부의 탄생이 예상되자 백인들의 불안은 더욱 커졌다. 군중은 필옌에게 단상에서 내려가라고 소리치며 '우리는 전쟁을 원한다'는 구호를 외쳤다. 하지만 그는 물러서지 않고 이렇게 말했다.

"여러분은 전쟁이 어떤 것인지 모릅니다. 여러분은 전쟁이 무엇을 의미하는지 이해하지 못합니다. 제가 저 자신에게, 하나님께, 그리고 우리 민족에게 전쟁은 마지막 남은 출구였다고 말할 수 없다면 저는 결코 전쟁을 일으키지 않을 겁니다."

필옌은 자신이 이렇게 말한 이유를 다음과 같이 설명했다.

"나는 군사전문가다. 전쟁도 경험했다. 만일 우리가 군사적 행동을 취했다면 결국 남아프리카는 거대한 피바다로 변했을 거라는 사실을 나는 알고 있다. MK는 시간을 낭비하며 허송세월하지 않았다. 그들은 나라 곳곳에 엄청난 양의 무기를 은닉해 두었다. 전쟁이 일어났다면 우리와 우리 쪽에 가담한 남아프리카방위군 부대들이 한 편이 되고 MK와 남아프리카방위군의 나머지 부대들이 또 한 편이 되어서 싸웠을 것이다. 필시 피비린내가 진동하는 전쟁이 되었을 것이다. 전쟁의 대가를 나는 익히 알고 있었다. 우리 국민과 남아프리카의 다른 국민들에게 크나큰 고통을 안겨주었을 것이다. 또한 경제적으로는 재앙을 의미했을 것이며 아마 국제적 간섭까지 불러들였을 것이다."

필옌은 끝까지 군사력을 사용하는 데 반대했고, 그의 주장은 많은 백인이 이성적이고 합리적인 판단을 내리는 데 도움을 주었다. 필옌은 정식 정당을 만들어 4월 선거에 참여하기로 결정했다. 후에 그는 한 인터뷰에서 자신이 군사력을 사용하지 않겠다는 결정을 내린 또 다른 이유를 말해주었다.

"적의 성격이었다. 그자를 믿을 수 있는가, 그자가 진심으로 평화를 바라는가 하는 점이 크게 작용했다. 적과 마주 앉아 협상할 때 중요한 것은 두 가지다. 탁자 맞은편에 있는 자가 믿을만한 인물인지, 그가 자기 국민의 지지를 받고 있는지 하는 점이다. 만델라는 이 두 가지를 다 갖추고 있었다."

1994년 4월, 남아프리카 역사상 최초로 국민 전체가 참여하는 선거가 치러졌다. 전체인구의 75퍼센트를 차지하는 흑인들이 남아프리카 역사상 처음으로 투표에 참여했다. 예상대로 승리는 ANC에게로 돌아갔다. ANC가 전체의 62.7퍼센트를 득표했고, 다음으로 데 클레르크가 이끄는 국민당이 20.4퍼센트를 득표했다. 필옌의 정당은 2.2퍼센트 얻어 소수정당으로는 가장 많은 표를 얻었다. 새 국회는 만델라를 대통령으로 타보 음베키[19]와 데 클레르크를 각각 제1부통령과 제2부통령으로 선출했다.

선거의 물리적 결과도 중요했지만 무엇보다 중요한 건 선거가 사람들에게 준 심리적 변화였다. 새 나라의 운명이 이제 그들에게 달려있기 때문이다. 생애 처음으로 자신의 권리를 행사한 흑인들의 심리를 데스몬드 투투Desmond Tutu 대주교는 이렇게 전했다.

"억압의 무게와 폭력을 견뎌야만 했던 사람들, 아파르트헤이트가 얼굴도 목소리도 없는 익명의 존재들로, 자신의 조국 안에서 아무런 가치도 없는 존재들로 만들어버린 이 보잘것없는 사람들, 매일같이 땅보다도 더 낮게 끌려다녀야만 했던 이 모든 사람은 마침내 자신이 존재한다고 느끼고 있었다."

1994년 선거 이후 상황은 또다시 바뀌었다. 새로운 체제가 구성되었으나 진정한 통합은 시작되지 않았다. 백인 중 40-50퍼센트가 투표에 참여하지 않는 것으로 새 체제에 대한 불신을 드러냈다. 국민들은 분열되어 있었고, 정치적 혼란보다 심리적 통합이 문제였다. 어떻게 국민의 마음을 하나로 모을 수 있을까? 정치적으로 해결할 수 있는 문제가 아니었다.

1995년 6월, 만델라는 소웨토항쟁[20]을 기념하는 한 집회에 참석했다. 그는 남아프리카 럭비 국가대표팀 '스프링복스Springboks'의 모자를 쓰고 있었다. 럭비는 젊은 백인남성들이 가장 좋아하는 게임이었으며, 흑인들을 가장 차

---

19) 타보 음베키(Thabo Mbeki, 1942년 6월 18일-현재)는 1994년 넬슨 만델라가 대통령 재임 시 부통령을 지냈으며, 만델라에 이어 1999년부터 대통령으로 선출되었으며 2002년 재선되어 2008년까지 대통령을 지냈다. 대통령 재임 시 추진했던 에이즈 정책은 많은 논란을 일으켰다.

20) 소웨토항쟁(Soweto uprising)은 1976년 6월 16일 남아프리카 소웨토에서 일어난 일련의 시위와 사건을 말한다. 흑인학생들이 받는 학교수업에서 백인들의 언어인 아프리칸스어를 사용하라는 정부정책에 항의하여 대규모 시위가 일어났다. 시위 중 경찰의 총격에 의한 한 학생이 사망하고 이를 계기로 대규모 시위가 일어나 500여 명이 사망하고 1000여 명이 부상당했다.

별하고 경멸한 것도 바로 그들이었다. 과거에 럭비게임이 있는 날 흑인들은 스프링복스의 상대 팀을 열렬히 응원하며 스프링복스가 지는 것을 누구보다도 기뻐했다. 그런데 만델라가 이날 스프링복스의 모자를 쓰고 나타난 것이다.

"제가 쓴 이 모자가 보이지요? 내일 오후 프랑스와 싸우는 우리 선수들에게 힘을 실어주기 위한 것입니다."

스프링복스 모자? 우리 선수? 집회에 참석한 흑인 군중이 만델라에게 야유를 퍼붓기 시작했다. 자신을 지지하던 사람들로부터 야유를 받을 때 기분이 어땠을까? 그러나 만델라는 침착한 목소리로 말했다.

"근시안적으로 보지 마십시오. 감정적으로 대하지 마십시오. 국가를 건립하려면 대가를 치러야 합니다. 백인들도 마찬가지입니다. 그들은 자신들의 스포츠를 흑인에게 개방하는 것으로 대가를 치르고 있습니다. 이제 우리는 그 럭비팀을 우리 것으로 끌어안는 것으로 대가를 치러야 합니다. 그게 우리가 해야 할 일입니다. …… 여기 있는 지도자들은 모두 일어나 이러한 생각을 널리 알려야 합니다."

그 말을 들은 군중은 조용해졌다.

만델라는 주어진 모든 기회를 최대한 이용하고자 했다. 그는 사람의 마음을 움직이는 스포츠의 힘을 이미 알고 있었다. 몇 년 전 그는 ANC 동료들에게 이렇게 말했다.

"이제까지는 럭비가 아파르트헤이트를 상징하는 스포츠였지만 상황이 변하고 있다. 우리는 국가를 세우고 이 나라에 평화와 안정을 정착시키려는 목적을 추구하고 있다. 그러기 위해서 도움이 될 수만 있다면 스포츠를 적극적으로 활용해야 한다."

그의 동료들은 처음에 모두 부정적이었다. 사람들이 그렇게 쉽고 빨리 변하지 않을 것이라는 예측이었다. 하지만 만델라는 고집스럽게 밀고 나갔다.

"내가 흑인 국민들의 그 분노와 적개심을 이해 못하는 바는 아니었다. 그들은 럭비를 아파르트헤이트의 한쪽 팔쯤으로 여겼다. 외국팀이 남아프리카 팀과 경기하면 오히려 외국팀을 응원하는 분위기에서 자라왔다. 그런데 내가 감옥에서 나오자마자 갑자기 백인들을 끌어안아야 한다고 주장했으니 어떤 기분이었겠는가! 나는 그들이 강한 반발을 보이더라도 충분히 이해할 수 있었다. 그들을 설득하기가 쉽지 않으리라는 것도 알았다."

스포츠에서는 때로 극적인 드라마가 연출된다. 만델라가 스프링복스 모자를 쓰고 나타난 집회 뒤에 열린 프랑스와의 준결승전에서 혼전 끝에 스프링복스가 승리했다. 모르네 듀플레시Morné du Plessis 감독은 이렇게 말했다.

"우리는 전날 만델라가 집회에서 무슨 말을 했는지 알고 있었다. 많은 이가 죽어간 그곳에서 그는 남아프리카 모든 국민이 스프링복스를 응원해야 한다고 말했다. 스프링복스 모자를 쓰고 그 말을 했다. 우리 모두 진심으로 감격했다."

드디어 뉴질랜드팀과 결승전이 있는 날, 만델라는 스프링복스의 모자와 유니폼을 입고 경기장에 등장했다. 군중은 한 목소리로 만델라의 이름을 외쳤다. 마치 흑인과 백인 모두 하나가 된 듯한 모습이었다. 분위기가 과거와 전혀 달랐다. 반아파르트헤이트 운동가였던 한 흑인은 이때의 느낌을 다음과 같이 말했다.

"그날 우리는 간절히 기도했다. 잔뜩 긴장한 채로 기도하고 또 기도했다. 우리가 뉴질랜드팀을 이길 수 있다면 하나의 국민이자 국가로서 많은 일을 할 수 있을 것이다. 우리는 똘똘 뭉쳤다. 이제 그보다 훨씬 단결할 수 있을 것이다. 우리 남아프리카가 이기는 게 그 무엇보다 중요했다."

결승전은 경기 내내 승패를 알 수 없었다. 동점으로 연장전으로 돌입한 경기가 마침내 스프링복스의 승리로 끝났고 군중은 열광했다. 한 기자가 스프링복스팀 주장인 프랑수아 피나르Francois Pienaar에게 다가가 물었다.

"여기 경기장에서 6만2천 팬들이 당신을 응원한다는 게 어떤 기분이었습니까?"

피나르가 대답했다.

"우리 뒤에는 6만2천의 팬들만 있었던 게 아닙니다. 4,300만 남아프리카인들이 있었습니다."

백인과 흑인 할 것 없이 온 국민이 열광했고 나라 전체가 축제 분위기였다. 만델라 역시 그의 얼굴에 끊임없이 웃음과 미소를 담으며 기쁨을 표현했다. 경기를 지켜본 한 백인 아프리카너 기자는 자신의 소회를 다음과 같이 전했다.

"우리는 더는 악당이 아니었다. 우리는 승리했다. 그뿐만 아니라 모두 우리가 승리하기를 원했다. 그게 우리에게 얼마나 큰 의미였는지 아는가? 얼마나 큰 기쁨이었는지? 얼마나 큰 안도였는지?"

설사 스포츠 이벤트로 인한 일시적인 일체감일지라도, 당시 남아프리카 국민들에게 필요한 것은 이렇게 모두가 공유할 수 있는 긍정적 경험이었다. 한 번의 기회라 할지라도 모두가 한 국민이라는 것이 어떤 느낌인지, 더 이상 적이 아니란 것이 어떤 긍정적인 느낌을 주는지 실제로 체험하는 것이 필요했다. 이로써 남아프리카 흑인과 백인이 그때를 회상하며 함께 웃을 수 있는 일이 생긴 것이다. 누구에게는 기쁘고 누구에게는 슬픈 일이 아니라 함께 기쁜 일이 생겼다는 것은 결코 작은 일이 아니다. 그것은 앞으로 그들이 서로의 힘든 일에 대해 함께 슬퍼할 수 있다는 것이었고, 진정한 변화의 가능성을 의미했다.

1990년 만델라가 석방되고 1994년 선거가 있기까지, 그리고 그가 민주선거를 통해 선출된 최초의 대통령으로 일하는 동안 남아프리카는 긴 어둠의 터널을 지나 새로운 시대의 문을 열었다. 과연 무엇이 이러한 변화를 이끈 것일까?

만델라는 이렇게 말했다.

"나는 이 같은 변화가 일어날 것이라는 희망을 결코 버리지 않았다. 내가 앞서 언급한 위대한 영웅들 때문만이 아니라 내 조국의 보통 남자와 여자가 보여준 용기 때문이다. 모든 인간의 마음 깊은 곳에는 자비와 관용이 있다는 점을 나는 항상 알고 있었다. 피부색이나 가정배경과 종교 때문에 다른 사람을 증오하도록 태어난 사람은 아무도 없다. 사람들은 증오하는 것을 배웠음에 틀림없다. 그리고 만약 사람들이 증오하기를 배울 수 있다면 사랑하는 것도 배울 수 있다. 인간의 가슴은 사랑이 그 반대보다 훨씬 더 자연스럽게 다가오기 때문이다. …… 인간의 선함이란 가려있으나 결코 꺼지지 않는 불꽃이다."

누구나 선한 본성을 가진 인간이라는 그의 믿음은 스스로 희망을 포기하지 않게 이끌었다.

우리는 만델라를 어떻게 평가할 수 있을까? 그가 추구한 이상이 온전히 이루어졌다고 할 수 있을까? 내전은 막았지만 너무 쉽게 타협한 것은 아니었나? 복수를 버리면서 정의까지 저버린 것은 아니었나? 흑인 다수독재를 피하면서 민주주의까지 훼손한 것은 아니었나?

만델라는 그의 자서전에서 이렇게 말했다.

"내가 감옥에서 풀려나왔을 때 억압하는 자와 억압받는 자 둘 다를 해방시키는 것이 나의 사명이었다. 어떤 사람은 그것이 이제 달성되었다고 말한다. 그러나 나는 아직은 그렇지 못하다는 사실을 알고 있다. 우리는 아직 자유롭지 못하다는 것이 진실이다. 우리는 자유롭게 될 자유와 억압받지 않을 권리를 거의 성취했다. 우리는 우리 여정의 마지막 발걸음을 내딛지는 못했지만, 더 길고 어려운 첫 발걸음은 내디뎠다. 자유로워진다는 것은 단지 쇠사슬을 풀어 버리는 것이 아니며, 다른 사람의 자유를 존중하고 증진하는 방식으로 사는 것이기 때문이다. 우리의 자유에 대한 진정한 헌신은 이제 막 시작되었다."

과연 모두가 자유로운 날이 올까? 각자가 자신뿐 아니라 다른 사람의 자유를 존중하고 증진하는 식으로 사는 날이 올까? 왜 우리는 과거의 역사로부터 배우지 못하고 잔인하고 슬픈 경험을 반복할까? 왜 우리는 남이 자유롭지 않은 곳에서 나만 자유로울 수 없음을 알지 못할까? 남이 고통받는 곳에서 나만 기쁠 수 없음을 알지 못할까? 왜 우리가 서로 연결되어 있음을 알지 못할까?

남아프리카 모든 폭력과 희생에 대한 책임이 아파르트헤이트 체제의 최고 권력자에게만 물을 수 없듯이 남아프리카 모든 성취를 만델라에게만 돌릴 수 없다. 우리는 올바른 대상을 찾아 올바른 질문을 던져야 한다. 올바른 대상은 바로 사람들 내면의 자비와 관용, 선함과 용기라는 불꽃이며, 올바른 질문은 바로 각자의 불꽃이 꺼지지 않고 제대로 타고 있느냐는 것이다.

1996년 5월, 새 체제를 이끌어나갈 새 헌법이 국회에서 통과되었고, 그 자리에서 부통령 타보 음베키는 다음과 같은 연설문을 낭독했다. 그의 연설은 마치 시와 같았다.

나의 존재는 아름다운 케이프의 거대하고 광활한 공간을 떠다니는 코이족과 산족의 쓸쓸한 영혼으로부터 온다. 그들은 그 전까지 결코 보지 못했던 가장 무자비한 인종학살의 희생자이며, 그들은 자유와 독립을 지키기 위한 싸움에서 목숨을 잃은 첫 번째 사람들이며, 그로 인해 민족이 사라진 사람들이다.

오늘날 한 나라로서 우리는 지난날 참담했던 행위를 인정하기 두려워 우리의 기억으로부터 지우려고 애쓰면서 우리 선조들의 살아있는 목소리에 침묵하고 있다. 하지만 그것을 기억함으로써 우리는 다시는 비인간적이 되지 않는 법을 배워야 한다.

나의 존재는 유럽을 떠나 이 땅에 새로운 보금자리를 찾은 이주민에 의해 형성된다. 그들이 무슨 일을 했든지 그들은 여전히 내 존재의 일부로 남아있다.

나의 혈관에는 동양에서 온 말레이족 노예의 피가 흐른다. 그들의 당당한 위엄은 나에게 인내심을 불어넣고 그들의 문화는 나의 본질의 일부가 된다. 그들의 몸에 남겨진 노예주인의 채찍자국은 내 의식 속에 무엇을 해서는 안 되는지 새겨져 나를 일깨운다.

나는 힌차와 세쿠쿠네가 이끌던 전사들, 세츠와요와 음페푸을 따라 전쟁터로 간 애국자들, 모쇼에쇼에와 응궁구니야네의 병사들의 후손이다. 그들은 결코 자유를 위한 대의를 더럽히지 말라고 가르쳤다.

나의 정신과 나에 대한 지식은 에티오피아인, 가나의 아샨티족, 사막의 베르베르인으로서 이산들와나에서부터 카르토움까지 우리가 쟁취한 승리들, 아프리카 왕관의 보석처럼 빛나는 우리의 승리들로부터 형성되었다.

나는 세인트헬레나와 바하마에 있는 보어인들의 무덤에 갓 따온 꽃을 바치는 그들의 후손이다. 나는 마음의 눈으로 보며 그 평범한 농부들의 삶, 죽음, 강제수용소, 파괴된 농장, 무너진 꿈의 고통을 느낀다.

나는 농카우세의 후손이다. 그는 세계시장에서 다이아몬드와 금의 교역과 내가 갈망했던 음식의 교역을 가능하게 했다.

나는 오직 육체노동으로만 존재의미가 있던 인도와 중국에서 실려 온 사람들의 후손이다. 그들은 우리가 자국인도 외국인도 될 수 있으며, 자유가 인간 존재를 위한 필수조건임을 가르쳐 주었다.

이 모든 사람의 일부로서, 아무도 이 주장에 반대하지 못한다는 확신 속에 나는 선언한다. 나는 아프리카인이다.

(중략)

어떤 힘든 환경을 그들이 버티고 살아왔든지, 그 경험으로 인해 그들은 자신들이 누구이며 누구여야 하는지를 정의하도록 정해졌다.

우리는 오늘 여기서 그들이 스스로 아프리카인의 의미를 정의할 수 있는 권리를 획득하고 행사한, 그 승리를 기념하기 위해 모였다.

우리가 기념하는 헌법은 아프리카인이 인종, 피부색, 성별, 출신에 의해 정의되는 것을 거부하는 명백한 명제를 나타낸다.

그것은 우리나라가 흑인과 백인, 남아프리카에 사는 모든 이들에게 속한다는 것을 우리 스스로 천명하는 것이다.

(중략)

나는 아프리카인이다.

나는 아프리카 대륙의 사람들로부터 유래한다.

나는 라이베리아, 소말리아, 수단, 부룬디, 알제리의 국민들이 겪는 폭력과 분쟁의 고통을 함께 겪는다.

나는 나의 대륙에서 일어나는 빈곤, 고통, 타락에 대한 수치와 황폐함을 함께 나눈다.

이것들과 인류 역사의 주변을 표류하면서 파괴된 우리의 행복은 우리를 끊임없는 절망의 그늘에 가둔다.

이것은 누구도 비난받아서는 안 되는 잔인한 길이다.

오늘 우리가 이 거대한 대륙의 한편에서 해낸 일은 아프리카가 잿더미로부터 끊임없이 다시 일어나는 인류 진화에 결정적으로 기여하는 일이다.


나의 존재는 어디서 왔을까? 나는 동족을 죽인 살인자의 후손이며 수많은 생명을 구한 영웅의 후손이다. 나는 피땀 흘려 일하는 노예의 후손이며 그를 착취하는 주인의 후손이다. 나는 폭력으로 저항하는 게릴라의 후손이며 그 진압을 명령하는 지휘관의 후손이다. 나는 비폭력으로 싸우는 활동가의 후손이며 그 앞에 침묵한 경찰의 후손이다. 나는 내 가족을 죽인 자를 용서하는 피해자의 후손이며 그 앞에 참회하는 가해자의 후손이다. 나는 살아있던 모든 인류의 후손이다. 이것들은 두 가지 측면에서 모두 진실이다. 한 가지는 과거 역사를 돌이켜 볼 때 나의 부모, 부모의 부모를 거슬러 올라가며 모든 선조의 삶을 하나하나씩 들여다볼 때 드러나는 물리적 차원의 진실이며, 또 한 가지는 내 주변을 가족, 친구, 동료, 지역사회, 국가로 넓혀가며 지금 내 존재를 형성하는 데 영향을 준 사건들과 사람들, 모든 것에 주의를 기울여 사고할 때 드러나는 심리적 차원의 진실이다. 그리고 이 두 가지 진실로부터 드러나는 마지막 진실은 내가 의식하든 의식하지 못하든 스스로 매 순간 내가 누구인지 정의하고 있다는 사실이다. 나는 매일 내가 선택하는 내 모든 말과 행동으로 내가 누구인지를 정의하고 드러낸다. 게으른 나와 성실한 나, 파렴치한 나와 사려 깊은 나, 이기적인 나와 배려하는 나, 분노한 나와 용서하는 나, 어떤 나로 정의하든 내 선택과 행동은 그 순간 '도덕적 우주'라는 호수에 파장을 일으키며 시공간을 가로질러 퍼져나간다. 그리고 그런 각각의 나들이 모여 우리를 정의하고 우리가 모여 현재라는 물리적, 심리적 차원의 세계를 만들어낸다.

그렇다면 지금 나는 나를 누구라고 정의하려는가?

# 용서와 화해는 가능한가

## 남아프리카 진실화해위원회

**남아프리카 진실화해위원회**Truth and Reconciliation Commission

남아프리카 진실화해위원회TRC는 아파르트헤이트 체제 하 벌어진 과거사 청산을 위해 구성되었다. 1994년 남아프리카 최초로 흑인을 포함한 민주적 선거에 의해 만델라 정부가 선출되었다. 선출된 정부는 1995년 '국민화합 및 화해증진에 관한 법률'을 통과시켰고, 이를 근거로 진실화해위원회TRC가 설치, 운영되었다. 위 인물은 진실화해위원회TRC의 의장을 맡은 데스몬드 투투 대주교다.

진정한 용기를 보려거든 용서하는 자를 보라.

진정한 영웅을 보려거든 증오를 사랑으로 되돌리는 자를 보라.

— 『바가바드 기타』[21]


1996년 4월, 남아프리카공화국에서 진실화해위원회가 열렸다. 과거 오랫동안 흑인과 백인을 분리하고 흑인을 차별한 인종분리정책인 아파르트헤이트가 마침내 끝나고 그동안 저질러진 끔찍한 고문과 살인, 수많은 범죄들이 모습을 드러내는 순간이었다. 청문회가 열린 어느 날, 비쇼학살[22] 당시 시위 군중에게 총을 쏜 방위군 군인들이 출석했다. 청문회는 당시 시위에 참가한 사람들, 피해자 가족과 친구들로 가득했다. 그들의 눈은 모두 증언대에 오른 군인들에게로 향했다.

첫 증인은 당시 방위군 사령관이었던 마리우스 울스히흐였다. 그는 자신이 발포명령을 내렸다고 말했다. 그리고 자기 부하 중 한 명이 시위군중이 쏜 총에 맞았다는 보고를 받았기 때문에 어쩔 수 없이 방어 차원에서 발포명령을 내렸다고 진술했다. 하지만 실제로 군중이 먼저 총을 쐈다는 증거는 발견되지 않았고 군중에게 총을 맞은 군인도 없었다(사망한 군인 1명은 동료 군인의 총에 의해 희생되었음이 드러났다). 청중들은 그의 말보다 태도에 분개했다. 무표정하고 감정을 드러내지 않는 그의 태도는 청중들의 마음을 돌처럼 굳

---

21) 『바가바드 기타(Bhagavad Gita)』는 힌두교의 성전 중 하나이다. 인도의 고대 서사시 『마하바라타』 속에 수록되어 있는 시편으로 700편의 노래로 이루어져 있다.

22) 비쇼학살(Bisho massacre)은 1992년 9월 7일, 남아프리카에서 시스케이 방위군이 시위군중을 향해 무차별 발포하여 흑인 군중 28명과 1명의 군인이 사망하고 200여 명이 중상을 입은 사건을 말한다. 시스케이는 남아프리카 공화국이 인종분리정책의 일환으로 만든 여러 곳의 흑인자치구역 중 하나이다. 8만여 명의 군중이 인종분리와 차별정책에 반대하여 모였으며, 크리스 하니, 시릴 라마포사 등 아프리카국민회의ANC의 지도자들이 시위를 주도했다.

게 만들었다.

다음 차례는 방위군 장교들이었다. 증언석에 앉은 호르스트 스호베스버거 대령은 자신이 상부의 명령을 받아 사병들에게 총을 쏘라고 명령했다고 증언했다. 그리고 다음 순간 그는 증언대에서 몸을 돌려 청중들을 바라보며 말을 이었다.

"죄송합니다. 비쇼학살의 짐은 평생 우리 어깨에서 벗어나지 않을 것입니다. 그 짐은 우리가 바란다고 없어지는 게 아닙니다. 분명히 벌어진 일입니다. 하지만 부탁드립니다. 피해자 여러분들에게 그날을 잊어 달라고 말하는 게 아닙니다. 그건 있을 수 없는 요청입니다. 다만, 우리를 용서해주십시오. 군인들을 공동체에 다시 품어 주시고, 그들을 온전히 받아 주시고, 그들이 당시에 받은 압력을 헤아려 주십시오. 제가 할 수 있는 거라곤 이것이 전부입니다. 죄송합니다. 이 말밖에 할 수 없습니다. 죄송합니다."

장교의 진심어린 참회는 청중들을 감동시켰다. 갑자기 우레와 같은 박수가 터져 나왔다. 잠시 후 박수소리가 가라앉고 의장을 맡은 데스몬드 투투[23] 대주교가 이렇게 말했다.

"우리 잠시 침묵의 시간을 갖도록 합시다. 우리는 지금 대단히 의미심장한 장면을 마주하고 있습니다. 우리 모두 알다시피 용서를 구하는 일은 쉽지 않고, 용서하는 일도 쉽지 않습니다. 그러나 우리는 용서받지 못하면 미래도 없다는 것을 아는 국민입니다."

위원회에서 다룬 사건들이 모두 이와 같이 진심이 통한 것은 아니었다. 남

---

23) 데스몬드 투투(Desmond Tutu, 1931년 10월 7일-현재)는 남아프리카 성공회 대주교다. 아파르트헤이트 체제에 맞서 비폭력저항운동을 벌였고, 이에 대한 공로로 1984년 노벨평화상을 수상했다. 1994년 남아프리카의 민주화 이후 진실화해위원회 의장으로 임명되어 활동했다.

아프리카 진실화해위원회는 다른 나라에서 있었던 진실위원회와는 다르게 가해자에 대한 사면 권한이 있었다. 만약 가해자가 위원회 청문회에 나와 자신이 저질렀거나 가담한 범죄행위에 대해 자신이 아는 모든 사실을 숨기지 않고 밝힌다면, 그리고 자신의 행위가 단순한 개인적인 원한이나 악의가 아니라 정치적인 동기에 의해서 행해졌음을 입증한다면 형사상, 민사상의 모든 처벌을 면제받을 수 있었다. 사면을 인정받기 위해 반드시 참회를 하거나 피해자에게 용서를 청할 필요는 없었다.

7000명이 넘는 사람들이 사면을 신청했는데, 이들 중에는 '페브코PEBCO 3인' 사건에 가담한 사람들도 있었다. 1985년 5월, 포트 엘리자베스 흑인시민 단체 지도자 3명이 실종되는 사건이 발생했다. 당시 수색작전을 벌인 경찰은 아무런 증거나 흔적을 찾지 못한 채로 수사를 종결했고, 실종자의 가족들은 사랑하는 이가 살았는지 죽었는지도 알지 못한 채 하루하루를 견뎌야 했다.

1997년 11월, 진실화해위원회에서 이들에 관한 진실이 드러났다. 전직 비밀경찰들은 자신들이 어떻게 페브코 3인을 납치해 죽였는지 실토했다. 비밀경찰은 포트 엘리자베스 공항에서 이들 3인을 납치한 뒤 살해하고, 이들의 사체가 재가 될 때까지 장작불에 태우고, 타고 남은 사체를 강에 버렸다고 증언했다. 이들은 상부의 명령에 따라 이런 일을 저질렀다.

위원회 청문회가 끝난 뒤, 살해된 시포 해쉬의 부인인 엘리자베스 해쉬에게 누군가 물었다.

"청문회를 보신 소감이 어떠셨어요? 당신에게 이 일이 어떤 의미가 있나요?"

그는 대답했다.

"적어도 이젠 전체 이야기의 일부나마 알게 되었잖아요. 그들이 제 남편을 어떻게 죽였는지, 아는 편이 그래도 나아요. …… 우리, 남아공의 평화를 바라지 않나요? 용서하지 못하면서 어찌 평화를 찾을 수 있겠어요? 내 남편은 전체 남아공의 평화를 위해 싸웠어요. 악으로 어떻게 악을 고칠 수 있겠어요?"

반면 또 다른 희생자의 부인인 모니카 고돌리지의 생각은 달랐다.

"난 저들을 용서하지 않을 거예요. 저들이 뭘 어떻게 하든지 난 용서 못해요. 다만, 만에 하나 진실을 다 밝힌다면 그땐 용서하죠. 진실을 말하는 사람은 누구든 용서할 수 있어요. 하지만 거짓말하는 인간들은 용서할 수 없어요."

그는 가해자들의 증언을 신뢰할 수 없었다. 증언석에 앉은 가해자들은 피해자들을 죽이기 전에 고문이나 폭행을 하지 않았다고 증언했는데, 그것은 믿을 수 없는 말이었다. 이와 비슷한 경우에서 가해자들은 피해자들로부터 필요한 정보를 캐내기 위해 죽이기 전에 가혹한 고문을 했기 때문이다.

이들의 숨긴 사실은 또 다른 가담자에 의해 드러났다. 그는 청문회에 나와 자신이 본 것을 세세하게 증언했다.

"니우보우트 경관은 쇠파이프를 집어 들어 가엾은 노인(시포 해쉬)의 머리를 몇 번이나 후려쳤습니다. 그 광경을 보고 모두가 합류했습니다. …… 노인은 하릴없이 비명만 질러댈 뿐이었습니다. 니우보우트 경관은 제게 비명소리를 막으라고, 노인의 입을 두 손으로 틀어막아 비명이 인근 농부들에게 들리지 않게 하라고 명령했습니다. 앞에서 이름을 밝힌 사람들이 한꺼번에 달려들어 발길질과 주먹질을 하고 맨손과 몽둥이로 노인을 때리는 동안, 저와 피트 모고아이는 노인의 비명소리가 밖으로 새어나가지 않게 하려고 했습니다. 니우보우트 경관이 쇠파이프로 머리를 몇 번 내리치자, 노인의 입뿐 아니라 코와 귀에서도 피가 흘러나왔습니다."

그는 또 말했다.

"챔피언 갈렐라를 공격하는 동안, 잔인한 일이 벌어졌습니다. …… 비어슬라 준위는 챔피언 갈렐라의 고환을 꺼내더니 골프공 크기가 될 때까지 힘껏 쥐어짰습니다. 이어서 오른손으로 그것을 힘껏, 아주 강하게 쳤습니다. 갈렐라의 얼굴이 흙빛으로 변했고 그의 생식기에서는 누르스름한 액체가 튀어나왔습니다. 그것은 제가 플라크플라스에서 지옥같은 시간을 보내며 목격한 것 중 가장 잔인한 장면이었습니다."

결국 페브코 3인 살인사건에 대한 사면신청은 신청자들이 모든 사실을 밝히지 않았다는 이유로 거부됐다. 하지만 만약 이들이 모든 사실을 고백했다면, 즉 자신들이 저지른 끔찍한 고문 사실을 모두 밝혔다면, 이들을 사면하는 것이 옳을까? 또 이들로부터 처참하게 남편을 잃은 엘리자베스 해쉬 부인은 이들을 용서한다고 했는데, 과연 이들이 용서받을 자격이 있는 사람들일까?

실제로 또 다른 피해자 유족들은 위원회를 상대로 사실을 고백한 가해자를 사면하는 것이 과연 합법적인지 소송을 제기했다. 소송 결과, 남아프리카 헌법재판소는 위원회의 사면 권한이 적법하다고 판결함으로써 위원회의 손을 들어줬다.

이스마일 마호메드 판사는 판결문에서 다음과 같이 말했다.

"건전한 정신의 소유자라면 누구나, 악행을 저지른 자들이 처벌 대신 완전히 사면을 받고 자유롭게 이 땅을 활보하게 해 주기로 한 결정을 받아들이기가 참으로 거북할 것이다. 하지만 이런 노선을 택할 수밖에 없는 상황을 주의깊게 헤아려볼 필요가 있다."

이어 그는 과거 정권하에서 수많은 범죄들이 체계적인 명령에 따라 행해졌으며, 증거 또한 체계적이고 철저하게 인멸됐음을 지적했다. 이러한 상황에서 가해자의 고백은 진실을 드러내는 유일한 증거가 될 수 있으며, 사면은 이들의 고백을 이끌어내기 위해 필수적인 요인이 된다.

"진실 고백의 대가로 범죄자를 사면하는 방안의 대안은 무엇인가? 제대로 고소할 만한 증거도 없이 특정인들을 기소할 수 있는 막연한 권리를 유지하는 것, 남은 가족들이 피해자에게 정확히 어떤 일이 벌어졌는지 알 수 있는 길을 계속 막아놓는 것, 진실을 알고 싶은 그들의 갈망이 채워지지 않은 상태로 방치하는 것, 그들이 적개심과 슬픔에서 벗어날 길을 아예 없애 버리는 것이다."

또한 그는 이러한 진실 고백이 가해자에게 미치는 심리적 영향에 대해서도 언급했다.

"악행의 원흉들 역시 그런 상태에서 몸은 자유로울지 몰라도 혼란스러운 두려움과 죄책감, 불확실성, 불안에서 헤어 나오지 못하게 된다. 따라서 새로운 질서에 온전히 참여하여 창의적으로 기여할 수 없게 된다."

진실화해위원회와 재판은 차이가 있다. 재판이 낫다고 주장하는 사람들은 재판을 통해 정의가 실현된다고 생각하기 때문이다. 이것은 분명 맞는 말이다. 하지만 여기서 말하는 정의가 어떤 의미인지 생각해 볼 필요가 있다. 재판은 가해자의 범죄행위와 그에 합당한 처벌에 초점이 맞춰있다. 이는 사회 내에서 자기 이익을 위해 범죄를 저지르는 몇몇 개인들을 처벌하여 사회질서를 유지하기 위함이다. 그렇다면 만약 어떤 범죄에 몇몇 개인이 아니라 몇천 명 혹은 몇만 명이 가담했다면? 사회 전체가 관여했다면? 몇만 명을 가두어 처벌할 것인가? 사회 전체를 가두어 처벌할 것인가? 개인적 차원이 아닌 국가적, 사회적 차원에서 저지른 폭력과 범죄, 남아프리카와 같이 극심한 갈등과 변화를 겪은 나라들에서 직면한 문제가 이런 것이었다.

폴 반 질 변호사는 다음과 같이 말했다.

"재판이 설명해줄 수 있는 가치에는 한계가 있습니다. 재판은 개인의 죄상에 대한 것이지, 시스템 전체에 관한 것은 아니니까요. 재판은 '우리 대 그들'이라는 관계를 설정합니다. 재판엔 '우리들'이 연루되지 않습니다. 우리 아닌 '그들'에게만 죄가 있는 것처럼 보이게 해요. 그러니까 남아프리카 백인들은 유진 드 코크[24]를 보면서 '나쁜 인간'이라고 생각하면서도, 바로 자기들이 그를 있게 했다는 사실을 인식하지 못합니다. 교외에 살고 있는 중산층 주부나 백인 사업가들이 모두 국민당에 투표한 탓에 그 결과 유진 드 코크 같은 인물이 나오게 된 것이지요. 하지만 재판에서는 결코 그런 말들이 나오지 않죠."

유진 드 코크는 남아프리카 경찰소속 고위급 간부로 'C10'이라는 반란진 압부대 사령관이었다. 그는 아파르트헤이트 체제하에서 수많은 반체제 활동가들을 납치, 고문, 살해하는 데 직접 가담하거나 명령을 내렸다. 그는 진실화해위원회에 나와 자신이 관여한 수많은 범죄에 관해 사실을 폭로했다.

한 인터뷰에서 그는 이렇게 말했다.

"백인 사회는 훌륭한 생활이었죠. 그들은 자신들이 차지한 것에 아주 만족해하며 살았습니다. 그러나 이제 그들은 그렇게 살 수 있도록 만들어 준 사람들에 대해 아주 불쾌해 합니다. 제 말뜻은 수많은 백인들이 정말로 국민당에 반대하는 표를 던졌을까요? 백인들은 몰랐다고 말합니다. 그렇지만 그들이 알고 싶어 하기나 했을까요?"

"그들은 안전하고 멋진 집과 두 번째, 세 번째 자가용과 수영장을 소유하고, 자녀들이 훌륭한 공립학교나 대학에 다닐 수 있는 한, 국내외에서 벌어졌던 습격이나 보안당국의 여러 내란기도 진압활동에는 전혀 관심이 없었습니다. 국경을 넘나들며 습격을 자행한 일들은 널리 알려진 사실이었습니다. 그런데도 왜 그들은 이 문제에 전혀 의문을 갖지 않았을까요?"

---

24) 유진 드 코크(Eugene de Kock, 1949년 1월 29일-현재)는 남아프리카 경찰소속 고위급 간부로 'C10'이라는 반란진압부대 사령관이었다. 이 부대는 아파르트헤이트 체제 하에서 수많은 반체제 활동가들을 납치, 고문, 살해한 것으로 알려졌다. 언론이 붙인 그의 별명은 '절대 악prime evil'이었다. 그는 진실화해위원회에 나와서 자신의 관여한 수많은 범죄사실을 고백했다. 또한 그는 법정에서 다음과 같이 말했다. "나와 보안부대 사람들은 …… 겁쟁이 정치가들, 특히 국민당의 정치가들에게 배신당했습니다. …… 그들은 양고기를 원하면서도 피와 내장은 보고 싶어 하지 않았습니다. 겁쟁이들입니다."

남아프리카에서 오랫동안 아파르트헤이트 체제 하에서 기득권을 누린 백인들은 흑인과 유색인종이 겪는 고통에 대해서는 무관심하거나 둔감했다. 백인들은 자신이 누리는 부가 다른 인종이 겪는 극심한 가난과 어떤 관계가 있는지 알려고 하지 않았다. 자기 집 흑인 가정부가 흑인거주구역에서 어떤 삶을 사는지, 정상적인 대화조차 나누지 않았다.

진실화해위원회는 그런 백인들에게 더 이상 빌미를 주지 않았다. 많은 백인이 위원회에서 흑인 피해자들이 자신들이 겪은 끔찍한 사연을 말할 때조차도 믿지 못하겠다는 반응을 보였다. 하지만 백인 가해자들이 직접 나와 자신들이 어떻게 상부의 명령을 받아 고문과 살인을 저질렀는지 고백하자, 그제야 진실은 사실이 되었고 누구도 진실을 의심하지 않는 분위기가 되었다.

권위주의, 독재정권이 막을 내리고 민주주의 체제로 전환한 많은 나라에서 시간이 지나면서 과거의 향수를 얘기하는 사람이나 과거로 돌아가자는 움직임이 나타나곤 하지만, 남아프리카에서는 이제 누구도 과거 정권이 좋았다고 말할 수 없었다. 남아프리카 진실화해위원회에 대한 비판의 목소리 중 하나는 위원회가 사면 권한을 남발하면서 모두가 이미 알고 있던 사실을 드러냈을 뿐이라는 것이다. 하지만 아는 지식knowledge과 인정받은 지식acknowledgement은 차이가 있다.

인권변호사 후안 멘데스는 이렇게 말했다.

"공식적으로 인정되고, 따라서 '대중인식의 일부'가 된 지식은 …… 단지 '사실'에 불과할 때 없던 독특한 특성을 갖게 된다. 공식적인 인정으로 비로소 상처가 치유되기 시작하는 것이다.

\* \* \*

나는 언젠가 나의 스승이며 유대 신비철학자인 칼만에게 이렇게 물었다.

"하느님은 무슨 목적으로 인간을 창조했을까요? 저는 인간에게는 하느님이 필요하다는 것을 이해합니다. 하지만 하느님에게는 인간이 무슨 필요가 있을까요?"

스승은 대답하기에 앞서 잠시 눈을 감았다. 순간 무수한 고뇌의 상흔이 그의 이마에 헝클어진 미로처럼 펼쳐지는 것을 볼 수 있었다. 한동안 묵상에 잠겨있던 스승이 입가에 가냘프고도 희미한 미소를 지으며 입을 열었다.

"성경은 우리에게, 인간이 만일 자신의 힘을 의식하게 된다면 인간은 쉽사리 믿음을 잃거나 이성을 잃게 된다는 사실을 가르쳐주고 있는데, 그것은 인간이 자신을 초월하는 어떤 역할을 내부에 지니고 있기 때문이지. 하느님은 '하나'가 되기 위해서 인간을 필요로 하는 거야. …… 그것은 즉, 인간은 한 줌의 흙에 불과하지만 그에게는 시간과 그 근원을 재결합시킬 수 있고, 자신의 모습을 하느님께 되돌려드릴 수 있는 능력이 있다는 것을 뜻하는 것이지."

– 엘리 위젤[25]의 『그날 밤』 중에서

품라 고보도 마디키젤라Pumla Gobodo-Madikizela는 남아프리카 진실화해위원회에서 임상심리전문가로 활동했다. 어느 날 그에게 전화가 걸려왔다.

"지금 제 사무실에 할머니 한 분이 와계시는데 위원회 관계자와 이야기 나누고 싶어 하십니다. 품라, 당신이 와줘야 할 것 같아요."

사무실에 도착하자 엘시 기쉬라는 이름의 일흔두 살의 할머니가 기다리고 있었다. 그는 라디오에서 위원회의 활동에 대해 듣고 얘기가 하고 싶어 왔다고 했다. 그의 비극은 1976년 크리스마스이브에 일어났다. 1976년 6월, 소웨

25) 엘리 위젤(Elie Wiesel, 1928년 9월 30일-2016년 7월 2일)은 루마니아 태생 미국 작가, 홀로코스트 생존자다. 유대인 가정에서 태어났고, 1944년부터 1945년까지 나치 독일에 의해 아우슈비츠와 부헨발트 강제수용소에 수감되었다. 그의 아버지, 어머니, 막내 여동생은 강제 수용소에서 죽음을 맞이했고 그와 누나 둘은 살아남아 전쟁이 끝난 뒤 프랑스 고아원에서 재회했다. 노벨문학상을 수상한 프랑수아 모리아크가 그의 친구이며 그에게 홀로코스트 경험을 글로 쓸 것을 권유했다. 그는 자신의 경험을 쓴 책을 『밤night』 『새벽dawn』 『낮day』 삼부작으로 출판했으며, 여기서 인용한 내용은 『낮』에 수록되어 있으며, 한국에서 출판된 『그날 밤』은 삼부작의 내용이 다 들어가 있다.

토항쟁이 일어난 뒤, 몇 달 동안 계속해서 경찰은 당시 시위 가담자들을 찾아내 고문과 살인을 자행했으며, 다른 한편 흑인단체 중 폭력적인 성향의 단체에서는 흑인들 중 경찰에 동조한 사람들을 색출해 살해하기도 했다. 누구에게든, 무슨 일이든 일어날 수 있던 시기였다.

그날 그는 아이들을 찾으러 길거리에 나갔다가 등에 총을 맞았다. 다행히 목숨에는 이상이 없었으나 경찰은 그를 시위 가담자로 의심하고 침대에 사슬로 묶어놓았다. 그런 상황에서 이웃으로부터 그의 남편이 집에서 처참하게 살해당한 채 발견되었다는 소식을 들었다. 두개골이 열려 뇌가 보일 정도였다. 설상가상으로 그의 아들이 그런 아버지의 주검을 보게 되었다.

"이웃이 남편을 병원으로 신고 갔던 그 승합차에 제 아들도 타고 있었다고 말해 주었습니다. 그에게 자초지종을 들으며 저는 억장이 와르르 무너져 내렸습니다. 내 아들, 내 아들 보니실레는 부상당한 아빠와 병원까지 동행하겠다는 고집을 꺾지 않았고 결국 그 승합차 뒷좌석에 탔습니다. 그러고는 그 어린아이가 너무나 끔찍하고 형언할 수 없는 상태의 주검을 목격하고만 거예요. 제 아들이 죽은 아빠에게 매달려 '타타, 타타(아빠), 제가 보여요? 제가 보여요? 그렇다고 말해보세요!'라고 계속 물었다고 전해 들었습니다. 아들은 울면서 남편을 흔들어 깨우려 했습니다. 병원에서 돌아오는 길에 아들의 옷이 온통 피범벅이 된 걸 발견했어요. 아빠의 몸에 아들이 자신의 몸을 부비며 생긴 것이었습니다. 그때 이후 아들은 제정신으로 돌아오지 못한 채로 살아왔습니다."

그는 20년 전의 일을 생생히 기억했다. 과거의 처참했던 사건은 그의 몸과 마음, 그리고 아들의 모습에 지울 수 없는 흉터가 되었다. 그것은 정신적

트라우마[26]가 되어 그의 현재 일상을 지배하고 있었다. 어떻게 과거의 트라우마가 현재를 지배하게 되었을까?

품라 고보도 마디키젤라는 그 심리적 과정을 다음과 같이 설명했다.

"트라우마는 피해자의 정체성 일부를 분열시킨다. 그러한 경험으로 개인에게서 존경과 존엄, 자부심과 연결된 많은 것들이 떨어져 나가게 되고 온전한 자아를 지키는 경계가 허물어진다. 이제 분노와 원망만이 그 사람의 '소유물'이 되어 사랑하는 이의 자리, 상실된 것의 자리를 차지하고, 트라우마를 가한 가해자가 누구인지 잊히지 않게 하는 중요한 구실을 한다. 만일 피해자의 삶 속에서 그들을 강인하게 만들 어떠한 새로운 요소 없이 단순히 이러한 감정에서 벗어나고자만 한다면 피해자들은 다시 취약한 위치에 노출될 수밖에 없다."

충격을 받은 마음은 격렬한 감정들로 혼란스러운 상태다. 견딜 수 없는 고통의 열기 속에서 이 감정들은 증발하는 것이 아니라 오히려 벽돌처럼 단단하게 굳어버린다. 그것은 이제 내 마음의 일부분이 되어 내 모든 생각과 감정에 독소를 내뿜는다. 벽돌을 빼내는 일은 반드시 필요하지만 대단히 위험한 일이다. 자칫하면 삶 전체가 무너져 내릴 수 있기 때문이다.

가해자 역시 자신이 저지른 일과 트라우마에 영향을 받는다. 위원회 활동을 취재하던 남아프리카 공영방송 SABC의 라디오 방송팀이 어느 날 헬레나라는 백인여성으로부터 편지를 받았다. 편지에는 그의 연인이 경찰 특수부대에 배치된 뒤 겪게 된 고통에 대한 내용이 적혀있었다.

---

26) 트라우마(trauma)는 외부에서 일어난 충격적인 사건으로 인해 발생한 심리적 외상으로 정의할 수 있다. 전쟁, 학살, 자연재해, 교통사고, 강간, 학대 등 폭력적인 사건들은 트라우마를 일으킬 수 있다. 트라우마는 외상 후 스트레스장애(PTSD, Post-Traumatic Stress Disorder)로 드러날 수 있으며, 이 장애의 증상은 과거 충격적인 사건의 반복적인 재경험, 그에 따른 공포, 무기력감 등이다. 불안과 우울과도 밀접하게 관련되어 있다.

"그가 특수부대에 배치된 지 3년쯤 지나고부터 지옥같은 생활이 시작되었습니다. 부쩍 말수가 줄고 성격도 내성적으로 바뀌었지요. 가끔은 두 손으로 얼굴을 감싸 쥐고 부르르 몸을 떨기도 했습니다. 그가 술을 너무 많이 마신다는 것도 알게 되었습니다. 밤에도 쉬지 못한 채 방안을 왔다갔다 했습니다. 그는 주체할 수 없는 격렬한 두려움을 숨기려 했지만 제 눈에는 다 보였습니다. 어느 날 새벽 2시에서 2시 반 사이에 저는 그의 거친 숨소리에 놀라 잠이 깼습니다. 그는 침대 위를 데굴데굴 굴렀습니다. 얼굴은 창백했고 무더운 여름밤이었는데도 땀으로 흠뻑 젖은 몸은 얼음처럼 차가웠습니다. 부릅뜬 눈은 죽은 사람처럼 풀려있었습니다. 그는 몸을 떨었습니다. 끔찍한 경련을 일으켰고 영혼의 밑바닥에서 울려오는 두려움과 고통의 비명이 제 피를 얼어붙게 했습니다. 가끔은 꼼짝 않고 앉아서 멍하니 앞만 바라보기도 합니다. 저는 이해하지 못했습니다. 결코 알지 못했습니다. 그가 말한 '여행'들 도중에 어떤 일을 해야 했는지 깨닫지 못했습니다. 그냥 지옥을 겪고 있을 수밖에 없었습니다."

그는 또 이렇게 썼다.

"이 피폐해진 가엾은 사람들을 다시 온전하게 만들 힘이 제게 있다면 얼마나 좋을까요. 모든 사람의 과거에서 옛 남아프리카를 지워버릴 수 있다면 얼마나 좋을까요."

편지의 마지막 부분에 그는 자신의 연인이 울분을 토하며 한 말을 그대로 전했다.

"천 번 만 번 사면을 받으면 뭐하나. 하느님과 다른 모든 사람이 나를 천 번이나 용서해줘도 나는 이 지옥을 안고 살아야 해. 문제는 내 머리에, 내 양심에 있어. 여기서 벗어나는 길은 하나뿐이야. 권총으로 내 골통을 날려버리는 거지. 내 지옥이 거기 있으니까."

그렇다면 트라우마의 치유는 가능할까? 그것은 어떻게 일어날까? 품라 고보도 마디키젤라는 '트라우마를 이해하는 방식에 변화가 생길 때'라고 말한다.

도린 음고두카는 자신의 남편을 죽인 유진 드 코크가 자신에게 어떤 도움을 주었는지 다음과 같이 말했다.

"드 코크는 실제 무슨 일이 일어났는지 그 행적을 추적하는 데 우리에게 도움을 준 유일한 사람입니다. 당신은 남편에 대한 진실을 알게 됨으로써 우리가 느끼는 안도감이 얼마나 큰지 상상도 못 하실 겁니다. 우리는 드 코크를 통해 진실을 알게 되었기에 남편들과 함께 있을 수 있었고, 진실을 이해할 수 있었고, 다시금 그들을 놓아줄 수 있었습니다. 저는 이러한 진실 덕분에 그이를 떠나보내고자 생전 그의 발자취를 순서대로 따라가 볼 수 있었습니다. 그러기에 이제 어느 정도 슬픔을 감내할 수 있게 되었습니다."

사랑하는 가족이 죽었는지 살았는지, 죽었다면 어떻게 죽음을 맞이했는지 모르는 채 살아간다는 것이 과연 어떤 삶일까? 설사 그 죽음이 견딜 수 없이 참혹한 것이라 할지라도 그것이 바로 죽은 자에게 벌어진 일이라면 그를 사랑하는 가족 역시 그 사실을 알아야 하지 않을까?

진실은 또한 죄를 뉘우치는 가해자를 통해 듣게 될 때, 또 다른 의미를 더한다. 그는 예전의 가해자가 아니다. 예전의 그는 편견에 사로잡힌 눈으로 피해자를 인간만도 못한 인간, 물건처럼 취급했다. 하지만 이제 가해자는 피해자를 자신과 똑같은 인간, 아니 자신보다 더 인간같은 인간으로 본다. 이러한 인식의 변화를 겪은 가해자는 똑같이 끔찍한 고문과 살인을 고백할지라도 이전과는 다른 방식, 즉 인간적인 존중을 담아 표현한다. 그것은 어떤 의미에서 죽은 이를 다시 한 인간으로서 재생 혹은 부활시킨다.

1993년 7월, 다위 에커만의 아내는 케이프타운 외곽에 있는 세인트제임스 교회에 침입한 흑인 무장단체 일원들에게 살해당한 피해자 중 한 명이다.[27] 가해자들은 일요일 저녁 예배 중인 교회에 들어가 수류탄을 던지고 자동소총을 난사했다. 가해자들은 진실화해위원회에 사면신청을 했고, 1997년 7월 열린 위원회에서 다위 에커만은 가해자들을 향해 이렇게 말했다.

"사면신청자들에게 내가 말을 해도 될까요? 사면신청자들은 몸을 돌려 나를 봐주시기 바랍니다. 이것은 우리가 서로의 눈을 바라보며 얘기할 수 있는 첫 번째 기회입니다. 저는 당시 교회 안에 들어왔던 지세네카야 마코마 씨에게 묻고 싶습니다. 내 아내는 당신이 들어온 문 바로 앞 의자에 앉아 있었습니다. 그는 푸른색 롱코트를 입고 있었습니다. 당신은 내 아내를 쏜 것을 기억합니까?"

지세네카야 마코마가 대답했다.

"제가 총을 쏜 것은 기억하지만 누구를 쐈는지는 모르겠습니다. 제 총은 사람들을 향해 있었습니다."

다위 에커만이 말했다.

"저에게 중요해서 그렇습니다. 왜인지는 모르겠습니다만 그렇습니다. 당신이 모른다면 받아들이겠습니다."

그에게 그것이 왜 중요할까? 그 이유는 자신에게 하나뿐인 소중한 아내가 가해자에게는 그저 수많은 백인 압제자 중의 한 명, 인간적인 특성이 말살된, 마치 모두가 똑같은 사물 중 하나처럼 취급되었던 것이 참을 수 없었기 때문이 아닐까?

---

27) 세인트제임스교회학살(Saint James Church massacre)은 1993년 7월 25일 남아프리카 케이프타운 외곽에 위치한 세인트제임스교회에서 일어났다. 흑인무장단체의 일원들이 백인신자가 다수인 교회에 침입하여 11명을 죽이고 58명을 다치게 했다. 1998년 진실화해위원회는 가해자 3명에게 사면을 허가했다.

가해자인 지세네카야 마코마는 증언 중에 과거 자신이 경찰서에 구금되어 고문받은 사실이 있음을 언급했다. 그때 그는 자살하려고까지 했다.

다위 에커만은 말했다.

"마코마 씨는 자신이 고문을 받았고 자살까지 생각했다고 증언했습니다. 저도 그런 심정입니다. 저는 스스로에게 의문이 듭니다. ⋯⋯."

그는 감정을 억누르며 말을 이었다.

"우리는 여기서 무엇을 하고 있습니까? 진실, 맞습니다. 하지만 저는 가해자들이 대답하는 것을 보고 그들의 울분도 봤습니다. 도대체 어떻게 우리가 서로 화해할 수 있겠습니까?"

지세네카야 마코마가 그를 바라보며 말했다.

"우리는 우리가 한 일에 대해 사죄합니다. 우리가 처한 남아프리카 상황이 그렇습니다. 비록 투쟁 과정에서 사람들이 죽었지만 우리는 우리 자신을 위해서 그런 것이 아닙니다. 그것은 우리가 처한 상황 때문이었습니다. 우리는 당신이 우리를 용서해주기를 청합니다."

잠시 뒤, 다위 에커만이 말했다.

"저는 가해자들 모두를 조건 없이 용서합니다. 저는 당신이 저에게 가한 상처에 대해 용서할 수 있습니다. 하지만 저는 당신이 행한 죄에 대해서는 용서할 수 없습니다. 오로지 신만이 그럴 수 있습니다."

1993년 남아프리카는 그야말로 혼돈의 시기였다. 3년 전 1990년 넬슨 만델라가 석방되고 흑인지도자들과 백인정부 간 본격적인 협상이 진행되었지만, 변화는 더뎠다. 이 와중에 1993년 4월 크리스 하니라는 젊은 흑인지도자가 한 백인우월주의자에게 살해당하는 사건이 발생했다. 흑인시위자들은 폭도로 변했다. '한 사람에 한 표one man, one vote'라는 비폭력적인 구호보다

'백인 한 명에 총알 하나one settler, one bullet'라는 섬뜩한 구호를 외치는 사람들이 많아졌다.

그런 상황에서 1993년 8월 에이미 비엘[28] 살해사건이 벌어졌다. 그는 미국인이었다. 미국에서 넬슨 만델라 석방과 반아파르트헤이트 운동을 벌이고, 남아프리카에 와서 공부를 계속하고 있었다. 그날 에이미 비엘은 흑인 친구들을 차에 태우고 데려다주는 차에 시위군중이 있는 거리를 지나가게 되었다. 어느새 그의 차는 군중에 둘러싸였고 사람들은 차에 돌을 던지기 시작했다. 차 유리가 깨지고 에이미 비엘은 머리에 부상을 입었다. 함께 있던 흑인 친구들이 계속 운전하라고 외쳤지만 더 이상 운전할 수 있는 상황이 아니었다. 할 수 없이 그는 차 문을 열고 머리에 피를 흘리며 도망쳐 달리기 시작했다. 군중들이 쫓아왔고 누군가 그의 다리를 걸어 넘어뜨렸다. 쓰러진 그를 둘러싸고 계속 돌을 던졌고 누군가가 칼을 뽑아 그를 찔렀다. 그는 그렇게 길거리에서 죽었다.

1997년 7월 위원회가 열리고 주요 가해자 4명이 증언석에 앉아 있었다. 그리고 이 자리에는 에이미 비엘의 아버지와 어머니가 참석해 있었다.

가해자 중 한 명인 망게지 만퀴나에게 변호인이 물었다.

"어떻게 한 사람의, 무기도 없는, 젊은 백인 여성을 죽이는 게 당신의 정치적 목적을 이루는 데 도움이 된다고 생각할 수 있습니까?"

망게지 만퀴나가 대답했다.

"(백인) 정부는 백인이 죽으면 반응합니다. 정부는 흑인이 백인을 죽이는 것

---

28) 에이미 비엘(Amy Biehl)은 1993년 8월 25일 남아프리카 케이프타운 외곽지역 도로에서 살해당했다. 그는 미국에서 대학원을 다녔고 남아프리카로 와서 케이프타운의 한 대학에서 공부를 계속하던 중이었다. 1998년 진실화해위원회는 가해자 4명에게 사면을 허가했다.

을 원치 않습니다. 그래서 에이미 비엘을 죽이는 것은 우리 스스로를 자랑스럽게 만드는 것이며, 정부가 흑인 국민인 우리의 호소에 반응하게 만드는 일입니다. 당시 정부가 우리의 호소에 반응하지 않았기 때문에 우리는 그런 일을 계속한 것입니다."

변호인은 당시 에이미 비엘의 차에 함께 타고 있던 흑인 친구들이 내려 사람들에게 에이미 비엘이 자신들의 동지comrade이며, 폭력을 멈추라고 외쳤다는 것을 상기시켰다.

"당신들은 그것을 들었습니까?"

또 다른 가해자가 답했다.

"듣지 못했습니다."

"만약 당신이 그들이 외치는 소리를 들었다면 그날 당신의 행동은 달라졌을까요?"

"아니오. 그렇게 생각하지 않습니다."

"왜 그런지 설명해주시겠습니까?"

"그때 우리는 매우 흥분되어 있었습니다. 백인은 압제자이고 우리는 백인에게 조금도 동정심이 없었습니다. 우리 눈에 백인은 백인이었습니다."

당시 그들의 눈에 백인은 모두 적이고 압제자였다. 그것이 그들의 행동을 결정했다. 백인이라면 남자든 여자든, 자신들과 정치적인 의견을 같이하는 '같은 편'인지도 상관없었고, 더군다나 그가 자신의 인생을 어떻게 살아왔고 어떤 일을 해왔으며, 그의 가족들이 그를 얼마나 사랑하는지도 전혀 상관없는 일이었다. 그들의 분노는 그들의 이성과 통찰력을 앗아갔다.

위원회에 참석한 그의 어머니, 린다 비엘은 이렇게 말했다.

"여러분에게 에이미에 대해 조금 말씀드리려 합니다. 에이미는 똑똑하고 적극적인 아이였습니다. 그는 수영, 다이빙, 체조와 같은 경쟁적인 스포츠를 좋아했죠. 그는 플루트, 기타도 연주했습니다. 발레도 했습니다. …… 고등학교를 졸업하고 스탠퍼드대학에 들어갔습니다. 그가 꿈처럼 바라던 것이었지요. 대학에서 그는 마음먹고 공부를 시작했고 남아프리카에 관심 갖기 시작했습니다. 넬슨 만델라에 대한 존경과 사랑도 커져갔지요."

그의 아버지, 피터 비엘이 또 다른 에피소드를 전했다. 그는 그가 열여덟 살 고등학교 졸업식 때 연설한 일에 대해 얘기했다.

"에이미는 생물학자인 루이스 토마스의 말을 인용해 말했습니다. '인간의 유전자에는 서로에게 도움이 되려는 본능적인 충동이 있으나, 현재사회에서처럼 다수가 집단으로 모일 때 드러나는 어리석음과 자기파괴적인 능력은 자연 그 어디서도 찾아볼 수 없을 정도로 엄청나다. 그러나 만약 우리가 끈질기게 노력하고 살아남는다면, 우리는 하나의 경이로움에 잇따르는 또 다른 경이로움을 경험하게 될 것이다. 우리는 전에 결코 보지 못한 인간사회, 생각하지 못한 생각, 듣지 못한 음악을 위한 체계들을 만들어낼 수 있다.' 이것은 에이미가 열여덟 살 때 한 말입니다. 그리고 또 이것은 에이미가 죽는 날 했던 일입니다. 그는 남아프리카가 손을 맞잡고 이전에 결코 듣지 못했던 노래를 부르기를 원했습니다."

그는 또 말했다.

"우리는 그것이 정당하게 허가된다면 사면에 반대할 수 없습니다. 가장 진실한 의미에서 그것은 남아프리카 공동체가 스스로를 용서하는 것이며, 이것은 우분투[29]의 전통과 인간 존엄성의 다른 원칙들에 기초를 두고 있습니다. 사면을 허가하는 것은 분명 저희 린다 비엘과 피터 비엘의 몫이 아닙

---

29) 우분투(Ubuntu)는 남아프리카 반투어에서 유래된 말로, 아프리카에서 전통적으로 내려오는 평화사상과 문화에 뿌리를 두고 있다. 데스몬드 투투 대주교는 다음과 같이 말했다. "우분투 정신을 갖춘 사람은 마음이 열려 있고 다른 사람을 기꺼이 도우며 다른 사람의 생각을 인정할 줄 압니다." 또 넬슨 만델라는 이렇게 말했다. "우분투는 사람들이 자신을 위해 일하지 말라는 것이 아닙니다. 중요한 점은 그렇게 하는 것이 여러분 주변의 공동체가 더 나아지게 하기 위해서 그 일을 하느냐는 것입니다."

니다."

에이미 비엘의 부모님의 말은 가해자들에게 큰 감동을 주었다. 나중에 한 인터뷰에서 가해자 중 한 명인 망게지 만퀴나는 이렇게 말했다.

"에이미 비엘의 부모님이 그가 누구인지 설명하는 말을 듣고 제 마음이 괴로웠습니다. 저는 그가 누구인지 몰랐습니다. 단지 그를 또 한 명의 압제자로 생각했습니다. 저는 공격하지 말아야 할 사람을 공격했다는 것을 깨달았습니다."

그는 계속해서 말했다.

"에이미 비엘의 부모님이 사면에 반대하지 않는다고 했을 때 저는 충격을 받았습니다. 모든 어머니는 자식을 낳을 때 고통을 겪고, 사랑하는 자식을 잃는 것은 매우 고통스러운 일이기 때문입니다. 그것은 치유될 수 없는 상처입니다. 그들이 자신들의 마음속에서 어떻게 그것을 풀어낼 수 있었는지 제게는 아직도 충격으로 남아있습니다."

위원회에서 마지막 발언을 하면서 피터 비엘은 남아프리카를 향해 다음과 같은 질문들을 던졌다. 그것은 모두를 향한 질문이었다.

"남아프리카는 도전적이고 매우 어려운 결정들에 직면하고 있습니다. (희생자들의) 헌신적인 삶의 가치를 어떻게 매길 것인가? 에이미가 남긴 것의 가치를 어떻게 평가할 것인가? 남아프리카 공동체는 사면과 용서를 어떻게 책임감 있게 실행할 것인가? 우리 앞에 앉아 있는 젊은이들과 같은 가해자, 수감자들을 공동체에 도움이 되는 방식으로 복귀시키기 위해 무엇을 하고 있는가? 수감자들 대다수가 30세 미만의 젊은이라는 사실, 주변 지역의 매우 높은 실업률과 95퍼센트가 넘는 재범률을 고려할 때 무엇을 해야 하는가? 어떻게 우리가 서로 친구로서 협력해나갈 것인가?"

그는 또 말했다.

"수감자 재활프로그램이 미국뿐 아니라 여기 남아프리카에서도 반드시 필요합니다. 문맹률 감소와 교육프로그램이 반드시 필요합니다. 직업기술훈련이 반드시 필요합니다. 우리, 에이미비엘재단은 진보를 위한 촉매제로서 우리가 맡은 역할을 기꺼이 하려고 합니다. 이제 묻고 싶습니다. 남아프리카 공동체는 당신이 맡은 역할을 할 준비가 되어 있습니까?"

그의 말은 처벌이나 정의가 아니라 용서와 책임에 대한 것들이었고, 그가 던진 질문들은 모두 실제적인 변화를 위한 것들이었다. 나중에 린다 비엘과 피터 비엘은 가해자들의 가족들까지 일일이 방문하고 대화를 나누고 포옹을 나누었으며, 자기 딸의 뜻을 기리는 에이미비엘재단을 설립하여 남아프리카 청소년들을 돕는 프로그램을 시작했다.

진정한 의미의 용서란 무엇일까? 잘못된 행위가 이미 돌이킬 수 없고 죽은 자가 다시 살아올 수 없음을 분명히 인식한다면, 피해자와 그의 가족이 진정 원하는 것은 그 같은 일이 다시는 누구에게도 일어나지 않는 것이리라. 에이미 비엘의 죽음은 그와 같이 선한 의도를 갖고 헌신적인 삶을 살던 수많은 사람의 죽음과 연결되어 있다. 또한 그의 죽음은 남아프리카의 잘못된 체제하에서 고통받고 희생당한 모든 흑인과 백인들의 죽음과도 연결되어 있다. 따라서 그의 죽음을 용서하고 바로잡는 일은 이들 모두의 죽음을 용서하고 바로잡는 일이 되어야 한다.

린다 비엘과 피터 비엘은 진정한 용서는 가장 진실한 의미에서 남아프리카 공동체가 스스로를 용서하는 일이 되어야 한다고 말했다. 이러한 표현은 용서와 잘못된 일을 바로잡는 변화를 함께 생각하지 않고서는 이해하기 어렵다. 아무것도 변하지 않는 상황에서 행하는 용서와 참회는 아무런 소용도 의미도 없으며, 치유도 일어나지 않는다. 따라서 진정한 용서와 참회, 치유의 과정이란 올바른 변화를 일으킬 수 있는 올바른 주체를 찾아 옳은 질문을 하고 옳은 행동을 요구하고 그 변화의 행동에 동참하는 실질적인 행위들을 모두 포함하는 것이어야 한다.

그렇다면 우리 각자는 무엇을 해야 하는가? 데스몬드 투투 대주교는 아프리카 전통사상인 우분투을 통해 용서를 말한다. 우분투는 '내 존재는 당신과 뗄 수 없이 연결되어 있다I am because you are'는 뜻이다. 그것은 또한 '내 존재는 우리 모두와 연결되어 있다I am because we all are'는 뜻이다. 아파르트헤이트 체제 하에서 흑인들은 물질적 차원에서 비인간적인 환경에 놓여 있었다. 다른 한편, 백인들은 심리적 차원에서 비인간적인 환경에 놓여 있었는데, 그들이 흑인들의 고통에 무감각하고 흑인들을 같은 인간으로 존중하지 않았기 때문이다. 더욱이 서로에 대한 폭력은 서로의 내면에 있는 비인간성을 더욱 크게 만들었다. 따라서 용서와 참회는 우리 모두가 잃어버린 인간다움을 회복하는 일이며, 이는 곧 치유의 과정이다.

데스몬드 투투 대주교는 말했다.

"용서는 잊는 것이 아니라 오히려 깊이 기억하는 것이다. 용서할 때 우리는 우리가 누구이고 누구에게 속했는지를 기억한다. 우리가 창조주 하느님을 닮은 창조적인 사람이라는 사실도 기억한다. 용서할 때 우리는 창조의 능력을 되찾을 수 있다. 우리에게 상처를 준 사람과의 관계를 새롭게 창조하며, 우리 자신에 대한 이야기를 새롭게 쓴다. 용서할 힘을 찾은 사람은 더 이상 희생자가 아니라 생존자다."

참회도 마찬가지다. 진정한 뉘우침은 외부가 아니라 내면으로부터 일어난다. 내면의 신호가 우리 자신이 잘못했다는 것을 알려준다. 그것이 양심이며, 우리 마음 깊은 곳에서 모두를 하나로 연결하는 인간성이다. 참회하는 가해자는 자신이 진정 누구인지를 기억하고 과거에 잘못을 저지른 좁은 나로 다시 돌아가지 않겠다고 다짐한다.

누군가를 용서하고 또 누군가에게 용서를 구하기 전에 우리는 먼저 자신의 내면에서 일치를 이루어야 한다. 자신의 내적 일치 없이 타인과 외적 일치는 불가능하며 그러한 시도는 오히려 더 큰 혼란을 가져올 뿐이다. 이 모든 트라우마와 고통 속에서 우리가 항상 마음을 두어야 할 것은 자신에게 이렇게 묻는 것이다. '나는 진정 누구인가?' '내가 진정 원하는 것은 무엇인가?' 일상의 삶 속에서 놓치지 말고 내면의 짙은 느낌과 목소리에 귀 기울여야 한다. 지금 나는 진정 누구인가? 무엇을 원하는가? 분노인가, 복수인가, 절망인가? 아니면 용서인가, 자비인가, 희망인가?

린다 비엘은 "용서란 지속적인 일"이라고 말했다. 그가 남편과 함께 설립한 에이미비엘재단은 남아프리카와 미국에 지부를 두고 있다. 남아프리카 케이프타운 지부에는 딸을 살해한 가해자 두 명이 근무하고 있으며, 이들은 청소년들을 돕는 프로그램의 지도자로 활동하고 있다. 그는 용서가 한 번으로 끝나는 일이 아니며, 어떨 때는 처음부터 새로 시작해야 한다고 말한다. 용서와 참회가 우리가 가진 본래 인간다움으로 돌아가는 일이라면, 그것은 어쩌면 우리가 매일 매 순간 해야 하는 일일지 모른다.

고통은 영혼을 파괴하기도 하지만, 영혼을 성장시키기도 한다. 반드시 고통을 통해서만 성장하는 것은 아니지만, 만일 고통을 겪으면서도 아무런 깨달음을 얻지 못했다면 그것은 스스로에게 매우 안타까운 일이 될 것이다. 자신이 가장 크게 성장할 수 있는 기회를 놓친 것이기 때문이다. 용서와 참회가 바로 그 기회 중의 하나이다. 용서와 참회는 과거의 나를 복원시키는 과정이 아니라 새로운 나를 창조하는 과정이다. 고통은 외부의 사건이 내면의 벽들에 부딪힐 때 발생한다. 내가 해야 할 일은 그 벽들을 찾아내 의식적으로 무너뜨리는 것이다. 그것은 마치 나 자신이 무너져 내리는 듯한 죽음의 고통을 동반하는 창조적 파괴의 과정이다. 이를 통해 우리는 좀 더 민감하면서도 강인하고, 자유로우면서도 흐트러짐이 없으며, 자비로우면서도 엄격한, 좀 더 깊고 넓어진 새로운 차원의 나로 도약한다. 그것은 우리의 자연스러운 본성에 더 가까워지는 과정이지만, 가만히 있어서는 일어나지 않는 일이다. 그것은 고통과 절망의 순간을 넘어 스스로에게 찾아오는 축복의 비다.

전쟁과 테러를 어떻게 막을 것인가

# 누가 왜 전쟁을 하는가

## 로버트 맥나마라 vs. 보응우옌잡

**로버트 맥나마라**Robert McNamara(1916년 6월 9일-2009년 6월 6일)
미국 존 F. 케네디와 린든 B. 존슨 대통령 시절 국방부장관을 역임했다. 미국에서 베트남전쟁은 '맥나마라의 전쟁'이라고 불릴 정도로 베트남전쟁에 깊이 관여했다.

**보응우옌잡**Võ Nguyên Giáp(1911년 8월 25일-2013년 10월 4일)
베트남 독립운동가이자 군사지도자다. 1954년 5월 7일 그가 지휘하는 베트남 독립군이 디엔비엔푸전투에서 프랑스군을 패배시키고 제1차 인도차이나 전쟁에서 승리했다. 이후 미국과의 전쟁에서도 최고군사령관으로 군대를 지휘하여 최종적으로 승리를 이끌어냈다.

**모든 전쟁은 이성적인 동물로서 인간의 실패를 보여주는 증상이다.**

— 존 스타인벡[30], 미국 소설가


전쟁을 미리 막거나 더 일찍 끝낼 수는 없었을까? 희생자를 더 줄일 수는 없었을까? 앞으로 전쟁을 또다시 반복하지 않기 위해서는 어떻게 해야 할까? 만약 전쟁이 끝난 뒤 양측의 군사지도자들이 만나 이런 문제들을 토론한다면 어떨까? 전쟁이라는 엄청난 희생을 치르고 난 뒤 그들이 얻은 교훈은 과연 무엇일까?

베트남전쟁[31]이 끝나고 그로부터 20년이 지난 1995년 11월, 전쟁 당시 미국 국방장관을 지낸 로버트 맥나마라와 당시 북베트남 최고사령관이었던 보응우옌잡이 만났다.

로버트 맥나마라가 말했다.

"나에게는 오늘 이 순간까지 계속 품어온 의문이 있습니다. 1964년 8월 2일 미국의 구축함 매독스에 대한 첫 번째 공격이 있었습니다. 이 사실은 확인된 바 있습니다. 내가 의문이라고 하는 것은 그에 이어 8월 4일에 있었다고 하는 두 번째 공격입니다. 과연 그때 북베트남은 공격했습니까, 아니면 하지 않았습니까?"

그러자 보응우옌잡이 대답했다.

"8월 2일 매독스가 베트남 영해에 침입하여 북베트남군이 공격을 가했습

---

30) 존 스타인벡(John Ernst Steinbeck Jr., 1902년 2월 27일-1968년 12월 20일)은 미국 소설가다. 경제적, 사회구조적 모순 속의 노동자의 삶을 그린 소설을 주로 썼다. 저서에는 『생쥐와 인간』, 『분노의 포도』, 『에덴의 동쪽』 등이 있다.

31) 미국에서는 베트남전쟁(Vietnam War), 베트남에서는 항미전쟁(Resistance War Against America)이라고 부른다. 1955년 11월 1일부터 1975년 4월 30일까지 지속되었으며, 북베트남이 승리하여 1976년 베트남 사회주의 공화국이 선포되었다.

니다. 그러나 4일 공격은 완전히 날조된 것입니다. 우리는 8월 4일 공격하지 않았습니다. 이것이 진실입니다. 공격 직후 결의됐다는 미국의 이른바 '통킹만 결의'는 내가 알기로는 사건이 일어난 1964년 여름 수개월 전에 이미 초고가 완성되어 있었습니다. 미국 정부가 의회로부터 전쟁 개시 승인을 얻어내기 위해 그런 행동을 취한 것이라고 우리는 확신하고 있습니다."

통킹만사건[32]은 베트남 북쪽에 위치한 통킹만에서 북베트남군과 미군 간에 일어난 사건을 말한다. 이 사건을 계기로 미국 존슨 대통령은 북베트남과의 대대적인 전쟁을 시작하게 된다. 당시 미군 측은 8월 2일과 4일 두 차례에 걸쳐 북베트남군이 먼저 공격을 해왔다고 주장했다. 하지만 뒤에 공개된 펜타콘 페이퍼 등 미국 비밀문서에 따르면 8월 4일 공격은 실제로 존재했는지 불확실하며, 8월 2일 공격은 북베트남군이 미군에 대해 벌인 선제공격이 아니라 그 전에 있었던 미군의 도발에 대한 북베트남군의 보복공격이었다. 여기서 로버트 맥나마라는 당시 악천후로 불확실했던 8월 4일 공격의 유무를 과거 적군의 사령관에게 직접 묻고 있으며, 보응우옌잡은 공격이 없었다고 답하고 있다. 이것이 사실이라면, 미국 정부는 북베트남군의 공격 유무가 불확실한 것을 제대로 확인하지 않은 채 미국 국민에게 거짓말을 하고 전쟁을 시작했던 것이다. 그렇다면 그렇게 거짓말까지 하면서 미국이 전쟁을 시작한 진짜 이유는 무엇이었을까?

양측의 첫 만남 이후 몇 개월 뒤 본격적인 회의가 개최되었다. 로버트 맥나마라가 말했다.

"미국의 목표가 하노이 정부 자체의 파괴라고 생각했다면 그것은 전적으로

---

32) 통킹만사건(Gulf of Tonkin Incident)은 1964년 8월 통킹만 해상에서 북베트남 어뢰정과 미국 매독스 구축함간에 벌어진 사건이다. 매독스 구축함은 먼저 북베트남 어뢰정으로부터 공격을 받고 이에 대한 대응으로 3대의 북베트남 어뢰정을 파괴하고 10여 명의 사상자가 발생했다.

잘못된 것입니다. 우리 케네디정권은 그럴 생각이 전혀 없었습니다. 반대로 우리 자유주의 사회가 통합된 의지 아래 조직된 공산주의 세력에 의해 세계 도처에서 위협에 노출되어 있다고 느끼고 있었습니다. 즉, 간단하게 말하자면 당시 우리들의 정세판단을 지배하고 있던 것은 소위 '도미노 효과'[33]의 공포였던 것입니다. 케네디정권과 존슨정권 내내 우리는 남베트남을 북베트남에 내어주게 되면 동남아시아 전체를 공산주의자들에게 주게 된다고 생각하고 있었습니다. 그리고 동남아시아 전체를 상실하는 것은 미국과 기타 자유주의 사회의 안전보장체제를 크게 뒤흔들어 놓으리라 판단한 것이지요."

당시 세계는 냉전의 시대, 공산주의 대 반공주의의 시대였다. 이러한 사고 틀 속에서 미국의 정치, 군사지도자들은 자기 나라와는 멀리 떨어져 있는 동남아시아의 베트남이라는 나라가 공산화되는 것이 자기 나라의 안전을 위협할 것이라는 결론에까지 이르게 된 것이다. 반면 오랫동안 외세의 침략과 지배에 맞서 싸워온 베트남은 미국이 그 전에 베트남을 지배했던 프랑스 등 제국주의 국가들처럼 베트남을 식민지로 만들어 억압하고 착취할 것이라고 생각했다.

베트남측 회의 대표로 전쟁 당시 북베트남 외무차관을 지낸 응우엔 고 탁 Nguyen Co Thach이 말했다.

"미국의 정세판단의 가장 본질적인 문제, 특히 1950-60년대에서 최대의 문제는 미국이야말로 세계의 경찰관이라고 자처하고 있던 데 있다고 생각합니다. …… 미국은 응오 딘 디엠을 사이공 정부의 대통령으로 앉히고 어떤 희생을 감수해서라도 그를 지키려고 했습니다. 공산주의를 두려워한 나머지,

---

33) 도미노 효과(domino effect) 혹은 도미노 이론(domino theory)은 마치 첫 번째 말을 넘어뜨리면 차례대로 다음 말들이 넘어지고 마침내 모든 말들이 넘어지는 도미노와 같이 한 나라의 정치체제가 무너지면 그 효과가 주변 나라에도 미친다는 이론을 말한다.

디엠이 어떤 악정을 펼치고 또 국민으로부터 미움을 사더라도 정권을 유지하려고 다짐했습니다. 디엠이 폭력적인 탄압을 강화함에 따라 남베트남 인민이 일어나 디엠에 투쟁하기 시작했습니다. 인민들로서는 미국이 결정한 독재자인 디엠 외에 다른 지도자를 선택할 자유가 없었기 때문입니다. 투쟁이 격화됨에 따라 미국은 디엠에 대한 지원을 강화하여 드디어 군사개입을 하기에 이르렀습니다. 한편 남베트남의 해방전선도 북베트남에 지원을 요청했습니다. 이리하여 미국과 북베트남은 전면전으로 대결하게 되었습니다. 이것이 전쟁의 줄거리입니다. 그다지 커다란 수수께끼가 있다고는 생각되지 않습니다."

또 다른 베트남측 회의참가자가 말했다.

"우리의 전쟁 목적은 독립과 자유였습니다. 자유, 독립, 국가의 통일, 그것이 베트남 국민의 공통된 염원이었습니다. 바로 그 때문에 우리는 이 전쟁에 결연히 일어서야 한다고 생각했던 것입니다. 그러나 당신네 미국은 그런 베트남인들의 마음을 이해하지 못했습니다. 우리를 국가로서가 아니라 냉전이라는 게임 속 말馬로만 보았던 것입니다."

그렇다면 양측이 전쟁을 피할 수 있는 방법은 무엇이었을까? 당시 미국의 정치, 군사지도자들이 냉전의 사고틀을 버리는 것은 불가능했을까? 그러면 베트남이 공산화되더라도 미국의 우려대로 베트남이 중국이나 소련의 앞잡이가 되지 않는다면 미국은 이를 받아들일 수 있었을까? 회의가 끝난 뒤 한 미국 측 참가자는 다음과 같이 털어놓았다.

"지금 우리가 매우 의문스럽게 생각하는 것이 있습니다. 그것은 베트남이 중국과 오랫동안 전쟁을 되풀이했고 베트남전쟁 당시에도 중국의 간섭을 강하게 경계하고 있었다는 사실을 왜 미국의 정책 책임자는 몰랐는가 하는 점입니다. 미국은 베트남이 중국과 한통속이라고 생각하고 의심조차 하지 않았습니다."

미국 정치, 군사지도자들이 가진 냉전의 사고틀에서 공산주의 국가는 다 똑같아 보였다. 북베트남은 소련이나 중국의 명령에 따라 움직이는 끄나풀로 보였고 더군다나 미국이 가진 압도적인 군사력으로 쉽게 제압할 수 있다고 생각했다. 결국 그들은 베트남이란 나라가 어떤 나라인지 제대로 모르고 전쟁을 시작했던 것이다. 그들의 사고틀과 강대국이라는 자존심은 베트남을 한 나라로서 존중하고 이해하려는 노력을 가로막았다.

한편 베트남이 전쟁을 피할 수 있는 방법은 무엇이었을까? 북베트남이 남베트남에 미국이 조종하는 꼭두각시 같은 정권이 들어서는 것을 받아들일 수 없었다면, 중립적인 정권이 들어서는 것은 받아들일 수 있었을까? 베트남 측 회의참가자는 이렇게 말했다.

"당시 우리는 남베트남에서 정치 및 무력에 의한 투쟁을 진행하고 있었습니다만, 목표는 시간을 들여 조금씩 사이공 정부를 와해시키는 것이었습니다. 이를 위해 미국과 사이공 정부에 대해 중립적이고 평화적인 연합정권의 수립을 촉구하자고 생각한 것입니다. 이 연합정권은 미국에게 군사적으로 개입하지 말라고 요구할 뿐 그 외 일반적인 외교관계는 유지될 예정이었습니다. 만약 역사가 이 계획대로 진행되었더라면 미국과의 전쟁은 미연에 막을 수 있지 않았나 생각됩니다."

하지만 당시 북베트남의 최종목표는 베트남의 통일과 공산화였으므로, 이와 같이 세워진 남베트남의 중립적 연합정권이 얼마나 오래 지속될 수 있을지는 알 수 없다. 그럼에도 불구하고 여기서 중요한 것은 북베트남이 미국과의 전쟁을 피하기 위해 남베트남 혹은 통일된 베트남에서 친미세력과의 연합을 진지하게 받아들일 수 있느냐는 것인데, 미국을 제국주의로 보는 관점, 자기들 공산정권이 최선이라는 관점에서 그것이 가능했을까?

회의는 계속해서 진행됐다. 이번에는 전쟁 중에 미국이 제안했던 비밀평화협상이 이슈였다. 전쟁 당시 북베트남 외무부 대미정책국장을 지낸 트란 쿠안 코Tran Quang Co가 말했다.

"우선 생각해야 할 것은 어떤 상황에서 미국이 협상을 제안했는가 하는 점입니다. 1965년부터 1967년 사이에 우리는 늘 북폭이라는 위협을 받으면서 평화협상제의를 받았습니다. 이런 상황에서는 절대로 협상에 응할 수 없습니다. 우리에게 아무런 주저도 없었습니다. 오직 거부만이 있을 뿐이었습니다. 한편 미국은 사람을 바꿔가면서 다양한 중재자를 보내왔습니다. 중재자들은 미국과 친교가 있는 캐나다와 영국뿐 아니라 이집트, 가나, 알제리 등 제3세계의 인물도 많이 있었습니다. 이것을 보고 우리는 알았지요. 당신들의 의도를 말입니다. 당신들은 협상을 통해 평화를 바라는 것은 베트남이 아니라 미국이라고 세계를 향해 선전하고 싶었던 거지요. 당신들은 북폭이라는 가장 비인도적인 행위를 정당화하기 위해 모든 수단을 동원하여 '전쟁을 바라는 것은 베트남이다. 미국은 평화를 바란다. 그러나 베트남이 그에 응하지 않기 때문에 북폭을 계속할 수밖에 없다'라는 인상을 세상 사람들에게 심어주려고 한 것입니다."

그러자 로버트 맥나마라가 거세게 반발했다.

"말도 안 됩니다. 미국의 협상 노력은 결코 선전 따위를 위한 것이 아닙니다. 이 점만은 분명히 하고 싶습니다. 저 자신이 비밀평화협상을 제안한 사람이기 때문입니다. …… 결코 선전이 목적이 아니었습니다. 우리는 당신네 나라를 파괴하고 베트남인을 대량으로 살해하며 또 미국인에게도 커다란 희생을 초래한 그 전쟁을 하루라도 빨리 끝내고 싶었습니다. 그러므로 진심이다, 아니다 따위는 논할 가치가 없습니다. '진심이었다. 그리고 실패했다.' 이것이 사실입니다."

또 다른 미국 측 회의참가자가 물었다.

"도대체 우리가 어떻게 했어야 당신들은 우리가 평화를 진지하게 모색하고 있다고 받아들였겠습니까?"

트란 쿠안 코가 답했다.

"간단합니다. 북폭을 그만두는 것입니다. 그것밖에는 없지 않겠습니까? 한도 끝도 없이 폭탄을 떨어뜨리면서 평화안을 믿으라는 것은 무리지요. 하물며 지상군까지 대거 투입하는 상황에서 평화협상이라니, 그것을 어떻게 믿으라는 말입니까?"

그렇다면 왜 미국은 폭격을 그만두지 못했을까? 협상을 담당했던 미국 측 참가자는 이렇게 말했다.

"저도 북폭 중지를 요구했습니다만, 실제로 저같은 사람이 북폭을 중지시킬 수는 없었습니다. 중지시킬 수 있는 사람은 결국 존슨 대통령이었지요. 하지만 대통령은 폭격을 중지시키는 것을 꺼렸습니다. 베트남을 협상테이블로 불러오는 방법은 폭격밖에 없다는 것이 그의 기본적인 생각이었기 때문입니다. 만약 정말 협상을 바란다면 폭격을 계속해야 한다는 주장이 미국 정부 내에 늘 존재했습니다. 이것은 협상을 위해서는 폭격을 중지해야 한다는 생각과 정면에서 대립하는 사고방식입니다."

"실제로 일단 전쟁이 시작되면 폭격을 그만두라는 말을 하는 것은 간단한 일이 아닙니다. 군부는 우리에게 되묻습니다. '지금 폭격을 그만두면 그만큼 남베트남에서 싸우고 있는 미군이 죽는다. 그래도 좋은가?'라고요. 그런 말을 들으면 더 이상 아무 말도 할 수 없습니다."

당시 미군 희생자가 늘어나고 전쟁에서 이기리라는 확신도 줄었지만, 미국은 여전히 강대국의 입장, 자기중심적 입장을 버리지 못했다. 힘으로 상대방을 협상테이블로 끌어내려고 했고 상대방이 어떻게 받아들일지보다 자신들의 내부사정이 더 중요했다. 폭격을 그만두면 미군이 죽는다는 군부의 말에는 반대하지 못하면서 더 이상의 모든 죽음과 전쟁 자체를 끝낼 수 있는 협상에 대해서는 왜 더 진지하게 설득하지 못했을까?

이에 대해 상대방은 어떻게 생각했을까? 한 베트남 측 회의참가자는 그것이 "협상할 마음이 없으면 목을 졸라 죽이겠다고 협박하는 것과 마찬가지"였다고 말했다. 마치 한 손에 칼을 쥐고 다른 손으로 악수를 청하는 모습이랄까? 이러한 이유로 북베트남은 미국이 제안한 협상이 거짓이라고 여기고 응하지 않았다. 하지만 다른 한편으로 협상에 실제로 응해보지 않고서는 그것이 완전히 거짓이라고 누구도 장담할 수 없다. 그렇다면, 당시 협상으로 전쟁을 더 일찍 끝낼 수 있었는데 그러지 못했던 것을 미국의 책임으로만 돌릴 수는 없는 일이다.

로버트 맥나마라가 물었다.

"베트남 여러분께 묻고 싶습니다. 1965년 말부터 1968년 3월까지 베트남인들, 특히 하노이에 거주하던 사람들이 엄청나게 희생되었습니다. 정확한 숫자는 모릅니다만, 한 추측에 따르면 이 시기 베트남에서는 연간 1백만 명 규모로 사망자가 나왔습니다. 이것은 남북을 불문하고 베트남에 엄청난 손실이요, 피해였을 겁니다. 나는 만약 이 1965년 말부터 1968년 사이에 미국과 베트남이 협상했더라면, 1973년에 실제로 체결된 평화안과 거의 같은 내용으로 평화를 달성했을 것이라고 믿고 있습니다. 그리하여 많은 베트남인의 목숨을 구했을 것입니다. 그렇기 때문에 질문하고 싶습니다. 도대체 당신들은 이와 같이 막대한 인명의 손실에도 왜 끄떡하지 않았습니까? 눈앞에서 국민이 죽어가는데, 희생자를 조금이라도 줄이기 위해 협상을 시작하자는 마음이 들지 않았습니까? 왜 협상테이블에 나와 미국의 제안이 자신들에게 유리한지 어떤지를 살펴보는 노력조차 하지 않았습니까?"

트란 쿠안 코가 답했다.

"맥나마라 씨, 당신은 베트남의 지도자가 베트남 인민의 희생과 고통을 못본 척했다는 말을 하고 싶은 겁니까? 그렇기 때문에 우리가 평화협상에 응하지 않았다는 말인가요? …… 그것은 전혀 잘못된 것입니다. 그와 반대로 만약 우리가 미국과 평화를 위해 협상을 시작한다면 우리는 이와 같이 폭탄이 비 오듯 퍼붓는 가운데 왜 협상에 응하는가를 국민들에게 설명해야만 했을 겁니다. 잘 들으십시오. 베트남전쟁은 이곳 베트남에서 일어났다는 사실을 잊지 말기를 바랍니다. 베트남의 국토가 황폐해지고 베트남 인민이 죽었어요. 전쟁의 아픔을 가장 뼈아프게 체험한 것은 우리였습니다. …… 왜, 왜, 우리가 그렇게도 격렬한 폭격을 받으면서도 협상 제안에 응하지 않았는지, 당신은 압니까? 그건 말입니다. 독립과 자유만큼 고귀한 것은 없기 때문입니다. 베트남인은 노예의 평화는 받아들이지 않아요."

자유와 독립은 북베트남이 미국과 싸운 이유였다. 수십 배나 희생이 더 컸던 강대국과의 전쟁 중이었어도 굴욕은 받아들일 수 없었다. 자유와 독립을 위한 전쟁이었기에 더더욱 그랬다. 침략자인 미군 앞에서 폭격을 맞으며 굴욕적인 태도로 폭격을 중지해달라고 군대를 철수해달라고 평화를 구걸하는 것은 스스로 세운 전쟁의 대의를 저버리는 일이었다.

회의가 모두 끝난 뒤 트란 쿠안 코는 다시금 이 점을 지적하며 말했다.

"논의 중에 믿기지 않는 의견이 몇 개 나왔습니다. 대표적인 케이스가 맥나마라 씨의 발언입니다. 그는 이렇게 질문했습니다. '베트남의 지도부는 동포의 목숨 따위는 전혀 생각하지 않은 것이 아닌가? 베트남인 사상자를 줄이는 것 따위는 염두에 없었기 때문에 전쟁을 조기에 종결시키기 위한 대화도 거부한 것이 아닌가?'라고요. 이 발언에 우리 모두가 말문이 막혀버렸습니다. 엄청난 모욕이라고 느꼈기 때문입니다. 나도 너무나 분개한 나머지 이성을 잃을 뻔했습니다. 그러나 그 자리에서는 필사적으로 분노를 삭였지요."

그에게 로버트 맥나마라의 발언은 전혀 이성적이라고 생각되지 않는 말이었다. 남의 나라를 침략해서 엄청난 폭격으로 수많은 민간인을 죽이고 있으면서, 그 죽음의 책임을 상대방에게 떠넘기려는 듯 보였다. 그러나 그의 발언이 강대국의 자기중심적 사고방식에 사로잡혀 있다고 할지라도 한 가지 중요한 사실을 담고 있음은 틀림없다. 즉 만약 그때 베트남 측이 협상에 응했더라면 전쟁이 더 일찍 끝날 수 있었다는 것이다.

회의가 모두 끝나고, 한 인터뷰에서 로버트 맥나마라와 보응우옌잡에게 그들이 느낀 교훈을 물었다. 로버트 맥나마라가 말했다.

"하노이대화의 가장 중요한 교훈은 베트남전쟁은 미국과 베트남 쌍방의 지도자가 보다 현명하게 행동했더라면 피할 수 있었던 전쟁이었다는 점입니다. 우리가 대화의 교훈을 바르게 배운다면, 미래에 이와 같은 전쟁은 막을 수 있을 겁니다. 내가 가장 중요하다고 여기는 교훈을 두 가지 말씀드리고 싶습니다. 하나는 우선 적을 이해하라는 것입니다. 우리는 서로 적을 오해하고 있었습니다. 두 번째는 비록 상대가 적이라고 할지라도 최고 지도자끼리의 대화. 그렇습니다. 대화를 계속해야 한다는 것입니다. 우리는 그것도 게을리했습니다. 이것이 가장 중요한 교훈입니다."

보응우옌잡이 말했다.

"역사를 뒤돌아보면 미국이 베트남을 침략했고 베트남이 그런 미국을 격퇴한 것은 분명합니다. 그러나 보다 정확하게 말하자면 도대체 누가 승자고 누가 패자였나요? 물론 자유와 독립을 위해 싸운 베트남 인민의 승리인 것은 틀림없습니다. 그러나 동시에 베트남전쟁에 반대하고 평화를 추구했던 많은 미국인의 승리이기도 합니다. 패한 것은 펜타곤을 비롯하여 전쟁을 좋아하고 수행했던 자들이었습니다. 그렇기 때문에 나는 미국인과 베트남인들이 우호적인 관계를 구축하는 것이 결코 불가능하지 않으며 오히려 필요한 것이라고 생각하고 있습니다."

어떻게 하면 전쟁을 미리 막거나 더 일찍 끝낼 수 있을까? 양측의 지도자는 어떻게 생각할까? 로버트 맥나마라는 적과 대화를 계속하라고 제안한다. 이해할 수 없는 적일수록 더 노력해야 한다. 대화는 항상 많은 요인으로 인해 제한적이기 마련이다. 무엇보다 우리가 할 수 있는 것은 우리 자신이 가진 가치와 사고틀을 점검하고 그것을 유연하게 또는 업그레이드하려는 노력이다. 그럼으로써 우리는 상대방이 가진 가치와 사고틀을 이해하면서 대화할 수 있고, 의미 있는 결과를 만들어 낼 수 있다.

미국 언론인, 조셉 레리벨드Joseph Lelyveld는 말했다.

"우리가 베트남에 대해 말할 때, 우리는 그 나라나 그곳에 사는 사람들의 상황에 대해서는 거의 말하지 않았다. 우리는 대개 우리 자신에 대해 말했다. 아마도 우리는 항상 그랬다. 그것이 우리의 정치, 군사지도자들이 제대로 된 전략을 세우기 힘들었던 명백한 이유 중 하나다."

한편, 보응우옌잡은 또 다른 관점에서 전쟁을 보고 있다. 전쟁을 미국과 베트남의 대결이 아니라 평화를 추구하는 사람들과 전쟁을 좋아하고 수행하는 사람들의 대결로 보고, 전쟁의 승자는 미국과 베트남에서 평화를 추구했던 사람들이라고 말한다. 그렇다. 분명히 양측에서 모두 평화를 위해 노력한 사람들이 있었기에 전쟁은 더 오래 지속되지 않았고 더 많은 희생자를 내지 않고 끝났다. 분명 전쟁의 종결과 평화의 쟁취는 그들의 노력 없이는 불가능했다. 하지만 이러한 관점에서는 같은 논리로 그들의 책임을 물을 수 있다. 그들의 노력이 그만큼 빠르지 못했고 충분하지 못했기에 전쟁은 더 일찍 끝나지 못했고 더 적은 희생자를 내고 그치지 못했다. 베트남전쟁에서는 베트남 국민 3백만 명과 미군 5만8천 명이 죽었다. 과연 베트남전쟁에서 평화를 추구했던 사람들은 승리했을까, 패배했을까?

베트남전쟁 참전군인이자 작가인 바오 닌[34]의 소설 『전쟁의 슬픔』에는 이런 대화가 나온다.

"어쨌든 평화가 왔잖아. 평화가 왔기 때문에 희생자들을 찾아 이렇게 위로해주려는 것 아니겠어?"

"흠, 평화라고? 얼어 죽을 놈의 평화라. 평화가 오면 뭘 해. 그것도 다 우리 형제의 피와 살로 이루어졌는데. 이제 그들은 이렇게 뼈만 남았잖아. 살아야 할 사람들만 죽어서 밀림에 버려진 꼴이지."


도대체 전쟁이 주는 교훈은 무엇이며, 이 회의가 주는 의미는 또 무엇인가? 전쟁이 끝나고 얼마간의 세월이 흐른 뒤, 어제의 적이었던 정치, 군사지도자들이 한자리에 모여 친구처럼 악수하고 함께 앉아서 차를 마시며 전쟁을 논한다. 마치 한바탕 격렬한 축구 시합을 끝낸 뒤 상대 팀 선수들과 한자리에 모여 시원한 맥주를 마시며 시합을 얘기하는 것을 연상케 한다. "그때 그 패스는 하지 말았어야 했는데." "그 골이 승리를 안겨줬어." "그걸 막았어야 했는데."

정치, 군사지도자들은 이렇게 말한다.

"그때의 폭격은 실수였어."

"그때 협상에 응했어야 했는데."

"그때 철군했어야 했는데. 타이밍을 놓쳐 한참 늦어졌어."

---

34) 바오 닌(Bảo Ninh, 1952년 10월 18일-현재)은 베트남 소설가다. 본명은 호앙아우프엉Hoàng Ấu Phương이다. 고등학교 졸업 후 베트남인민군에 자원입대하여 전쟁에 참전했으며, 전쟁이 끝난 뒤에는 전사자 유해발굴단에서 활동했다. 1991년 자신의 참전경험을 바탕으로 소설 「전쟁의 슬픔」을 발표했다.

"도미노 이론은 잘못됐어. 전쟁을 하지 않았어도 됐잖아."

"히로시마 원폭투하작전은 성공이야. 덕분에 전쟁을 빨리 끝냈잖아."

"아니야, 원자폭탄을 떨어뜨리지 않았어도 일본은 곧 항복했어."

이 모든 게 농담이라면 세상에서 가장 잔인한 농담이다. 그들의 말 한마디, 하나의 결정, 하나의 작전에 수많은 사람의 목숨이 달려 있다. 하지만 그들도 그것을 모르지 않는다. 그렇기 때문에 최선을 다해 신중하게 전략을 세우고 명령을 내린다. 그들에게 희생자 한 명, 한 명에 대한 책임을 물을 수 없다. 전쟁은 원래 죽음의 패를 쥐고 하는 게임이 아닌가? 그렇다면 그들에게 무엇을 물어야 할까? 그들에게 맡겨진 직책과 책임에 맞게 일을 제대로 했는지 물어야 한다. 지휘관에게는 작전을 제대로 계획하고 수행했는지, 불확실한 정보로 불충분한 계획으로 불필요한 희생을 만들지는 않았는지, 작전이 성공했으면 더 희생을 줄일 수는 없었는지, 작전이 실패했으면 그 이유가 무엇인지 물어야 한다.

그리고 더 높은 상급지휘관, 최고지휘관에게는 더 큰 질문들을 해야 한다. 전쟁을 해야만 하는 이유가 무엇인지, 모든 대안을 검토하고 결정한 것인지, 전쟁의 목적, 대의가 수많은 사람을 희생할 가치가 있는 것인지, 그리고 전쟁이 끝나고 승리했다면 그 본래의 목적을 이루었는지, 패배했다면 그 원인은 무엇이고 책임은 누구에게 있는지 물어야 한다. 우리는 우리가 선출한 정부가 무엇을 하는지, 왜 하는지를 물을 자격이 있다. 전쟁이 일어나면 그 모든 희생을 치르는 것은 바로 국민이다. 왜 우리는 우리가 죽어야 하는 일에 더 깊고 더 넓게 관여하지 않는가?

이렇게 질문을 던지고 생각해야 하는 또 다른 이유는 문제가 단순하지 않기 때문이다. 한 어린아이가 잘못해서 지하철 철로에 떨어졌다면 얼른 내려가서 그 아이를 구하는 것이 좋은 일이고 옳은 일이다. 만약 그런 일을 하다가 목숨을 잃는다면 그것은 타인의 생명을 위해 자신을 희생한 훌륭한 일임이 틀림없다. 하지만 전쟁에 나가 국가가 내세우는 대의를 위해 희생하는 것은 전혀 다른 차원의 문제다. 자유의 수호, 정의의 실현, 공산주의를 몰아내는 것 등 정부에서 내거는 전쟁의 목적, 대의는 대개 추상적이어서 진짜 의미를 알기 어렵고, 전쟁을 통해 그 같은 목적을 이룰 수 있는지, 전쟁의 결과 그 같은 목적을 이루었는지 역시 알기 어렵다. 외국 침략자를 물리쳐 국민이 진정 자유롭고 행복하게 됐는지, 또 다른 침략자를 불러들인 것은 아닌지, 혹은 국내의 독재자로 외국의 침략자를 대체한 것은 아닌지, 만약 정말 자유를 수호하고 정의를 실현했다면, 그것으로 전쟁 전에 비해 얼마만큼 나아졌는지, 그 차이가 전쟁으로 치러낸 희생과 바꿀 만한 가치가 있는지 생각해야 한다.

앞에서 잠시 언급한 소설 『전쟁의 슬픔』에는 전쟁에 나가는 주인공에게 그를 아끼는 의붓아버지가 해주는 말이 있다.

"그래, 곧 전쟁터에 간다지? 내 너를 말릴 생각은 없다. 난 이미 늙었고 넌 아직 젊은데 어찌 네 의지를 꺾을 수 있겠느냐. 다만 내 마음을 이해해주면 좋겠구나. 세상에 대한 인간의 의무는 살아가는 것이지 자신을 희생하는 것이 아니란다. 그것은 삶의 여러 가지를 두루 경험하는 것이지 거부하는 게 아니야. …… 네게 목숨이 가장 중요하다는 충고를 하려는 게 아니다. 하지만 네가 죽음으로써 무언가를 보여주려는 인간의 모든 유혹을 경계하길 바란다."

개인이 국가와 동포를 위해 자신의 목숨을 바치는 일은 거룩하고 숭고한 일이다. 그러나 만약 그 죽음이 국가와 동포를 위한 발전에 도움이 되기는커녕 오히려 저해하거나 잘못된 목적으로 이용된다면, 그것은 참을 수 없는 고통과 분노를 일으키는 일이 될 것이다. 그렇게 되지 않기 위해서 무엇을 해야 할까? '전쟁에 나가 목숨 바쳐 싸우자'는 국가의 부름에 응답하기에 앞서서 우리는 국가가 말하는 전쟁의 목적, 대의가 과연 무엇인지, 그것이 진정 그럴만한 가치 있는 것인지, 정말 우리들의 희생으로 성취할 수 있는 것인지, 얼마만한 희생으로 가능한지 최선을 다해 논의해야 한다. 또한 현재 국가가 처한 상황을 냉철하게 살피고, 과연 무엇이 우리를 이런 상황으로 이끌었으며, 우리 삶의 어떤 변화가 이런 상황을 개선시킬 수 있는지 성찰하고 그 변화를 추구해야 한다. 그것은 우리의 뜨거운 애국심, 동포애와 함께 냉철한 이성과 현명한 판단력을 요구한다. 아마도 진정한 평화를 위해 보다 절실한 것은 우리의 죽음과 희생이 아니라 우리의 의식 있는 매일매일의 삶인지 모른다.

# 테러를 어떻게 사라지게 할 것인가

## 수전 손택

**수전 손택**Susan Sontag(1933년 1월 16일-2004년 12월 28일)
미국의 작가, 비평가, 사회운동가다. '뉴욕 지성계의 여왕'이라고 불리며, 전쟁, 질병, 사진,
영화 등 다양한 문제에 대한 날카로운 시각과 통찰을 제시했다. 2003년 독일출판협회는
"거짓 이미지와 뒤틀린 진실로 둘러싸인 세계에서 인간의 명예, 사고의 자유를 지켜온" 공
로로 평화상을 주었다. 저서에는 『해석에 반대한다』 『사진에 관하여』 『타인의 고통』 『문학
은 자유다』 등이 있다.

오늘 오전, 자유 그 자체가 얼굴을 가린 비겁한 자들로부터 공격받았습니다.

— 조지 부시[35] 대통령, 9월 11일 대국민연설 중에서

만약 '비겁하다'는 단어를 쓰려면, 타인을 죽이려고 기꺼이 자신의 목숨까지 바친 자들보다는 반격을 당하지 않을 만큼 하늘 저 높은 데까지 올라가 사람들을 죽이고 있는 자들에게 쓰는 것이 훨씬 더 적합하다.

— 수전 손택, 2001년 9월 24일 <뉴요커> 기고문 중에서


2001년 9월 11일, 테러조직에 의해 납치된 첫 번째 비행기가 미국 뉴욕 중심부에 위치한 세계무역센터 쌍둥이 빌딩 중 하나에 충돌했을 때,[36] 조지 부시 대통령은 플로리다주 한 초등학교를 방문 중이었다. 방문목적은 저소득층 학생들을 위한 정부의 교육개혁정책을 알리는 것이었다. 입구에서 교실로 걸어 들어가는 도중에 그는 비행기 한 대가 세계무역센터에 충돌했다는 말을 전해 들었다. 그는 자서전에서 당시 이 말이 상당히 이상하게 들렸다고 회고했다. 테러라고는 미처 생각하지 못했다. 막연히 작은 경비행기 조종사가 갑자기 심장마비를 일으켰든 아니든 어떤 이유로든 방향을 잃고 빌딩에 부딪힌 것이라고 생각했다. 그러나 이어 파악된 정보에 의하면 충돌한 비행기는 경비행기가 아니라 대형 민간항공기였다.

아직 상황판단을 하기에는 일렀다. 그는 계획된 스케줄에 따라 아이들의

---

35) 조지 부시(George W. Bush, 1946년 7월 6일-현재)는 2001년부터 2009년까지 미국 대통령을 지냈다. 임기 중인 2001년 9월 9·11테러가 발생했으며, 이에 대한 대응으로 부시 대통령은 대테러전쟁을 선포했고, 아프가니스탄과 이라크를 침공해 전쟁을 벌였다.

36) 9·11테러(September 11 attacks)는 2001년 9월 11일에 미국에서 일어난 테러사건을 일컫는다. 오사마 빈 라덴Osama bin Laden이 수장으로 있는 '알카에다al-Qaeda'라는 이슬람 테러조직에 의한 항공기 납치 테러로 뉴욕의 세계무역센터 쌍둥이 빌딩이 붕괴되고 버지니아주 국방부 펜타곤이 공격받았다. 3천여 명이 사망하고 6천여 명의 부상자가 발생했다.

읽기수업이 진행되는 교실에 들어가 자리에 앉았다. 그때 비서실장이 옆으로 다가와 속삭였다.

"두 번째 비행기가 두 번째 빌딩에 충돌했습니다. 미국이 공격받고 있습니다."

그의 즉각적인 반응은 분노였다. 그는 생각했다.

'감히 미국을 공격하다니. 그게 누구든 반드시 그 대가를 치르게 될 것이다.'

잠시 뒤 그는 급히 워싱턴으로 돌아가기 위해 차에 탔다. 대통령 전용기를 타기 위해 공항으로 가는 도중 세 번째 비행기가 충돌했으며 이번에는 국방부를 목표로 삼았다는 소식을 들었다. 그는 이때가 자신의 생각을 정리한 순간이라고 회고했다.

'첫 번째 비행기는 사고일 수도 있었다. 두 번째 비행기는 분명한 공격이었다. 세 번째는 전쟁선포였다.'

나라 전체가 충격과 혼란에 휩싸였다. 누가 왜 이런 끔찍한 일을 벌였는가? 어떻게 세계 최고의 군사력을 자랑하는 미국의 중심부에서 이런 일이 벌어질 수 있는가?

분노를 느낀 것은 부시 대통령만이 아니었다. 며칠 뒤, 대통령은 폐허가 된 세계무역센터 자리, 그라운드 제로를 방문했다. 소방대원들과 구조대원들이 아직 있을지 모르는 생존자를 수색하고 있었다.

그들 중 누군가가 대통령에게 외쳤다.

"이런 짓을 한 나쁜 놈을 꼭 찾아서 숨통을 끊어주십시오."

"절대 우리를 실망시키지 마십시오!"

또 다른 이는 그의 얼굴을 똑바로 쳐다보며 이렇게 외쳤다.

"어떤 대가를 치르더라도!"

국민들은 극심한 슬픔과 분노, 혼란에 휩싸여있었다. 어느 때보다 국민들을 올바른 방향으로 이끌 수 있는 리더십이 필요한 시기였다.

2001년 9월 11일 저녁, 부시 대통령은 긴급한 대국민연설을 통해 사태를 설명했다.

"오늘 오전, 자유 그 자체가 얼굴을 가린 비겁한 자들로부터 공격받았습니다. 그리고 자유는 반드시 수호될 겁니다."

이어 그는 피해자를 돕기 위해 연방정부가 최선을 다하고 있으며 다른 한편으로 이 같은 일을 벌인 자들을 반드시 찾아내 처벌할 것임을 강조했다.

2001년 9월 20일, 부시 대통령은 상원의원과 하원의원이 모두 모인 자리에서 다시 한번 국민들에게 사태를 설명할 기회를 가졌다. 그는 구체적인 의문에 답하고자 했다.

"미국인들은 많은 질문을 갖고 있습니다. 미국인들을 '누가 우리나라를 공격했는가'라고 묻습니다."

그는 현재까지 가진 모든 정보를 종합해볼 때 사건을 일으킨 주범은 '알 카에다'라는 이슬람 테러조직이며, 조직의 리더는 오사마 빈 라덴[37]이라고 밝혔다.

부시 대통령은 또 말했다.

"미국인들은 '왜 그들은 우리를 증오하는가?'라고 묻습니다. 그들은 지금 여기 의회에서 볼 수 있는 것, 즉 민주선거에 의해 선출된 정부를 증오합니다. 그들의 리더는 스스로 나선 자들입니다. 그들은 우리의 자유를 증오합니다. 종교의 자유, 언론의 자유, 투표의 자유, 집회를 하고 서로 불일치한 의견을 가질 수 있는 자유를 말입니다. 그들은 이집트, 사우디아라비아, 요르단과 같은 많은 이슬람 국가들의 현 정부들을 전복시키기를 원합니다. 그들은 중동에서 이스라엘을 쫓아내기를 원합니다. 그들은 아시아와 아프리카의 방대한 지역으로부터 기독교인과 유대인을 쫓아내길 원합니다."

---

37) 오사마 빈 라덴(Osama bin Laden, 1957년 3월 10일-2011년 5월 2일)은 이슬람 근본주의성향의 테러조직, 알카에다Al-Qaeda의 지도자다. 9·11테러의 배후로 지목되며 2011년 체포작전을 벌이던 미국 해군에 의해 사살되었다.

그는 국민들의 의문에 답하는 동시에 대통령으로서 자신이 보는 관점에서 사태를 정의했다. 연설 후반부에서 그는 이들과의 싸움이 미국만의 일이 아니며, 따라서 모든 나라의 참여가 필요함을 강조했다.

"이것은 단지 미국의 싸움만이 아닙니다. 위험에 처한 것은 단지 미국의 자유만이 아닙니다. 이것은 세계의 싸움이며, 문명의 싸움입니다. 이것은 진보와 다원주의, 관용과 자유를 믿는 모든 사람의 싸움입니다."

이와 같이 부시 대통령의 연설은 끝났지만, 아직도 많은 질문이 남아있었고, 다른 한편으로 새로운 질문들이 생겨났다.

'그들이 미국을 공격한 것이 자유 때문이라니, 그들이 자유를 증오하는 이유는 무엇일까?'

'그들은 미국 정부가 단지 민주선거에 의해 선출되었기 때문에 증오하는 것일까, 아니면 미국 정부가 무엇을 했기 때문에 증오하는 것일까?'

'그들은 왜 이집트, 사우디아라비아, 요르단과 같은 이슬람 국가들의 현 정부를 전복시키기를 원할까? 그들 정부가 무엇을 했길래, 그리고 그들 정부와 미국이 무슨 상관이길래 미국을 공격했을까?'

'그들은 왜 중동에서 이스라엘을 쫓아내기를 원할까? 이스라엘이 무엇을 했길래, 그리고 그것이 미국과 무슨 상관일까?'

'그들은 왜 아시아와 아프리카에서 기독교인들과 유대인들을 쫓아내기를 원할까? 이것은 또 미국과 무슨 상관일까?'

국민들이 스스로 이성적이고 합리적으로 사고하기 어려운 때였지만 그럴수록 그렇게 하도록 도와야 할 때였다. 이미 희생당했고 앞으로도 희생해야 하는 것은 국민들이기 때문이다. 그 어느 때보다 사회의 지도층이라고 할 수 있는 고위공직자, 정치가, 지식인들의 침착하고 냉철한 판단과 리더십이 필요한 순간이었다.

하지만 상황은 그렇게 흘러가지 않는 듯했다. 부시 대통령의 연설과 주류 언론들의 논평에서는 9·11테러를 자유민주주의에 대한 도전, 선과 악의 대결로 보는 일차원적이고 이분법적인 시각이 두드러졌고, 이러한 틀 안에서는 어떤 토론과 논쟁도 결국 악의 척결을 위한 응보적 정의라는 목적지로 휩쓸려가게 마련이었다. 과연 폭력에 폭력으로 맞서는 것이 이성적이고 합리적인 사고를 하는 사람들이 할 수 있는 최선의 선택일까? 그리고 이것으로 과연 테러를 근절시킬 수 있을까?

2001년 9월 24일, 작가이자 비평가인 수전 손택은 〈뉴요커〉지에 실은 자신의 기고문에서 다음과 같이 말했다.

"지난 화요일에 발생한 끔찍하기 이를 데 없는 현실의 고통, 그리고 유명인사들과 텔레비전 논평자들이 들려준 독선적이기 그지없는 철부지 소리나 노골적인 거짓말, 이 양자가 빚어내는 불협화음은 사람들을 놀라게 할 뿐만 아니라 우울하게까지 만든다. 이번 사건이 있은 뒤 일종의 검열을 거쳐 나온 여러 발언은 대중들을 어린아이 취급하려는 캠페인에 모두 동원된 듯하다. 이번 사건이 '문명'이나 '자유', '인류'나 '자유세계'에 가해진 '비겁한' 공격이 아니라 미국이 특정 동맹관계와 미국이 저지른 특정 행위에 따른 당연한 귀결이자 스스로 초강대국이라고 자임하는 이 국가에 가해진 공격이라는 사실을 인정하는 목소리는 도대체 모두 다 어디로 가버린 것일까?"

그는 이어 말했다.

"현재 미국이 이라크에 폭격을 퍼붓고 있다는 사실을 알고 있는 시민들은 과연 얼마나 될까? 만약 '비겁하다'는 단어를 쓰려면, 타인을 죽이려고 기꺼이 자신의 목숨까지 바친 자들보다는 반격을 당하지 않을 만큼 하늘 저 높은 데까지 올라가 사람들을 죽이고 있는 자들에게 쓰는 것이 훨씬 더 적합하다. (도덕적으로 중립적인 미덕인) 용기를 봐도 그렇다. 지난 화요일의 대학살을 저지른 자들을 뭐라고 부르든지 간에, 그들은 전혀 비겁하지 않았다."

마지막으로 그는 국민들에게 이성적이고 합리적으로 사고하기를 촉구했다.

"부디 다 같이 슬퍼하자. 그러나 다 같이 바보가 되지는 말자. 역사를 조금이라도 알고 있다면 그동안 무슨 일이 벌어졌는지, 그다음에는 무슨 일이 벌어질지 이해하는 데 도움이 될 것이다. '미국은 강하다'라는 말을 우리는 끊임없이 들어왔다. 나로 말할 것 같으면,. 이런 말은 전혀 위안이 되지 않는다. 미국이 강하다는 사실을 누가 의심하겠는가? 그러나 꼭 강해지는 것만이 미국이 해야 할 일은 아니다."

몇 주 뒤, 그는 한 인터뷰에서 다시 한번 9·11테러에 대한 의견을 표현할 기회를 가졌다. 그는 자신의 이전 글들에서 미국의 대외정책을 강력하게 비난했지만, 그렇다고 그것이 테러행위를 변호하려는 것이 아님을 강조했다.

"미국이 여러 나라에서 난폭하고 제왕적으로 행동해 온 것은 사실이나 '이슬람 세계'라고 불릴 수 있는 어떤 전체에 대항해 행동한 적은 없습니다. 저역시 미국의 대외정책과 제왕적 오만과 참견을 개탄하기는 하지만, 가장 염두에 두어야 할 것은 9월 11일의 사건이 대경실색할 범죄라는 것입니다. ……고어 비달[38] 같은 미국 지식인들이나 유럽의 여러 비앙 팡상[39] 지식인들이 보이는 인식, 이 끔찍한 일은 미국이 스스로 초래한 것이며 미국 안에서 수천의 목숨을 잃은 것에 미국도 일부 책임이 있다는 생각에, 되풀이해 말하지만 저는 동감하지 않습니다. 어떤 방식으로든 미국에 책임을 돌려 이 극악한 행위

---

38) 고어 비달(Gore Vidal, 1925년 10월 3일-2012년 7월 31일)은 미국 진보적 작가, 정치가, 방송인이다. 2차 대전 당시 미국이 국민과 의회의 지지를 얻어 참전하기 위해 일본의 진주만 공습을 종용했다고 주장했으며, 9·11테러에 대해서도 비슷한 주장을 한 바 있다. 부시 행정부의 대외정책과 테러 대응책을 신랄하게 비판했다.

39) 비앙 팡상(bien-pensant)은 불어로 올바른 생각을 하는 사람이라는 뜻이지만, 여기서는 주류사고를 비판 없이 받아들이는 사람들을 일컬어 사용되었다.

를 변호하거나 묵과하려는 것은 (미국의 대외활동에 비난할 부분이 많은 것은 사실이나) 도덕적으로 그릇된 것입니다. 테러는 무고한 사람을 살상하는 것입니다."

"뿐만 아니라 저는 테러를, 이번 테러를 정당하지 못한 수단으로 정당한 요구를 실현하려는 것으로 보는 것도 잘못이라고 생각합니다. …… 테러리스트들은 정당한 불평거리로 위장할 뿐입니다. 부당한 취급을 바로잡는다는 것은 이들의 진정한 목적이 아니라 파렴치한 핑계에 지나지 않습니다. 9월 11일에 대량살인을 저지른 이들이 이루려고 한 것은 팔레스타인 민족이 당한 부당한 대접이나 이슬람 세계의 대부분 민중이 겪는 고통을 바로잡는 것이 아닙니다. 그 공격은 '진짜 공격'이었습니다."

그의 날카로운 시각은 미국 정부뿐만 아니라 테러리스트들에게도 똑같은 수준을 유지하고 있었다. 그는 무고한 사람을 죽인 일에 대해서는 어떠한 변명의 여지도 없음을 강조했다. 비록 미국의 대외정책에 심각한 문제가 있지만, 그것은 이번 사건과는 다른 문제였다. 그는 테러리스트를 꿰뚫어 보았다. 오사마 빈 라덴을 비롯한 테러리스트 조직은 고통받는 아랍 민중을 대표하지 않으며, 테러는 그들이 내건 요구조건이 충족될 때까지가 아니라 그들이 원하는 만큼 상대방을 파괴하거나 만족할 만한 세력을 얻을 때까지 계속될 것이며, 설사 권력을 잡더라도 그들의 극단주의적 사상과 사고방식은 아랍 민중에게 고통을 가져다줄 뿐 평화를 가져다주지는 못할 것이라 생각했다.

그렇다면 미국 정부는 어떻게 대응해야 하는가? 그는 테러조직에 대한 '정확하게 집중된 폭력'을 제안하면서 대규모 폭격과 같은 부시 행정부의 광범위한 무력대응방침을 비판했다.

"미국과 우방들이 전면적으로 대응한다면 고통받는 것은 테러리스트들이 아니라 무고한 민간인들입니다. 이번에는 아프가니스탄, 이라크, 그리고 또 어딘가에서 민간인들이 고통을 받겠지요. 그러고 나면 급진적인 이슬람 근본주의자들이 살포한 미국에 대한 (더 넓게는 서구의 세속주의에 대한) 증오감에 기름을 붓는 격이 될 겁니다."

그는 그곳이 미국이든 아프가니스탄이든 무고한 사람들에게 고통을 주는 것에 강력히 반대했다. 도덕적인 시각에서뿐만 아니라 현실적인 시각에서도 민간인들을 희생시키는 것은 사태 해결에 도움이 되지 않을 뿐 아니라 오로지 테러리스트들의 입지를 강화하고 그들 조직을 확대하는 결과를 가져올 것이라고 내다보았다. 더군다나 한 나라의 지도자나 정부가 테러조직을 지원한다고 해서 그 나라와 전쟁을 벌이고 그 나라 국민 전체를 죽음으로 모는 것은 매우 단순하고 비합리적이며 위험한 생각이다. 그것은 우리 편과 적외에는 아무것도 없다는 식의 이분법적 시각이며, 무고한 민간인들에게 죄를 묻고 희생시키는 테러리스트와 같은 시각이다.

9·11테러 이후 한 달이 못돼 부시 행정부는 오사마 빈 라덴이 숨어있다고 알려진 아프가니스탄에 대규모 폭격을 시작했고, 결국 테러조직을 지원하는 탈레반 정권을 무너뜨리는 데는 성공했으나 오사마 빈 라덴을 잡는 데는 실패했다. 그러한 과정에서 또다시 수많은 민간인이 희생됐다. 뒤이어 부시 행정부는 이라크에 대한 압박을 시작했다. 이라크가 보유하고 있다고 여겨지는 대량살상무기가 미국에 위협이 된다는 것이 주된 이유였다. 언제 또 전쟁이 벌어질지 모르는 상황이었다.

2003년 1월, 백악관에서 열린 기자간담회에서 헬렌 토머스[40]가 백악관 대변인에게 질문했다.

"당신은 대통령이 무고한 사람들의 희생에 유감을 느낀다고 했지요. 그것

---

40) 헬렌 토머스(Helen THomas, 1920년 8월 4일-2013년 7월 20일)는 미국 기자, 작가다. 오랫동안 백악관 출입기자로 일하면서 대통령과 대변인들에게 날카로운 질문을 던진 것으로 유명하다.

은 세계의 모든 무고한 생명에도 적용되는 말입니까? 그리고 저는 추가 질문이 있습니다."

대변인이 답했다.

"저는 특히 텔아비브에서 수십 명을 죽이고 수백 명을 다치게 한 끔찍한 테러공격을 말한 겁니다. 대통령은 어제 발표에서도 말했듯이 이스라엘에서 무고한 사람들이 죽고 다친 일에 큰 유감을 표명했습니다."

그가 다시 물었다.

"제 추가 질문은 '대통령이 왜 무고한 이라크 국민에게 폭탄을 떨어뜨리려고 하는가'입니다."

그러자 대변인이 말했다.

"문제는 미국 시민들과 동맹국들을 어떻게 보호할 것이냐입니다."

"그들은 당신을 공격하지 않습니다."

"대통령이 전쟁을 피하기를 원했고, 유엔이 이라크에 가서 전쟁을 피하기 위해 할 수 있는 일을 돕도록 요청했다는 사실을 당신은 잘 알고 있으리라고 생각하는데요."

그는 이 같은 답변에도 질문의 고삐를 늦추지 않았다.

"대통령은 무고한 이라크 국민을 공격할 것입니까?"

"대통령은 확실하게 우리나라와 우리의 이익, 영토를 방어하고, 미국 시민들의 생명이 위태롭지 않기를 원합니다."

"그러면 대통령은 그들이 우리에게 위협이라고 생각합니까?"

"대통령이 이라크가 미국의 위협이라고 생각한다는 점은 틀림없습니다."

"이라크 국민은요?"

"이라크 국민은 그들의 정부에 의해 대표됩니다. 만약 정권이 교체된다면, 이라크 국민은 …… 사실 대통령은 (미국이) 이라크 국민과는 전혀 문제가 없다는 점을 명확히 했습니다. 이것이 미국 정책을 (이라크) 정권 교체에 두는 이유입니다."

"그것은 그들이 해야 할 결정입니다. 그렇지 않은가요? 그들의 나라이니까요."

"만약 당신이 이라크 국민이 자신들의 독재자를 선택할 수 있다고 믿는다면, 역사는 그것이 사실이 아님을 보여주고 있습니다."

"제가 생각하기에 많은 나라에서, 국민들은 그런 결정권을 가지고 있지 않습니다. 우리를 포함해서 말입니다."

헬렌 토머스는 이라크 정부와 국민을 분리시켜 정책을 결정하기를 주장했고, 백악관 대변인 역시 그 점을 부인하지 않았다. 하지만 전쟁이 일어나면 무고한 국민들이 희생될 수밖에 없다는 것은 모두가 알고 있는 사실이다. 그가 자신의 질문을 통해 드러내고자 했던 바는 부시 행정부가 벌이려는 전쟁이 그 같은 희생을 결코 정당화할 수 없으리라는 것이었다.


무고한 사람들, 죄가 없는 사람들을 죽이는 일은 범죄다. 그것이 옳지 않다는 것은 누구나 알고 있다. 단 그것을 행했던 테러리스트들만 빼고 말이다. 그렇다면 테러리스트들이 이를 정당화하는 논리는 무엇일까?

2002년 말, 오사마 빈 라덴의 '미국인들에게 보내는 편지'가 인터넷상에서 발견되었다. 거기에는 그가 미국 국민들에 대한 테러를 정당화하는 이유가 설명되어있다. 그는 자신이 9·11테러를 저지른 이유가 미국 정부가 오랫동안 전 세계 이슬람교도, 아랍 민중을 착취하고 공격해왔기 때문이라고 주장하면서 다음과 같이 말했다.

"그러면 당신들은 위의 모든 이유들(미국 정부의 행위들)로 민간인들에 대한 공격을 정당화할 수 없다고 반박할지 모른다. 민간인 자신들은 그런 범죄를 저지르지도 그 일에 가담하지도 않았기 때문이다. 이런 주장은 당신들의 반복해서 주장하는 것, 즉 미국은 자유의 땅, 자유세계의 리더이며, 따라서 미국 국민은 자신들의 자유의지, 정부 정책에 대한 자신들의 동의에 기초한 선택으로 자신들의 정부를 선택한다는 것과 모순된다. …… 미국 국민은 자신들의 정부 정책을 거부할 수 있고 원한다면 바꿀 수 있는 선택권과 능력이 있다."

이어 그는 말했다.

"미국 국민은 세금을 내는 납세자들이며, 이 돈은 아프가니스탄에서 우리를 폭격하는 비행기를 지원하고, 팔레스타인에서 우리의 집을 무너뜨리고 파괴하는 탱크를 지원하고, 아라비아만(페르시아만)에서 우리 땅을 점령하는 군대를 지원하고, 이라크를 봉쇄하는 함대를 지원한다. 이 돈은 이스라엘에 제공되어 그들이 계속해서 우리를 공격하고 우리 땅을 짓밟게 만든다. 그러므로 미국 국민은 우리에 대한 공격을 지원하는 자들이며, 자신들이 선출한 대표를 통해 자신들이 바라는 방식대로 돈이 쓰이는지를 감독하는 자들이다."

그는 이러한 논리를 펴며 미국 국민을 죽인 것을 정당화했다. 우리는 앞서 이 같은 논리의 문제점을 지적한 손택의 주장을 살펴봤다. 즉 테러리스트들은 여기서 언급한 '우리'라는 억압받는 민중을 대표하지 않으며, 자신들이 생각하는 '우리'를 위해, 즉 '우리'가 아닌 자신들의 주장을 폭력적으로 관철하고자 한다는 것이다. 그렇다면 만약 이 같은 논리의 문제점을 떠나 내용 자체를 생각해본다면 어떨까? 과연 국민은 정부가 한 일에 책임이 있을까? 이 같은 질문은 국민에게 죄나 책임을 묻는 시각이 아니라 다음과 같은 시각과 물음에서 보다 실질적 의미를 가질 것이다. 국민은 정부, 나라 간 문제로 발생하는 테러, 전쟁과 같은 폭력과 어떤 관계를 가지며 이것들을 사라지게 하기 위해 무엇을 할 수 있을까?

\* \* \*

마지막으로 국가가 멸망을 앞두고 이제는 속임수의 공허한 형태로밖에 존재하지 않게 되고 사회의 굴레가 모든 사람의 마음속에서 파괴되어 제일 비천한 이해조차 뻔뻔스럽게도 공공의 행복이라는 신성한 이름으로 가장하게 되면, 그때에 일반 의지는 입을 다물어 버린다.

— 장 자크 루소,[41] 프랑스 사상가

2004년 4월, 이라크 수도인 바그다드 외곽에 위치한 아부 그라이브 교도소[42]에서 미군 병사가 이라크 수감자를 학대하는 장면이 담긴 사진이 공개되었다. 9·11테러 이후 부시 행정부는 아프가니스탄에 이어 이라크를 공격했고, 대량살상무기[43] 등 미국에 위협이 되는 것을 찾기 위해 혈안이 되어있었다. 그 와중에 이 같은 사건이 발생했다. 공개된 사진에는 미군 병사가 이라크 수감자 목에 줄을 매달아 개처럼 끌고 다니는 장면, 수감자들을 벌거벗기고 겹겹이 쌓아 올리고는 그 앞에서 웃으며 찍은 장면들이 담겨있었고, 이 사진들은 미군 병사가 자신의 친구에게 보낸 것이 인터넷에 유포되면서 대중에게 알려지게 되었다.

손택은 공개된 사진을 분석하며 사태의 핵심을 지적했다.

"문제는 그 고문이 개인에 의해 이루어졌느냐 아니냐 하는 것이 아니라 그

---

41) 장 자크 루소(Jean Jacques Rousseau, 1712년 6월 28일-1778년 7월 2일)는 스위스 제네바에서 태어난 프랑스 사상가다. 그의 저서에는 『인간불평등기원론』 『사회계약론』 『에밀』 등이 있다. 『사회계약론』에서 그는 국민people 모두가 공유하는 특성으로 '일반 의지general will'라는 개념을 말했는데, 그는 이것이 개인의 사적 이익을 추구하는 특수 의지의 총합인 전체 의지와는 달리 공공의 이익을 추구하며 항상 옳다고 했다. 그는 또 말했다. "일반 의지가 충분히 표명되기 위해서는 국가 속에 부분적 사회가 존재하지 않고 각개의 시민이 자기 자신의 의견만을 말하는 것이 중요하다."

42) 아부 그라이브(Abu Ghraib) 교도소는 이라크 바그다드 외곽에 위치한 교도소다. 사담 후세인 정권시절 정치범을 주로 수용한 교도소로 알려져 있으며, 2004년 미군 점령시기 이 곳에 있는 이라크 수감자에 대한 고문과 학대 사진이 공개되면서 많은 관심을 받게 되었다.

43) 대량살상무기(WMD, weapons of mass destruction)는 인명을 대량 살상할 수 있는 핵무기나 생화학무기를 일컫는다. 2003년 미국은 이라크를 상대로 한 전쟁을 일으키면서 이라크가 대량살상무기를 보유하고 있으며 그것이 미국에 위협이 된다고 주장했으나, 이라크에서 대량살상무기는 발견되지 않았다.

것이 조직적이었느냐 하는 것이다. '허가받고 묵과되었느냐'의 여부 말이다. 모든 행동은 결국 개인이 하는 것이다. 문제는 그런 행동을 하는 것이 미국인의 다수냐 소수냐가 아니라, 현 정부가 수행하는 정책과 그것을 수행하기 위해 조직된 위계질서가 그런 행동이 일어날 수 있도록 만들어졌느냐, 아니냐 하는 것이다."

이어 그는 또 다른 관점에서 사태의 본질을 파고들었다. 이 사진들은 어떤 기자가 잠입해서 몰래 찍은 것이 아니었다. 사진을 찍은 것은 가해자 혹은 가담자였으며, 그들은 피해자들 앞에서 웃으며 포즈를 취했다. 즉 가해자들은 자신들의 행위가 잘못임을 인식하지 못했던 것이다.

그는 말했다.

"사진이 보여주는 것의 끔찍함은 사진을 찍었다는 사실의 끔찍함과 분리될 수 없는 것이다. 가혹 행위자들이 속수무책인 피해자들을 보며 의기양양하게 웃으며 포즈를 취하며 사진을 찍었다는 사실. 2차 세계대전 때 독일 병사들도 폴란드와 러시아에서 만행을 저지르며 사진을 찍었지만, 희생자들 사이에 가해자가 함께 찍힌 스냅사진은 아주 드물다. …… 아부 그라이브 사진이 보여주는 것에 비교할 만한 것은 1880년에서 1930년대 사이에 린치를 당한 흑인들의 사진일 것이다. 옷이 벗겨지고 몸이 망가뜨려진 흑인의 사체가 나무에 대롱대롱 매달려있는 것을 배경으로 미국인들이 웃으며 찍은 사진이다. 이 사진은 집단행동을 기념하기 위해 찍은 것이고 집단행동에 참가한 사람들은 자기가 한 일이 정당하다고 느꼈다. 아부 그라이브 사진도 마찬가지다."

결국 사진의 또 다른 끔찍함은 자신이 무슨 행동을 저지르는지 모르는 미군 병사의 의식에 있었고, 그 같은 의식을 가진 것은 그들만이 아니었다. 당시 미국의 한 인기 있는 라디오 프로그램에서 이 사건을 다루었는데, 어떤 청취자가 전화를 걸어 아부 그라이브 교도소에서 벌어진 '벌거벗은 남자들을 쌓아 올리는 것'은 대학 동아리에서 장난으로 하는 것과 다르지 않다고 말했다.

그러자 프로그램 진행자는 다음과 같이 대꾸했다.

"바로 그거예요! 제 생각도 그렇습니다. 해골단[44] 입회식에서 하는 것하고 다를 바가 없어요. 그런데 그걸 가지고 그 병사들의 삶을 망쳐놓고 군사적 노력을 좌절시키고, (이라크 수감자들을 대상으로) 재미 좀 보았다는 이유로 그들을 두들겨 패는 겁니다. 아시다시피 그들은 언제 총알이 날아들지 모르는 상황에 있습니다. 그런데 그들이 재미 좀 보았다고 해서 …… 왜 스트레스 해소라는 말도 있잖아요?"

손택은 이런 일들을 대수롭지 않게 여기는 반응들이 미국 문화가 점점 폭력성과 잔인성에 무감각해져 가는 것을 보여주는 증거라고 말했다.

"우리 사회는 예전 같으면 무슨 수를 써서라도 감추려고 했을 사적인 비밀을 텔레비전에 방영해 온 천하에 공개해 달라고 애원하는 사회다. 이 사진은 (양심의) 가책을 모르는 잔인성을 멋진 것으로 생각하는 경향, 수치심 없는 문화를 보여준다."

결국 사진 속의 폭력은 사진 밖의 폭력과 무관하지 않다. 사진 속의 범죄는 사진 밖에서 가해자들이 일상적으로 경험하는 문화와 관계가 있으며, 그 문화는 미군 병사 가해자들뿐 아니라 미국 국민 전체가 공유하는 것이다. 이같이 타인의 고통에 공감하지 못하고 무감각하거나 오히려 그것을 즐기는 잔인하고 폭력적인 특성의 미국 문화가 아프가니스탄과 이라크에 대한 미국 정부의 전쟁 결정을 막지 못하고 그것을 부추기는 역할을 한 것은 아

---

44) 해골단(Skull and Bones)은 미국 동부의 명문대학인 예일대학 대학생들의 비밀 단체다.

닐까? 그렇다면 우리는 어떻게 폭력적인 문화를 비폭력적인 문화, 타인의 고통에 공감하고 적절한 행동을 하는 문화로 바꿀 수 있을까?

타인의 고통에 공감하는 것은 쉬운 일이 아니다. 특히 현대사회에 사진과 텔레비전이 등장한 이래로 타인의 고통을 보여주는 폭력적이고 잔인한 이미지가 넘쳐나고 있다. 만약 우리가 이런 이미지를 볼 때마다 매번 극심한 슬픔과 분노와 같은 감정을 느낀다면 우리는 지쳐 견딜 수 없을 것이다. 또 이와 반대로 만약 우리가 갈수록 무감각해져 버린다면, 우리는 그와 같은 현실을 변화시킬 수 있는 아무런 행동도 취하지 않을 것이다. 그렇다면 어쩌란 말인가?

손택은 우리가 단순하고 피상적인 수준을 뛰어넘어 도덕적, 심리적으로 성숙한 수준에 도달해야 한다고 주장한다.

"이 세상에 온갖 악행이 존재하고 있다는 데 매번 놀라는 사람, 인간이 얼마나 섬뜩한 방식으로 타인에게 잔인한 해코지를 직접 저지를 수 있는지 보여주는 증거를 볼 때마다 끊임없이 환멸을 느끼는 사람은 도덕적으로나 심리적으로 아직 성숙하지 못한 인물이다."

하지만 어떻게 해야 그런 수준에 도달할 수 있을까? 그와 같은 고통을 자신이 직접 경험해봐야 그럴 수 있을까? 그렇지만도 않다. 손택은 실제 있었던 다음과 같은 이야기를 전했다.

1994년 보스니아전쟁[45] 당시, 수도인 사라예보에서 영국의 한 사진작가가

---

45) 보스니아 전쟁은 1992년 4월부터 1995년 12월까지 보스니아 헤르체고비나에서 지속된 전쟁을 말한다. 보스니아 헤르체고비나에 사는 주민들은 이슬람교도 43퍼센트, 세르비아계 35퍼센트, 크로아티아계 18퍼센트로 나뉘어 있었다. 1991년 유고슬라비아 연방에 속한 슬로베니아, 크로아티아, 마케도니아가 독립한 뒤 1992년 보스니아 헤르체고비나에서도 국민투표를 통해 독립이 선언되었으나, 보스니아 내 세르비아인들이 이에 반대했고, 이러한 갈등이 전쟁으로 이어져 끔찍한 인종학살의 결과를 가져왔다.

전시회를 열었는데, 그는 사라예보에서 찍은 참혹한 사진들과 자신이 몇 년 전에 아프리카 소말리아 전쟁에서 찍은 사진들을 함께 전시했다. 이것이 사라예보 주민들을 언짢게 했다. 그들 중 누군가가 말했다.

"보스니아인들은 유럽인이에요!"

그들은 사라예보에서의 학살이 소말리아에서의 학살과 똑같이 취급되는 것을 원치 않았다. 사람들은 자신들이 겪은 고통은 특별하다고 생각한다.

손택은 생각했다.

'이 전시회에 체첸이나 코소보, 또는 그밖에 다른 나라들의 민간인들이 겪은 잔악행위 사진이 포함됐더라도 사라예보 주민들은 반발했을 것이다. 사람들은 자신의 고통을 다른 어떤 사람의 고통에 견주는 것을 참지 못하는 법이다.'

왜 우리는 이다지도 자기라는 좁은 영역에서 벗어나지 못하는가? 서로의 다름에서 빠져나오지 못하는가? 보스니아인과 소말리아인은 얼마나 다른가? 미국인과 이라크인은 얼마나 다른가? 또 미국인 중 공화당을 지지하는 국민과 민주당을 지지하는 국민은 얼마나 다른가? 만약 오사마 빈 라덴의 논리에 따른다면, 부시의 공화당을 지지한 국민이 민주당을 지지한 국민보다 더 죽어 마땅한가? 정말 우리는 이렇게 단순하고 이분법적으로 정의되고 나눠질 수 있는 존재인가?

정치철학자, 한나 아렌트[46]에게 누군가 물었다.

"당신은 어떤 사람인가요? 보수주의자인가요, 자유주의자인가요?"

그가 대답했다.

---

46) 한나 아렌트(Hannah Arendt, 1906년 10월 14일-1975년 12월 4일)는 독일 출신의 정치철학자다. 그의 저서로는 『전체주의의 기원』, 『인간의 조건』, 『예루살렘의 아이히만』 등이 있다.

"모릅니다. 실제로 모를 뿐 아니라 결코 알지 못합니다. 결코 그러한 견해를 가져본 적이 없다고 생각합니다. 좌파가 나를 보수주의자로 생각하고 있다는 것, 보수주의자들이 때로 나를 좌파나 독립된 입장을 취하는 지식인으로 생각하고 있다는 것, 또는 하느님만이 본성을 알고 있다는 것을 당신도 알지 않습니까. …… 나는 어떤 집단에도 속해있지 않습니다."

내가 좌파 정부를 지지하면 좌파고 우파 정부를 지지하면 우파인가? 찍을 게 두 개 혹은 몇 개 중 하나인 투표용지에서 나라는 존재는 그 하나로 온전히 귀결될 수 있을까? 그리고 만약 어떤 상황에서 그러한 나의 선택으로 인해 나를 죽음으로 몬다면, 그것은 정말 내가 져야 할 책임인가?

이러한 질문에 대한 대답은 구체적인 실체를 갖는 '나'라는 개인적 차원에서도 쉽지 않은데, 구체적인 실체 없이 오직 집단적 차원에서만 존재하는 '국민'을 염두에 두면 더욱 어려워진다. 흔히 '국민'을 말하면서 선거에서 다수의 표를 얻어 당선된 후보를 국민이 뽑았다고 하지만, 국민의 뜻은 분명 그같은 양적인 총합 혹은 물리적 결과 이상을 의미한다. 물리적 결과가 중요하지 않은 것은 아니지만, 그것은 국민의 뜻이 드러난 일면에 불과하다. 그 후보를 선택한 국민이 모두 똑같은 이유와 기대로 그를 선택했을까? 그 후보를 선택하지 않은 소수 국민의 생각들은 국민의 뜻이 아닌 게 되는 것일까? 국민은 모두 충분한 심사숙고를 거쳐 선택했을까? 또한 변화는 어떻게 설명할 것인가? 지난 선거에서 좌파 후보가 이번 선거에서 우파 후보가 당선되었다면 국민이 좌파에서 우파로 변한 것일까? 민중들의 혁명으로 독재체제가 무너지고 민주체제로 바뀌었다면 그때까지 없었던 국민의 뜻, 국민의 본성이 새로 생긴 것일까?

국민은 누구인가? 아니 무엇인가? 국민은 단순하게 규정될 수 없는 차원에 존재한다. 그것은 항상 파도가 치는 바다와 같다. 파도는 주어진 환경에 따라 이 방향으로 혹은 저 방향으로 크고 작게 일어나지만, 그것으로 우리는 바다의 본성을 짐작할 뿐 그것이 진정 무엇인지는 알 수 없다. 우리가 아는 것은 바다가 엄청나게 크고 깊으며, 그 속에 온갖 잠재력과 변화가능성을 지니고 있다는 것이다. 이와 같이 볼 때 국민은 항상 무고하다. 더 정확하게 말하자면, 국민은 어떤 죄나 책임을 물을 수 없는 차원에 존재한다. 국민의 본성에는 모든 결과를 일으킬 모든 원인이 존재한다. 그러니 어떻게 국민에게 특정 결과에 대한 책임을 물을 수 있겠는가?

그러나 국민의 뜻이 무엇인지 알 수 없다고 해서 그것을 알려는 노력을 멈춰서는 안 된다. 좀 더 나은 사회를 만들기를 원한다면 우리는 결코 그 노력을 멈출 수 없다. 따라서 이것은 태도의 문제다. 우리는 결코 다 알 수 없는 국민의 뜻이 무엇인지 헤아리기 위해 경외심을 갖고 겸손한 태도로 최선의 노력을 다해야 한다. 특히 정치가, 고위공직자, 지식인 등 사회지도층, 즉 국민에게 봉사하는 직무에 있는 사람들은 그래야 한다.

9·11테러 이후 부시 행정부는 무력대응을 선택했고, 여론조사 결과 과반수가 훨씬 넘는 미국 국민이 이를 지지하는 것으로 나타났다. 하지만 그것이 과연 국민의 뜻이었을까? 무력대응을 지지한 국민은 그것이 진정 그들이 원했던 것이었을까? 무력대응을 지지하지 않은 국민은 무엇을 원했고 왜 그랬을까? 만약 서로 다른 의견을 가진 국민이 자신들의 의견을 자유롭게 표현하고 진지하게 토론할 수 있었다면, 그들의 의견은 어떻게 변화했을까? 또 만약 그들이 아프가니스탄과 이라크 국민과 자유롭게 토론할 수 있었다면, 그들의 의견은 어떻게 변화했을까?

국민 개개인은 국가, 민족, 인종, 종교, 정치성향 등으로 자신을 규정하지만, 국민 전체의 본성은 그 같은 경계에 국한되지 않는다. 그것은 개인 속에 성격과 함께 존재하지만 대비되는 인간성과 같다. 한 인간으로서 내 인간성이 타인의 인간성과 다르지 않다면 한 국민의 본성은 타국민의 본성과 다르지 않다. 따라서 우리는 서로에 대한 차별과 구별의 경계를 넘어서 소통 communication할 수 있다.

손택은 문학이 사람들로 하여금 자기라는 단순하고 한정된 영역에서 벗어날 수 있게 도울 수 있다고 생각했다.

"문학의 역할이란 우리의 공감을 확대하고 마음과 정신을 연마하고 내적 성찰을 이끌어내고 다른 사람, 우리와 다른 사람이 실제로 존재한다는 인식을 깊이 확인하는 것입니다."

그는 문학에 대비해서 텔레비전이 주는 단편적인 정보의 문제점을 비판했다.

"문학은 이야기를 하고 텔레비전은 정보를 줍니다. 문학은 끌어들입니다. 텔레비전은 (직접성이란 환상을 주지만) 거리를 둡니다. 우리를 무관심의 벽 안에 가둡니다. …… 소설가가 실천하는 이야기하기에는 제가 말했듯이 반드시 윤리적 요소가 있습니다. 윤리적 요소란 이야기의 허위성과 반대되는 사실성을 가리키는 것은 아닙니다. 완결성, 진지성, 이야기가 주는 깨달음, 그 결말의 형태를 말하는 것입니다. 대중매체가 쏟아내는 끝없는 이야기들이 제공하는 둔감함, 몰이해, 수동적 낙담, 그에 따른 감정의 둔화에 반대되는 것입니다."

단편적인 정보는 그것이 비록 사실이어도 왜곡된 이해를 낳을 수 있다. 9·11테러 이후 대중매체에 수없이 등장했던 장면 - 테러리스트들이 납치한 비행기가 세계무역센터에 충돌하는 장면은 분명 사실이지만 그것이 사태 전체를 이해하는 데 어떤 영향을 미치는가? 마치 불꽃놀이를 연상케 하는 이라크 침공 장면은 그 뒤에 얼마나 많은 아이, 여성, 노인들의 고통에 찬 울부짖음을 숨기고 있는가?

또한 손택은 진실이 하나라고 생각하지 않았다. 그가 보기에 현실은 저마다의 진실을 갖는 수많은 등장인물이 동시에 존재하는 공간이었으며, 작가는 자신의 목소리를 내지 못하는 인물들을 대신해 그들의 진실을 얘기해주는 사람이었다. 그리고 그 수많은 이야기, 즉 타인들의 이야기들을 읽고 그것들을 생각하고 느끼며, 사람들은 각자 자기 안의 진실을 발견할 기회를 얻는다.

누구나 저마다의 진실이 있으며, 누구도 어느 한 사람의 진실이 다른 이의 진실보다 우위에 있다고 말할 수 없다. 자신의 진실은 오직 자신에게 의미가 있을 뿐, 그렇다면 중요한 것은 그 진실이 진정한 자신을 드러내는가이다.

결국 중요한 것은 누군가의 진실도 모두의 진실도 아니다. 국민의 뜻이 무엇인지, 테러가 정말 사라질 수 있는지도 아니다. 국민의 뜻은 오직 실체를 가진 국민 개개인이 각자 자신의 진실을 성심껏 추구해갈 때 그 알 수 없고 무한한 깊이의 일면을 드러낼 뿐이며, 그것으로 테러가 정말 사라질지, 어떤 결과를 가져올지는 아무도 장담할 수 없다. 따라서 오로지 분명하고 중요한 것은 각자의 진실, 나의 진실이다. 매 순간 내 안에는 아직 나로 드러나지 않은 수많은 가능성이 있으니 내가 무엇에 있어서든 생각해야 할 단 하나의 물음이 있다면 바로 이 물음이다.

'이것이 내가 정말 원하는 것인가?'

'이것이 정말 내가 드러내고자 하는 진실인가?'

이 물음에 대한 나 스스로의 답변, 즉 나의 선택과 행동, 책임이야말로 나를 변화시키고 그럼으로써 세계를 변화시킬 수 있는 유일한 힘이다.

그 진실이 만약 미움과 증오, 복수와 파괴라면 어떨까? 우리의 존재 가장 깊은 곳에 있는 것이 그것들이라면 어떨까? 그로 인해 끝없이 서로를 미워하고 파괴하는 것이 우리의 진실, 우리가 진정 원하는 것이라면?

손택은 그렇게 생각하지 않았다. 아니 적어도 그는 우리가 가진 자유를 이용해서 서로를 파괴하지 않으리라는 가능성을 믿었다. 그는 문학이 있는 그대로의 세계, 즉 온갖 뉘앙스와 모순, 서로 반대되는 주장과 경험으로 가득 찬 현실을 가장 잘 보여줄 수 있다고 생각했고, 이를 통해 사람들이 더 나은 선택을 할 수 있으리라고 믿었다.

그는 말했다.

"문학은 우리 아닌 다른 사람을 위해 눈물을 흘릴 줄 아는 능력을 길러줍니다. 만약 우리 아닌 다른 사람에 공감할 수 없다면 우리는 과연 누구입니까? 아주 잠시라도 자신만을 위한 생각을 멈출 수 없다면 우리는 과연 누구입니까? 배울 수 없다면 용서할 수 없다면 더 나은 존재로 변화될 수 없다면 우리는 과연 누구입니까?"

# 폭력의 악순환에서 어떻게 벗어날 것인가

## 바삼 아라민과 라미 엘하난

### 바삼 아라민Bassam Aramin

팔레스타인 평화활동가, 비폭력운동가다. 과거에 팔레스타인 해방을 위한 무장저항운동에 참여했으며 현재는 이스라엘 사람들과 팔레스타인 사람들이 함께 만들어가는 평화를 위한 활동을 벌이고 있다. 평화를 위한 전사들Combatants for Peace, 부모서클-가족포럼The Parents Circle-Families Forum 등에서 활동하고 있다.

### 라미 엘하난Rami Elhanan

이스라엘 평화활동가, 비폭력운동가다. 1973년 아랍 대 이스라엘 전쟁에 참전한 뒤 오랫동안 정치적, 사회적 활동을 하지 않았다. 1997년 자신의 딸이 팔레스타인 자살폭탄공격에 의해 죽는 사건이 발생했고 그 후 비폭력과 평화를 위한 활동에 헌신하고 있다.

그 가혹한 역사적 시기의 가장 큰 희생자가 유대인들이었습니다. 그리고 유대인들은 재빨리 희생자를 찾았는데, 그들이 팔레스타인이었습니다. 우리는 희생자의 희생자가 되었습니다.

— 바삼 아라민, 팔레스타인 평화활동가

내 딸을 죽이고 당신을 다치게 한 (팔레스타인) 살인자 역시 당신만큼이나 희생자입니다. 그는 또한 바삼 아라민의 딸 아비르를 죽인 (이스라엘) 군인과 마찬가지로 희생자입니다. 이 희생자되기의식victimhood을 우리는 멈춰야 합니다.

— 라미 엘하난, 이스라엘 평화활동가


2013년 2월 26일, 이스라엘의 남부도시 아슈켈론에 로켓폭탄 하나가 떨어져 폭발했다. 이로 인해 도로가 일부 파괴되었으나 다행히 인명피해는 없었다. 로켓폭탄은 팔레스타인 지역에서 발사된 것이었다. 팔레스타인 무장저항단체들 중 하나인 '알 아크사 순교자 여단'은 이번 공격이 자신들이 한 일이라고 주장하면서, 얼마 전 이스라엘 교도소에서 죽은 아라파트 자라다트 Arafat Jaradat에 대한 복수라고 말했다.

아라파트 자라다트는 유대인 정착촌 반대시위에 참가하여 돌을 던진 혐의로 체포되어 구금 중이었다. 교도소 측은 그가 조사 중 심장마비로 숨졌다고 주장했으나, 의사의 부검결과 그의 가슴과 팔, 다리 곳곳에 심각한 타박상이 발견되었다. 팔레스타인 사람들은 그가 고문에 의해 죽었다고 생각했다. 이때까지 많은 팔레스타인 수감자들이 이스라엘 감옥에서 숨졌으며, 이들 중 상당수가 고문을 받았던 것으로 알려져 있다.

이스라엘과 팔레스타인 간의 분쟁으로 수많은 사람이 고통을 겪고 있다. 오랜 기간 계속돼온 전쟁과 폭력은 양측 모두에게 지울 수 없는 상처를 남겼다. 양측 모두 가족이나 친척 중에 희생자가 없는 집이 거의 없다. 사람들 마음속에는 분노와 두려움, 절망과 공허함이 자리하고 있으며, 서로에 대한 폭력의 악순환이 끊임없이 되풀이되고 있다. 하지만 모두가 그런 것은 아니다.

바삼 아라민은 1985년 '이스라엘 경찰에 의해 체포되어 1992년까지 7년 동안 감옥에 있었다.

"그때 당시 나는 복수심에 불타있었다. …… 우리는 스스로 자유의 투사라고 생각했고, 하지만 세상은 테러리스트라고 불렀다. 처음에 우리는 돌과 빈병을 던졌지만, 나중에 동굴에서 버려진 수류탄을 발견했을 때 우리는 이스라엘군 지프에 그것을 던지기로 했다. 두 개가 폭발했다. 아무도 다치지 않았지만, 우리는 잡혔고, 열일곱 살이었던 나는 7년형을 받았다."

감옥에서 그는 심한 고초를 겪었다. 어느 날 팔레스타인 수감자들이 저녁 식사를 기다리고 있을 때, 1백여 명의 이스라엘 무장군인들이 들어오더니 자신들에게 옷을 모두 벗으라고 했다. 그리고는 별다른 이유 없이 수감자들을 때리기 시작했다. 충격적이었던 것은 구타하는 이스라엘 군인들의 얼굴에서 미소를 본 것이었다.

"그들은 우리를 증오해서 때린 게 아니었다. 우리는 단지 훈련 대상일 뿐이며 그들은 우리를 (인간이 아닌) 물건으로 생각했다."

그렇게 심하게 얻어맞을 때, 그의 마음속에 떠오른 것은 아이러니하게도 전에 봤던 홀로코스트 영화[47]의 한 장면이었다. 처음에 그는 히틀러가 유대

---

47) 홀로코스트(Holocaust)는 그리스어로 '전체(holos)'와 '불타다(kaustos)'라는 단어의 합성어다. 2차대전 중 히틀러가 이끄는 나치당이 독일과 독일점령지에서 유대인을 대량 학살한 것을 의미한다. 유대인 6백만 명이 희생되었으며 이는 당시 유럽에 거주하던 9백만 유대인 중 2/3를 차지한다. 유대인과 함께 슬라브족, 집시, 동성애자, 장애인 등이 학살되어 총 희생자는 1천1백만 명에 달한다. 이들은 아우슈비츠, 트레블링카 등 집단수용소에서 독가스 등을 이용해서 체계적으로 학살되었고 이는 역사상 유례가 없는 사건이었다. 바삼 아라민이 있던 이스라엘 감옥에서는 팔레스타인 수감자들에게 홀로코스트 영화를 보게 했으며, 그가 본 영화는 스티븐 스필버그 감독의 〈쉰들러 리스트〉였다.

인 6백만 명을 죽였다는 사실에 기뻐했다. 그리고 그때 유대인들이 모두 다 죽었더라면 자신이 지금처럼 감옥에 갇힐 일은 없었을 거라 생각했다. 그러나 영화 속에서 유대인들이 떼를 지어 독가스실로 들어가는 장면을 떠올리고는 울음이 나고 또 화가 났다.

"죽으러 가는 줄 안다면 왜 그들은 소리조차 지르지 않나?"

그의 머릿속에는 아무런 저항조차 못하고 순순히 죽으러 가는 유대인과 자신이 감옥에서 억울하게 구타당하며 아무 반항도 못하고 있는 모습이 서로 겹쳐졌다. 그 순간 그는 적이라고 생각했던 유대인에게 같은 인간으로서 공감을 느꼈다. 그는 우리 안의 인간성을 살리기 위해 인간으로서 자유롭게 웃고 울 권리를 지켜야 한다고 생각했다.

감옥에서 나온 그는 결혼하고 아이를 낳았다. 그는 무장저항운동으로 돌아가지 않았다. 대신 이스라엘 군인 중 팔레스타인 지역에서 근무하기를 거부하는 군인들이 있다는 것을 알고 이들에게 관심을 갖게 되었다. 이들은 자신들의 정부가 팔레스타인 지역을 불법으로 점령하고 사람들을 학대하고 있다고 생각했다. 그는 이들을 만나기를 원했고, 결국 그와 비슷한 생각을 하는 팔레스타인 사람들과 병역거부운동을 했던 전직 이스라엘 군인 간의 만남이 2005년 2월 최초로 팔레스타인 지역에서 이루어졌다.

이스라엘 군인이었던 엘리크 엘하난Elik Elhanan은 당시 팔레스타인 사람들과의 첫 번째 만남을 이렇게 기억했다.

"솔직하게 말해서 내 생애 가장 두려웠던 경험이었습니다. 민간인이 되어 우리가 군인으로 복무했던 곳, 전장이었던 곳에 무장하지 않은 채 지원부대도 없이 들어가면서 우리는 생생한 두려움을 느꼈습니다. 그러나 아무도 납치되거나 살해되지 않았습니다. 우리는 만났고 이야기를 나눴습니다."

그는 계속해서 말했다.

"매우 힘든 만남이었지만 나중에 집에 돌아갈 때 우리는 뭔가 성취한 것 같은 느낌이 들었습니다. 정치에 대해 토론할 때 우리는 모두 자신들의 주장을 굽히지 않았습니다. 양측은 가장 방어적인 입장에서 물러나지 않았습니다. 그러나 우리가 자신들의 개인적인 이야기들을 털어놓기 시작했을 때 벽이 무너졌습니다. 대립적인 상황에도 불구하고 우리는 서로 합의점들을 찾을 수 있었습니다. 예를 들어 우리는 자신들이 관념적이고 단순화된 논리에 빠져 폭력과 희생을 정당화해왔다는 사실에 동의했습니다. 또한 자신들이 무엇을 위해 싸웠는지 그 실체와 허상을 깨닫게 되었을 때 우리는 모두 배신감을 느꼈습니다. 우리는 모두 다시 만나기로 했습니다."

이 만남은 곧 정기적인 만남이 되었고 이를 기초로 2006년 이스라엘과 팔레스타인 사람들이 함께 참여하는 '평화를 위한 전사들'[48]이라는 단체가 만들어졌다.

바삼 아라민이 이 단체에 참여하여 비폭력평화운동에 전념하고 있을 때, 안타깝게도 그에게는 더 큰 고통이 기다리고 있었다. 2007년 1월, 열 살 된 그의 딸 아비르Abir가 이스라엘 군인이 쏜 고무탄에 맞은 사건이었다. 아비르가 산수시험이 끝나고 반 친구들과 함께 학교 앞에 있을 때였다. 갑자기 총소리가 나더니 아비르가 쓰러졌다. 이스라엘 군인이 아비르의 머리 뒤쪽에 고무탄을 쏘았기 때문이다. 결국 아비르는 이틀 뒤 병원에서 숨졌다. 사랑하는 딸의 죽음은 그를 또다시 무장저항운동의 길, 증오와 복수의 길로 들어

---

48) 평화를 위한 전사들(Combatants for Peace)은 2006년 이스라엘-팔레스타인 분쟁의 평화적 해결을 위해 이스라엘과 팔레스타인 사람들이 함께 모여 만든 단체다. 원래 전직 이스라엘 군인들과 과거에 팔레스타인 무장저항운동에 참여했던 사람들로 시작했으나, 이후 폭력사용에 반대하는 다양한 사람들로 확대되었다.

서게 할 수 있었다. 하지만 그는 그러지 않았다. 대신 그는 이스라엘 법정에 정의를 요구했다.

그는 말했다.

"나는 이 사람이 법의 심판을 받기를 원한다. 그 이유는 그가 열 살 된 내 딸을 죽였기 때문이지, 그가 이스라엘 사람이고 내가 팔레스타인 사람이기 때문이 아니다. 내 딸이 무장단체 조직원이 아니며 파타[49]나 하마스[50] 조직원 이 아니기 때문이다. 화해와 용서를 위해서 이스라엘은 그 같은 일이 범죄임 을 인정해야 한다."

그는 자신의 변호사에게 자기 딸을 죽인 사람을 만날 수 있느냐고 물었다. 그러자 변호사가 물었다.

"당신은 왜 그 사람을 만나려고 합니까?"

그가 대답했다.

"항상 묻고 싶었던 질문이 있습니다. '왜? 왜 당신은 총을 쐈습니까?' 나는 개인적으로 그 사람이 어떤 사람인지 모릅니다. (그러나) 나는 그 사람이 내 딸을 죽이러 온 게 아니라고 확신합니다. 틀림없습니다."

이어서 그는 이렇게 말했다.

"나는 내가 진정 그를 위해 바라는 것이 무엇인지 그가 알기 바랍니다. 나 는 그를 증오하지 않습니다. 그렇지만 그는 반드시 법의 심판을 받아야 합 니다. 그 사람을 위해서 그리고 사회를 위해서 말입니다."

만약 그 사람을 만나서 물을 수 있다면, 과연 그는 대답할까? 대답한다

---

49) 파타(Fatah)는 이스라엘의 억압에 맞서 팔레스타인의 독립을 추구하는 팔레스타인해방기구(PLO)에서 다수를 차지하고 있는 정당, 조직이다.

50) 하마스(Hamas)는 팔레스타인 저항조직이자 정당이다. 이스라엘의 차별과 폭력에 맞서 로켓공격과 자살폭탄 테러를 벌인 바 있다.

면 뭐라고 할까? 자신의 실수? 상부의 잘못된 명령? 그 어떤 대답이라 할지
라도 그것이 이해할만한 대답이 될 수 있을까? 죄 없는 열 살 된 여자아이를
죽인 이유가 도대체 세상 어디에 있을 수 있을까?

바삼 아라민은 말했다.

"비록 내가 그를 만난다 해도, 내가 그에게 왜 내 딸을 죽였냐고 묻는다
해도, 그는 내게 대답하지 않을 겁니다. 나는 영원히 그 대답을 얻을 수 없
을 것입니다."


라미 엘하난은 바삼 아라민을 유가족 모임에서 만났다. 그는 바삼 아라민
보다 일찍 딸을 잃었다. 바삼 아라민의 딸은 이스라엘 군인에게 희생되었지
만, 열네 살 된 그의 딸 스마다르Smadar는 1997년 팔레스타인 자살폭탄공격
에 의해 희생되었다.

그는 말했다.

"그날 이래로 나는 내 인생을 오직 한 가지에 바쳤습니다. 귀에서 귀로, 사
람에서 사람으로 찾아다니며 큰소리로 외쳤습니다. 들을 준비가 된 사람들
모두에게, 또 그렇지 못한 사람들에게도 말입니다. '이것은 우리의 운명이 아
니다! 바꿀 수 없는 운명의 경전이 아니다!' 경전 어디에도 이 험난하고 끔찍
하고 성스러운 땅에서 우리의 자녀들을 계속해서 죽이고 희생해야 한다는
말은 쓰여 있지 않습니다. 우리는 이 폭력, 살인과 보복, 복수와 처벌의 광기
어린 악순환을 멈출 수 있고 멈춰야만 합니다. 앞으로 영원히 그런 일이 일
어나지 않도록 말입니다. 이 결코 끝나지 않는 순환은 아무런 목적이 없습
니다."

라미 엘하난은 기회가 있을 때마다 사람들을 찾아가 만났다. 이런 내용을
주제로 대화를 나눈다는 것은 그에게도 모두에게도 쉽지 않은 일이었다.

누군가 그에게 물었다.

"당신은 당신 딸을 죽인 사람들을 찾아가서 돕는 일을 하고 있습니다. 제게는 이해가 되지 않습니다. 어떻게 사람이 그럴 수 있지요?"

라미 엘하난이 대답했다.

"저는 무슨 이유로 살인자가 내 딸을 죽였는지 알 수 없습니다. 그러나 그가 그런 식으로 태어나지 않았다는 것은 확실히 알고 있습니다. 살인자로 태어나는 사람은 없습니다. 어떤 것이 그들을 살인자로 만드는 것입니다."

그러자 그 사람은 자신의 얘기를 털어놓았다.

"제가 열여섯 살 때 버거킹에서 일한 적이 있습니다. 몇몇 아이들이 폭죽을 터뜨리며 놀고 있었고 시끄러운 소리를 냈습니다. 저는 그 애들에게 지금은 자살폭탄테러가 일어날지 모르는 위험한 때라고 말해주었습니다. 저는 애들에게 밖에서 놀라고 말하고 애들을 데리고 위층으로 올라갔습니다. 제가 위층에 거의 도착했을 때 폭탄이 터졌습니다. 저는 계단 밑으로 떨어졌고, 제가 위층으로 올라가라고 말했던 아이 중 한 명의 시체가 보였습니다. 이 일은 오늘날까지 제 머릿속에서 떠나지 않습니다."

또 다른 사람이 말했다. 그 역시 자살폭탄테러의 희생자였다.

"그 일이 저를 항상 슬프게 만들어요. 저는 더 이상 누구에게 화내야 하는지 모르겠어요. 이스라엘 정부인가요, 아니면 자살폭탄을 만든 팔레스타인인가요?"

라미 엘하난은 말했다.

"내 딸을 죽이고 당신을 다치게 한 (팔레스타인) 살인자 역시 당신만큼이나 희생자입니다. 그는 또한 바삼 아라민의 딸 아비르를 죽인 (이스라엘) 군인과 마찬가지로 희생자입니다. 이 희생자되기의식victimhood을 우리는 멈춰야 합니다."

이스라엘 사람의 눈에 팔레스타인 사람들은 모두 잠재적인 가해자, 테러리스트로 보인다. 팔레스타인 사람의 눈에서 보면 어떨까? 그들의 눈에 이스라엘 사람들은 모두 가해자, 압제자다. 이제 양쪽 사람들 모두의 마음속에 들어가 보면 무엇이 보일까? 그들 모두는 희생자다. 그들이 서로를 공격하는 것은 자신과 자신의 가족을 안전하게 지키기 위해서지 상대방을 파괴하고 고통을 주려는 악한 마음이 있어서가 아니다.

둘 다 딸을 잃은 아버지로서 라미 엘하난과 바삼 아라민은 팔레스타인과 이스라엘 사람들이 함께하는 유가족 모임에서 서로를 알게 되었다. 바삼 아라민은 라미 엘하난의 죽은 딸 기념일에 그에게 편지를 썼다.

"오늘이 가장 슬픈 날임은 틀림없지만 나는 우리가 처음 만난 날부터 당신에게 편지를 쓸 용기가 나지 않았습니다. 왜냐하면 (내 편지가) 당신의 마음에 어떠한 슬픔과 고통을 더하게 될까 두려웠기 때문입니다. 시간이 깊은 상처를 치유해 줄 거라 생각했지만, 내 딸이 죽고 당신이 마셨던 쓴 잔을 내가 똑같이 마시고 난 뒤, 나는 부모는 자식이 죽은 그 순간을 절대 잊을 수 없음을 알게 되었습니다. ……"

과연 우리는 모두를 희생자로 만드는 악순환을 어떻게 멈출 수 있을까?

우리 아브네리[51]는 이스라엘 출신 평화운동가다. 한 인터뷰에서 진행자가 폭력의 악순환을 만들어내는 무의식적인 과정에 대해 물었다. 그가 말했다.

"우리의 깊은 곳에는 뿌리깊은 불안이 있습니다. 그 불안은 당신 자신이 느끼고 있는 것을 다른 사람에게 투사함으로써 그 자체를 합리화시키는 것입니다. 예를 들자면, 우리는 이렇게 말합니다. 만일 내가 그들의 위치에 있

---

51) 우리 아브네리(Uri Avnery, 1923년 9월 10일-2018년 8월 20일)는 이스라엘 작가, 정치가, 평화운동가다. 1982년 유대인으로서는 처음으로 팔레스타인 지도자인 야세르 아라파트를 만났다. 당시 이스라엘 우파들은 자신들이 '테러리스트의 우두머리'라고 부르는 사람을 만난 그를 반역죄로 처벌해야 한다고 주장했으나 그의 행위는 이후 이스라엘 사람들의 의식을 변화시키는 데 큰 역할을 했다.

었다면, 나는 결코 화해하지 않았을 것이다. 그래서 그들도 나와 결코 화해할 수 없으리라는 느낌이 뒤따르게 되는 겁니다. 그래서 이런 생각을 가지고 있으면 절대로 평화가 있을 수 없는 거지요. 평화가 있을 수 있다고 생각하는 사람들은 정신 나간 사람, 물정을 모르는 사람, 바보, 뭐 그런 사람으로 취급을 당합니다."

인터뷰 진행자는 희생자가 가해자가 되는 과정에 대해서도 물었다.

"유대인 자신들이 역사를 통해서 그렇게 많은 박해를 당했으면서, 어떻게 이스라엘의 유대인들이 팔레스타인 사람들을 그렇게 학대하고 억압할 수 있는지에 대해서 설명해주시겠습니까?"

그가 대답했다.

"박해를 받은 사람들이 후에 더 훌륭한 사람들이 된다는 것은 좋은 생각입니다. 불행하게도 그것은 심리학에서 나온 생각은 아닙니다. 만일 한 어린 아이가 매를 맞는다면, 그는 십중팔구 성장해서 아이를 때리는 어른이 될 겁니다. 몇 년 전, 한 고등학교 교장 선생님이 학생들이 쓴 글들을 나에게 보내왔습니다. 학교에서 학생들을 데리고 아우슈비츠를 견학하고 와서 쓴 글이었지요. 학생들에게 그 끔찍한 경험에 관해서 느낀 점들을 쓰라고 했답니다. 그리고 그 글들은 내 예상이 옳았다는 것을 확인해 주었습니다. 그들의 반응은 뚜렷하게 두 가지였지요. 첫 번째 반응은 이런 것이었습니다. 유대인들에게 행해졌던 일은 끔찍한 일이었으며, 우리는 다르게 행동하고, 소수민족들을 다르게 대하고, 또 우리를 그렇게 학대했던 사람들보다 우리가 더 낫다는 것을 온 세계에 보여주는 것이 우리 이스라엘에 의무로 지워진 일이라는 것입니다. 하지만 이것은 소수의 반응이었습니다. 다수는 반응이 달랐습니다. 즉 유대인들에게 행해진 일은 끔찍한 일이었으며, 따라서 우리는 우리 민족을 지키기 위해 주저하지 말고 어떤 반격을 해야 한다는 것이었습니다. 두 가지 반응들은 모두 자연스러운 것이고, 때로는 한 마음속에 두 가지 반응들이 공존하기도 한다고 봅니다."

이어서 그는 말했다.

"홀로코스트를 매일 잊지 않고 기억해야 한다는 것이 이스라엘의 교육과 정치에서 공식적인 입장입니다. 그렇게 되면 온갖 불행이 발생하게 됩니다. 이런 모든 사실 때문에 안전이 필요하다는 것은 민족적 강박이 되고, 결국 악을 성장시키는 결과를 가져오게 되는 거지요. 그런 불안은 절대적인 안전을 요구합니다. 하지만 오늘날 세계에 절대적인 안전 같은 것이 있을 수 있습니까?"

그의 말처럼 안전에 대한 욕구는 인간의 가장 기본적인 욕구이자 반드시 충족되어야 할 것이지만, 그러한 욕구가 불안과 결합할 때 우리의 이성적이고 합리적 사고를 압도하거나 마비시킬 수 있다. 놓아주어야 얻을 수 있는 것을 자꾸 움켜쥐려고 하면 어떻게 되는가? 절대적인 안전을 추구하면 할수록 우리는 거기에서 멀어질 것이다. 오늘날 우리가 추구해야 할 것은 절대적인 안전이 아니라 평화다. 안전은 자기중심적인 관점에서 보이는 것이지만 평화는 전체적인 관점을 가져야 얻어질 수 있는 것이다.

마지막으로 인터뷰 진행자가 그에게 물었다.

"평화에 대한 전망이 어떻다고 생각하시는지요?"

그가 대답했다.

"평화는 올 겁니다. 평화는 필연적인 것이기 때문이다. 지난 50년간 기본적인 현실들은 변하지 않았습니다. 한쪽에는 팔레스타인 사람들이 있고 또 한쪽에는 이스라엘 사람들이 있습니다. 우리는 그들을 처분해버릴 수도 없고, 그들도 우리를 없애버릴 수 없어요. 결국 우리는 함께 살 수밖에 없지 않겠습니까?"

그렇다면 평화는 어떻게 오는가? 우리는 무엇을 해야 할까? 그가 말했다.

"사람들은 서로에게서 배우고 또 자신의 경험으로부터 배우기도 합니다. 그들은 군에 복무했던 친척들한테서 배웁니다. 그리고 언젠가 당신도 그의 일을 하고, 장교로 일하게 될 것입니다. 그들은 당신을 불러서 제복을 입힐 것이고, 당신은 그 다음날 가자지구 어디 한가운데서 잠에서 깨게 될 것입니다. 사람들이 당신을 향해 총을 쏠 것이고, 돌을 던질 것이고, 소리를 지를 것입니다. 그러면 당신도 다시 총을 쏠 것이고, 어린아이들이 쓰러지는 것을 보게 될 것입니다. 이것은 당신이 영원히 하고 싶지 않은 일일 것입니다. …… 많은 사람이 평화를 위해서 화해하려는 게 아니라, 전쟁에 신물이 나서 화해하려 합니다. 사람들이 전쟁에 물리게 되면 그다음에야 평화가 올 수 있지요."

이스라엘과 팔레스타인 사람들이 만나서 대화하는 것이 어떤 효과가 있었을까? '평화를 위한 전사들' 모임에 참여하고 있는 어느 이스라엘 출신 참가자는 이렇게 말했다.

"제가 생각할 때는 두 집단이 서로를 알지 못하면서 …… 그들이 갑자기 평화롭게 살 수는 없습니다. 지금까지 그들은 서로를 증오해왔습니다. 그런데 지금 평화협정을 맺으면 모든 것이 잘 될 거라고요? 과연 그럴까요? 아닙니다. 제가 생각하기에 우리 단체에서 해야 할 일은 두 집단이 서로 만나게 하는 것입니다. 만나서 서로의 이야기를 듣고 그들이 인간임을 보는 것입니다."

정신의학자 도나 페리Donna Perry는 이렇게 말했다.

"이스라엘과 팔레스타인 사람들의 마음속에는 철로 만든 벽이 있습니다. 그들은 모두 치명적인 폭력과 참을 수 없는 고통의 악순환에 갇혀있습니다.

정치적 해법이 그 벽의 영향을 일시적으로 제거할 수는 있겠지만, (그 벽을 구성하는) 벽돌 하나하나를 모든 이스라엘과 팔레스타인의 가슴과 마음으로부터 제거해야 합니다."

'평화를 위한 전사들'의 어느 기념일에 연설자로 바삼 아라민과 라미 엘하난이 무대에 올랐다. 원래 이날은 이스라엘에서 전쟁과 테러에 의해 희생된 이스라엘 군인들을 기념하는 날이었는데, '평화를 위한 전사들'에서는 이스라엘 군인들과 함께 팔레스타인 희생자들도 기념하는 날로 정했다.

먼저 바삼 아라민이 말했다.

"누가 아비르와 스마다르를 잊을 수 있겠습니까? 스마다르가 살해되던 해 아비르가 태어났습니다. 우리가 어떻게 잊을 수 있겠습니까? 이들은 팔레스타인과 이스라엘 아이들의 상징일 뿐입니다. 이들은 자신들이 왜 죽었는지 모르는, 증오와 두려움의 희생자들입니다. 그리고 이들을 죽인 테러리스트들은, 무엇이 그들의 대의입니까? 왜 죽였습니까? 그들은 알지 못합니다. 오늘 이날을 우리가 함께 기념하는 목적은 우리 서로에 대해 공감하기 위해서입니다. 히틀러는 우리를 상대로 현재까지도 승리하고 있습니다. 우리는 반드시 히틀러와 싸워 이겨야 합니다. 그가 우리 안에 심어둔 두려움으로부터 말입니다."

다음으로 무대에 오른 라미 엘하난은 자신의 연설을 다음과 같은 말로 끝맺었다.

"우리를 가르는 선은 팔레스타인과 이스라엘도 아니며, 유대교와 이슬람교 신자도 아닙니다. 그것은 진정으로 평화를 원하고 평화를 위해 기꺼이 헌신하려는 사람들과 그렇지 않은 사람들 간의 구분입니다. 다른 쪽이 우리의 미래를 훔치게 내버려 두지 맙시다. 다른 쪽이 계속해서 우리의 남은 자녀들의 생명을 위협하게 두지 맙시다."

폭력의 악순환은 왜 계속되는가? 히틀러가 오늘날까지 승리하고 있는 이유는 무엇인가? 복수가 복수를 낳고 희생자가 가해자가 되는 이유는 무엇인가?

'평화를 위한 전사들' 모임을 통해 과거에 적이라고 여겼던 상대방과 만나게 된 어떤 참가자는 이렇게 말했다.

"저는 20배, 100배, 아니 1000배 더 많이 알게 되었습니다. 단지 이스라엘-팔레스타인 분쟁에 대한 것만이 아닙니다. 그것은 대학교 수업이나 도서관 같은 데서 배울 수 있습니다. 그러나 제가 1000배 이상 배우게 된 것은 인간 경험의 측면에서 그 무한한 복잡성에 대해서입니다."

자신의 목숨을 걸고 상대방을 죽이려 들기 전에 그와 같은 결의로 상대방을 만나보면 어떨까? 상대방을 만나서 이해하게 될 때 우리는 같은 인간으로서 서로가 가진 두려움까지 나눌 수 있게 된다. 두려움을 극복하기 위해서 우리는 두려움의 대상을 직면해야 한다. 마음속 두려움의 실체는 우리가 함께 만나서 서로를 이해할 때 비로소 드러날 것이다. 그것은 말 그대로 나누어질 것이다.

조선은 왜 독립해야 하는가

# 동양평화를 어떻게 이룰 것인가

## 안중근

**안중근**(1879년 9월 2일 - 1910년 3월 26일)
대한제국의 항일의병장, 독립운동가다. 삼흥학교를 설립하고 돈의학교를 인수하여 운영하는 등 교육을 통한 계몽운동에 힘썼으며 국채보상운동에도 참여했다. 1907년 연해주로 건너가 의병운동에 참여했으며, 1909년 10월 하얼빈에서 이토 히로부미를 저격했다.

이(을사조약)는 첫째 동양의 화란을 근절하고, 둘째 귀국 황실의 안녕과 존엄을 건실히 유지하고, 셋째 국민행복을 증진하려는 선의의 대의에 기초한 것입니다.

— 이토 히로부미,[52] 1905년 고종에게 한 말 중에서

내가 이토 히로부미를 죽인 것은 대한국 의군 참모중장으로서 한국의 독립과 동양의 평화를 위해 한 일이오.

— 안중근, 1910년 재판 중에서


이토 히로부미는 을사조약[53]을 체결하고 한국의 초대통감을 지냈을 뿐 아니라 일본 메이지 헌법을 기초하고 초대 내각총리대신을 지낸, 그야말로 근대 일본의 기틀을 마련한 일본 정치계의 거목이다. 그는 일찍이 일본이 무력을 앞세운 서양 강대국들에 의해 침탈당하고 일본에게 불리한 불평등조약을 맺는 것을 지켜보았고, 직접 서양 여러 나라를 돌아보며 강한 나라만이 살아남는다는 국제사회의 뼈아픈 진실을 체득했다. 특히 외국 사절단에 포함되어 독일에 방문했을 때 비스마르크[54] 수상이 한 말은 잊을 수 없었다.

"세계 각국은 표면적으로 신의를 바탕으로 한 교제를 말하고 있지만, 실은 약육강식입니다. 대국은 자신에게 유리할 때는 만국공법(국제법)을 고집

---

52) 이토 히로부미(伊藤博文, 1841년 10월 16일 - 1909년 10월 26일)는 일본 제국주의 시대의 정치가, 헌법학자다. 일본제국의 내각총리대신, 조선통감부의 통감을 지냈다. 을사늑약 등 대한제국의 식민지화를 주도한 인물 중 한 명으로 1909년 10월 안중근의 총을 맞고 죽었다.

53) 을사조약(乙巳條約)은 1905년 을사년에 대한제국과 일본제국간 체결된 불평등조약이다. 쌍방에 의해 정식으로 체결된 조약이 아니라 강제적으로 맺어진 조약이므로 '을사늑약(乙巳勒約)'으로 불린다. '늑약'은 억지로 맺은 조약이란 뜻이다. 강압에 의해 조약이 체결된 후 대한제국은 외교권을 박탈당해 사실상 일제의 식민지로 전락하였으며, 이후 1910년 한일합병조약(경술국치)으로 국권을 빼앗기고 완전한 식민지가 되었다.

54) 비스마르크(Otto Eduard Leopold von Bismarck, 1815년 4월 1일 - 1898년 7월 30일)는 프로이센의 정치가, 외교관으로 독일을 통일하고 독일제국을 건설하는 데 크게 기여했다. 1862년 빌헬름 1세의 지명으로 수상에 취임했으며 군비확장을 주장한 철혈정책으로 덴마크, 오스트리아를 제압하고 프랑스와의 전쟁에서 승리하여 독일 통일을 이룩했다.

하지만, 만일 불리하면 언제라도 이를 뒤집어서 병력에 호소하는 것이 늘 하는 행위입니다. 나는 스스로 소국의 비운을 체험하고 분개함을 참을 수 없었고, 국력을 강화할 것을 다짐하고, 각고의 수십 년을 지나서 겨우 그 뜻을 이룰 수 있었습니다. …… 영국과 프랑스를 위시한 많은 나라가 해외에 식민지를 탐하여 위력을 강화하고 있고 항상 타국을 호시탐탐 노리고 있습니다. 유럽의 친목은 아직 기대하기 어렵습니다. 여러분도 반드시 내부 사정을 돌보고 스스로 경계하는 마음을 잊어서는 안 됩니다. 이것이 내가 소국에서 태어나서 스스로 그동안 체험하면서 얻은 지혜입니다."

무력을 길러 독일을 통일하고 강대국의 대열에까지 올려놓은 비스마르크의 말은 일본이 앞으로 나아가야 할 길을 알려주는 것처럼 들렸다. 이러한 비스마르크의 생각은 이토 히로부미가 국제사회를 바라보는 인식에 큰 영향을 끼쳤다.

"만일 대등한 조약을 체결하려면 국력을 양성하고 나서 그들과 담판해야 할 것이다. …… 유럽의 모든 강국이 동양을 대하는 목적은 대개 하나지만, 각자 그 위력을 신장하려고 할 때는 항상 경쟁하며 한 걸음도 양보하지 않고 작은 구멍도 놓치지 않는다. 기회가 오면 뛰어들어 자국의 권위, 자국의 이익을 확충, 증식하고 있음은 실로 놀라지 않을 수 없다. 그렇기 때문에 겉으로는 교제를 위장하고, 뒤에서는 시기와 질투가 왕성하여, 음험한 계책과 비책으로 우리를 꼬드기고, 위협하고, 속이고, 얼러치며 그 틈을 타서 뜻하는 바를 이루려고 한다."

뒤에 이토 히로부미는 자신이 체득한 약육강식의 국제사회 원리를 그대로 한국을 대상으로 실행해 보였다.

1905년 11월, 한국에 온 이토 히로부미는 을사조약 체결을 위해 고종을 만났다. 당시 일본은 청일전쟁과 러일전쟁을 승리로 이끈 후 한국에서 주도권을 차지하고 있었다. 이제 을사조약을 체결함으로써 한국의 외교권을 빼앗고 일본의 식민지로 만드는 거의 마지막 단계에 있었다. 그리고 이를 처음부터 계획하고 실행하는 세력의 중심에 이토 히로부미가 있었다. 고종이 말했다.

"최근에 이르러 외교관계를 일본이 인수한다는 풍설이 전해지면서 인심이 한층 더 흉흉해지고 일본의 진의를 의심하고 두려워하는 상황에 이르렀소. 이러한 실상은 한국인 모두가 일본의 태도를 의심하게 하고 일본에 대한 악감정을 야기하고 있소."

그러자 이토 히로부미가 말했다.

"여러 가지 폐하의 불만스런 말씀의 취지는 잘 알겠습니다. 그러나 폐하께 한국이 어떻게 해서 오늘의 생존을 확보할 수 있게 되었는지, 또한 한국의 독립은 누구 덕택이었는지 이 한 가지만을 묻겠습니다. 폐하는 이것을 아시고서도 그런 불만의 말씀을 펼 수 있습니까?"

이토 히로부미는 최근 벌어진 러일전쟁에서 일본이 얼마나 큰 희생을 치러가며 싸웠는지, 그리고 그것이 모두 한국독립과 동양평화를 위해서였음을 강조했다. 계속해서 그는 호시탐탐 한국을 노리는 서양 강대국들을 저지하고 동양평화를 지키기 위해서는 한국과 일본의 결합이 더욱 공고해져야 하며, 이를 위해 을사조약이 반드시 체결돼야 한다고 주장했다. 그는 을사조약의 목적이 한일 양국의 행복과 동양평화를 위한 것이라며 고종을 설득하려 했다.

"이는 첫째 동양의 화란禍亂[55]을 근절하고, 둘째 귀국 황실의 안녕과 존엄

---

55) 화란禍亂: 재앙과 난리

을 견실히 유지하고, 셋째 국민행복을 증진하려는 선의의 대의에 기초한 것입니다. 폐하는 세계 추세를 살피시고 국가와 인민의 이해를 고려하여 곧 이에 동의해주실 것을 바랍니다."

말의 속뜻인즉 약육강식의 세계에서 약한 나라가 강한 나라에 의지하지 않고는 생존할 수 없으니 한국도 빨리 일본에 의지하여 목숨을 보전하라는 것이었다. 결국 을사조약은 일본군대가 궁궐을 포위한 상태에서 체결됐다. 자신의 임무를 완수한 이토 히로부미는 일본으로 귀국하여 성대한 환영을 받았으며, 이후 초대통감으로 임명받고 돌아와 한국 군대를 해산하고 내정까지 모두 장악했다. 이로 인해 한국은 1910년 한일병탄 전에 이미 일본의 식민지로 전락해버렸다.


1909년 10월 중국의 러시아 관할 하얼빈역, 이토 히로부미가 열차에서 내리자 환영식이 시작됐다. 러시아 군인들이 일제히 경례를 하고 군악대가 연주를 시작했다. 일본인 환영단은 일장기를 흔들며 환호했다. 군중 속에 대한의병 참모중장 안중근이 있었다. 이토 히로부미의 얼굴을 본 적 없는 안중근은 러시아 관리들에게 둘러싸인 일본인 일행 중 맨 앞쪽 수염 기른 사람을 이토 히로부미라고 여겼다.

'저것이 필시 늙은 도둑 이토일 것이다.'

안중근은 그를 향해 세 발을 쏘았다. 그러다 생각이 드는 것이 만일 자신이 쏜 자가 이토 히로부미가 아니라면 낭패인지라, 다시 일본인 일행 중 자신이 쏜 자 다음으로 이토 히로부미처럼 보이는 사람을 향해 총을 쏘았다. 그러고나니 또다시 '만일 죄 없는 사람을 쏘아 다치게 하면 어떻게 하는가' 하는 생각이 들었다. 그러는 사이 러시아 군인에게 붙잡혔다. 모든 것이 순식간에 일어난 일이었다. 거사를 마친 안중근은 하늘을 향해 이렇게 외쳤다.

"코레아 우라(러시아어로 대한 만세)."

안중근의 직관은 적중했고 그의 사격은 정확했다. 처음에 쏜 세 발이 모두 이토 히로부미에게 명중했으며, 총을 맞은 이토 히로부미는 열차 내로 옮겨져 응급처치를 받았으나 곧 사망했다. 안중근은 러시아 군인에게 끌려가 조사받았다. 러시아 검사가 물었다.

"무슨 이유로 일본인 이토 공을 살해하였는가?"

"이토는 우리 대한의 독립주권을 침탈한 원흉이며 동양평화의 교란자이므로 대한의병 참모중장의 자격으로 총살한 것이다."

안중근은 동양평화를 위해 쏘았다고 말했다. 그러나 이토 히로부미 역시 자신과 일본이 한 일이 동양평화를 위해서라고 주장해왔다. 일본이 힘없는 한국을 대신해 강대국들과 싸웠으며, 일본이 아니었으면 한국은 더 큰 피해를 당했거나 벌써 멸망했을 거라고 했다. 하지만 이토 히로부미의 논리는 도둑이 자기 죄는 모르고 자기가 다른 도둑들보다 나으니 자기한테 재물과 목숨을 바치라는 식이다. 게다가 이 도둑은 자기 도둑질이 나를 위한 것이라며 기쁘게 받아들이라고 하니, 참으로 분노와 한으로 억장이 무너지는 일이 아닐 수 없다. 이러한 상황에서 나라면 무엇을 선택할까? 도둑의 말대로 기꺼이 그의 수하로 들어가 도둑질에 합세할까? 아니면 죽고 죽이는 심정으로 도둑과 맞서 싸울까? 혹은 내가 더 힘센 도둑이 되지 못했음을 한탄하며 참고 지낼까? 여기에 함께 사는 공존과 평화를 위한 선택은 애초에 존재하지 않는 것일까? 과연 안중근은 어떤 선택을 했으며, 그가 말하는 동양평화의 의미는 무엇일까?

하얼빈 의거가 있기 전 1908년 7월, 안중근은 대한의병 참모중장으로 선출되어 장교와 병사들을 이끌고 일본군과 교전을 벌였다. 그러던 중에 일본군과 일본 상인을 포로로 사로잡게 되었다. 안중근은 포로에게 한국을 침략하는 이유를 묻고 그들이 뉘우치는 말을 하자 모두 풀어주었다. 그러자 함께 있던 장교들이 불평하며 물었다.

"어째서 사로잡은 적들을 놓아주는 것이오?"

안중근이 대답했다.

"현재 만국공법(국제법)에 사로잡은 적병을 죽이는 법은 전혀 없다. 어디다 가두어 두었다가 뒷날 배상을 받고 돌려보내 주는 것이다. 더구나 그들이 말하는 것이 진정에서 나오는 의로운 말이라, 놓아주지 않고 어쩌겠는가?"

그랬더니 여럿이 반발하며 말했다.

"저 적들은, 우리 의병들을 사로잡으면 남김없이 참혹하게도 죽이고 있소. 또 우리도 적을 죽일 목적으로 이곳에 와서 풍찬노숙風餐露宿하고 있는 것이요. 그런데 그렇게 애써서 사로잡은 놈들을 몽땅 놓아 보낸다면, 우리는 무엇을 목적으로 하는 것이오?"

"그렇지 않다. 적들이 그 같이 행동하는 것은 하느님과 사람들이 다 함께 노하는 것이다. 이제 우리마저 야만의 행동을 하고자 하는가. 또 일본의 4천만 인구를 모두 다 죽인 뒤에 국권을 다시 회복하려는 계획인가. 저쪽을 알고 나를 알면 백번 싸워 백번 이기는 것이다. 지금 우리는 약하고 저들은 강하니 악전惡戰할 수는 없다. 뿐만 아니라 충성된 행동과 의로운 거사로써 이토의 포악한 정략을 성토하여 세계에 널리 알려서 열강의 동정을 얻은 다음에라야 한을 풀고 국권을 회복할 수 있을 것이니, 그것이 이른바 약한 것으로 강한 것을 물리치고 어진 것으로써 악한 것을 대적한다는 것이다. 그대들은 부디 더 이상 많은 말들을 하지 말라."

무엇이 옳을까? 안중근의 말대로 전쟁 중이라도 하느님과 법의 원칙에 따르는 것이 옳을까? 아니면 전쟁 자체가 야만이니 이기기 위해 무슨 짓이라도 하는 것이 옳을까? 만일 그렇다면 잔인하고 야만스런 전쟁이 끝난 뒤 살아남은 우리가 만들게 되는 사회는 어떤 사회일까? 우리는 마치 옷을 갈아입듯 쉽게 야만성을 벗고 인간성을 입을 수 있을까?

안중근은 일본 제국주의에 저항하여 무장투쟁을 선택했다. 하지만 전쟁이라는 야만 속에서도 야만성에 함몰되지 않으려고 했고, 적과 아군이 극단적으로 갈리는 상황에서도 함께 사는 평화에 대한 희망을 놓지 않았다. 현실에 맞지 않는 이상이었을까? 지휘관으로서의 잘못된 판단이었을까? 부하장교 중에 병사를 이끌고 떠나는 이가 있었으며, 얼마 뒤 일본군의 습격으로 부대 전체가 뿔뿔이 흩어졌다.


1909년 10월 의거 직후 안중근은 러시아 당국에서 일본 검찰관에게 넘겨졌다. 일본 검찰관이 이토 히로부미를 쏜 이유를 묻자, 안중근은 거침없이 그의 죄를 말하기 시작했다. 명성황후를 시해한 죄, 고종을 폐위한 죄, 한국에 불리한 조약을 강제로 체결한 죄, 한국 군대를 해산한 죄, 한국 양민을 학살한 죄, 동양평화를 교란한 죄 등 모두 15개 죄목을 언급했다. 안중근은 급변하는 정세 속에 한국에서 벌어지는 일들을 정확하게 파악하고 있었다.

이어 일본 검찰관이 물었다.

"그대가 말하는 동양평화란 어떠한 의미인가?"

안중근이 말했다.

"그것은 모두가 자주독립하여 갈 수 있는 평화이다."

얼마 뒤 법정에서 다음과 같이 말했다.

"나의 목적은 동양평화문제에 있다. 일본 천황의 선전조칙[56]과 같이 한국의 독립을 공고히 하도록 하는 것은 나의 종생의 목적이며 또 필생의 일이다. 무

---

56) 1904년 러일전쟁 개전시 일본천황이 발표한 선전조칙(宣戰詔勅)은 한국을 존망의 위기에서 구하며 동아시아의 평화를 되찾기 위해 전쟁을 벌인다고 주장하고 있다.

룻 세상에는 작은 벌레라도 일신의 생명 재산의 안고安固⁵⁷를 빌지 않는 것은 없다. 하물며 인간된 자는 그것을 위해서는 십분 진력하지 않으면 안 된다고 생각한다. …… 이토는 통감으로서 한국에 온 이래 한국 인민을 죽이고 선제(고종)를 폐위시키고 현 황제(순종)를 자기 부하처럼 압제하고 파리를 죽이듯 인민을 죽여버렸다. …… 하지만 나는 일본 천황의 선전조칙에 있는 것 같이 동양의 평화를 유지하고 한국의 독립을 공고히 하여 한·일·청 3국이 동맹하여 평화를 부르짖고 8천만 이하의 국민이 서로 화합하여 점차 개화된 세계로 진보하고 나아가서는 구주와 세계 각국과 더불어 평화에 진력하면 시민은 안도하여 비로소 선전의 조칙에도 부응할 것으로 생각하는데, 이토가 있어서는 동양평화를 유지할 수 없다고 생각하였으므로 이번 일을 결행하였다."

이토 히로부미가 생각하는 평화는 약육강식의 원리에 따르는 것이었다. 약자가 강자에 복종해야 살 수 있듯이 한국과 같은 약한 나라들이 일본에 복종해야 평화가 유지된다고 믿었다. 이런 원리에서 평화는 아슬아슬한 힘의 균형 위에 놓여 있다. 약한 나라는 지배당하지 않기 위해 힘을 기르고, 강한 나라는 계속 지배하기 위해 힘을 기른다. 어느 한쪽의 균형이 깨어지면 평화는 깨어진다. 이러한 나라 간 원리는 나라 안에도 스며든다. 사람들 역시 힘을 추구하며, 강자가 약자를 지배하고 착취하는 것을 당연히 여긴다. 약육강식의 원리는 삶의 원리가 되고, 사람들은 두려움과 불안 속에 살게 된다.

반면, 안중근이 생각하는 평화는 누구든 제 뜻대로 살고자 하는 생명의 본성에 따른 것이었다. 사람이 제 뜻대로 살면서도 서로를 해치지 않는 것은 영혼이 있기 때문이라고 믿었다. 영혼은 사람을 사람답게 만드는 것으로 옳

---

57) 안고安固: 편안함과 단단함

고 그름을 분별하고 도리를 깨닫게 하는 힘이다. 이로써 사람은 자신의 욕망이나 이익을 넘어 마땅히 지켜야 하는 도리에 따라 다른 사람과 평화롭게 공존하고 협력할 수 있다. 안중근은 이것이 나라 간에도 가능하다고 믿었으며, 이러한 믿음으로 전쟁 중에도 도리를 지켰으며, 법정과 감옥에서도 진정한 평화를 기원했다.

안중근의 평화가 그 시대 사람들이 받아들이기 어려운 너무 높은 이상이었을까? 그러나 역사에는 전쟁과 학살, 스스로 인간임을 믿기 힘든 상황에서도 인간에 대한 가장 고귀하고 원대한 이상을 추구해야 할 때가 있다. 인류가 스스로를 새롭게 정의하며 다 함께 더 높은 의식수준으로 발돋움해야 할 시기가 있다. 안중근은 미래를 통찰했고 자신과 이토 히로부미의 죽음으로 이를 알리고자 했다. 그럼에도 불구하고 역사는 우리가 안중근의 이상을 따르지 못한 결과를 지켜봐야 했다. 그것은 참혹하고 잔인했다. 일본이 시작한 전쟁과 학살로 수많은 사람들이 고통받고 희생됐다. 난징대학살[58]에서 희생된 중국인, 마닐라대학살[59]에서 희생된 필리핀인, 생체실험[60]에 희생된 중국인, 한국인, 몽골인 등, 버마철도건설에 희생된 태국인, 인도네시아인, 미얀마인, 말레이시아인 등과 전쟁포로, 일본군 '위안부'[61]로 희생된 한국, 중국, 일본, 대만, 인도네시아, 필리핀 등의 여성, 우키시마호 폭침사건[62]으로 희생

---

58) 난징대학살은 중일전쟁 당시 중화민국의 수도 난징을 점령한 일본군이 30만 명의 중국인을 잔인하게 학살한 사건이다. 1937년 12월 13일부터 1938년 2월까지 6주에 걸쳐 자행되었다.

59) 마닐라대학살은 2차대전 중인 1945년 2월 필리핀에서 퇴각하던 일본군이 필리핀 마닐라의 민간인에게 자행한 학살사건이다. 희생자는 약 100만 명에 달한다.

60) 일본군의 생체실험은 731부대 등에 의해 1937년 중일전쟁부터 1945년 종전까지 실시되었다. 중국인, 한국인, 몽골인, 러시아인 등이 생화학무기의 실험재료로 희생되었으며, 개발된 생화학 무기로 수십만 명의 중국인이 희생됐다.

61) 일본군 '위안부(慰安婦)'는 2차대전 중 일본 군인들의 성적 욕구를 해소할 목적으로 징용, 매수, 납치되어 성행위를 강요받은 여성을 말한다. '위안부' 피해자에는 한국인, 중국인, 일본인, 대만인, 인도네시아인, 필리핀, 네덜란드인 등이 포함되어 있다.

62) 우키시마호 폭침사건은 1945년 8월 한국인 7000여 명을 태운 일본해군 수송선 우키시마호가 부산으로 오던 중 폭발하여 침몰한 사건이다.

된 한국인, 도쿄대공습[63]과 원자폭탄 투하[64]로 희생된 일본인과 한국인, 아시아의 수많은 민중이 희생됐다.

일본 검찰관이 안중근에게 물었다.

"이토 공을 죽인 것을 정당한 행위로 생각하는가?"

"나는 처음부터 그런 생각으로 하였기 때문에 잘못이라고 생각지 않는다."

"암살자객은 예부터 동서 각국에 그 예가 적지 않고, 국가정치에 관해 생기는 경우가 많다. 나중에 생각하면 피해자나 가해자가 목적은 같은데 다만 그 수단을 달리할 뿐으로 이러한 비극이 생긴 뒤에 후회하는 경우가 많다. 숙고하면 그대도 정치상의 목적에서 나온 것이라 할지라도 그것이 인도人道[65]에 반하는 일임은 틀림없다. 그래도 그대의 잘못을 깨닫지 못하는가?"

안중근이 답했다.

"나는 인간의 도리에서 벗어나고 또 이에 반한 일을 하였다고는 생각하지 않는다. 다만 오늘 유감스러운 일은 이토가 이곳에 와서 나의 살의가 생긴 까닭을 그에게 알리고 의견을 토론할 수 없다는 것뿐이다."

일본 검찰관이 또 물었다.

"그대가 믿는 천주교에서도 사람을 죽이는 것은 죄악일 텐데."

"그렇다."

"그렇다면 그대는 인간의 도리에 반하는 행위를 한 것이겠지."

---

63) 도쿄대공습은 1945년 3월 일본을 무력화시키고 전쟁의 조기종결을 위해 미국이 일본의 수도 도쿄에 대규모 폭격을 감행한 사건이다. 미군은 344기의 B-29 폭격기를 동원하여 총 2천4백여 톤의 폭탄을 투하하였으며, 이로 인해 10만여 명의 일본인이 희생됐다.

64) 미국은 2차대전 종전 직전인 1945년 8월 히로시마와 나가사키에 각각 한 개의 원자폭탄을 투하했다. 원자폭탄 투하 후 2개월에서 4개월 내에 히로시마에서 9만 명에서 16만6천 명, 나가사키에서 6만 명에서 8만 명이 죽었다.

65) 인도人道: 인간의 도리

"천주교에서도 사람을 죽이는 것은 그럴 만한 자리에 있는 자 외에는 할 수 없는 일이라는 것을 알고 있다. 또 성서에도 사람을 죽이는 것은 죄악이라고 되어있다. 그러나 남의 나라를 탈취하고 사람의 생명을 빼앗으려는 자가 있는데도 수수방관한다는 것은 죄악이므로 나는 그 죄악을 제거한 것뿐이다."

"그대가 믿는 홍 신부[66]가 이번 흉행을 듣고 자기가 세례를 준 자 중에서 이러한 자가 나온 것은 유감이라고 한탄하였다고 한다. 그래도 그대는 자기의 행위를 인간의 도리와 종교의 가르침에 반하지 않는다고 생각하는가?"

"……."

마지막 질문에 안중근은 아무 말도 하지 않았다.

안중근은 사람을 죽인 죄를 부인하지 않았다. 그는 뒤에 법정에서 자신을 변호하려는 변호인의 주장에 오히려 반대하며, "오늘날 사람들은 모두 법률 아래에서 생활하고 있다. 살인을 해도 아무런 제재를 가하지 않는다는 것은 말도 되지 않는다"라고 말한 바 있다. 반면 그가 명백히 부인하고자 한 것은 이토 히로부미와 일본 제국주의의 죄 없음이었다. 즉 이토 히로부미와 일본 제국주의가 저지르고 있는 만행이 동양평화를 위한 것이 아니라 파괴하는 거대한 죄악임을 만천하에 드러내고자 했다. 그러나 일본 법정은 이를 인정하지 않았고, 결국 안중근에게 사형을 선고했다.

안중근에게 죽음은 피할 수 없는 일이었을까? 그는 평화를 위해 이토 히로부미를 죽일 수밖에 없었나? 그리고 우리는 이 두 사람의 죽음으로 평화

---

66) 홍 신부의 한국 이름은 홍석구(洪錫九), 프랑스 이름은 조제프 빌렘(Nicolas Joseph Marie Wilhelm)이다. 1860년 프랑스에서 출생하여 1881년 파리 외방전교회에 들어가 사제서품을 받고 1889년 황해도 지방 전교를 담당했다. 안중근에게 세례를 주었으며 상부의 명령을 거부하고 감옥에 있는 안중근을 면담하고 고백성사를 받게 해주었다. 1914년 프랑스로 추방되었으며 1941년 선종했다.

를 앞당길 수 있었나? 우리는 과연 죽고 죽이는 폭력으로 평화를 이룰 수 있을까?

안중근 의거 당시 인도에서는 간디가 영국 제국주의에 맞서 저항운동을 벌이고 있었다. 간디는 폭력이 아닌 비폭력저항만이 평화를 이룰 수 있다고 믿었다. 신문에서 이토 히로부미의 사망 소식을 접한 간디는 자신의 의견을 이렇게 적었다.

"이곳 신문들은 용감한 일본인 이토 후작이 한국인(안중근)이 쏜 권총의 저격으로 사망했다고 보도했다. 한국은 일본 옆에 위치해 있다. 영국인들이 이집트나 인도에서 하듯, 일본인들은 한국에서 권력을 장악해 권리와 특권을 누리고 있다. 당연히도 일본이 한국에 있는 것은 한국을 위해서가 아니다. …… 권총으로 이토를 저격했던 자는 일본이 한국을 지배하는 것을 참을 수 없어서 이토를 죽였음을 직접 인정했다. …… 우리의 젊은이 중 어떤 이는 죽임으로써 영국인들을 몰아낼 수 있다고 믿는다. 설사 이것이 가능할지라도 그렇게 할 만한 가치는 없다."

간디는 설사 인도가 폭력으로 영국을 몰아내고 독립을 얻는다 하여도 그것은 진정한 독립과 평화가 아니라고 했다. 외부의 것이든 내부의 것이든 또 다른 폭력이 영국을 대신할 것이며, 어느 경우든 인도는 폭력으로부터 자유롭지 못할 것이기 때문이다. 이어 그는 이토 히로부미에 대해 다음과 같이 썼다.

"그런데 (신문에서) 왜 이토를 용감한 자라고 묘사했는가? 이는 다른 문제이다. 그는 어릴 적부터 애국심이 깊었다. 그는 1841년에 태어났다. 세상을 알기 시작하면서부터 그는 일본의 부흥을 위해 일하겠다고 생각했다. 그는 자신의 이상을 추구하면서 많은 고난을 견디어냈다. 러일전쟁에서 그는 큰 용기를 보여주었다. …… 따라서 그는 용감한 자로 인정받아 마땅하다. 한국을 종속시키는 데 있어서 그는 자신의 용기를 잘못된 목적에 사용했다. 그러나 서양문명의 마법에 걸린 사람들은 그럴 수밖에 없었다. 만일 일본이 자기 나라를 무력으로 지배하고, 방어하고, 팽창하려면, 이웃 나라를 정복하는 수밖에 없다. 여기서 얻을 수 있는 결론은 자기 국민의 진정한 행복을 위하는 자는 오직 사따그라하[67]의 원리에 따라 국민을 이끌어야 한다는 것이다."

이토 히로부미가 이웃 나라를 정복하려는 잘못된 목적에 자신의 용기를 사용했고, 안중근은 이에 굴복하지 않고 저항하는 데 자신의 용기를 사용했다. 하지만 안중근은 폭력을 사용했고, 간디는 목적과 수단 모두 사따그라하에 따라야 평화를 얻을 수 있다고 말한다. 사따그라하는 영혼, 양심, 사랑, 진리 등 인간 내면의 본질적이고 긍정적인 힘을 의미한다. 이러한 힘은 불의에 저항하되 폭력이 아니라 자신의 고통과 희생으로 맞선다. 불의에 저항하되 다른 사람에게 악의를 품지 않고 자비로 대함으로써 그의 내면으로부터 영혼과 양심의 힘이 자라나게 돕는다. 간디의 비폭력저항운동은 인도의 독립에 큰 영향을 주었다.

우리는 안중근을 어떻게 생각해야 할까? 간디의 말대로 이토 히로부미와 일본 제국주의가 사용한 폭력뿐 아니라 안중근이 사용한 폭력도 가치 없는 일일까? 역사의 교훈대로 안중근의 폭력은 평화가 아니라 또 다른 폭력을 가져왔을 뿐일까? 성경의 말씀대로 칼로 일어선 자는 칼로 망하듯 이토 히로부미의 죽음뿐 아니라 안중근의 죽음 역시 불가피한 것이었나? 안중근을 둘러싸고 서로 대립되는 시각들이 있다. 폭력과 비폭력, 한국과 일본, 어느 쪽의 시각에서 보느냐에 따라 그는 영웅이 되기도 테러리스트가 되기도 한다. 하지만 정작 안중근 자신 안에 이러한 대립들은 없었다. 그의 마음속

---

67) 사따그라하(satyagraha)는 산스크리트어로 진리의 힘이라는 뜻이다. 간디가 주창한 비폭력저항운동의 핵심적인 원리다.

에는 단 하나, 고통받는 민중이 있을 뿐이었다. 여기서 민중은 고통받는 한국 민중이지만 그 근원에서 연결된 고통받는 일본과 동아시아 민중 모두는 하나였다. 이것이 안중근이 동양평화를 외친 근본 이유다. 안중근은 이들을 위해 폭력과 비폭력, 자신이 할 수 있는 모든 수단을 다했다. 이런 그를 두고 어찌 성경말씀을 인용하며 한쪽 뺨을 맞고 다른 쪽 뺨을 대지 않았다고 비난할 수 있으며, 간디의 말을 인용하며 적을 용서하고 사랑하지 않았다고 비난할 수 있을까? 사랑과 비폭력이 올바른 이상이며 그것을 추구하는 것이 마땅하다 할지라도 누군가 그것을 온전히 달성하지 못했다고 해서 그를 비난하는 잣대가 될 수는 없다. 우리 중 누가 예수님과 부처님, 성인聖人이 되지 못했다고 상대방을 비난할 수 있을까? 오직 그 이상을 따르기 위해 진심을 다했는지를 생각할 뿐이다.

마지막으로, 안중근을 평가함에 있어서 잊지 말아야 할 것은 바로 우리에 대한 평가다. 안중근은 자신과 이토 히로부미의 죽음으로써 우리에게 메시지를 남겼고, 우리는 그에 답할 책임이 있다. 안중근이 사형집행 직전에 남긴 메시지는 이것이었다.

"나는 동양평화를 위하여 한 일이니 내가 죽은 뒤라도 한·일 양국은 동양평화를 위하여 서로 협력해 주기를 바란다."

우리는 스스로에게 물어야 한다. 그의 죽음 후 한 세기가 넘는 시간 동안 그가 그토록 원했던 동양평화, 우리가 간절히 원하는 평화를 위해 우리 자신은 무엇을 했는가? 한국, 일본, 중국, 동아시아 민중 모두가 평화롭게 살기 위해 지금 우리는 어떤 노력을 하고 있는가?

# 조선은 왜 독립해야 하는가

## 여운형

**여운형**(1886년 5월 25일~1947년 7월 19일)

일제강점기의 독립운동가, 민족지도자다. 국내와 국제, 개인과 사회적 차원을 통틀어 분리되지 않는 공존과 화합, 통일과 평화를 추구했다. 신한청년당, 대한민국 임시정부, 건국준비위원회, 조선인민공화국 등에서 활동했으며, 좌우합작운동에 헌신했다. 1947년 7월 암살당해 사망했다.

오늘 우리 조선의 독립은 조선인이 정당한 번영을 이루게 하는 것인 동시에, 일본이 잘못된 길에서 빠져나와 동양에 대한 책임을 다하게 하는 것이다. 또 중국이 일본에 땅을 빼앗길 것이라는 불안과 두려움으로부터 벗어나게 하는 것이며, 세계 평화와 인류 행복의 중요한 부분인 동양평화를 이룰 발판을 마련하는 것이다.

— '3·1독립선언서' 중에서


'배를 삼킨 물고기呑舟之魚.'[68]

1920년 1월 일본 의회에서 한 의원이 여운형을 두고 이같이 말했다. 이날 의회에서는 조선독립을 주장하는 여운형을 왜 동경에 초청했으며 왜 체포하지 않고 그대로 돌려보냈느냐에 대한 갑론을박과 책임추궁이 벌어졌다.

"일본 장관이 여운형을 환대했는데도 제국의 수도 한복판에서 불순한 조선독립을 선언하고 있으니 하라 내각은 여운형을 국빈으로 대접한 이유가 무엇인가?"

"왜 여운형을 붙잡아 투옥하지 않고 놓아주었는가?"

"조선자치라는 졸렬한 구상을 가지고 여운형을 초빙한 하라 총리는 물러가라!"

결국 이에 대한 책임과 논란으로 하라 내각은 붕괴하고 말았다. 도대체 여운형이 일본에서 무엇을 했기에 한 나라의 내각이 무너지게 되었을까?

1919년 3·1운동은 일본 제국주의 통치자들의 명분을 뒤엎고 그 악랄함을

---

68) 탄주지어(呑舟之魚)는 중국 경전인 『열자(列子)』에 나오는 한 구절이다. 원래 문장은 '탄주지어 불유지류(呑舟之漁 不遊支流) 홍곡고비 부집오지(鴻鵠高飛 不集汚池)'이며, 뜻은 배를 삼킬 만한 큰 물고기는 얕은 개울에서 아니 놀고, 홍곡은 높이 날지 더러운 연못에 모이지 않는다 이다.

전 세계에 드러나게 한 사건이었다. 한반도 전역에 활화산처럼 일어난 독립만세 시위는 조선민족이 스스로 방어하고 발전할 능력이 없는 열등한 민족이므로 반드시 일본의 보호를 받아야 한다고 주장했던 일본 제국주의 통치자들을 놀라게 했다. 이들은 하루빨리 사태를 진정시키고 자신들의 통치력을 회복하기 위해 조선의 독립운동을 자치운동으로 유도하면서 사태를 무마하고자 획책했다. 이러한 와중에 중국 상해에서 활동하던 여운형을 일본으로 끌어들여 회유하려 했다. 일본 척식국 장관 고가 렌조古賀廉造는 "일본에 와서 조선정치에 대한 의견을 교환하자"며 여운형의 신변보장을 약속했다.

1919년 11월 17일 여운형이 동경에 도착하자 청하지 않은 일본 인사 두 사람이 숙소로 찾아왔다. 여운형은 그들과 잠시 인사말을 주고받았는데, 다음날 신문에 '여운형이 조선자치운동을 하러 왔다'는 기사가 실렸다. 여운형은 크게 노했다. 조선자치는 일본침략이라는 외부적 불의와의 타협일 뿐 아니라 조선민족의 존립능력을 스스로 부정함으로써 이는 앞으로 조선민족이 일본이 아니더라도 어떤 강대국, 우세한 민족에게도 심리적, 의식적으로 영원히 굴복해야 함을 스스로 인정하는 철저한 자기부정을 의미했기 때문이다. 일본은 이러한 자치운동을 유도함으로써 독립운동의 기세를 꺾고 민족주의세력을 분열시키려 했다. 여운형이 아무도 안 만나고 당장 돌아가겠다고 하자, 그를 초청한 측에서는 신문기사를 취소하고 신문기자들 앞에서 여운형이 동경에 온 목적을 직접 설명할 기회를 주기로 합의했다. 이리하여 열흘 뒤 동경제국호텔 기자회견 자리가 약속되었다.


며칠 뒤 척식국 장관, 고가 렌조가 여운형을 찾아와 회유할 목적으로 다음과 같이 물었다.

"방어력이 없는 조선의 독립을 방임하면 열대의 초목을 한대에 옮겨 심고 아무 보호도 하지 않는 것과 같지 않은가? 스스로 지킬 능력이 없는 조선이 독립한다는 것은 동양평화를 파괴할 염려가 있지 않은가?"

이 말은 일본 제국주의자들의 다음과 같은 주장과 일맥상통했다.

'무력이 없는 조선이 설사 독립한다 한들 독립을 지킬 수 있겠는가? 강대국에 의해 침략당할 것이 뻔한데, 그러면 평화가 깨지고 나라와 국민이 고통을 겪지 않겠는가? 그러니 일본과 합하여 일본에 의해 보호받는 것을 감사하게 여겨야 하지 않겠는가?'

이는 명백히 불의에 입각한 주장이었지만 당시는 제국주의가 아직 통용되던 시대였다. 힘 있는 나라가 힘없는 나라를 지배하는 것이 당연하다는 사고방식이 남아있었다. 과연 여운형은 조선독립의 당위성을 어떻게 주장할 것인가? 그는 말했다.

"현실에 걸맞지 않은 이상은 공상에 그칠 뿐이며, 이상과 관계가 없는 현실은 곧 죽은 것에 지나지 않는다. 그러므로 정치론은 실제적 세밀을 요구하며 공상적 개괄을 불허한다. 종래 일본인들은 '합병은 호의로 된 것이다, 한인은 동화가 가능하다, 한인은 선정善政에 기뻐 복종할 것이다'하는 오해를 품어 왔는데, 오늘에 이르러서도 아직까지 미몽에서 깨어나지 못하고 오히려 '일선日鮮[69]일체주의'니 '일선동화주의'니 하는 것으로 창도唱導[70]하고 있다. 그러나 이것은 현실에 맞지 않는 이상, 즉 공상이다. 그러니 오늘 여기서는 현실에 맞는 세밀한 의논을 하자."

그의 말은 계속 이어졌다.

"대내적 동양평화 즉 동양 각국이 상호평화하고 대외적 동양평화 즉 서양

---

69) 일선日鮮: 일본과 조선
70) 창도唱導: 앞장서서 주장하며 사람들을 이끌고 나감

의 동양침략을 방어하여 동양의 평화를 보장하면 그만인 것이요, 동양에 나라가 많이 있다고 하지만 그중에서 조선과 일본과 중국이 서로 불목不睦[71]하면 동양에 평화가 있다고는 못할 것이 아니오? 또 대내적 동양평화가 없이는 대외적 동양평화를 유지할 수 없는 것도 사실이 아니오? 그런데 남의 나라를 강제로 병합해 놓고 그 나라 인민이 내 나라의 통치하에서 만족하기를 바라는 것은 그야말로 근거 없는 공상이며 망상이 아니고 무엇이오."

그의 논리는 정연했다. 그의 말인즉슨 '한일합병[72]은 일본이 조선을 침략한 것이지 조선이 원해서 된 것이 아니다. 그렇기에 이는 동양평화를 위한 것이 아니라 이로 인해 오히려 동양평화는 깨진 것이라고 말해야 옳다'는 것이었다. 이와 같음이 옳을진대 반대로 말하는 것은 어불성설에다 적반하장이 아닐 수 없었다. 그의 어조가 점점 거세지지 않을 수 없었다.

"한대지방에 이식된 열대의 초목은 유리 온실 안에서 수증기에 의지하여 잠시 생명을 유지한다 하더라도 생존의 가치와 의미는 이미 벌써 상실한 것이며, 다시는 자연의 공기에서 비와 이슬의 혜택을 향수할 기회를 얻지 못할 것이니, 그럴진댄 차라리 한풍냉설寒風冷雪에서 열 번 죽는 것이 낫지요. 그런 상황에서 사람이라면 타인의 보호 아래서 자기 생존의 의의를 상실한 기생적 생활을 즐길 자가 어디 있겠소?"

"한국이 실력이 없기 때문에 독립을 승인할 수 없다고 하는가? 옳다. 일본의 무력과 그 밖의 여러 가지 형세에 비하면 미미한 힘일지도 모른다. 그러

---

71) 불목(不睦): 화목하지 못함

72) 한일합병(韓日合倂)은 1910년 8월 일본 제국과 대한제국간에 맺어진 조약이다. 일제의 강압 속에 이루어졌으며, 한일병합(韓日倂合) 혹은 한일합방(韓日合邦)이라고도 부른다. 대한제국은 1905년 11월 맺어진 을사늑약(을사조약)에 의해 외교권을 빼앗긴 뒤 한일병합조약에 의해 나라를 빼앗겼다. 적법한 절차 없이 강제적으로 이루어졌기 때문에 국제법상으로 무효인 불법조약이며, 우리나라에서는 경술년에 당한 나라의 수치라 하여 '경술국치(庚戌國恥)'라고 부른다. 한일합병조약 제1조의 내용은 다음과 같다. "한국 황제폐하는 한국 정부에 관한 일체의 통치권을 완전, 또 영구히 일본 황제폐하에게 양여한다."

나 일단 일본이 외국과 전쟁에 들어가는 그날에도 그렇게 미미하게 될 것인가? 우리는 현재 일본과 싸워서 승리할 수 있는 무력이 없음이 사실이오. 그러나 소극적으로 일본의 세력을 분리시키고 군사행동을 방해하는 데는 위대한 힘이 있을 것을 잘 기억하시오."

그의 말처럼 한국의 독립운동세력은 한국을 독립시키기에는 부족했으나 일본을 교란하기에는 충분했다. 그렇기 때문에 일본 내각에서도 여운형을 초대해 그 세력을 붕괴시키고자 했던 것이다.

논의는 점점 핵심으로 들어섰다. 무엇보다 중요한 것은 무력이 아닌가? 일본 측의 논리는 '조선의 독립이 아무리 올바른 이상과 정의라고 해도 무력 없는 평화는 현실에서는 이루어질 수 없는 것이니 평화를 원한다면 독립을 포기하라'는 것이었다. 이 같은 주장에 대해 과연 뭐라고 해야 할까? 이상보다 현실이 더 중요하고 정신력보다 무력이 더 압도적인 힘이라는 주장에 대해 뭐라고 응대할 수 있을까?

여운형은 말했다.

"오히려 당신의 말은 소극적이요, 나의 주장은 적극적인 것이다. 인생은 불행하게도 모두 다 선한 것은 아니어서 장래에도 반드시 신의에 반대되는 현상이 일어날 것이 분명한 만큼, 평화보장의 실력이 있어야 함은 물론이지만, 생각건대 힘이란 정신적인 면과 물질적인 면이 있는데 평화보장의 실력 중 병력과 부력은 물질의 힘으로서 소극적 실력이라 할 것이다."

"어째서 그러냐 하면 이는 평화가 파괴된 이후에 방위하는 힘에 불과하여 평화를 파괴하지 않도록 하는 힘은 아닌 만큼, 소위 무력적 평화는 평화를 오게 하고 또 평화를 유지하는 것은 아니요. 그러므로 소극적인 것이오. 반면 적극적 힘은 정신력인데 이것은 인류의 의식과 감정을 청결하게 하고, 또

세계의 사회조직을 현재보다 더 이상적으로 화평케 하고 신의 뜻을 현세에서 실현케 하여 평화를 근본적으로 파괴치 않게 하는 것이외다. 조선 문제에 대하여도 근본적으로 하늘의 뜻과 민의에 순응하여 원만한 평화를 구하지 아니하고 고식적姑息的[73]으로 무력과 정략으로 현상유지만을 꾀하여 임시적 평화를 얻으려고 하는 소극책이므로 이것은 절대로 성공하지 못할 것이외다."

과연 평화를 유지하는 것은 물리적 차원의 힘일까, 아니면 정신적 차원의 힘일까? 무력으로 평화가 유지된다면 그것이 정말 평화일까? 여운형은 평화의 고갱이[74]를 꿰뚫어 보았다. 무력은 평화라는 열매의 겉을 싸고 있을 뿐, 알맹이는 온통 사람들의 정신력과 이로 인해 형성된 맑은 의식과 감정으로 가득 차 있는 형상이었다. 겉의 껍질은 없어져도 속의 알맹이가 있다면 언제든 다시 생겨날 수 있지만, 속의 알맹이는 없어지면 겉의 껍질도 사라지고 설사 남아있더라도 더 이상 감쌀 것이 없어 소용없어진다.

그는 말했다.

"평화란 무엇이오? 평화의 진수는 정신적 평화 즉 투쟁이나 시기나 분노나 원한 등이 없는 그야말로 새가 노래하고 꽃이 웃고 햇볕 따스하고 바람이 온화한 활동적 자연과 자유의 기상에 있는 것이지 결코 죽은 바다와 같이 평정만을 유지하는 것을 일컫는 것이 아니외다. 모든 생존의 희락과 희망과 자유와 평등과 존귀가 있는 가운데 평화가 있는 것이지, 위험과 걱정과 절망과 압박과 차별이 있는 곳에는 평정도 없을 것이거늘 하물며 어찌 평화가 있을 수 있겠는가!"

---

73) 고식적(姑息的): 근본적으로 접근하지 않고 임시로 처리하듯 함

74) 순우리말로 식물의 줄기 가운데 있는 심, 어떤 것의 핵심을 비유적으로 일컫는 말

감옥에서와 같은 무기력과 억눌린 분노를 누가 평화라고 부르는가? 억압과 차별, 두려움과 절망에 빠져 오도 가도 못하는 사람들을 누가 평화롭다 할 것인가? 평화는 온 생명이 원래 제 생긴 대로의 본성을 맘껏 발휘하면서 서로 조화롭게 사는 곳, 자유, 평등, 정의가 강물처럼 흐르는 곳에 있다. 그곳은 짐승을 가두는 우리도 없고 화초를 보호하는 온실도 없으며, 자신과 남을 존중하여 서로 조화롭게 사는 자유롭고 평등하고 정의로운 세상이다. 이는 쉽고 간단히 얻어지는 것이 아니라 자기 본래의 잠재력과 정신력을 충분히 훈련하고 발전시킬 때 비로소 얻어진다. 그러니 그와 같은 잠재력과 정신력을 옥죄는 억압과 차별이 있는 곳, 그것을 위한 수단으로 무력이 사용되는 곳에 어찌 평화가 있을 수 있겠는가?

고가 렌조는 그의 말을 다 듣고 일본인으로서는 하기 힘든 말을 했다.

"그대의 의지에 나는 동의하오. 내가 만일 조선에 태어났다면 나도 그대와 같이 했을 것이오. 만일 뜻대로 되지 아니하면 총독부에 불이라도 질렀을 것이오. 내 계책이 성공하지 못했다는 점에서 나는 그대에게 가장 깊은 경의를 표하오."


이어 여운형은 조선총독부 정무총감, 조선군 사령관 등 일본 제국주의의 거물들이 모인 자리에서 일본 육군대신, 다나카 기이찌田中義一와 대면했다. 다나카 기이찌가 물었다.

"조선이 일본과 제휴하면 부귀를 누릴 것이요, 그렇지 아니하면 무자비한 탄압이 있을 뿐이다. 만세를 불러서 독립될 줄 아는가? 또 일본이 허락할 줄로 아는가?"

여운형은 이번에도 당당히 맞섰다.

"호화롭기를 세계에 자랑하던 타이타닉호가 대서양에서 물 위로 100분의

9밖에 안 보이는 빙산덩이를 작다고 업수이 보고서는 물속에 잠긴 10배 이상의 큰 덩이를 생각지 않고 돌진하다가 빙산에 부딪혀서 배 전체가 침몰되고 말았다. 그대들은 이와 같은 만용의 우를 타산지석으로 삼아야 할 것이다. 조선인이 부르짖는 독립운동만세는 물 위에 나온 소부분의 빙산이다. 모시侮視75할 수 없는 것이다. 모시하면 세계 인류의 정의에 부딪혀 일본은 멸망의 구렁텅이에 빠지고 말 것이다."

당시 여운형을 수행했던 최근우는 이날의 생생했던 기억을 다음과 같이 전했다.

"여운형과 다나카를 속으로 비교해보니 저편은 연장자요, 주권국 대신이요, 군국권위의 총수인데, 여기는 나이 젊고 식민지 한민寒民76이요, 피압박민이다. 더구나 저편은 일본 강자의 열석列席77이 아니던가. 그럼에도 불구하고 여운형은 그 좌석을 압도적으로 휘어잡고 분위기를 무겁게 내리누르며 정의로 싸우는데 나는 처음으로 통쾌함을 느꼈다. 정의가 무섭다는 것을 그때 목도했고 새삼 깨달았다."


드디어 1919년 11월 27일, 동경 제국호텔에 5백여 명의 청중이 여운형의 연설을 듣기 위해 모였다. 그중에는 외국의 특파원, 일본의 지식인과 저명인사들도 있었다. 여운형은 그들 앞에서 자신이 조선독립의 당위성을 주장하러 왔음을 당당히 말했다.

"내가 이번에 온 목적은 일본 당국자와 그 외의 식자들을 만나 한국독립운동의 진의를 말하고 일본 당국의 의견을 구하려는 것이다."

---

75) 모시(侮視): 업신여겨 봄

76) 한민(寒民): 천대받는 사람

77) 열석(列席): 격식에 맞춰 사람들이 벌여서 앉음

이어 터져 나온 그의 말은 거침이 없었다.

"일본인에게 생존권이 있다면 우리 한민족만이 홀로 생존권이 없을 것인가! 일본인이 생존권이 있는 것을 한인이 긍정하는 바이오, 한인이 민족적 자각으로 자유와 평등을 요구하는 것은 신이 허락하는 바이다. 일본 정부는 이것을 방해할 무슨 권리가 있는가! 이제 세계는 약소민족 해방, 부인 해방, 노동자 해방 등 세계 개조를 부르짖고 있다. 이것은 일본을 포함한 세계적 운동이다. 한국의 독립운동은 세계의 대세요, 신의 뜻이오, 한민족의 각성이다."

조선을 침탈한 일본의 수도 동경, 그 한복판 제국호텔에서 조선독립의 당위성을 외치는 장면이 펼쳐지고 있었다.

"평화란 것은 형식적 단결로는 성공하지 못한다. 이제 일본이 아무리 첩첩이구喋喋利口[78]로 일중친선日中親善을 말하지만 무슨 유익이 있는가. 오직 정신적 단결이 필요한 것이다. 이것이 이제 동양에서 요구하는 것이다. 우리 동양인이 이런 경우에 서로 반목하는 것이 복된 일인가?"

일본이 원하는 동양평화가 과연 무엇인가? 한일합방이니 일중친선이니 하는 거짓과 위선은 집어치우고, 평화의 본질을 깨닫고 한국, 일본, 중국, 동양인 모두 함께 단결해야 할 때가 아닌가?

"한국독립은 일본과 분리하는 듯하나 원한을 버리고 동일한 보조를 취하여 함께 나가는 것이니, 진정한 합일이요 동양평화를 확보하는 것이며 세계평화를 유지하는 제일의 기초이다. 우리는 꼭 전쟁을 해야 평화를 얻을 수 있는가? 싸우지 아니하고는 인류가 누릴 자유와 평화를 얻지 못할 것인가? 일본 인사들은 깊이 생각하라."

---

78) 첩첩이구(喋喋利口): 거침없이 능란하게 말을 잘함

여운형은 적의 심장부에서 적의 목을 베거나 폭탄을 터뜨리는 것보다 더 큰 담대함을 드러냈다. 정의를 높이 들어 불의를 내려치듯 한민족의 각성으로 일본인들의 양심을 일깨웠던 것이다. 그의 연설을 들은 동경제국대학의 요시노 사꾸조오吉野作造 교수는 "여 씨가 말하는 데에는 확실히 하나의 침범할 수 없는 정의의 반짝임이 보인다"고 말했다. 며칠 뒤 일본의 한 지식인 단체에서는 그를 초대해 다음과 같이 말했다.

"여 선생의 말과 같이 조선독립이 인류 전체 평화를 위한 것이라면 조선이 독립함으로써 일본과 조선이 서로 화평할 수 있다. 일본인 중에도 조선독립을 기원하는 사람이 있다는 사실을 알아 달라."

이렇듯 제국주의에 물들지 않은 일본인들 사이에서 여운형의 연설은 큰 반향을 일으켰다. 하지만 다른 한편으로 일본의 주요 신문과 여론은 여운형을 '조선독립의 음모'를 꾸미는 자로 언급하고 그를 초대한 일본 내각을 비판했다. 〈요미우리신문〉은 "조선독립 음모의 관계자로 주목되는 자를 부른 이상, 그자가 어떠한 언동을 하는지는 주도용의하게 밤낮으로 감시해야 한다. 특히 그의 언론이 신문지에 게재된 것은 매우 유감"이라고 했으며, 〈동경아사히신문〉은 다음과 같은 내용의 사설을 실었다.

"그(여운형)는 동경에 머무는 수일간 대낮에 당당하게 제국 수도의 한복판에서 기탄없이 조선독립을 선전했다. 그러나 정부는 이에 대해 아무런 제재를 가하지 않았다. 우리는 그것이 무엇을 의미하는지 알 수가 없다. 아마도 당국자는 이에 대한 어떤 방책이 있겠지만, 그것은 커다란 실태失態[79]라고 말하지 않을 수 없다."

이렇듯 여운형의 행보가 원래 그를 초청했던 의도와는 반대로 일본제국주

---

79) 실태(失態): 본래의 면목을 잃음

의의 부당함과 조선독립의 정당함을 그것도 일본 한복판에서 세계에 알리는 꼴이 되자 예정했던 일본 총리대신, 천황과의 대면도 취소하고 급히 돌려보냈다.

"너는 조선의 독립이 가능하다고 생각하느냐?"

"대한의 독립은 반드시 된다고 믿는다."

"무엇으로 그것을 믿느냐?"

"대한 민족 전체가 대한의 독립을 믿으니 대한의 독립이 될 것이요, 세계의 공의가 대한의 독립을 원하니 대한의 독립이 될 것이요, 하늘이 대한의 독립을 명하니 대한은 반드시 독립할 것이다."

"너는 일본의 실력을 모르느냐?"

"나는 일본의 실력을 잘 안다. 지금 아시아에서 가장 강한 무력을 가진 나라다. 나는 일본이 무력만 한 도덕력을 가지기를 동양인의 명예를 위하여서 원한다. 나는 진정으로 일본이 망하기를 원치 않고 좋은 나라가 되기를 원한다. 이웃인 대한 나라를 유린하는 것은 결코 일본의 이익이 아니 될 것이다. 원한 품은 2천만을 억지로 국민 중에 포함하는 것보다 우정있는 2천만을 이웃 국민으로 두는 것이 일본의 복일 것이다. 그러므로 대한의 독립을 주장하는 것은 동양의 평화와 일본의 복리까지도 위하는 것이다."

- 1937년 동우회 사건으로 잡힌 안창호[80]와 일본인 검사 간 문답 중에서

---

80) 안창호(1878년 11월 9일-1938년 3월 10일)는 일제강점기의 독립운동가, 민족지도자다. 독립협회, 신민회, 흥사단, 상해 임시정부 등에서 활동했다. 여운형이 일본 내각의 초청을 받았을 때, 임시정부 국무총리 이동휘는 일본과 타협하는 일이라며 반대했으나 안창호는 이를 지지하고 여운형을 격려했다.

국가의 이상이란 무엇인가

# 무엇이 나라를 지탱하는가

## 에이브러햄 링컨

**에이브러햄 링컨**Abraham Lincoln(1809년 2월 12일-1865년 4월 15일)
미국 16대 대통령으로 남북전쟁 시기에 대통령을 지냈으며 노예제 폐지에 공헌하였다. 독학으로 변호사가 되고 일리노이주 주의원이 된 뒤, 연방의회 하원의원을 한 번 지냈으나 상원의원 선거에서는 두 번 낙선했다. 1858년 상원의원 선거를 앞두고 링컨은 판사이자 현 상원의원이었던 스티븐 더글러스와 7차례의 토론을 벌였고, 비록 선거에서는 패했지만 이로 인해 전국적인 인기를 얻게 되었다. 1860년 대통령 선거에서 스티븐 더글러스 등 다른 후보들과 맞붙어 승리하고 대통령이 되었으며 곧이어 벌어진 남북전쟁에서 북부 주를 이끌며 남부연합과 싸워 승리했다. 존 윌크스 부스에게 암살당해 사망했다.

각 주는 노예문제에 관해 스스로 결정할 수 있는 완벽한 자유를 부여받았습니다.

— 스티븐 더글러스,[81] 1858년 미국 일리노이 주 상원의원 선거 민주당 후보

스스로 통치한다는 자치주의의 원칙은 옳습니다. 절대적이며 영원히 옳습니다. 그러나 노예제에는 적용되지 않습니다.

— 에이브러햄 링컨, 같은 선거 공화당 후보

링컨이 정치가로서 활동했던 시기는 미국이 북부와 남부로 갈라져 서로 대립하던 때였다. 노예제가 합법이었던 남부와 노예제 폐지를 주장했던 북부 사이의 대립은 점점 극으로 치닫고 있었으며, 내전을 눈앞에 두고 있었다. 영국으로부터의 독립전쟁 이후 최대 위기 상황이었다. 이러한 국가적 위기상황을 극복하기 위해 링컨은 무엇을 했을까? 정치가, 대통령으로서 국민을 올바른 방향으로 이끌기 위한 그의 신념과 생각은 무엇이었을까?

1858년 일리노이주, 링컨은 상원의원 자리를 놓고 스티븐 더글러스와 맞붙었다. 링컨은 공화당 후보였고 더글러스는 현직 상원의원이자 민주당 후보였다. 둘의 대결은 흡사 다윗과 골리앗의 싸움과 같았다. 키는 링컨이 훨씬 컸지만, 명성으로 보나 경력으로 보나 더글러스가 골리앗이었다. 둘은 노예제에 대해 논쟁을 벌였다.

청중 앞에서 더글러스가 말했다.

"저는 지금 여러분께 링컨의 주장이 이 나라의 존속을 위협하는 혁명적이

---

81) 스티븐 더글러스(Stephen Douglas, 1813년 4월 23일-1861년 6월 3일)는 미국 하원, 상원의원을 지냈다. 1858년 상원의원 선거를 앞두고 펼친 링컨과의 논쟁에서 노예제를 포함한 모든 것을 결정할 권한이 주에 있다는 그의 주장은 링컨의 주장과 대조되었으며, 또한 키가 작고 당당한 그의 체구는 키 크고 마른 링컨의 체구와 대조를 이루어 대중의 관심을 불러일으켰다. 1858년 상원의원 선거에서는 링컨에게 승리했으나, 1860년 대통령 선거에서는 민주당 대통령 후보로 선출되어 공화당 후보로 나온 링컨에게 패했다.

고 파괴적인 것임을 증명해 보이겠습니다. 링컨이 주장하기를 이 나라는 자유주와 노예주로 나뉜 상태로는 영원히 존속할 수 없다고 말했습니다. 왜 존속할 수 없단 말입니까? 워싱턴, 제퍼슨, 프랭클린, 매디슨, 해밀턴, 제이, 위대한 선조들은 이 나라를 자유주와 노예주로 나누었고 각 주가 노예문제에 관해 스스로 결정할 수 있는 완벽한 자유를 부여했습니다. 저는 단언할 수 있습니다. 서로 다른 주들의 법과 제도를 획일적으로 만들려는 시도는 가능하지도 바람직하지도 않습니다."

당시 미국의 각 주는 지금보다 훨씬 강력한 권한을 갖고 있었다. 미국은 처음부터 한 나라로 출발한 것이 아니라 여러 주의 자발적인 동의와 합의로 탄생했다. 더글러스 주장의 핵심은 각 주의 시민들이 자신들의 모든 문제를 스스로 결정할 권리가 있으며, 노예제 역시 그렇게 결정해야 한다는 것이었다. 이는 민주주의의 기본원칙인 주권재민主權在民, 즉 국가의 의사를 결정하는 최고의 권력이 국민에게 있다는 전제에서 출발한 주장이다. 하지만 국민이 무엇을 원하느냐는 결국 투표를 통해 다수결로 결정되는데, 그렇다면 노예제를 다수결로 결정하는 것이 옳을까? 그것이 민주주의일까?

이에 관해 링컨이 말했다.

"스스로 통치한다는 자치주의의 원칙은 옳습니다. 절대적이며 영원히 옳습니다. 그러나 노예제에는 적용되지 않습니다. 그러한 적용은 아마도 흑인이 인간인가 아닌가에 달려 있습니다. 만약 흑인이 인간이 아니라면, 백인이 자치주의의 원칙에 따라 흑인을 마음대로 다루어도 됩니다. 하지만 흑인이 인간이라면, 그러면서 흑인은 스스로 통치하지 못한다고 한다면(그래서 노예가되어야 한다면), 그건 그 자체로 자치주의에 위배하는 것이 아닐까요? 백인이 자신을 통치하면 자치지만 자신뿐 아니라 다른 사람까지 통치하면 그것은 자치를 넘어서는 폭정입니다. 왜 우리 선조들이 '모든 인간은 평등하게 창조되었다'고 가르치며, 한 사람이 다른 사람을 노예로 만드는 것에 도덕적 권리 따위는 있을 수 없다고 했겠습니까?"

링컨의 논지는 명확했다. 누가 흑인이 인간이라는 명백한 진실을 부정할 수 있을까? 흑인은 인간이며 모든 인간은 평등하다. 독립선언서[82]에 나온 대로 인간은 누구나 스스로 통치할 수 있는 능력이 있고 남으로부터 통치받지 않을 권리가 있다. 미국은 영국 왕 조지3세로부터 통치받지 않기 위해서 독립했을 뿐 아니라, 더 이상 누구로부터 통치받거나 누구를 통치하지도 않는, 즉 억압하는 자와 억압받는 자 모두 존재하지 않는, 오직 스스로 통치하는 새로운 나라로 탄생했다. 따라서 노예제는 미국 건국의 원칙과 민주주의 원칙 모두를 부정하는 것이다

그러자 더글러스는 다음과 같이 반박했다.

"독립선언서와 신의 섭리로 흑인과 백인이 평등하다는 링컨의 주장은 터무니없는 거짓입니다. 독립선언서 서명자들은 이 문서를 작성할 때 흑인을 전혀 고려하지 않았습니다. 그들이 모든 사람의 평등을 선언할 때 그들이 말한 것은 유럽 태생이며, 유럽인의 혈통을 가지고 있는 사람이었습니다. 저기 한 신사 분이 고개를 저으시는군요. 그분께 토머스 제퍼슨[83]이 독립선언서에 서명할 때 노예소유주였으며 죽을 때까지 많은 노예를 거느렸다는 것을 상기시켜드

82) 미국 독립선언서(The Declaration of Independence)는 1776년 7월 4일 당시 영국의 식민지 상태에 놓여 있던 미국 13개 주의 대표들이 모인 대륙회의에서 채택되었다. 토머스 제퍼슨(미국 3대 대통령), 벤저민 프랭클린, 존 애덤스(미국 2대 대통령), 로저 셔먼, 로버트 리빙스턴이 독립선언서의 초안을 작성했으며, 가장 유명한 구절은 다음의 내용이다. "우리는 다음과 같은 사실을 자명한 진리로 받아들인다. 즉 모든 사람은 평등하게 창조되었고, 창조주는 몇 개의 양도할 수 없는 권리를 부여했으며, 그 권리 중에는 생명과 자유와 행복의 추구가 있다. 이 권리를 확보하기 위하여 인류는 정부를 조직했으며, 이 정부의 정당한 권력은 국민의 동의로부터 유래하고 있는 것이다. 또 어떤 형태의 정부이든 이러한 목적을 파괴할 때에는 언제든지 정부를 개혁하거나 폐지하여 국민의 안전과 행복을 가장 효과적으로 가져올 수 있는, 그러한 원칙에 기초를 두고 그러한 형태로 기구를 갖춘 새로운 정부를 조직하는 것은 국민의 권리인 것이다."

83) 토머스 제퍼슨(Thomas Jefferson, 1743년 4월 13일-1826년 7월 4일)은 미국 독립선언서의 기초자이며 미국 3대 대통령이다. 버지니아주 대농장주의 아들로 태어나 평생 흑인노예를 거느리며 살았다. 그는 미국 사회에서 노예제가 사라지는 날이 오기를 희망했으나, 자신의 세대에 그런 일이 벌어지리라 기대하지는 않았다.

리고 싶군요. 당신이 독립선언서가 흑인을 포함한다고 말한다면 그것은 그 서명자들을 위선자로 고발하는 것입니다. 저는 솔직히 우리 선조들이 백인에 토대를 두고 이 나라를 세웠다고 생각합니다. 백인이 백인과 그 후손을 위해 이 나라를 세웠으며, 앞으로도 영원히 그렇게 통치하려고 했던 것입니다."

더글러스의 논지 역시 명확한 사실에 근거했다. '모든 인간은 평등하게 태어났다'는 독립선언서에 서명한 토머스 제퍼슨과 건국의 아버지들 다수는 실제로 흑인을 노예로 부렸다.[84] 이 사실을 어떻게 설명할 것인가? 더글러스는 건국의 아버지들을 위선자로 고발하지 않고 독립선언서의 의미를 제한하는 방식을 택했다. 즉 독립선언서가 언급한 '평등한 모든 인간'에 흑인은 포함되지 않는다고 주장했다. 그렇다면 링컨은 어떻게 설명할 것인가?

청중은 더글러스의 주장에 환호를 보냈고, 누군가 외쳤다.

"그것이 옳소!"

링컨이 다시 반박에 나섰다.

"독립선언서의 저자들은 모든 인간을 포함해서 말했지만, 그렇다고 모든 면에서 모든 인간이 평등하다는 의미는 아니었습니다. 모든 인간이 피부색, 몸집, 지능, 도덕적 발달, 사회적 능력에서 평등하다는 의미가 아닙니다. 누구나 생명, 자유, 행복의 추구라는 양도할 수 없는 권리를 가졌다는 점에서 평등하게 창조된 모든 인간을 의미한 것입니다. 그러한 평등을 현실에서 모든 인간이 누리고 있다거나 곧 누리게 될 거라는 뻔한 거짓말을 하는 게 아니었습니다. 그들에게는 실제로 그렇게 해줄 힘이 없었습니다. 그들은 상황

---

84) 미국 건국의 아버지(The Founding Fathers of the Unites States)는 영국에 대항하여 미국 독립혁명을 이끈 정치가와 지식인들을 일컫는 말이다. 노예제에 대한 이들의 의견은 일치하지 않으며, 이들 중 다수가 노예를 소유했다. 새뮤얼 체이스, 벤저민 프랭클린, 존 핸콕, 패트릭 헨리, 존 제이, 토머스 제퍼슨, 제임스 매디슨, 조지 워싱턴 등이 노예를 평생 혹은 일정 기간 소유했으며, 존 애덤스, 새뮤얼 애덤스, 알렉산더 해밀턴, 토머스 페인 등은 노예를 소유하지 않았다. 벤저민 프랭클린, 존 제이 등은 노예를 소유했다가 뒤에 해방시켰다.

이 허락하는 대로 가능한 빨리 이루어질 수 있도록 그 권리를 선언한 것이었습니다. 자유로운 사회를 이루기 위해 모두가 쉽게 이해할 수 있는 기본 원칙을 정한 것이었습니다. 끊임없이 주의를 기울이고, 비록 완전하게 이룰 수는 없어도 끊임없이 노력하고, 끊임없이 근접해가는, 그로 인해 끊임없이 그 영향력이 넓어지고 깊어지며 모든 곳에 있는 모든 피부색의 모든 인간에게 행복과 삶의 가치를 증대시키는 그런 원칙 말입니다."

링컨은 건국의 아버지들을 위선자로 고발하지 않았으며 ─ 감히 누가 그럴 수 있었을까? ─ 대신 독립선언서의 의미를 새로운 차원에서 해석했다. 더글러스와 링컨이 뚜렷한 차이를 보인 것은 바로 이 점이었다. 더글러스는 독립선언서를 미국을 개척한 백인들이 영국의 지배로부터 자신들의 정당한 이익과 권리를 지키기 위한 현실 선언이라고 여긴 반면, 링컨은 그것이 백인 개척민들뿐 아니라 억압받는 모든 이들을 위한 이상과 원칙의 선언이라고 보았다.

과연 독립전쟁을 주도한 미국 백인 남성들이 자신들의 피로 얻어낸 자유와 권리를 미래에 흑인 노예, 여성, 인디언 등과 같은 집단들과 평등하게 나눌 것을 바라거나 예상하면서 독립선언서를 작성했을까? 더글러스는 이 질문에 아니라고 답했을 것이다.

다른 한편으로, 그들은 진정 누군가(영국)의 착취에서 벗어나 누군가(흑인)를 착취하는 나라를 세우기 위해 독립선언서를 작성했을까? 착취할 수 있는 자유가 그들이 원했던 자유였을까? 착취자인 영국과 똑같은 나라를 세우는 것이 그들이 원했던 것일까? 링컨은 이 질문에 아니라고 주장했다.

만약 링컨의 주장이 옳다면, 즉 독립선언서의 평등이 억압받는 모든 이를 위한 것이라면, 그러한 이상과 원칙을 어떻게 적용해야 할까? 당장 노예제를 폐지하고 흑인에게 백인과 평등한 권리를 보장해야 할까? 아무리 옳은 이상과 원칙이라도 그것을 국민의 동의 없이 정부가 강요해도 될까? 또 명백히 옳은 이상과 원칙을 국민이 동의하지 않는다면 정부는 어떻게 해야 할까?

링컨은 이상과 원칙의 옳고 그름에 있어서는 타협하지 않았으나, 그 적용에 있어서는 온건한 방법을 주장했다. 즉 노예제의 즉각적인 폐지가 아닌 점진적인 폐지를 주장했으며, 현재 노예제가 합법인 주의 권리를 침해하지 않을 것을 주장했다. 그는 독사의 비유를 들어 다음과 같이 말했다.

"내가 만약 길 위에 독사가 기어 다니는 것을 보았다면, 사람들은 내게 가까운 곳에 있는 막대기를 집어 들고 독사를 죽여야 한다고 말할 것입니다. 그러나 만약 그 뱀이 아이들과 함께 침대에 있는 것을 발견하게 된다면, 그것은 또 다른 문제입니다. 어쩌면 그 뱀보다 아이들을 다치게 할지도 모를 일이며 또 그 뱀이 아이들을 물어버릴지도 모릅니다. 더 나아가 그 뱀이 이웃집 아이들과 함께 침대에 있는 것을 발견했지만, 어떤 경우가 닥치더라도 그 집 아이들을 간섭하지 않기로 한 진지한 맹세에 얽매여 있다면, 그 독사를 제거하는 나름대로 방법을 취하도록 가만히 내버려 두는 것이 내게는 적절한 처신이 될 것입니다. 하지만 아이들이 사용하게 될 새로 만든 침대에 한 무리의 새끼 뱀들을 아이들과 함께 놓아두라는 제안을 받게 된다면, 내가 어떤 결정을 내려야만 하는지에 대해 의문의 여지가 있다고 말하는 사람은 없을 것이라고 믿습니다."

링컨은 노예제를 독사로 비유함으로써 그 사악함을 가벼이 여기지 않는 동시에 각 주의 고유한 권리도 침해하지 않는 방법을 주장했다. 그럼으로써 궁극적으로 모든 주가 심각한 분쟁 없이 노예제를 자발적으로 폐지하기를 기대했던 것이다.

또한 그는 다음과 같이 말했다.

"흑인에게 자유를 주고 백인과 똑같은 정치적, 사회적 평등을 준다고요? 저 자신의 감정은 이것을 인정하지 않을 것이며, 설사 제가 인정하더라도 대다수 백인이 그러지 않을 것임을 우리는 잘 알고 있습니다. 이런 감정이 정의와 온전한 판단에 부합하는지의 여부가 문제의 일부일 수는 있지만 전부는 아닙니다. 보편적인 감정은 그것이 근거가 있든 없든 쉽게 무시할 수 없습니다. 따라서 우리는 흑인을 평등하게 대할 수 없습니다. 제 생각에는 점진적으로 해방하는 방식을 채택해야 합니다.”

그가 말한 자신의 감정이 진심이었을까? 아니면 대중을 의식한 정치가의 발언이었을까? 어찌 되었든 당시 대다수 백인 시민들은 자신들의 권리를 흑인 노예들과 평등하게 나눌 준비가 되어있지 않았다. 이런 상황에서 링컨이 흑인과 백인 간 완전한 평등이나 즉각적인 노예해방을 주장했다면, 앞을 내다보는 선지자나 급진주의 지식인 혹은 활동가는 될 수 있을지 모르나, 다수의 지지를 얻어야 하는 대통령은 되지 못했을 것이다.

1858년 상원의원 선거에서 링컨은 더글러스에게 패배했으나, 그와의 논쟁으로 전국적인 명성을 얻게 되었고, 그 뒤 1860년 대통령 선거에서 승리하여 미국 16대 대통령이 되었다. 그는 당시 81.2퍼센트라는 경이적인 투표율을 기록한 선거에서 과반수 선거인단의 확보로 대통령에 당선되었으나 노예제를 지지하는 남부 주들의 지지는 얻지 못했다. 결국 링컨이 대통령 취임식을 치르기도 전에 남부 주들이 연방에서 분리하여 남부연합을 결성하는 사태가 발생했다. 남부연합은 제퍼슨 데이비스[85]를 대통령으로, 알렉산더 스티븐스[86]를 부통령으로 선출했다. 전쟁이 목전에 다가왔다.

---

85) 제퍼슨 데이비스(Jefferson Davis, 1808년 6월 3일-1889년 12월 6일)는 남북전쟁 당시 남부연합의 대통령을 지냈다. 대통령이 되기 전 하원의원, 상원의원을 지냈고 14대 프랭클린 피어스 대통령 내각 하에서 전쟁장관을 지냈다.

86) 알렉산더 스티븐스(Alexander Stephens, 1812년 2월 11일-1883년 3월 4일)는 남북전쟁 당시 남부연합의 부통령을 지냈다. 전쟁이 끝나고 몇 년이 지나 연방의회 하원의원으로 선출되어 활동했고, 조지아주 주지사를 지냈다.

1861년 2월, 링컨의 취임식보다 앞서 개최된 남부연합 대통령의 취임식에서 제퍼슨 데이비스가 말했다.

"역사상 전례가 없는 방식으로 성취한 우리의 현재 상황은 정부가 국민의 동의에 기초해야 하며 이러한 목적을 스스로 파괴하는 정부는 언제든지 변혁하거나 폐지할 권리가 국민에게 있다는 미국의 이상을 보여주고 있습니다."

데이비스의 말은 앞서 상원의원선거에서 링컨과 대결했던 스티븐 더글러스의 논리와 큰 틀에서 다르지 않았다. 데이비스도 역시 주권재민의 원칙을 강조했다. 노예제와 연방분리까지 모든 문제를 결정할 권한이 각 주의 시민들에게 있다고 하면서 노예제를 합법적으로 유지하고 연방에서 분리하는 자신들 행위의 정당성을 주장했다. 그렇다면 주권재민의 원칙과 이상에 따라 자신들이 독자적으로 세운 남부연합은 구체적으로 무엇이 다른가? 그것은 분명 그 내용에 있어서 연방과 달라야 하며, 더 나은 것이어야 연방분리의 명분이 설 것이다. 부통령으로 선출된 알렉산더 스티븐스는 연방정부와 대비되는 자신들의 사상에 대해 다음과 같이 말했다.

"우리의 새 정부는 이와 정확히 반대의 사상에 기초하고 있습니다. 그 토대가 내려지고, 그 초석을 이룬 위대한 진실은 흑인이 백인과 평등하지 않다는 것이며, 우월한 종에 노예로 종속되는 것이 그들의 자연적, 정상적 조건이라는 것입니다. 우리의 새 정부는 인류역사상 최초로 이 같은 위대한 물리적, 철학적, 도덕적 진실에 기초한 정부입니다."

과연 어떤 인간이 다른 인간보다 우월하며, 우월한 인간이 열등한 인간을 노예로 부리는 것이 자연적이고 정상적일까? 그리고 이러한 생각에 기초를 둔 사회가 제대로 지탱할 수 있을까?

링컨은 이 같은 토대가 얼마나 무너지기 쉬운 것인지 다음과 같이 간단한 논리를 들어 설명한 적이 있다.

"A가 백인이고 B가 흑인이라고 합시다. 그렇다면 한 사람이 다른 사람을 노예로 삼을 권리를 주는 것은 피부색입니까? 잘 생각해봅시다. 이 법칙에 따르면 여러분은 자신보다 피부가 더 흰 사람을 만나자마자 그의 노예가 될 것입니다. 정확히 피부색은 아니라고요? 백인은 지적으로 흑인보다 우월하며, 그렇기 때문에 그들을 노예로 삼을 권리가 있다고요? 다시 한번 잘 생각해봅시다. 그런 법칙에 따르면 당신이 지적으로 더 우월한 사람을 만나면 그는 곧장 당신을 노예로 삼을 수 있습니다. 그러면 여러분은 이렇게 말하겠지요. 문제는 이해관계라고요. 당신에게 이득이 된다면 다른 사람을 노예로 삼을 권리가 있다고 말입니다. 아주 좋습니다. 그렇다면 만약 다른 사람에게 이득이 된다면 그는 당신을 노예로 삼을 권리가 있습니다."

또한 링컨은 자신의 취임식에서 남부연합의 연방분리에 관해 이렇게 말했다.

"연방분리의 중심이념은 무정부주의의 본질과 같습니다. 헌법의 견제와 제약으로 억제되고 국민의 의견과 정서의 의미 있는 변화에 맞춰 언제나 유연하게 발맞추어 나가는 다수파야말로 자유로운 국민의 유일하고 참된 주권을 대표합니다. 다수의 의견을 배격하면 무정부상태나 독재에 빠져들기 마련입니다."

국민의 동의, 국민의 권리란 무엇인가? 자신들이 선택한 후보가 대통령이 되지 않았다고 다수가 선출한 대통령을 인정하지 않을 권리가 국민의 권리인가? 자신들의 의견과 맞지 않는다고 연방에서 분리할 권리가 국민의 권리인가? 만약 그럴 수 있다면 그것이 민주주의인가, 아니면 자신들만이 국민이라고 믿는 한 무리의 편협한 대중 독재인가? 도대체 수많은 국민을 하나로 묶어주는 한 나라의 토대는 무엇인가?

연방이 깨지고 내전이 임박해 있는 최대위기상황이었다. 링컨은 마치 자신이 북부와 남부를 잇는 아슬아슬한 끈을 쥐고 있는 듯 대통령 취임연설을 다음과 같은 호소로 마무리했다.

"우리는 적이 아니라 벗입니다. 우리는 서로 적이 되면 안 됩니다. 아무리 감정이 상했다 하더라도 우리를 묶어주는 애정의 끈을 끊어 버려서는 안 됩니다. 신비로운 기억의 현이 모든 전장과 애국자의 무덤에서부터 살아 있는 모든 사람의 마음과 가정에 이르기까지 이 광대한 국토를 연결해주고 있습니다. 이 현이 머지않아 우리의 본성에 잠재해 있는 천사의 마음으로 다시 매만져질 때, 연방을 찬양하는 노래가 힘차게 울려 퍼질 것입니다."

그럼에도 전쟁은 피할 수 없었다. 남북전쟁[87]은 미국 역사에서 가장 참혹한 전쟁으로 기록됐다. 북부의 우세를 점치며 금방 끝날 줄 알았던 전쟁은 4년 동안 계속되었으며, 60만 명이 넘는 군인들이 죽었다. 이는 그 뒤 1차 대전과 2차 대전에서 사망한 미군의 수를 합친 것보다 더 많았다.

* * *

---

87) 미국 남북전쟁(American Civil War, 1861년 4월-1865년 4월)은 노예제를 둘러싸고 북부와 남부 간 갈등이 고조된 상황에서 일어났다. 노예제 확산에 반대하던 링컨이 북부 대부분 주들의 지지에 힘입어 대통령으로 당선된 후 노예제를 지지하던 남부는 남부연합을 결성하고 연방에서 분리를 선언했고 곧이어 전투가 시작됐다. 미국 역사상 가장 많은 희생자를 낸 전쟁으로 60만 명 이상이 희생됐다.

국민을 제대로 이해하지 못하면 결국엔 국민을 억압하게 되는 민주주의 국가에서 여론에 대한 깊은 이해는 가장 큰 정치적 능력이다. 링컨은 여론과 완벽하게 교감했으며 적절한 시기를 찾는 데 탁월한 능력을 보여주었다. 그는 부서진 뗏목 위에서 기회가 있을 때마다 산산이 흩어지려는 통나무를 붙잡으면서 급류를 지나야 하는 위험한 임무를 맡았다. 국가는 그가 자신의 임무를 모든 난관을 무릅쓰고 곧장 나아가는 게 아니라 신중하게 주류가 지탱하는 돛대를 믿고 착실하게 나아가는 것이라고 생각했다는 것을 축하해야 한다.

— 제임스 러셀 로웰James Russell Lowell, 미국 비평가

노예제란 무엇일까? 그것이 인간과 인간사회에 미치는 영향은 무엇일까? 아마 우리가 직접 노예주와 노예가 되어보지 않고는 노예제를 이해하지 못할지 모른다. 노예출신인 존 리틀John Little은 다음과 같이 자신의 경험을 얘기했다.

"그들(백인)은 노예들이 웃고 즐길 수 있으므로 행복하다고 한다. 나 자신을 비롯한 서너 명은 하루 200대 정도의 채찍질을 당했으며 두 다리는 족쇄에 묶였다. 그런 상황에서도 밤에는 노래하고 춤추면서 덜거덕거리는 족쇄 소리로 다른 사람들을 웃기곤 했다. 우리는 행복한 사람들임이 틀림없다! 우리는 고뇌를 억누르려고, 터질 것 같은 심장을 진정시키려고 노래하고 춤을 췄다-그것이 절대적인 진리이다! 자 보라, 우리가 행복에 겨울 리가 없지 않은가? 그럼에도 나는 족쇄를 찬 채로 신나게 뛰어다녔다."

노예제는 온갖 모순으로 가득 차 있다. 백인은 자기 눈앞에 뻔히 보이는 인간을 인간이 아니라고 부정할 뿐 아니라 자신이 마치 창조주라도 된 양 그들의 감정과 행동, 모든 것을 마음대로 하려고 한다. 흑인은 기쁨과 슬픔, 인간이면 누구나 갖고 있는 자연스러운 감정과 욕구를 자유롭게 표현할 수

없는 조건에 갇혀있으며, 더 나아가 노예주가 원하는 대로 느끼고 행동하고 표현하도록 강요받는다. 슬픔을 슬픔으로 표현하지 못하고, 족쇄를 찬 채 남을 웃겨야 하는 그들의 마음은 어떤 상태일까?

다른 한편, 노예주의 입장에서 노예제가 미치는 영향에 대해 토머스 제퍼슨은 다음과 같이 점잖은 톤으로 말했다.

"주인과 노예 간의 모든 상거래에는 가장 난폭한 격정, 가장 끈질긴 폭정, 그리고 가장 불명예스러운 굴종이 부단히 드러난다. 우리 아이들이 그걸 보고 또한 그걸 따라 하는 법을 배운다. …… 비록 부모가 자비심이나 이기심에서 비롯된 동기를 지니고 있지 않더라도 노예에게 격정을 분출하지 않도록 자제할 수 있다면, 그 자녀에게는 좋은 모범이 될 것이다. 하지만 대개는 그렇지가 못하다. 부모가 노예를 학대하면 자녀는 그걸 보고 분노의 윤곽을 파악한다. 그리고 그들 역시 노예에게 똑같은 분위기를 형성하고 자신의 가장 나쁜 격정을 분출하며 온갖 좋지 않은 특성을 체득하게 된다. 정말 비범한 사람이 아닌 이상, 그런 환경에서 행실이나 도덕이 타락하지 않을 사람은 아무도 없을 것이다."

결국 노예제는 노예에게 인간으로서 견딜 수 없는 온갖 고통을 가함과 동시에 노예주 자신도 타락하게 만드는 결과를 낳는 것이었다.


또한 노예제가 노예나 노예주가 아닌 일반 민중들에게 미치는 영향은 무엇일까? 당연하게도 모든 백인이 흑인 노예를 소유한 것은 아니었으며, 백인 중 노예를 소유하지 않은 사람이 노예를 소유한 사람보다 더 많았다. 흑인 노예를 가장 많이 소유한 사람들은 남부에서 면화, 담배 등 대농장을 가진 백인 지주들이었으며 이들은 소수였다. 즉 남부에 사는 다수의 백인이 가난했고 그들에게는 노예가 없었다. 그렇다면 어떻게 해서 그들은 노예제를 지키는 전쟁에 가담하게 되었을까? 그들은 왜 자신에게 없는 재산을 지키기 위해 피를 흘렸을까?

이에 관해 남부출신 비평가, 힌튼 로완 헬퍼Hinton Rowan Helper는 다음과 같이 말했다.

"그들(백인 노예주)은 무식하고 가난한 백인들에게, 바로 노예제도 때문에 가난해지고 무식해진 이들에게, 노예제도가 바로 자유의 보루고 미국 독립의 원천이라고 주장했다! …… 우리는 그동안 진실을 매도하는 노예제도 옹호자들의 모순된 열변을 가능한 한 인내를 가지고 들어주었다. 우리는 불쾌함과 분노를 발산할 수 있는 더 정치적인 방법을 가지고 있지 않았기 때문에 입술에 물집이 생길 때까지 참을 수밖에 없었다. …… 채찍을 휘두르는 백인 노예주는 그들이 사고팔고 가축처럼 모는 흑인들에게 절대적인 주인일 뿐만 아니라 노예를 소유하지 않은 백인들에게도 예언자이자 중재자다. …… 가난한 백인은 백인 노예주와 대화할 수 있을 때조차도 불안에 떨며 듣기만 할 뿐 말하지 않는다. 그들은 마치 짐승처럼 침묵하고 존엄한 우월자를 경외해야 한다. 그렇지 않으면 엄한 힐책이나 잔인한 억압을 받고 노골적으로 폭행당한다. …… 어리석고 비굴한(온순한) 대중들, 즉 노예제도에 의해 희생된 백인들은 백인 노예주의 말을 모두 믿으려 하고, 일반적으로 믿고 있다. 그들은 백인 노예주의 감언이설에 속아서 자신들이 이 세상에서 가장 자유롭고 행복하고 지적인 사람들이라고 생각한다. 그리고 모든 새로운 원리나 진보적인 운동을 용인하지 않는다. 이 때문에 남부는 지독하게 활력이 없고 비창조적이 되어 북부에 한참 뒤져버렸다. 그리고 지금은 무지와 퇴화의 시궁창에서 뒹굴고 있다."

인류역사상 수없는 가난한 민중이 겪어온 것과 같이 당시 미국 남부의 수많은 가난한 백인들 역시 물질뿐만 아니라 정신적으로도 착취당하고 있었다. 헌법으로 보장된 그들의 자유와 권리는 그것들을 행사할 수 있는 사회적, 경제적 조건이 마련되지 않은 상태에서 실질적인 의미를 상실했다. 물론 흑인보다 나았지만, 여러 가지 면에서 가난한 백인과 부유한 백인 간 차이는 가난한 백인과 흑인 노예와의 차이보다 훨씬 컸다. 결국 이들은 거짓된 정보와 형편없는 논리에 설득당해 백인 노예주의 이익을 자신의 이익인 양 지켜야 할 것으로 믿게 되거나, 아니면 그것이 거짓임을 알아차려도 어쩔 수 없이 따라야 할 상황에 처했던 것이다.

그렇다면 북부의 가난한 백인들은 어땠을까? 그들이 노예 문제에 관심을 갖고 노예제 폐지를 지지했을 수는 있으나, 흑인 노예의 해방을 위해 자신들의 목숨을 기꺼이 바치겠다는 정도는 아니었다. 빨리 끝날 줄 알았던 전쟁이 길어지고 사상자가 늘어나자 민중들의 불만은 커져갔고 그 불만 속에는 정의에 대한 요구와 전쟁의 대의에 대한 질문이 있었다.

전쟁이 시작되고 2년 뒤인 1863년 7월 발생한 뉴욕징병폭동[88]은 가난한 백인들이 주도한 것이다. 이들은 부자들이 300달러를 내고 징병에서 면제될 수 있다는 사실을 알고 분노했다. 그들이 생각하기에 결국 전쟁에서 죽는 것은 가난한 백인들이었고 자신들의 희생은 흑인 노예의 해방을 위해서였는데 바로 북부에서 자신들의 일자리를 빼앗고 있는 자들이 해방된 노예, 자유민이 된 흑인들이었다. 폭동은 뉴욕시 징병사무소를 불태우고 4일 동안 계속되었다. 피해자들은 대부분 흑인이었다. 한 흑인은 누군가 이렇게 말하

---

88) 뉴욕징병폭동(The New York City Draft Riots)은 1863년 7월 13일에 발생하여 4일 동안 지속되었다. 남북전쟁 중이던 당시 뉴욕주 뉴욕에서 새로운 징병법에 반발하여 일어났다. 새 징병법은 기존법에 비해 복무기간이 2년에서 3년으로 늘어났으며, 20세에서 45세까지 모든 백인남성(흑인남성은 시민 자격이 없으므로 해당되지 않았다)을 대상으로 했다. 또한 이 법은 300달러를 내거나 자신 대신 복무할 대리복무자를 입대시키면 징병을 면제받을 수 있도록 규정했고, 실제로 많은 이들이 이에 따라 면제받았는데, 바로 이 점이 가난한 백인남성들의 불만을 자극했다. 폭동은 가난한 아일랜드계 미국인이 주도적으로 가담하였으며, 처음에 징병사무소와 우체국 등 관공서를 주로 공격하다가 흑인들에 대한 공격으로 이어졌다. 정확한 통계는 없으나 2천여 명 이상이 부상당한 것으로 알려져 있다.

는 것을 들었다.

"만일 우리가 검둥이들을 위해 다 죽어야 한다면, 이 마을의 검둥이를 깡 그리 죽여버리겠다."

그러나 이들의 분노는 돈을 내고 징병을 피한 부자들이나 적정한 임금과 안정된 일자리를 제공할 책임이 있는 기업과 정부까지는 미치지 못했다.

비슷한 시기 북부의 한 잡지에는 다음과 같은 글이 실렸다.

"우리는 20만 명의 여성을 미망인으로 만들었다. 우리는 백만 명의 아이들을 아버지 없는 자식으로 만들었다. …… 우리는 나라를 드높이는 모든 것들을 빠르게 타락시키고 있다. 우리의 문명은 사라지고 있다. 이곳 북부는 피할 수 없는 전쟁 속으로 빠르게 빠져들고 있다. 우리는 우리의 집을 시체 안치소로 만들고 있다. 죽은 사람이 없는 집이 없다. 죽음의 천사가 모든 집 문턱에 앉아 있다. 악마가 저승에서 워싱턴으로 와있다. 우리는 반란군을 처벌한다고 말하면서 실제로는 우리 자신을 벌하고 있다. 우리는 연방을 되찾는다고 말하면서 실제로는 연방을 파괴하고 있다."

어느 시대와 마찬가지로 전쟁의 가장 큰 피해자는 가난한 민중들이었다. 전쟁을 왜 하는가? 노예제를 폐지하여 흑인 노예를 해방시키기 위해서인가? 그렇다면 그 대의를 위해 혹은 그 대의에 맞서기 위해 북부와 남부의 백인 민중이 서로 싸우는 것인가? 도대체 연방을 지킨다고 할 때 그 연방이란 무슨 의미인가? 이 나라가 흑인 노예만을 위한 나라가 아닐진대 이 전쟁은 도대체 누구를 위한 것인가? 누군가 이들의 질문에 답해야 했다.

1863년 11월, 게티즈버그 전투에서 희생된 군인들을 위한 국립묘지 헌정식이 거행됐다. 이 전투는 남북전쟁 중 가장 치열하고 참혹했던 전투로 3일 동안 북부와 남부를 합해 5만 명이 넘는 군인들이 죽거나 다쳤다. 이들의 희생을 기리는 자리에서 링컨은 자신들이 치르고 있는 전쟁의 대의에 관해 말했다.

"87년 전 우리의 선조들은 자유 속에 잉태되어 모든 인간은 평등하게 창조되었다는 명제에 바쳐진 새로운 나라를 이 대륙에 세웠습니다. 지금 우리는 그러한 나라 또는 어떤 나라든 그렇게 잉태되고 그렇게 헌신된 나라들이 오래도록 존속될 수 있는지 시험하는 크나큰 전쟁을 치르고 있습니다."

그는 전쟁의 대의가 '모든 인간은 평등하게 창조되었다'는 독립선언서의 정신을 지키기 위함임을 분명히 했다. 이어 그는 272개의 단어로 된 짧은 연설을 다음과 같은 말로 끝맺었다.

"그들이 싸워 그토록 고결하게 전진시킨 그러나 미완으로 남긴 일을 수행하는 데 헌납되어야 하는 것은 오히려 우리 살아있는 자들입니다. 우리 앞에 남겨진 미완의 큰 과업을 완수하기 위해 지금 여기 이곳에 바쳐야 하는 것은 우리 자신입니다. 우리는 명예롭게 죽어간 이들로부터 더 큰 헌신의 힘을 얻어 그들이 마지막 신명을 다 바쳐 지키고자 한 대의에 우리 자신을 봉헌하고, 그들이 헛되이 죽지 않았음을 굳게 다짐합니다. 신의 가호 아래 이 나라는 자유의 새로운 탄생을 보게 될 것이며, 국민의, 국민에 의한, 국민을 위한 정부는 이 지상에서 결코 사라지지 않을 것입니다."

그가 말하는 전쟁의 대의에는 '흑인', '노예'라는 단어는 찾아볼 수 없었다. 대신 '새로운 나라', '자유의 새로운 탄생'이 있었다. 그렇다면 그 의미는 무엇일까? 어떤 비판자들은 그것이 흑인과 백인이 평등한 나라, 해방된 흑인의 자유를 의미한다고 했지만, 그와는 다르게 좀 더 핵심에 접근한 사람들이 있었다. 정치철학자, 윌무어 켄들Willmoore Kendall은 다음과 같이 말했다.

"링컨과 남북전쟁 이후에 헌법을 개정한 사람들은 헌법제정자들이 선언했던 '모든 인간은 평등하게 창조되었다'는 원칙에 대한 깜짝 놀랄 만한 새로운 해석을 통해 어느 정도 수준까지는 새로운 국가 설립의 조항을 만들려 시도한 것이다."

또한 역사학자, 게리 윌스Garry Wills는 이렇게 평했다.

"링컨(의 연설)은 게티즈버그의 험악한 분위기를 진정시켰을 뿐만 아니라 공적인 죄악들과 대물림된 범죄에 오염돼 있던 미국의 역사 그 자체를 정화시켰다. 그는 노예제도를 묵인하는 문서들(당시 헌법을 포함하여)을 태워버렸던 윌리엄 로이드 개리슨과는 전혀 다른 방법으로 헌법을 정화시켰다. 그는 문서를 그 내부에서부터 개조했다."

과연 링컨이 말한 '자유의 새로운 탄생'이란 무슨 뜻일까? 그것은 정확히 말해 해방된 흑인 노예의 자유도 백인 노예주의 잃어버린 자유도 아니었다. 그것은 누가 얻고 누가 잃고 하는 개인적, 물리적 차원이 아니라 한 나라의 토대가 되는 사회적, 정신적 차원에서의 의미였다.

진정한 의미의 자유로운 사회란 어떤 사회일까? 노예의 무보수 노동력으로 경작되는 대농장이 정당한 수단으로 자유민이 경작하는 영세농장을 경쟁에서 이기는 것이 자유로운 사회일까? 똑같이 일하고도 흑인 노동자보다 백인 노동자가 더 높은 임금을 받는 사회가 자유로운 사회일까? 권력을 가진 자가 권력이 없는 자를 억압하는 사회가 자유로운 사회일까?

우리는 불공정하고 정의롭지 못한 사회에서 어떤 집단이 다른 집단보다 더 많은 자유와 권리, 이익을 갖고 있음을 목격하면서 그에 따른 대가, 특히 사회적 손실에 대해서는 잘 생각해보지 않는다. 흑인 노예를 착취하는 백인 노예주는 그들의 노동력으로부터 많은 이익을 얻는 대신 노예반란의 가능성을 염두에 두고 늘 불안과 공포 속에서 살았으며, 이는 사회 전체 분위기를 불안정하고 폭력적으로 만들었다.

그러나 이보다 더 중요한 것은 정신적 차원의 일이다. 흑인 노예와 백인 노예주 중에 누가 미개인이고 누가 문명인일까? 흑인이 자신과 똑같은 인간이라는 명백한 진실을 부정하는 백인의 이성적 사고와 지적 능력은 정상일까? 자신과 똑같은 인간을 자기 마음대로 착취하고 학대하면서 자유를 느낀다면 그것이 정상일까?

결국 링컨이 의도한 것은 이 땅에 사는 흑인과 백인 모두가 더 높은 차원의 자유를 누릴 수 있도록 인도하는 것이었다. 그리고 이러한 차원에서 탄생하는 자유의 토대는 바로 '모든 인간은 평등하게 창조되었다'는 독립선언서의 정신이었다. 평등은 자유를 담는 큰 그릇이다. 평등이라는 커다란 그릇 안에서 개인은 타인의 자유를 침해하지 않으며 자신의 잠재력을 최대한 발휘할 수 있다. 즉 평등은 결코 자유와 대립하지 않으며 오히려 사회적, 정신적 차원에서 더 많은 자유, 더 높은 차원의 자유, 그리고 그 속에서 자라나는 인간사회 수많은 고귀한 가치의 실현을 가능케 하는 조건이다. 서로가 평등하다는 전제 없이 어떻게 인간관계에서 진정한 의미의 존중, 신뢰, 관용, 친절, 배려, 협력과 나눔이 가능하겠는가? 이러한 조건에서 탄생하는 자유야말로 스스로 탐욕과 방종에 빠지지 않고 책임과 의무를 다하는 독립된 주체로서 자격 있는 시민이 되게 하며, 그러한 시민이야말로 마땅히 국민의, 국민에 의한, 국민을 위한 정부를 세우고 지속시킬 수 있는 것이다.

1861년 2월 링컨이 대통령에 당선되어 일리노이주 스프링필드에서 워싱턴으로 내려가는 중이었다. 그는 필라델피아 독립기념관을 방문해서 모여든 군중 앞에서 다음과 같은 즉석연설을 했다.

"저는 이곳에 모여 독립선언서를 채택했던 분들이 감수해야 했던 위험에 대해 종종 생각해보곤 합니다. 또한 독립을 성취한 장교들과 사병들이 감수해야 했던 노고에 대해서도 생각해보곤 합니다. 저는 이 연방을 그토록 오랫동안 유지했던 대원칙이나 사상이 도대체 무엇이었는가에 대해 자문해보곤 합니다."

그는 이어 말했다.

"식민지가 모국에서 떨어져 나왔다는 단순한 사실 때문에 연방이 오랫동안 유지되었을 리는 없습니다. 그런 일이 가능했던 것은 이 땅의 국민에게 자유를 부여했을 뿐 아니라 전 세계의 미래 세대에게 자유를 부여하고자 했던 독립선언서의 정신 덕분이었습니다. 머지않아 모든 사람의 어깨를 짓누르고 있는 무거운 부담이 사라질 것이고, 또 모두에게 평등한 기회가 부여될 것이라고 약속했던 것도 독립선언서였습니다. 바로 이런 견해가 독립선언서에 구현된 것입니다."

무엇이 한 나라를 지탱하는가? 그것은 권력집단의 음모나 조종도 아니며, 소위 이기적인 개인들이 서로를 해치지 않고 살 수 있도록 정한 최소한의 사회적 동의, 법과 규칙도 아니다. 이런 것들은 모두 기생적이며 부차적인 것, 소극적이며 수동적인 것이라 그 안에 사람들에게 영감을 주고 가슴을 뛰게 하는 에너지가 없다. 링컨이 발견한 미국이라는 새로운 나라의 토대는 독립선언서의 정신, 즉 모든 인간이 자유롭고 평등한 사회, 그 속에서 누구나 자신의 잠재력을 한껏 펼치리라는 이상이었으며, 이것에 도달하려는 힘이야말로 국민을 하나로 모으고 나라를 이끌어가는 에너지의 근원이었다.

그는 말했다.

"국민 여러분, 이 토대 위에서 우리나라를 구할 수 있을까요? 그럴 수 있다면 그리고 제가 그 일에 일조할 수 있다면 저는 이 세상에서 가장 행복한 사람일 것입니다. 만일 그 원칙에 입각하여 이 나라를 구할 수 없다면 참으로 끔찍한 일이 아닐 수 없습니다. 그 원칙을 포기하지 않는 한 이 나라를 구할 수 없다 할지라도, 저는 그 원칙을 포기하느니 차라리 이 자리에서 암살당하는 쪽을 택하겠습니다."

노예제의 폐지는 미국이 그러한 원칙과 이상에 다가가는 과정에서 반드시 필요한 일이었다. 1865년 1월, 수정헌법 13조가 국회에서 통과되었고, 그로 인해 링컨의 노예해방선언[89]은 탄탄한 법적 근거를 갖게 되었다. 이제 미국이 노예제로 되돌아가는 것은 사실상 불가능해졌다. 3개월 뒤인 1865년 4월 그가 암살당했다. 대통령으로서는 최초로 흑인 투표권을 언급한 후 며칠 뒤 일어난 일이었다.

링컨이 죽은 뒤 흑인의 시민권과 투표권을 보장하는 수정헌법 14조와 15조가 통과되고 한때 흑인 국회의원까지 등장했으나, 이후 보수세력이 다시 힘을 얻으면서 흑인에 대한 차별과 착취는 또 다른 방식으로 악랄하게 지속되었다. 결국 미국에서 흑인의 투표권이 실질적으로 보장된 것은 그로부터 100년 후 1965년 마틴 루터 킹으로 대표되는 비폭력 흑인민권운동이 일어난 뒤였다.

링컨을 어떻게 평가해야 할까? 전쟁을 피하기 위해 그가 할 수 있는 일은 없었을까? 전쟁 없이 노예제를 폐지하는 방법은 없었을까? 그의 노예해방은 형식적인 성과밖에 이루지 못한 것일까? 이 모든 것들을 평가하기에 앞서 우리는 그가 가장 소중히 여기며 목숨을 걸고 지키려고 한 것을 생각해 볼 필요가 있다.

그는 독립선언서의 의미를 새로운 차원 혹은 독립선언서의 서명자들조차 진정으로 의식하지 못한 차원에서 해석했다. 그는 신대륙으로 처음 이주한

---

89) 1862년 9월 22일, 링컨은 100일 뒤인 1863년 1월 1일까지 남부연합의 주들이 연방에 복귀하지 않으면 그들의 노예를 자유민으로 선포하겠다는 노예해방예비선언을 발표했다. 그 뒤 약속한 1863년 1월 1일이 되고 어떤 주도 연방에 복귀하지 않자 노예해방을 최종적으로 선언했다.

개척민들이 왜 온갖 역경을 뚫고 유럽에서 건너왔는지, 왜 계속해서 이주민들이 오고 있는지 생각했다. 자유를 억압받던 그들이 진정 원했던 것은 누구도 타인의 자유를 억압할 수 없는 평등한 사회일까, 아니면 자신들이 지배자가 되어 타인의 자유를 억압하는 사회일까?

그가 보기에 독립선언서는 물리적 차원에서 새로 독립한 나라의 탄생을 선포하는 것일 뿐 아니라 그때까지 유럽 백인들의 역사에서 존재하지 않았던 그야말로 '모든 인간이 자유롭고 평등한 사회'라는 이상을 구현하는 것이었다. 그것은 심리적 차원에서 '지배하고 지배받는 인간관계'를 당연시하던 기존의 집단의식에서 벗어나 '자유롭고 평등한 인간관계'라는 새로운 집단의식으로 변화하는 의식혁명선언이었다.

링컨에 대한 평가는 이 지점에서 물어야 한다. 자유롭고 평등한 사회라는 이상을 향해 대중을 이끌었던 그의 노력은 과연 성공일까, 실패일까? 그러나 이상은 방향을 말하는 것이기에 그러한 이상에 도달했느냐를 묻기보다 이렇게 묻는 것이 적절할 것이다. '링컨으로 인해 독립선언서의 고귀한 이상을 좇으려는 미국 사회의 저력은 강해졌는가, 약해졌는가?' 또한 이제 이 물음은 시공간을 초월하여 우리 앞에 놓여 있다. 우리 역시 스스로에게 물을 수 있다.

'우리는 진정 자유롭고 평등한 사회를 원하는가?'

이 물음에 대한 대답이야말로 나라를 세우고 발전시키는 근원이다.

# 인도는 어떤 독립국가가 될 것인가
## 간디 vs. 네루

**모한다스 카람찬드 간디**Mohandas Karamchand Gandhi(1869년 10월 2일-1948년 1월 30일)
인도의 독립운동가, 비폭력 사상가다. '마하트마(위대한 영혼) 간디'라고 흔히 불린다. 자신만의 비폭력사상을 기초로 남아프리카와 인도에서 비폭력저항운동을 이끌었고, 인도가 영국으로부터 독립하는 데 큰 역할을 했다. 힌두교 급진주의자의 총에 맞아 죽었다.

**자와할랄 네루**Javaharlal Nehru(1889년 11월 14일-1964년 5월 27일)
인도의 독립운동가, 정치가다. 간디와 함께 인도독립운동을 이끌었으며, 독립한 인도의 초대총리로 선출되었다. 간디가 인도의 정신적 지도자라면 네루는 정치가로서 인도를 현대국가로 세운 인물로 평가된다.

**우리는 오직 마을생활의 소박함 속에서만 진리와 비폭력을 이룰 수 있습니다.**

— 간디, 인도 독립운동가, 비폭력사상가

**저는 인도가 기술적으로 발전하지 않는다면 진정한 독립을 이룰 수 없다고 생각합니다.**

— 네루, 인도 독립운동가, 초대총리


1945년 9월, 제2차 세계대전이 끝나고 영국의 오랜 식민지였던 인도에서는 독립의 시기가 무르익고 있었다. 세계 역사에서 그 유래를 찾아보기 힘든 대규모 비폭력저항운동을 성공으로 이끈 인도 독립운동의 지도자들 사이에서는 독립한 인도가 어떤 국가가 될지에 대한 논의가 한창이었다. 그러한 가운데 뒤에 독립한 인도의 초대총리가 되는 네루와 독립의 아버지라고 불리는 간디 사이에는 서로 타협할 수 없는 의견 차이가 존재했다.

1945년 10월 5일, 간디는 네루에게 편지를 보내 이렇게 말했다.

"우선 내가 쓰고 싶은 것은 우리 사이의 생각 차이입니다. 만일 그 차이가 근본적인 것이라면 대중에게 그것을 알려야 한다고 생각합니다. 그것을 알리지 않는 것은 독립을 위한 우리의 노력에 해가 될 수 있습니다. 나는 내가 『힌두 스와라지』[90]에서 밝힌 정부시스템을 지금도 지지하고 있다고 말했습니다. 단지 말뿐이 아닙니다. 1908년 그 책자를 쓴 이후 내 모든 경험은 그러한 내 신념이 참임을 확인시켜 주었습니다."

간디는 이어 말했다.

"나는 확신합니다. 인도가 진정한 자유를 얻고 또한 인도를 통해 세계가 진정한 자유를 얻으려면, 사람들이 도시가 아닌 마을, 궁전이 아닌 오두막집

--------

90) 『힌두 스와라지(Hind Swaraj)』는 간디가 인도의 자치, 독립에 대해 <인디언 오피니언>지에 연재한 글을 묶은 소책자다. 힌두 Hind는 인도 민중 중 다수를 차지하는 힌두교도를 말하며 스와라지 Swaraj는 힌두어로 자치, 독립이란 뜻이다.

에서 살아야 한다는 사실을 알아야 합니다. 수많은 사람들이 모두 도시나 궁전에서 살면서 서로 평화로울 수는 없습니다. 그렇게 되면 폭력과 거짓에 의지하지 않을 수 없을 것입니다. 나는 진리와 비폭력이 없으면 인류는 멸망할 수밖에 없다고 생각합니다. 우리는 오직 마을생활의 소박함 속에서만 진리와 비폭력을 이룰 수 있고, 이 소박함은 물레와 물레가 함축하는 모든 것 속에서 가장 잘 발견될 수 있습니다."

도대체 간디는 무슨 말을 하고 있는 것일까? 그의 말처럼 모두가 궁전에서 사치스럽게 살 수는 없다 하더라도 그렇다고 모두가 오두막집에서 살면서 직접 옷을 짜고 농사를 지으며 살아야 하는 것일까? 그것이 함께 살면서 평화로울 수 있는 유일한 방법일까? 과학적 진보와 기술의 발전을 이용해 편리한 생활을 누리면서 평화롭게 사는 것이 불가능하다는 말일까?

그는 또 말했다.

"나는 오늘날 세계가 잘못된 방향으로 나아가는 것이 놀랍지 않습니다. 인도 또한 그런 방향으로 갈지 모르며, 그것은 마치 나방이 불길 주위를 점점 맹렬하게 춤추며 돌다가 마침내 그 속에서 스스로 불타 죽는 것과 같습니다. 그러나 내가 마지막 숨을 거둘 때까지 나의 의무는 그런 운명으로부터 인도와 인도를 통해 세계 전체를 지키기 위해 노력하는 것입니다. 내가 말하는 것의 핵심은 개인은 자신이 진정으로 필요한 것에 만족할 줄 알고 그것을 자급자족할 수 있어야 한다는 것입니다."

간디는 자신을 유럽 현대문명의 '확고한 적敵'이라고 밝힌 바 있다. 그는 인도를 포함한 세계가 직면한 문제의 원인이 물질주의에 기초한 현대문명이며, 문제의 해결은 마을 단위로 자급자족하는 소박한 삶을 이루는 것이라고 생각했다. 하지만 그가 말하는 마을은 당시 인도에서 가장 비참한 환경 속에 놓인 촌락과 마을이 아니었다. 그는 말했다.

"당신은 내가 현재 마을에서의 삶을 말하고 있다고 생각해서는 안 됩니다. 내가 꿈꾸는 마을은 아직 내 마음속에만 존재합니다. 모든 사람은 결국 자신이 꿈꾸는 세계에서 살아갑니다. 나의 이상적인 마을에서 주민들은 어리석지 않을 것입니다. 그들은 먼지더미와 암흑 속에서 동물처럼 살지 않을 것입니다. 남녀는 자유로울 것이며 세계 누구로부터도 자신을 지킬 것입니다. 전염병, 콜레라, 천연두도 없을 것입니다. 누구도 게으르지 않을 것이며, 사치에도 빠지지 않을 것입니다. 모든 이가 자기 몫의 육체노동을 해야 할 것입니다."

한편 네루는 이 같은 간디의 주장을 이해할 수 없었다. 그는 간디의 편지를 받고 다음과 같이 답장을 보냈다.

"저는 이해가 되지 않습니다. 어째서 진리나 비폭력을 반드시 마을이 구현해야 합니까? 마을은 일반적으로 말해서 지적으로도 문화적으로도 뒤떨어져 있습니다. 그런 뒤떨어진 환경에서는 아무런 발전이 있을 수 없습니다. (그곳에 사는) 편협한 사람들은 훨씬 부정직하고 폭력적이기 쉽습니다."

그는 이어 말했다.

"우리는 국가와 국민을 위한 기본적인 조건인 충분한 음식, 옷, 집, 교육, 위생시설 등과 같은 구체적인 목표를 설정해야 합니다. 이런 목표를 어떻게 하면 빨리 성취할 수 있을지 구체적인 방법을 찾아내야 합니다. 다시 말하지만, 저는 현대 교통수단과 그 외의 많은 현대적 수단들이 필연적으로 지속되고 발전되어야 한다고 생각합니다. 그것을 갖지 않고는 도리가 없습니다. 그러려면 중공업도 반드시 필요합니다. 순수한 마을사회라니, 이것과 얼마나 먼 얘기입니까?"

"정치적이거나 경제적이거나 외국의 공격으로부터 방어하고 독립을 지키는 문제 역시 이와 같은 맥락에서 논의되어야 합니다. 저는 인도가 기술적으로 발전하지 않는다면 진정한 독립을 이룰 수 없다고 생각합니다. 단지 군대만이 아니라 과학적 진보의 측면에서 말입니다. 현재 세계의 흐름을 보면 모든 분야에서의 과학적 진보 없이는 문화적인 발전도 이룰 수 없습니다."

그의 말대로 경공업, 중공업의 도움 없이 어떻게 사람들에게 생활필수품을 제공할 수 있을까? 또한 서양열강으로부터 어떻게 독립을 지킬 수 있을까? 그는 또 말했다.

"당신이 그 오래된 생각을 아직도 변함없이 갖고 있다고 말했을 때 저는 놀라지 않을 수 없었습니다. 당신도 알다시피, 국민회의[91]는 그것을 채택하지 않았을 뿐 아니라 논의조차 해본 적이 없습니다."

"『힌두 스와라지』가 쓰인 지 38년이 지났습니다. 그때 이후 세계는 완전히 변했고, 아마도 잘못된 방향으로 변했을지 모릅니다. 어쨌든 이런 문제에 대한 논의는 반드시 현재의 사실들, 현재 우리가 바라는 힘과 인간적인 요소를 포함해야 합니다. 그렇지 않으면 현실과 동떨어진 논의가 될 것입니다. 세계 전체 혹은 세계의 큰 부분이 스스로 파멸로 가고 있다는 당신의 말은 옳습니다. 아마도 그것은 현대문명 속에 있는 나쁜 씨앗이 자라서 나타나는 불가피한 결과일지 모릅니다. 저는 그렇게 생각합니다. 우리의 문제는 어떻게 이 나쁜 부분을 제거할지, 다른 한편으로 과거처럼 현재에도 존재하는 좋은 부분을 어떻게 유지할 지입니다. 분명히 현재에도 좋은 부분이 있습니다."

네루가 바라던 독립한 인도의 모습은 당시 대부분의 지식인이 이상적이라

---

91) 인도국민회의(Indian National Congress)는 1885년 인도의 지식인, 지주, 상인 등 중산층을 중심으로 영국의 인도 통치에 협력하고 이를 부분적으로 개선하기 위한 목적으로 영국의 지원을 받아 설립되었으나, 이후 점차 민족주의를 고취하며 독립을 표방하는 '스와라지' 운동과 국산품 사용을 장려하는 '스와데시' 운동을 주도하는 등 투쟁의 장으로 변화했다. 간디와 네루 등 지도적인 인사들이 활동했으며, 독립 이후에 간디가 이를 해체하기를 주장했으나 그대로 남아 인도의 지배적인 정당으로 변모했다.

고 여기던 국가와 크게 다르지 않았다. 즉 강력한 중앙정부가 지방과 마을을 통제하고, 강한 군사력과 경제력을 갖춘, 말하자면 현대문명국가였다. 또한 그는 간디가 지독히도 비판하는 현대문명의 해악을 모르지 않았으며, 그렇다고 현대문명 자체를 거부하지는 않았다. 그가 생각하기에 세계 전체는 현대문명의 거대한 흐름으로 가고 있었고 인도는 당연히 그 흐름 속에 있기 때문에, 그것은 인도가 거부한다고 거부할 수 있는 것이 아니었다. 따라서 인도가 할 수 있는 최선의 선택은 현대문명을 받아들이면서 그것의 단점은 최소화하고 장점은 최대화하는 것이었다.

반면, 간디는 현대문명 속의 영국이 어떻게 인간성을 황폐화하고 스스로 몰락의 길로 들어서는지를 보았다. 도시에 세워진 공장들, 기계문명과 대량생산체제가 가난한 노동자와 아이들까지 착취하고, 그것도 모자라 더 큰 시장을 위해 다른 나라를 침략하는 것을 보았다. 하지만 간디는 왜 이런 현대문명의 단점들만을 보고, 네루가 보았던 장점들은 보지 못했을까? 현대문명을 받아들이면서 그 속에서 이런 약점들을 극복할 수 있는 가능성은 왜 보지 못했을까?

『힌두 스와라지』라는 소책자에서 간디는 인도의 독립에 대한 자신의 의견을 차근차근 설명했다. 인도가 진정한 독립을 이루고 또다시 다른 나라의 식민지가 되지 않기 위해서는 먼저 인도가 왜 영국으로부터 나라를 빼앗기게 되었는지, 그 원인을 알아야 했다. 간디는 그 원인을 영국이 아닌 인도인의 마음속에서 찾았다.

그는 말했다.

"영국인은 인도를 점령한 적이 없다. 우리가 그들에게 인도를 넘겨준 것이다. 그들은 자신의 힘으로 인도에 머물러 있는 것이 아니라 우리가 그들을 붙잡고 있는 것이다. …… 영국인들은 원래 무역을 위해서 우리나라에 왔다. 바하두르 회사(동인도회사)를 떠올려 보자. 누가 그것을 힘 있게 만들었는가? 그들이 그 왕국을 건설할 당시에는 아무 의도도 없었다. 누가 그 회사의 간부들을 도와주었는가? 누가 그들의 은을 보고 유혹을 느꼈는가? 누가 그들의 상품을 샀는가? 역사는 이 모든 일을 우리가 했다는 사실을 증언하고 있다. 우리가 당장 부자가 되고 싶어서 그 회사의 간부들을 쌍수를 들어 환영한 것이다."

이 같은 간디의 주장은 인도인들에게 뼈아픈 비판이 아닐 수 없었다. 하지만 그는 계속해서 자신만의 논리로 문제의 근원을 파고 들어갔다.

"만일 내가 대마초 성분이 든 뱅bhang을 마시는 습관이 있는데, 상인이 그것을 판다고 했을 때 내가 자신을 비난해야 할까, 아니면 상인을 비난해야 할까? 상인을 비난함으로써 내가 습관을 버릴 수 있을까? 그 상인이 쫓겨난다고 해도, 다른 상인이 그 자리에 들어서지 않을까?"

"인도인 록펠러가 미국인 록펠러보다 선할 것이라고 상정하는 것은 어리석은 일이다. 빈곤한 인도는 해방될 수 있다. 그러나 부도덕을 통해서 부자가 된 인도는 결코 자유를 회복하기 어려울 것이다."

간디는 인도인의 마음속에 계속해서 커지는 물질적 욕구, 즉 탐욕이 영국의 식민지가 된 근본 원인이라고 보았다. 그리고 그것은 현대문명에 내재하기 때문에 현대문명을 전면적으로 거부하지 않고는 없앨 수 없다고 그는 판단했다. 그는 더 많이 생산하여 더 많은 부를 얻게 되면 모두가 잘 살 수 있다는 주장에 동의하지 않았다. 부를 추구하는 것 자체가 이기심과 탐욕에서 비롯되었으며, 탐욕은 남과 자연을 돌보지 않고 스스로도 결코 만족하지 못하는 것이라고 생각했기 때문이다. 그에게 있어서 현대문명과의 타협은 불가했다.

"인도를 통치하는 것은 영국 민중이 아니라 현대문명이고, 통치수단은 철도, 전보, 전화 그리고 현대문명의 승리로 주창되어온 거의 모든 발명품이다. …… 인도는 지난 50년 동안 배운 것을 내버림으로써 구원받을 수 있다. 철도, 전보, 병원, 변호사, 의사 그리고 이와 유사한 것들은 모두 사라져야 한다. 이른바 상층 계급들은 소박한 농민의 삶을 참된 행복을 주는 삶으로 여겨 양심적으로, 종교적으로 그리고 의도적으로 그런 삶을 살아가는 것을 배워야만 한다. 인도인들은 기계로 만든 옷은, 유럽 공장의 제품이든 인도 공장의 제품이든 입어서는 안 된다."

"옛날의 현자들은 민중의 물질적 상태를 제한하는 방식으로 사회를 규제하려고 했는데, 거기에 참된 지혜가 있었다. 오늘날의 농민은 5천 년쯤 전에 사용된 투박한 쟁기를 그대로 사용할 것이다. 바로 거기에 구원이 있다. 민중은 그런 상태에서 상대적으로 평화롭게 장수하는데, 그 평화는 유럽인들이 현대적 활동을 벌인 다음 향유하는 것보다 훨씬 더 큰 것이다. 그리고 분명 모든 영국인, 모든 계몽된 사람들이 선택하기만 한다면 이 진리를 배우고 그에 따라서 행할 것이라고 나는 생각한다."

이처럼 간디의 현대문명에 대한 거부는 전면적이고 근본적인 것이었다. 하지만 설사 이 같은 그의 분석이 옳다고 하더라도 철도, 변호사, 의사를 모두 없애고, 물레로 실을 짜 옷을 해 입고 쟁기로 농사를 짓고……. 이만하면 그의 주장을 극단적, 비현실적이라고 하지 않을 수 없을 것이다.

네루는 그의 자서전에서 이 같은 간디의 주장에 대해 다음과 같이 말했다.

"이 모든 것이 내 눈에는 전적으로 잘못되고 해로운 교리이며 도저히 실행할 수 없는 것으로 보인다. 그 뒤에는 간디의 빈곤과 고뇌와 금욕적인 생활에 대한 사랑과 찬미가 내포되어 있다. 그에게 있어 진보나 문명이란 인간의 욕망을 배가시킨다든가 그 생활수준을 향상시키는 것이 아니라 '욕망을 자발적으로 억제하는 것이며, 이를 통해 참된 행복과 만족을 증진하고 봉사의 능력을 증가시키는 것'이었다. 이 같은 전제를 일단 받아들이게 되면 간디의 다른 사상을 따라가기가 한결 쉬워지며, 그의 활동에 대해서도 더 한층 잘 이해할 수 있을 것이다. 그러나 우리 대부분은 이런 전제를 받아들이지 못하며, 나중에 이르러서야 그의 활동이 우리의 취향에는 맞지 않는다는 것을 알게 되면서 불평을 털어놓게 된다."

"나로서는 '소박한 농촌생활'을 이상화시키는 일도 전혀 감탄스럽지 않다. 감탄스럽기는커녕 나는 그런 생활을 혐오하는 편이다. 그래서 나 자신을 마을생활에 바치는 것은 고사하고 지금 현재의 농민들마저도 그 생활에서 끌어내고 싶은 심정이다. 도시화하기 위해서가 아니라 도시의 문화시설을 농촌에까지 확신시키기 위해서 말이다. 소박한 농촌생활이라는 것은 나에게 참된 행복을 주기는커녕 거의 감옥생활과 비슷한 정도의 고통을 느끼게 할 것이다. '쟁기를 든 농부'에게서 도대체 무엇을 이상화시킨단 말인가? 셀 수 없을 정도로 오랜 세대에 걸쳐 억압당하고 착취당해온 농민들은 그들과 짝을 이루어 일하는 동물들과 별반 다를 것이 없는 상황인데 말이다."

네루는 간디의 물레잣기 운동에 대해서도 비판적이었다.

"간디가 특별히 소중히 여기는 카디운동[92], 즉 손으로 물레질을 하고 실을 짜는 운동은 생산에 있어서 개인주의의 강화이며, 산업화 이전 시대로의 역행이다. 오늘날 중대한 문제의 해결책으로서는 이것을 진지하게 취급할 수 없으며, 그것은 올바른 방향을 향해 성장해 나가는 데 장애가 될 것으로 생각되는 정신상태를 낳을 뿐이다. 그렇지만 나는 일시적인 수단으로서는 이것이 유용한 목적을 수행했다는 것을 확신하며, 나라 전체가 농촌과 공업

---

92) 카디(Khadi)는 직물이라는 뜻이다. 카디운동은 영국에서 만든 옷을 사서 입지 말고 인도에서 생산된 직물로 각자가 집에서 스스로 옷을 만들어 입자는 운동이다.

문제에 대한 전국적인 규모의 올바른 해결책을 시행하지 않는 한 앞으로도 한동안은 여전히 도움이 될 것이라 보고 있다."

네루는 인도가 강력한 현대문명국가가 되기를 원했고 그러기 위해서는 반드시 도시화, 산업화, 전문화, 중앙집중화가 이루어져야 했다. 간디가 주도한 물레운동, 소금행진 등은 영국에 맞서는 저항운동으로서의 가치만을 가질 뿐이며, 간디의 말처럼 인도가 실제로 마을 단위의 자급자족 국가가 되는 것은 시대에 뒤떨어지는, 상상할 수도 없는 일이라고 생각했다.

"인간의 마음을 벗어나 이성적 마음이 아무런 소용도 없는 원시적인 상태로 도망쳐 버리고 싶다는 이런 소망을 나로서는 도저히 이해할 수 없다. 그것은 인간의 영광과 승리를 폄하하고 기세를 꺾는 것이며, 인간의 정신을 억압하고 그 성장을 방해하는 물리적인 환경을 바람직한 것으로 여기는 짓이다. 오늘날의 문명은 확실히 악으로 가득 차 있지만 선으로도 가득 차 있으며, 그 내부에 이런 악으로부터 벗어날 수 있는 능력을 갖추고 있다. 이것을 파괴해버리는 것은 그러한 능력까지도 제거해 버리는 것이며, 활기 없고 음울하며 비참한 상태로 역행시키는 일이다. 게다가 비록 바람직하다고 할지라도 그것은 불가능한 일이다. 우리는 변화의 강을 멈추게 할 수도 없고, 그런 변화로부터 단절될 수도 없기 때문이다. 심리적으로 에덴동산의 사과를 먹어버린 우리는 그 맛을 잊을 수 없으며 다시 원시생활로도 되돌아갈 수 없는 것이다."

"내 입장에서 얘기한다면, 간디는 이 문제에 관한 한 완전히 틀렸다고 생각한다. 그의 권고가 어떤 경우에는 통용될 수 있을 것이다. 그러나 일반적인 정책으로서는 욕구불만, 억압증, 신경과민, 그 밖의 온갖 육체 및 정신질환을 낳을 뿐이다."

네루는 간디가 말하는 자급자족하는 마을국가가 자연스런 인간 본성에도 맞지 않는다고 생각했다. 그것은 수도사와 같이 금욕생활을 지향하는 소수의 개인에게는 맞을지 모르지만, 자신의 욕구를 좀 더 나은 수준으로 만족시키려는 대다수 사람에게는 오히려 정신질환과 같은 심각한 부작용을 낳을 뿐이며, 더욱이 자신의 욕구를 만족시키기 위해 끊임없이 노력하고 발전하는 인간의 이성적이고 합리적인 측면을 파괴하는 결과를 가져올 것이라고 생각했다.

그러면서 네루는 그와 간디의 근본적인 차이를 드러내는 질문을 스스로에게 던졌다.

"개인에게 무제한의 힘과 부를 부여하며 그 개인이 그것들을 전적으로 공익을 위해 사용할 것을 기대하는 것이 합리적일 수 있는가? 우리 중에서 가장 훌륭하다고 하는 이들이라 할지라도 그렇게 신뢰할 수 있을 정도로 완전할 수 있을 것인가? …… 존재하는 것은 자기 자신의 개인적 이익만을 생각하거나, 자기 생각의 진보가 공공의 선과 동일하다고 생각하는 연약한 인간뿐이다."

결국 네루는 인간을 근본적으로 이기적이고 연약한 존재라고 믿었고 이같은 약점을 강력한 사회 시스템의 힘으로 보완하고 통제하면서 선한 사회로 나아가고자 했다.

반면 간디는 선한 인간 본성의 힘을 믿었고 그 힘이 키워질 수 있고 또 발휘될 수 있는 단순한 사회 시스템을 구상했다. 간디가 기존 사회제도의 엄청난 폐해에도 불구하고 이들 제도의 폐지에 반대했던 이유도 바로 이 때문이었다. 그는 문제해결의 핵심을 제도가 아니라 개인의 변화에서 찾았다. 간디는 탈루크다르, 자민다르 제도 등 기존 지주-소작인 제도에 관해 다음과 같이 말한 바 있다.

"정당한 이유 없이 소유계급으로부터 사유재산을 빼앗으려는 생각에 찬성할 수 없습니다. 나의 목적은 여러분들(지주)의 마음을 감화시키고 개심하게 만들어, 소작인의 신탁을 받아 여러분이 가지고 있는 모든 사유재산을 여러분이 보유하면서 이것을 무엇보다도 소작인의 복지를 위해 사용할 수 있도록 만드는 것입니다. …… 서구의 사회주의나 공산주의는 모두 우리의 생각과는 근본적으로 다른 몇몇 개념에 입각하고 있습니다. 그러한 개념 중의 하나가 인간 본성은 본질적으로 이기적이라는 믿음입니다."

그는 또 다른 자리에서 지주들에게 이렇게 말했다.

"신이 당신에게 재산을 맡겼습니다. 현재 부를 소유한 사람들은 가난한 사람들을 대신하여 부를 맡아 두고 있는 신탁자처럼 행동하길 바랍니다. 이 새로운 재산 개념(신탁)은 현재의 사회 속에서 법적 허구처럼 느껴질 수도 있습니다. 그러나 사람들이 지속적으로 이를 숙고하면서 실현하려 애쓴다면 지구 위의 삶은 현재보다 훨씬 더 사랑으로 가득찰 것입니다. 완벽한 신탁 관리는 유클리드의 정의만큼이나 추상적이며 달성하기 어렵습니다. 하지만 우리가 그것을 계속해서 추구한다면 그것은 다른 어떤 방법보다도 이 지구상에 평등한 세상을 이루는 데 큰 발걸음을 내딛을 것입니다."

이 같은 간디의 생각은 기존 제도를 옹호한다는 측면에서 보수적이라고 여겨질 수 있으나 그 제도라는 뼈대를 구성하는 살, 즉 개인을 내면에서부터 완전히 다른 사람으로 변화시키고자 했다는 측면에서 가히 급진적, 혁명적이라고 하지 않을 수 없다.

과연 누구의 생각이 옳을까? 시스템의 힘으로 개인의 욕구를 통제하고 선한 사회로 나아가기를 꿈꾸었던 네루일까? 각 개인이 스스로의 힘으로 욕구를 통제하고 자발적으로 가난하게 살며 서로에게 봉사하는 사회를 꿈꾸었던 간디일까?

한 학생이 간디에게 다음과 같이 질문했다.

"간디 선생님, 당신은 모든 기계에 대해 반대하십니까?"

간디가 대답했다.

"육신 또한 가장 섬세한 기계의 하나라는 것을 아는데, 내가 어떻게 반대하겠습니까? 물레 자체도 기계이고 작은 이쑤시개 역시 기계입니다. 내가 반대하는 것은 기계에 대한 광기이지, 기계 자체는 아닙니다. 그 광기란 그들이 노동 절약의 기계라고 부르는 것에 대한 광기입니다. 수천의 사람들이 할 일 없이 한길에 내던져져 굶어 죽도록 만들 때까지 사람들은 '노동을 절약'합니다. …… 오늘날 기계는 소수의 사람이 수백만 사람들의 등허리에 올라타도록 도와줄 뿐입니다. 기계의 배후에 있는 충동은 노동 절약이라는 박애주의가 아니라 탐욕입니다."

그가 또 물었다.

"그렇다면 간디 선생님, 당신이 반대하고 있는 것은 기계 자체가 아니라, 오늘날 너무나도 분명한 기계의 오용입니다."

간디가 말했다.

"나는 주저 없이 '그렇다'라고 대답하겠습니다. 하지만 과학적인 진리와 발견이 무엇보다도 탐욕의 단순한 수단이기를 멈춰야 한다는 점을 덧붙이고 싶습니다. 그것들이 더 이상 탐욕의 수단이 아니게 될 때, 노동자들은 과도하게 일하지 않고, 기계는 방해물이 되는 대신 도움이 될 것입니다. 나는 모든 기계의 폐지가 아니라 제한을 목표하고 있습니다."

"하지만 이상적으로 말하자면, 나는 모든 기계를 배제하고 싶습니다. 이는 마치 내가 구원에 도움이 되지 않는 육신을 거부하고 혼의 절대 자유를 추구하는 것과 같습니다. 그런 관점에서 나는 모든 기계를 거부할 것입니다. 하지만 기계들은 육신과 마찬가지로 계속 남아있을 것입니다. 그것들은 불가피하기 때문입니다. 당신에게 말한 대로 육신 자체가 가장 순수한 기계

장치입니다. 하지만 만일 그 기계 장치가 혼의 최고 비상에 장애가 된다면 그것은 반드시 거부되어야 합니다."

과연 간디가 육신을 거부했다고 해야 할까? 모든 기계를 거부했다고 해야 할까? 현대문명에 반대했다고 해야 할까? 간디는 그렇게 말했지만, 그는 그것들의 불가피성을 알고 있었다. 그렇다면 우리는 그의 말의 실현가능성을 따지기보다 어떤 이상이나 비전으로 받아들여야 한다. 그가 육신, 기계, 현대문명에 찬성했는가, 반대했는가에 초점을 둔다면, 그것은 그가 가리키는 달은 보지 않고 그의 손가락만 보는 셈이 될 것이다. 그는 그것들을 모두 정신적, 영적인 삶으로 나아가기 위한 수단 혹은 과정이라고 보았다. 그는 우리 각자가 자기 삶의 중심을 정신적, 영적 차원으로 옮겨갈 때, 모두가 절대적으로 자유롭고 행복한 사회가 될 것이라고 믿었다.

오늘날, 과학기술의 발전, 기계 산업의 발달로 인류역사상 유례없는 물질적 풍요가 주어졌음에도 불구하고, 한쪽에서는 먹을 것이 남아 버리고 또 너무 많이 먹어 병에 걸리고, 다른 쪽에서는 먹을 것이 없어 죽어가고 있다. 또한 경제가 성장하면 할수록 우리의 생존을 위협하는 환경파괴는 더 심각해져 가고 있으며, 우리의 의식을 지배하는 문화는 점점 더 물질적 이익, 경제적 부를 삶의 최고 목표로 삼고 정신적, 도덕적 가치들을 부차적인 것으로 돌리는 경향이 짙어지고 있다.

영국의 경제학자 E. F. 슈마허[93]는 그의 저서 『작은 것이 아름답다』에서 다음과 같이 말했다.

---

93) E. F. 슈마허(Ernest Friedrich Schumacher, 1911년 8월 16일-1977년 9월 4일)는 영국의 경제학자다. 인도 등 개발도상국을 위한 중간 기술 개념을 창안하고 단체를 설립해 활동했다. 주요저서로는 『작은 것이 아름답다』, 『혼돈으로부터의 도피』, 『좋은 작업』, 『경제성장의 근원』 등이 있다.

"만일 탐욕과 시기심 같은 인간의 악덕이 체계적으로 길러진다면, 그것의 필연적인 결과는 지성의 붕괴이다. 탐욕이나 시기심에 따라 움직이는 인간은 사물을 있는 그대로 보는 능력, 즉 그것을 전체적으로 보는 능력을 상실하며, 그래서 그의 성공은 곧 실패가 된다. 사회 전체가 이런 악덕에 오염된다면, 놀랄 만한 일은 해낼 수 있어도, 일상생활의 가장 기본적인 문제는 점점 더 해결할 수 없게 된다."

그는 또 말했다.

"우리는 주로 물질적인 목적을 추구하고 정신적인 목적을 가벼이 여기는 생활이 얼마나 천박하고 근본적으로 만족스럽지 않은 것인지를 알 수 있다. 이러한 생활은 필연적으로 인간과 인간, 국가와 국가를 서로 대립하도록 만든다. 인간의 욕구는 무한한데, 이 무한성은 정신 영역에서만 달성될 수 있지, 물질 영역에서는 결코 충족될 수 없기 때문이다."

이 같은 조건에서 볼 때, 현재 우리가 직면한 문제의 핵심은 강력한 산업국가 대 소박한 마을공동체, 시스템의 힘 대 개인의 힘, 또는 이기적 본성 대 선한 본성에 관한 논의가 아니다. 그것은 '우리가 어떻게 하면 물질적인 차원에서 정신적, 도덕적 차원으로 변화할 것인가'이다.

이것은 우리 내면에서 우러나오는, 보다 더 근본적인 다음과 같은 질문들에 닿아있다. '우리는 과연 누구인가? 우리가 진정으로 원하는 것은 무엇이며, 우리 삶의 목적은 무엇인가?' 이 질문들에 대한 답은 온전히 우리 각자에게 달려 있으며 그것은 곧 우리의 삶에 영향을 미칠 것이다. 어쩌면 그 답을 스스로 끈질기고 진지하게 추구하는 노력 자체가 자신을 정신적, 도덕적 차원으로 이끄는 길이 될 수 있다.

간디는 말했다.

"완벽한 무소유의 이상을 실현하기 위해서 사람은 새들과 마찬가지로 머리 위에 지붕을 두지 않고, 여벌의 의복을 준비하지 않으며, 또 미래를 위해 양식을 비축하지 말아야 한다. 사람들에게 일용할 양식을 제공하는 것은 신의 소관에 속하기 때문이다. 물론 이러한 이상적인 삶을 살아가는 사람은 극소수에 지나지 않는다. 그렇지만 우리는 이 불가능하게 보이는 시도에 주눅 들지 말아야 한다. 그 대신 이 이상을 끊임없이 마음속에 새김으로써 우리가 소유한 것을 줄이려 노력해야 할 것이다."

그는 문명을 새롭게 정의했다.

"문명의 진정한 의미는 의식적이고 자발적으로 욕구를 축소하는 것이지, 그것을 확대, 재생산하는 것이 아니다. 욕구의 축소만이 오로지 진정한 행복과 만족을 촉진할 수 있기 때문이다."

세상을 변화시키는 힘은 무엇인가

# 식품의 안전성을 어떻게 확보할 것인가

## rBGH를 승인하지 않은 과학자들

**rBGH(Recombinant Bovine Growth Hormone)**
rBGH는 유전자재조합 소 성장호르몬을 말한다. 어미 젖소가 새끼를 낳으면 젖소의 뇌하수
체에서는 새끼를 먹일 우유를 분비시키는 호르몬이 나오는데 이 호르몬은 무한정 만들어지
지 않는다. 그러나 유전자조작기술을 통해 인공적으로 만든 rBGH는 대량생산이 가능하다.
위 인물은 안전성이 의심되는 약품을 승인하지 않음으로써 커다란 참사를 막은, 미국 식품
의약국FDA 심사관, 프랜시스 올덤 켈시 박사이다.

**양심없는 과학은 파괴된 영혼과 같다.**

— 프랑수아 라블레[94], 프랑스 의사, 작가


1960년 미국식품의약국FDA[95]에서 근무하는 프랜시스 켈시[96] 박사의 책상에는 '탈리도마이드'라는 물질이 들어있는 약의 승인신청서가 놓여 있었다. 이 약은 임산부들의 입덧 완화와 수면진정에 효과를 보이며 유럽과 캐나다에서는 이미 몇 년 전부터 판매가 허가된 제품이었다. 하지만 켈시 박사는 제출된 서류에서 문제점을 발견했다. 약의 독성을 충분한 기간 동안 측정하지 않았고 자료도 불충분했다. 켈시 박사는 승인을 거절하고 데이터를 보완해 다시 제출할 것을 요구했다. 그 뒤 제약회사가 다시 제출한 서류가 또다시 불충분하다고 판단되자 그는 서류를 또 돌려보냈다. 제약회사 관계자는 켈시 박사의 상관을 찾아가 그가 "불합리하고 사소한 것을 문제삼는다"고 불만을 터뜨렸다.

그러던 와중에 전 세계를 충격에 빠뜨리는 소식이 전해졌다. 탈리도마이드를 복용한 임산부들이 기형아를 출산한 것이다. 아기들은 팔다리가 없거나 매우 짧았으며, 자폐증, 간질 등 다른 심각한 증상을 동반했다. 뒤늦게 약은 모두 회수됐지만 이미 전 세계 46개국에서 만여 명의 기형아들이 태어난 뒤

---

94) 프랑수아 라블레(François Rabelais, 1483년 또는 1494년-1553년 4월 9일)는 프랑스에서 태어난 16세기 르네상스 시대 의사이자 작가다. 영국의 셰익스피어, 스페인의 세르반테스와 비견되며, 주로 풍자나 익살 등 자유스러운 스타일의 작품을 선보였다.

95) 미국 식품의약국(FDA, Food and Drug Administration)은 미국 보건복지부 산하 행정기관이다. 미국 내에서 생산, 유통, 판매되는 식품, 의약품, 화장품 등에 관한 안전성 검사와 이에 관한 표준과 규제를 마련하는 업무를 담당하고 있다.

96) 프랜시스 올덤 켈시(Frances Kathleen Oldham Kelsey, 1914년 7월 24일-2015년 8월 7일)는 미국 약리학자다. 미국 식품의약국 심사관으로서 수면제의 탈리도마이드Thalidomide 성분의 미국 내 시판을 승인하지 않았다. 탈리도마이드는 1950년대 후반에서 1960년대까지 임산부들의 입덧방지용으로 유럽 전역에서 판매되었으며, 개발과정에서 실시한 동물실험에서는 부작용이 발견되지 않았기에 '부작용이 없는 기적의 약'으로 선전되었다. 그 뒤 약을 복용한 임산부들이 팔다리가 없거나 있어도 매우 짧은 기형아를 출산하면서 판매가 전면 중지되었다.

였다. 다행히 미국은 켈시 박사로 인해 약의 판매가 허가되지 않은 상태여서 이 같은 참사를 막을 수 있었다.

그로부터 25년이 흐른 뒤 1985년 FDA 리처드 버로우-Richard Burroughs 박사는 'rBGH'라는 물질이 든 제품의 승인신청서를 심사했다. rBGH는 소 성장호르몬의 일종으로 유전자조작기술을 이용해 인공적으로 만든 젖소산유 촉진제다. 제조회사는 rBGH를 한 달에 두 번 젖소에게 주사하면 우유 생산을 10-25퍼센트 늘릴 수 있다고 선전했다.

버로우 박사는 제출서류를 검토하고 중요한 내용이 빠진 것을 발견했다. "젖소에게 자연적인 산유능력을 초과하는 젖의 분비가 생리적으로 어떤 영향을 미칠지, rBGH를 투여받고도 생존할 수 있도록 하려면 소에게 어떤 사료를 먹여야 할지, rBGH가 어떤 질병을 유발할 수 있을지" 등에 대한 내용이 없었다. 또 젖을 많이 분비하는 젖소에게서 흔히 나타나는 유선염에 대해서도 별다른 언급이 없었다.

유선염은 중대한 문제를 야기할 수 있다. 젖소가 유선염에 걸리면 몸속에서 백혈구 수가 증가하게 되고 그러면 우유에 젖소의 고름이 들어가게 된다. 또한 유선염을 치료하기 위해 항생제를 투여하는데 이로 인해 우유에 항생제 성분이 남을 수 있다. 버로우 박사는 제조회사에 데이터를 보완해 다시 제출할 것을 요구했다. 제조회사는 서류를 다시 제출했지만 이번에도 미흡한 점이 많았다. 버로우 박사는 상관에게 보고했고, 얼마 뒤 해고되었다. 해고 사유는 직무수행능력 부족이었다.

버로우 박사가 곤경에 빠져있던 때, 미국 일리노이 대학의 독성화학물질 전문가인 사무엘 엡스타인Samuel Epstein 교수는 한 농부로부터 전화를 받았다.

"rBGH 때문에 내 소들이 병에 걸렸어요. 우리 농장에서 생산되는 우유를 마신 사람들까지 병에 걸릴까 봐 걱정입니다."

엡스타인 교수는 그때까지만 해도 rBGH에 대해 들어본 적이 없었다. 그러자 농부가 말했다.

"뭐라고요? rBGH에 대해 들어본 적이 없다고요? 관심을 가져야 할 것 아닙니까? 그게 바로 당신이 할 일이에요!"

엡스타인 교수는 관련 저널을 샅샅이 뒤져 논문들을 발견했다. 논문들은 모두 rBGH가 별문제가 없다고 결론내리고 있었다. 하지만 그 같은 결론을 뒷받침하는 과학적 근거가 빈약했고, 더군다나 그 논문들은 제조회사의 의뢰를 받아 연구된 것들이었다. 얼마간의 조사를 마친 엡스타인 교수는 〈LA 타임스〉에 rBGH의 위험성을 제기하면서 다음과 같이 권고했다.

"안전에 관한 모든 의문점이 해결되기 전까지 FDA는 당국에 rBGH의 생산과 판매를 전면금지할 것을 요청해야 한다."

그러자 FDA는 즉시 반박기사를 내고 엡스타인 교수의 주장이 과장되었고 쓸데없는 두려움을 불러일으키고 있다고 했다.

이렇듯 rBGH에 관한 주장이 첨예하게 대립하고 있던 어느 날 엡스타인 교수는 서류가 잔뜩 담긴 상자 하나를 받았다. 그것은 신원을 밝히지 않은 누군가로부터 온 것이었는데 그 안에는 rBGH 제조회사인 몬산토Monsanto가 rBGH를 자체 실험한 내부기밀자료가 들어있었다. 누군가가 몬산토로부터 입수한 자료를 그에게 보낸 것이었다. 자료는 rBGH의 심각한 부작용을 보여주고 있었다. rBGH를 맞은 젖소들은 간, 심장, 신장, 난소 등 장기가 눈에 띄게 비대해졌고 생식능력에도 문제를 보였다. 제조회사인 몬산토는 이러한 부작용을 알고 있음에도 불구하고 제품판매를 승인해달라고 신청한 것이었다.

1990년 1월, 엡스타인 교수는 rBGH의 심각한 부작용에 관한 내용을 공개하고 분석결과가 담긴 논문을 전문저널에 발표했다. 그러나 사태는 이것으로 끝나지 않았다. 그와 반대되는 분석결과와 주장이 담긴 논문이 발표된 것이다. 1990년 8월, 〈사이언스〉지에 발표된 논문에는 "FDA 과학자들이 과학적 문헌과 제조회사가 실시한 연구를 검토한 결과 젖소에 rBGH를 사용하는 것이 소비자의 건강상 어떤 위험도 증가시키지 않는다"는 내용이 명시되어 있었다.

1993년 11월 FDA는 대담한 결정을 공표했다. rBGH 제품의 시판을 승인한 것이다. 부작용에 관해서는 사용설명서에 이 제품을 사용할 경우 소의 생식능력저하, 난소낭종, 유선염 등 22가지 부작용이 발생할 수 있다고 적어놓았을 뿐이다. 더 나아가 FDA는 rBGH를 투여한 젖소와 투여하지 않은 젖소의 우유에 질적 차이가 없다며 모든 유제품에 rBGH 사용유무에 관해 표시하지 말 것을 권고했다.[97] 결국 소비자가 자신이 사서 마시는 우유가 rBGH를 맞은 젖소에게서 나온 것인지 아닌지를 알 수 없도록 한 것이다. 이러한 FDA의 권고는 비록 법적 구속력은 없지만 rBGH 제조회사가 자사 이익을 보호하는 데 중요한 역할을 했다. 즉 rBGH 제조회사가 '무rBGH' 제품표시를 한 다른 회사를 고소할 수 있는 근거가 되었다. 또한 몬산토는 rBGH를 구매하는 축산업자들에게 사용 시 문제가 발생하더라도 외부에 공개하지 않겠다는 내용이 담긴 계약서에 서명하게 했고 이를 어길 경우 고소했다.

엡스타인 교수는 말했다.

"식품안전을 책임져야 할 정부기관이 오히려 원하는 우유를 마실 수 있는 소비자들의 선택권을 앗아갔습니다. 그리고 몬산토는 rBGH를 투여한 젖소

---

97) 또한 FDA는 이러한 자신의 권고에도 불구하고 자사의 유제품에 '무rBGH' 표시를 할 경우 다음의 설명을 추가 명시하도록 했다. "FDA는 rBGH를 투여한 소의 우유와 투여하지 않은 소의 우유 사이에 명확한 차이를 발견하지 못했다." 그러나 이러한 조치에 반대하여 2009년 국제낙농식품협회와 유기농무역협회가 소송을 제기하였고, 결국 2010년 미국 연방법원의 판결을 통해 '무rBGH'만을 표시할 권리가 인정되었다.

의 우유 판매를 거부하는 유제품 판매업자들을 고소할 수 있는 근거를 갖게 되었습니다. 다들 제정신이 아니에요. 그렇게 생각하지 않으십니까?"

안전한 식품을 먹을 수 있는 소비자의 권리, 안전한 식품을 공급해야 하는 제조회사의 책임, 식품의 안전성을 확보할 수 있도록 기준을 정하고 규제해야 하는 규제기관의 의무는 모두 어디로 간 것일까?

미국 소비자정책연구소의 마이클 한센Michael Hansen 박사는 rBGH의 문제점을 지적하며 다음과 같이 말했다.

"FDA가 승인한 제품 중에 rBGH만큼 논란의 대상이 된 것도 없을 것입니다."

반면 제조회사인 몬산토는 같은 상황을 다르게 보았다. 몬산토는 다음과 같이 자사제품을 홍보했다.

"rBGH는 FDA 역사상 가장 많은 연구가 이루어진 제품입니다."

많은 연구들이 있다는 사실이 rBGH의 문제점이 아니라 오히려 안전성을 입증한다는 논리인 것이다.

캐나다에서도 rBGH의 승인신청서가 제출되었다. 캐나다 보건부는 통상적으로 미국 FDA의 결정을 따랐지만 이번에는 달랐다. 심사를 담당한 과학자들이 문제점을 발견하고 rBGH 승인을 거부한 것이다. 그러자 상부에서 압력을 행사했고, 급기야 이 사실이 외부에 알려지면서 상원위원회가 조사에 나섰다. 결국 대대적인 청문회가 1998년과 1999년에 걸쳐 진행되었다. 청문회에서는 캐나다 보건부 소속 관료와 과학자, 외부 전문가, 몬산토 관계자 등이 나와서 증언했다.

먼저 캐나다 보건부에서 rBGH의 심사를 담당했던 시브 초프라Shiv Chopra 박사가 증언대에 올랐다.

"제 동료들은 그것이 천연호르몬과 똑같으니 우리는 아무런 질문도 할 필요 없고 상부에서도 그냥 통과시키라고 했다고 했습니다. 저는 말했습니다. '그냥 승인할 수는 없습니다. 질문해야 합니다. 그것은 유전자가 조작된 물질입니다.' 그러자 그들은 그것이 젖소의 천연호르몬과 똑같다고 했습니다. 저는 말했죠. '그게 문제가 아닙니다. 설사 천연호르몬이라도 해도 그것을 젖소에게 주사하면 젖소에 해가 될 수 있고 결국 우유에 나올 수 있습니다. 뭔가 안 좋은 일이 일어날 수 있고 사람들이 그 우유를 마시게 된단 말입니다.' …… 인슐린이 필요하지 않은 사람에게 맘대로 인슐린을 주사할 수 있습니까? 아니죠. 필요한 양 이상으로 주사하면 사람이 죽을 수도 있습니다."

청문회에는 외부 전문가들도 참석했다. 캐나다 보건부는 이들에게 rBGH의 사용허가 결정에 앞서 고려해야 할 사항에 대한 전문가적 의견을 제시하도록 요청했다. 하지만 이들의 의견은 시브 초프라 박사와는 달랐다. 외부 전문가로 의뢰받은 마이클 폴락Michael Pollak 박사가 말했다.

"비록 이론적인 위험성이 존재하지만, (실제로) 위험하다는 증거는 없습니다. 이미 말했듯이 위험하다는 증거가 없다는 것이 안전하다는 뜻은 아닙니다. 그러면 문제는 이겁니다. '우리는 어떻게 해야 하는가.' 이것은 과학의 범위를 벗어납니다. 매우 흥미로운 정책적 문제입니다."

그는 계속해서 말했다.

"갓난아기가 먹는 식품에 대해 장기적인 안전성 검사 데이터가 우리에게 있나요? 살충제를 뿌린 밭에서 자란 당근에 대해 장기적인 안전성 정보가 우리에게 있나요? 이런 것들을 규제하기란 쉽지 않습니다. 의원님은 장기적인 안전성 검사를 거치지 않은 제품은 전부 금지한다는 선례를 만들고자 합니까? 어떤 사람이 초콜릿바의 알루미늄 포장지를 새로 개발하려 할 수 있습니다. 그러나 사람이 알루미늄 잔류물에 30년 동안 노출되면 위험할지 모릅니다."

그러자 상원위원회 미라 스피박Mira Spivak 상원의원이 말했다.

"방금 당신은 가장 중요한 문제를 건드렸고 저는 당신의 의견에 강하게 반대합니다. 당신은 우리 곁에 이미 수많은 위험한 물질들이 존재하고 있으므로 높은 기준을 제품에 적용해서는 안 된다고 주장합니다. …… 이것은 많은 문제를 불러일으키는데 그것들은 사회적, 경제적인 문제가 아니라 과학적인 문제입니다. 우리는 반드시 과학적인 증거에 기반해서 결정을 내려야합니다."

그는 계속해서 말했다.

"당신은 (위험하다는) 증거가 없기 때문에 추가적인 검사가 필요없다고 했습니다. 나는 일반인으로서 판단할 수 있도록 당신이 어떤 과학적 방법에 의해 그 같은 결론에 도달했는지 알기를 원합니다. 이 모든 걸 지켜보면서 저는 이제 '전쟁은 너무나 중요하기 때문에 장군들에게만 맡길 수 없다'는 말의 의미를 알게 되었습니다. 이와 비슷하게 과학은 과학자들에게만 맡기기에는 너무나 중요합니다. 왜냐하면 우리는 실험용 동물이 되기를 원치 않기 때문입니다. 당신은 이 청문회가 끝날 때까지 논쟁을 계속할 수 있습니다만, 우리는 확실한 것을 알 때까지 rBGH를 받아들이지 않을 겁니다."

사태의 본질은 무엇인가? rBGH 사용을 승인해야 하는가, 하지 말아야 하는가? 어떤 근거로 그런 결정을 내릴 것인가?

rBGH가 위험하지 않다는 측의 주장의 논리는 다음과 같다.

'어떤 물질이 100% 확실히 안전하다고 과학적으로 증명하는 것은 불가능하다. 그렇다면 어느 정도 적당한 안전기준을 잡아 그 기준에 맞는 제품은 승인해야 한다.'

이러한 논리는 언뜻 타당하게 들린다. 하지만 문제는 이런 논리가 어떻게 사용되는가이다. 과거에 밝혀진 사실들에 의하면 이런 논리는 대부분 국민의 건강이 아닌 제조회사의 이익을 보호하기 위해 사용되었다. 석면, 납, 크롬, 벤젠 등과 같은 위험물질로 많은 피해자를 낳은 사건들을 살펴보면서 우리가 해야 할 질문은 '과학이 왜 더 일찍 그 물질의 위험성을 확실하게 밝혀내지 못했을까?'가 아니라 '(확실하다고 할 수 없더라도) 그 물질의 위험성에 대한 과학적 증거가 있었음에도 불구하고 왜 그토록 오랜 시간이 지나 피해자들이 생기고 난 뒤에야 제대로 된 규제를 할 수 있었을까?'이다.

1972년 미국 담배협회의 부사장, 프레드 팬저Fred Panzer가 작성한 메모 하나가 언론에 공개되었다. 그 메모에는 담배업계가 오랫동안 살아남을 수 있었던 전략이 담겨있었다.

"담배업계는 지난 20년 동안 소송, 정치, 여론이라는 세 가지 분야에서 자신을 방어하기 위해 오직 한 가지 전략을 채택해왔다. 전략이 매번 훌륭하게 계획되고 실행되기는 했지만, 우리는 그 때문에 승리했다고 생각하지도, 기대하지도 않았다. 오히려 업계의 전략은 항상 같은 것이었는데, 그것은 바로 담배가 건강을 해친다는 비난을 부정하지 않으면서 그에 대한 의심을 만들어내는 것, 대중에게 담배를 피우라고 부추기지 않으면서 그들의 흡연권을 옹호하는 것, 건강 위험성에 대한 의문을 완전히 해소하기 위한 객관적이고 과학적인 연구를 장려한 것이었다."

담배업계 전략의 핵심은 의심을 부추기는 것이었다. 객관적이고 과학적인 연구를 장려하는 것도 얼핏 바람직한 것으로 보이지만, 그것도 건강 위험성에 대한 모든 의문을 100% 완전히 해소하기를 부추긴다면, 연구는 끝도 없이 계속될 것이고, 그러는 동안 업계는 설사 매출이 줄어든다 할지라도, 계속해서 사업을 유지하고 돈을 벌어들일 수 있게 된다.

청문회가 한참 진행되고 논쟁이 뜨거워졌을 때, 마이클 폴락 박사가 이렇게 말했다.

"제가 보기에 우리의 의견 차이는 크지 않습니다. 제 개인적 의견으로 이 제품은 허가되어서는 안 됩니다. 왜냐하면 실제적 효용성이 적기 때문입니다. (그러나) 과학자로서 저에게 이 물질이 독약인지, 아니면 당뇨병이나 암을 일으킬 거 같으냐고 묻는다면, 죄송하지만 그건 아닙니다. 저는 관련 논문들을 찾아봤고 이론도 알고 있습니다만, 이 물질이 디에틸스틸베스트롤[98] 같은 위험한 물질이라는 결론을 내릴 수는 없었습니다."

미라 스피박 상원의원이 말했다.

"예방적 원칙을 적용하는 것이 건전한 과학sound science이 아닌가요? (잠재적) 위험성을 평가하는 것이 건전한 과학이 아닌가요? 저는 과학자로서의 당신에게 묻는 것입니다."

"예, 물론 그렇습니다."

"제가 문제를 제대로 짚고 있는지 한 번 봅시다. 저는 이것이 문제의 핵심이라고 믿습니다. 사소한 것이 아닙니다. 과학자로서 당신은 왜 정부에게 이렇게 말하지 않았습니까? '당신들이 나에게 검토해달라고 한 사항들은 적절하지 않습니다. 이 물질의 사용허가를 결정하기 위해 고려해야 할 것은 그 물질의 위험성을 감수해서 얻는 혜택이 무엇인지, 그 물질의 위험성을 증명하는 것이 가능한지가 아니라 그 물질에 대한 위험성을 평가하는 것입니다' 라고요."

캐나다 보건부는 어떤 물질에 대한 사용허가를 결정하기 위해 내부 심사와 함께 외부 전문가의 의견을 듣는 절차를 거쳤다. 폴락 박사는 보건부가

---

98) 디에틸스틸베스트롤(DES, Diethylstilbestrol)은 최초로 합성된 여성호르몬이다. 체내에 주입되었을 때 천연 여성호르몬인 에스트로겐과 동일한 효과를 보인다. 과거에는 여성들을 대상으로 널리 사용되었으나, 나중에 그 위험성이 드러나 사용이 금지됐다.

자신에게 요청한 일을 했고 rBGH의 위험성을 증명하는 과학적 증거가 없다는 전문가 소견을 제출했다. 지금 스피박 상원의원은 그에게 보건부가 그에게 맡긴 일을 단순히 따르기보다 그 일 자체가 핵심을 벗어나 있음을 보건부에게 왜 지적하지 않았느냐고 묻고 있는 것이다.

마이클 폴락 박사가 답했다.

"우리는 우리에게 맡겨진 일을 했을 뿐입니다."

그의 말처럼 그는 외부 전문가로서 자신에게 맡겨진 일에 충실했을지 모른다. 하지만 그가 정말 과학자로서 할 일을 다했다고 할 수 있을까?

캐나다에서 rBGH는 승인되지 않았다. 현재 rBGH는 캐나다, 유럽, 오스트레일리아, 뉴질랜드, 일본 등에서 사용이 금지되어 있으며, 미국, 멕시코, 브라질 등에서는 허가되어 있다. 한국에서도 사용이 허가되어 있으나 구체적인 사용실태는 알려져 있지 않다. 한편 내부고발자로 캐나다 상원위원회 청문회를 촉발한 보건부 소속 과학자, 시브 초프라, 마가렛 하이든, 제라르 랑베르는 불복종을 이유로 2004년 7월 해고당했다.

공중보건 전문가인 데이비드 마이클스David Michaels은 이렇게 말했다.

"공중보건을 수호할 책임을 진 사람들이 과학의 절대적 확실성을 추구하는 것은 무익하고 역효과만 낳는다는 점을 이해하는 것이 중요하다. 확실성을 기다리는 것은 영원히 기다리라는 것이다. 공중보건의 근본적 패러다임은 현재 입수가능한 최선의 증거들에 기초하여 사람들을 보호하는 것이다. 과학적 불확실성의 제조 및 과장은 공중보건과 각종 정책을 위태롭게 한다. 지금은 처음의 원칙으로 돌아갈 때다. 이용할 수 있는 최선의 과학을 이용하라. 존재하지도 않고 존재할 수도 없는 확실성을 요구하지 마라."

# 세상의 편견은 어떻게 변화하는가

## 재키 로빈슨

**재키 로빈슨**Jackie Robinson(1919년 1월 31일-1972년 10월 24일)
미국 메이저리그 야구선수다. 아프리카계 미국인으로 처음으로 메이저리그에 진출하여 활동했다. 당시 미국 내 인종차별은 심각하여 관중과 상대 팀 선수, 심지어 같은 팀 선수들조차 그와 경기하는 것에 호의적이지 않았다. 그러한 분위기에도 불구하고 그는 신인상, 내셔널리그 MVP를 수상하며 활약했다. 한 비평가는 "베이브 루스가 야구를 바꿨다면 재키 로빈슨은 미국을 바꾸었다"고 말했다. 1997년, 메이저리그는 재키 로빈슨의 공로를 인정하여 그의 등번호 42번을 영구 결번으로 지정했다.

소수의 사려 깊고 헌신적인 사람들이 세상을 변화시킬 수 있음을 결코 의심하지 마라. 진실로 이것이야말로 이제까지의 변화를 있게 한 유일한 방식이다.

— 마거릿 미드,[99] 미국 문화인류학자


1945년 8월, 미국 뉴욕에 있는 브루클린 다저스 구단 사무실에서 다저스 구단장인 브랜치 리키[100]는 재키 로빈슨과 만났다. 잠시 인사를 나눈 뒤, 리키 단장은 재키 로빈슨을 가만히 응시했다. 마치 그의 마음속이라도 들어갈 듯 뚫어져라 바라보았다. 재키 로빈슨 역시 그의 시선을 피하지 않았다. 순간 방안에는 마치 전기가 흐르는 듯했다.

잠시 뒤, 브랜치 리키는 당시 백인선수들뿐인 메이저리그에 흑인선수인 재키 로빈슨을 등용하려는 자신의 계획을 밝히고는 이렇게 말했다.

"나는 자네가 뛰어난 야구선수라는 것은 알고 있네. 하지만 내가 모르는 것은 자네에게 용기와 배짱도 있는가 하는 걸세. (맞서 싸우는 용기가 아니라) 싸우지 않고 받아들일 수 있는 용기, 나는 그런 용기를 가진 선수를 찾고 있네."

그는 계속해서 말했다.

"아마도 많은 야구팬들이 호의적이지 않을 걸세. 우리는 힘든 상황에 놓이게 될 거야. 하지만 우리는 승리할 수 있다네. 만약 자네가 두 가지를 세상 사람들에게 확신시킬 수 있다면 말일세. 자네가 뛰어난 야구선수이면서 동시에 훌륭한 신사임을 말일세."

---

99) 마거릿 미드(Margaret Mead, 1901년 12월 16일-1978년 11월 15일)는 미국 문화인류학자다. 이 인용구는 마거릿 미드가 했다고 여겨지지만, 그 정확한 출처는 알려져 있지 않다.

100) 브랜치 리키(Branch Rickey, 1881년 12월 20일-1965년 12월 9일)는 미국 메이저리그 팀 브루클린 다저스 단장을 지냈다. 팜(farm) 시스템을 도입하고, 타율보다 출루율의 중요성을 알리고, 흑인 선수를 기용하는 등 야구에서 뿐 아니라 사회적 변화를 이끌어냈다.

편견이 법이고 상식인 시대가 있었다. 당시 미국에는 인종간 분리를 규정한 짐크로우법[101]이 있었다. 만약 동료선수들이 모두 묵는 호텔에서 흑인이라는 이유로 재키 로빈슨의 숙박을 거절한다면? 레스토랑에서 종업원이 그의 음식 서빙을 거부한다면? 경기 중 상대 팀 선수가 그의 피부색과 부모님에 대한 욕을 한다면 어떻게 할 것인가? 정의에 찬 분노로 맞서 싸울 것인가? 하지만 그런다고 세상이 달라질 것인가? 백인들이 자신들의 편견을 변화시킬 것인가? 오히려 사회는 재키 로빈슨이 화를 내고 싸움을 한 행동만을 두고 그가 메이저리그에 적합하지 않다며 퇴출시킬지 모른다.

편견은 하루아침에 생기지 않으며 또 하루아침에 사라지지도 않는다. 미국은 노예제의 역사를 가진 나라다. 1863년 링컨 대통령이 노예해방을 선언할 때까지 몇백 년 동안 흑인들은 물건처럼 사고 팔리며 강제로 일을 했다. 그 오랜 시간 동안 백인들은 흑인이 미개인과 야만인, 열등한 인종이라는 생각을 갖고 있었다. 마침내 노예해방이 이루어졌지만 상황은 크게 달라지지 않았다. 흑인들은 어디에서 무엇이든 할 수 있는 자유를 얻었으나 실제로 그들이 인간답게 일하고 살아갈 수 있는 곳은 별로 없었다. 많은 흑인이 다시 옛 주인 밑으로 들어가 저임금 노동자가 되었다.

재키 로빈슨이 살던 시대 역시 흑인이 돈 벌 수 있는 일이라야 백인의 허드렛일, 거칠고 위험한 일들뿐이었다. 좋은 직업은 대부분 백인들이 차지하고 있었고, 흑인들은 양질의 교육을 받거나 자기 능력을 개발할 기회조차 없었다. 그래서 그들이 백인들과 같은 경쟁무대에 서는 것은 거의 불가능한 일이었다. 흑인들은 어쩔 수 없이 비참한 삶을 살았지만 백인들은 그들의 천

---

101) 짐크로우(Jim Crow)법은 백인 코미디언이 얼굴을 검게 칠하고 흑인 흉내를 내는 쇼의 캐릭터 이름인 짐 크로우에서 유래했다. 이 법은 공공장소에서의 인종 간 분리를 의무화한 법으로 미국 남부의 여러 주에서 시행되었으며 1964년 제정된 시민권법으로 인해 그 효력을 상실했다.

성이 원래 천하고 열등하기 때문에 그렇게 산다고 생각했다.

그러나 이보다 더 비참하고 안타까운 것은 이런 악순환의 마지막 고리를 완성하는 것이 흑인들 자신이라는 사실이다. 흑인들은 자신들이 열등하다는 백인들의 생각을 무의식적으로 받아들였다. 사회가 그렇게 가르쳤고 눈에 보이는 현실이 그러했다. 이런 상황에서 편견은 상식이 되고, 상식이 된 편견은 다시 모든 것을 옥죄었다. 그렇다면 이와 같은 악순환에서 벗어날 수 있는 방법은 무엇일까? 브랜치 리키는 재키 로빈슨에게 뛰어난 야구선수임과 동시에 훌륭한 신사임을 사람들에게 보여주면 승리할 수 있다고 했다. 과연 그가 말한 승리는 무엇이며, 그것을 위해 재키 로빈슨이 훌륭한 신사임을 보여주어야 하는 이유는 무엇일까?

재키 로빈슨은 먼저 다저스 구단의 마이너리그 팀인 몬트리올 로열스에서 뛰게 되었다. 흑인선수의 등장은 많은 이들의 관심을 모았다. 하지만 사람들은 그의 플레이보다 그가 흑인이라는 사실에 더 큰 관심을 보였다. 그가 경기장에 들어서면 한쪽에서는 야유와 욕설을 해댔고 다른 한쪽에서는 환호와 박수를 보냈다.

어느 날, 브랜치 리키는 재키 로빈슨을 사무실로 불러 느닷없이 다음과 같은 질문을 던졌다.

"이봐 재키, 자네가 가장 두려워해야 할 사람들이 누구인지 아는가?"

그러면서 재키 로빈슨의 대답을 기다리지도 않은 채 말했다.

"바로 자네의 팬들일세. 이상하게 들릴지 몰라도 사실이라네. 자네가 경기장에 나가면 그들은 자네를 응원하기 위해 기다리고 있지. 자네가 공을 칠 때마다 환호하고 자네가 신발끈을 묶을 때마다 박수를 치네. 자네는 이게 왜 잘못됐는지 알겠나?"

재키 로빈슨이 말했다.

"알 것 같습니다."

그러나 이번에도 그는 재키 로빈슨이 더 말을 하기도 전에 자신의 생각을 말했다. 그의 말은 단도직입적이었다.

"내가 말해주겠네. 그들은 적이기 때문이야. 그들은 자네의 적, 나의 적, 그리고 그들 자신의 적이야. 그들은 분명 자네를 좋아하지. 그러나 그들이 자네를 좋아하는 이유는 잘못된 것일세. 그들은 자네가 흑인이기 때문에 좋아하는 거야. 이 점에서 그들은 자네가 흑인이기 때문에 싫어하는 사람과 꼭 같단 말일세."

같은 흑인이기 때문에 좋아하는 것이 뭐가 잘못된 것일까? 그의 말은 오랜 차별과 억압에 시달려온 흑인들의 심리를 고려하지 않고는 이해하기 어려운 말이다. 억압받는 흑인들이 재키 로빈슨에 열광하는 것은 어쩌면 당연한 일이다. 하지만 이런 열광은 양날의 칼과 같다. 그들은 자신들과 재키 로빈슨을 동일시하여 사고한다. 재키 로빈슨이 잘하면 마치 그들 자신이 잘한 것처럼 기뻐하고, 재키 로빈슨이 못하면 마치 그들 자신이 못한 것처럼 슬퍼한다. 그러다가 만약 재키 로빈슨이 자신들이 생각하는 틀에 맞지 않는 행동이라도 하게 되면, 그 순간 동일시는 깨지고 적대적으로 돌변한다. 어쩌면 그들이 바라던 재키 로빈슨의 모습은 그라운드의 투사, 자신들의 적인 백인들과 싸워 승리를 안겨줄 지도자였을지 모른다. 그러나 이런 생각은 재키 로빈슨뿐 아니라 당시 인종차별문제를 더욱 악화시켜 결국 자신들을 포함한 미국 사회 전체를 폭력과 혼란에 빠뜨릴 수 있는 위험성이 있었다.

재키 로빈슨이 몬트리올 로열스에서 눈부신 활약을 보여주자, 사람들은 그가 곧 메이저리그에서 뛰게 될 것이라 기대했다. 한편 메이저리그 브루클린 다저스 팀의 선수들은 이 같은 소식에 불쾌한 내색을 드러냈다. 급기야 남부출신 선수들이 주동이 되어 흑인인 재키 로빈슨과 같은 팀에서 뛸 수 없다는 자신들의 서명이 담긴 청원서를 제출했다.

당시 브루클린 다저스 팀의 감독은 다혈질인 레오 듀로서Leo Durocher였다. 어느 날, 그는 한밤중에 선수들을 모두 깨워 집합시키고는 이렇게 말했다.

"너희들이 이 청원서로 뭘 할 수 있는지 알아? 네놈들 엉덩이 똥 닦는 데 나 쓸 수 있을 거다."

그는 계속해서 말했다.

"잘 들어라. 나는 그의 피부색이 노랗든 까맣든 상관하지 않는다. 제기랄, 얼룩말처럼 줄무늬가 있더라도 말이다. 나는 이 팀의 감독이고 내가 말하는 데 그는 여기서 뛰게 될 거다."

재키 로빈슨을 특별히 옹호하려고 한 말이 아니었다. 레오 듀로서 감독은 야구를 잘하는 선수는 인종이나 뭐든 간에 상관없이 누구든 메이저리그에서 뛸 수 있다는 단순하고도 당연한 원칙을 말한 것이었고, 이는 재키 로빈슨 뿐만이 아니라 누구에게나 해당하는 것이었다.

1947년 4월 10일, 드디어 재키 로빈슨은 브루클린 다저스에서 뛰기로 정식계약을 맺었다. 하지만 동료선수들은 여전히 재키 로빈슨을 반기지 않았다. 〈뉴욕 포스트〉지의 한 칼럼리스트는 이 시기의 재키 로빈슨을 두고 '경기장에서 가장 외로운 선수'라고 불렀다.

그러던 어느 날, 재키 로빈슨이 자신의 인생에서 가장 참기 힘들었던 날이었다고 회상한 순간이 찾아왔다. 브루클린 다저스 팀과 필라델피아 필리스 팀의 경기였다. 재키 로빈슨이 타석에 들어섰을 때, 갑자기 필리스 덕아웃에서 욕설이 터져 나왔다.

"어이 검둥이, 네가 일하던 면화농장으로 돌아가지 그래?"

"야, 네 친구들이 정글 숲에서 기다리고 있다."

"아무도 네가 여기 있기를 원하지 않아!"

"당장 꺼져! 이 검둥이야."

다음 타석에서도, 그 다음 타석에서도 욕설은 계속됐다. 재키 로빈슨은 자신이 쥐고 있던 배트를 내던지고 달려가 한 놈의 멱살을 잡고는 그의 이빨을 주먹으로 박살내버리고 싶은 충동을 느꼈다. 하지만 만약 그랬다면 자신은 더 이상 야구를 할 수 없게 되고, 모든 것은 그렇게 끝나버리게 될 것이었다. 그는 자제심을 잃지 않기 위해 안간힘을 다했지만, 점점 심해지는 욕설은 한 인간으로서 감당하기 어려울 정도였다. 어느 순간, 덕아웃에서 말없이 듣고만 있던 동료선수 에디 스탱키Eddie Stanky가 일어나 상대편 선수들에게 이렇게 외쳤다.

"이 겁쟁이들아. 재키 로빈슨이 너희들에게 아무 말도 할 수 없다는 걸 잘 알텐데. 비겁하게 굴지 말고 여기 한 번 맞받아칠 수 있는 사람에게 해보시지."

그러자 옆에 있던 다른 선수들도 함께 맞섰다. 그들은 같은 팀인 재키 로빈슨이 받는 비인간적인 수모를 더 이상 지켜볼 수 없었던 것이다. 이 일은 브루클린 다저스팀 선수들이 재키 로빈슨을 같은 팀원으로 받아들이는 계기가 되었다.

그로부터 한 달이 좀 더 지난 1947년 5월 14일, 신시내티 레즈 팀과. 브루클린 다저스 팀의 시합날, 경기장을 가득 메운 관중들은 재키 로빈슨의 등장과 동시에 욕설과 야유를 퍼붓기 시작했다. 관중들의 반응이 너무나 적대적이고 폭발적이어서 경기가 제대로 진행될 수 있을지 모를 지경이었다.

그때였다.[102] 미국 야구역사상 가장 위대한 순간 중 하나로 기억되는 사건이 일어났다. 브루클린 다저스팀의 유격수이자 팀의 주장을 맡고 있던 피 위 리즈Pee Wee Reese가 경기장을 가로질러 1루수인 재키 로빈슨에게로 다가갔다. 그는 재키 로빈슨의 어깨를 자신의 팔로 감쌌다. 그리고는 야유하는 관중석을 똑바로 응시했다. 갑자기 경기장이 찬물을 끼얹은 듯 조용해졌다.

피 위 리즈는 신시내티에서 가까운 켄터키 출신으로 이날 경기장에는 그의 팬들도 많았고, 그의 팬들 중에는 흑인과 같은 팀에서 뛰는 걸 못마땅하게 여기는 사람들도 있었다. 또한 그는 그런 이유로 죽여버리겠다는 협박편지를 받기도 했다. 그는 이 모든 것을 무릅쓰고 그런 행동을 했던 것이다.

재키 로빈슨은 그 순간을 이렇게 기억했다.

"그가 내 쪽으로 와서는 잠시 곁에 있었습니다. 아무 말도 안 했지만 나는 그가 진심으로 나와 함께 있다는 것을 느낄 수 있었습니다."

훗날 피 위 리즈는 그 날 왜 그런 행동을 했냐는 질문을 받은 적이 있다. 그는 이렇게 대답했다.

"내 안의 뭔가가 그렇게 행동하게 했습니다. 무엇에 대한 것이었느냐고요? 공정하지 못한 것, 정의롭지 못한 것에 대한 반응이었을까요? 모르겠습니다."

그 순간 도대체 무슨 일이 벌어진 것일까? 무엇이 재키 로빈슨으로 하여금 수없는 모욕을 참고 견디며 그 자리에 있게 했으며, 무엇이 피 위 리즈를 두려움 없이 그의 옆으로 걸어가 함께 서게 했으며, 무엇이 수많은 관중들의 야유를 한순간에 잠재우게 했을까?

사람들의 내면에는 진실을 볼 수 있는 영혼의 눈이 존재한다. 그날 피 위 리즈가 재키 로빈슨에게 다가가 그의 어깨에 가만히 팔을 올린 순간, 그것

---

102) 재키 로빈슨의 전기를 쓴 아놀드 램퍼새드(Arnold Rampersad)에 의하면 이 일이 정확히 언제 어디서 일어났는지는 불명확하다.

을 지켜보던 수많은 관중들의 내면에 존재하는 영혼의 눈이 깨어났다. 이제 그들의 눈에 보이는 재키 로빈슨은 더 이상 흑인도 야구선수도 아니었다. 그는 자신들과 같은 인간이었고 존중받아야 할 인격을 가진 사람이었다. 또한 그들은 진실을 보았다. 무엇이 옳으며 무엇이 그른지, 무엇이 아름다우며 무엇이 추한지, 무엇이 위대하며 무엇이 비겁한지를 보았다. 추하고 비겁한 자신들의 모습을 보았으며, 아름다우며 위대한 재키 로빈슨과 피 위 리즈의 모습을 보았다. 이들을 통해 진정한 인간의 모습을 보았고, 인간은 고귀한 영혼을 지닌 존재이며, 영혼이 갖는 위대한 잠재력은 인종, 국적, 종교, 어떤 틀이나 편견으로도 가둘 수 없는 것임을 알았다. 그 날 그 순간 진실은 그렇게 모두를 하나로 연결시켰다. 그 순간은 모두에 의해 창조된 순간이었으며, 모두의 가슴에 진정한 변화의 씨앗이 뿌려지는 순간이었다.

타인을 어떻게 대할 것인가

# 가난이란 무엇인가

## 정일우

**정일우**(1935년 11월 21일-2014년 6월 2일)
원래 이름은 존 데일리John Vincent Daly다. 미국 태생으로 한국에서 활동한 예수회 신부
이자 빈민운동가다. 청계천 판자촌, 양평동, 상계동 등에서 빈민, 철거민들과 함께 생활했
다. 1986년 제정구와 함께 막사이사이상을 공동 수상했다.

**가난한 자는 복이 있나니, 하늘나라가 그들의 것이다.**

— 누가복음 6장 20절[103]

"아무 권리도 없는 것들이 생떼를 쓴다."

"빨갱이 같은 놈들!"

상계동 철거민들에게 하는 소리였다. 1980년대 상계동은 배밭이 많고 인가가 드문 벌판이었다. 청계천, 한남동 등 당시 서울 중심 지역에서 이루어진 대규모 재개발사업으로 인해 쫓겨난 철거민, 갈 곳 없는 도시 빈민들이 모여들고, 지방 농촌에서 먹고 살기 힘들어진 빈민들이 서울 근처 집세 싼 곳을 찾아 이주해오면서 상계동 일대에는 무허가 주택촌이 형성되었다. 이들은 수도, 전기, 교통 등 기본적인 생활편의시설이 부족한 상황에서 방 한 칸, 부엌 한 칸 딸린 집에 살면서 힘겹게 생계를 유지해갔다.

그러던 중 1985년 지하철 4호선 상계역의 개통으로 교통불편이 해소되면서 상계동 일대 지역이 주거지로서 가치가 상승했고 곧이어 재개발사업이 시작되었다. 재개발사업은 무허가 주택촌을 철거하고 아파트단지를 건설하는 것이었다. 쫓겨온 철거민, 빈민들이 다시 쫓겨나게 되었다. 누구보다 딱한 처지에 놓인 것은 세입자들이었다. 무허가이긴 하지만 집주인인 가옥주는 재개발 조합원으로 인정받고 새로 짓는 아파트에 들어갈 수 있는 입주권을 제공받는 등 어느 정도 혜택을 누릴 수 있었지만, 세입자는 이주보조금 또는 주거대책비라는 명목으로 얼마간의 보상을 받고 떠나는 수밖에 없었다. 세입자들은 자신들의 처지를 이렇게 호소했다.

---

103) 같은 말씀이 마태복음 5장 3절에는 "마음이 가난한 자는 복이 있나니, 하늘나라가 그들의 것이다."라고 되어있다. 예수님이 말씀하신 가난이 물질적 가난인지 혹은 정신적 차원의 가난인지에 대해서는 논란이 있으며, 둘 다를 의미한다고 해석하기도 한다.

"가난한 것이 죄인지는 몰라도 대한민국 국민인 이상 우리에게도 살 곳은 있어야 하지 않는가. 더구나 생계수단도 이곳을 중심으로 한 것이기 때문에 갑자기 멀리 떠나면 먹고 살 길도 없다."

이들은 주로 노점상, 행상, 건설노동자, 공장노동자, 식당종업원 등 도시 인근에서 일하며 하루하루 생계를 잇고 살았으며, 다른 곳으로 쫓겨나게 되면 주거지뿐 아니라 일자리까지 잃게 되는 처지였다. 하지만 몇몇 가옥주들은 세입자들을 다음과 같이 비난했다.

"세입자들에게 전세보증금과 일부 형편이 조금 나은 사람은 몇십만 원씩이사비용을 주면서까지 이주를 권유하였으나 이제는 아파트를 달라고 하면서 터무니없는 이주보상을 요구하고, 끝내는 조합원이 자기 집을 자진 철거하는 데 집단으로 방해함은 물론 온갖 권모술수와 중상모략 등의 거짓말로 조합원을 모욕하고 공산당처럼 재산권에 대해 부정하고 한밤중에 '삐라'를 뿌리고 벽보를 게시하는 등 순수 민주시민으로서는 도저히 하여서는 안 될 만행을 자행하고 있습니다. …… 재개발한다는 소식 이후에 집을 팔고 그 집에서 전세를 살다가 또 다시 도시빈민 세입자 운운하면서 아파트를 달라는 악랄한 비양심자들은 이 지구상에서 같이 살아갈 하등의 가치조차 없는 철면피라고 규탄합니다."

이처럼 가옥주들이 세입자 중에 아파트 분양권이나 더 큰 액수의 보상비를 노리면서 나가지 않고 버티고 있는 사람들이 있다고 몰아세우자, 세입자들은 가옥주들을 '재개발사업이 착수될 기미를 미리 알아차린 투기꾼들'이라고 받아쳤다. 이런 사람, 이런 마음이 없는 것은 아니었지만, 세입자들 대부분이 정말 가난한 사람들이었고, 돈 욕심이 아니라 생존을 갈구하는 절실한 마음이었다. 가옥주들 역시 대부분 가난했다. 가진 것은 4-5평짜리 무허가 주택이었고 입주권과 보상금을 받았다 하더라도 15-17평짜리 새 아파트로 들어가는 것은 횡재도 아니었고 쉬운 일도 아니었다. 남들은 분양받고 싶어 안달인 새 아파트이고 보상까지 받았으니 조금만 더 보태면 새 집 장만을 할 수 있다고 하더라도, 그 조금이라는 몇백만 원이 가난한 이들에게는 만져본 적 없는 큰돈이었고 누가 빌려준다 해도 이자 내기가 부담인 액수였다. 게다가 입주하기 전까지 머물 적당한 가격의 집을 찾기도 쉽지 않았는데, 대규모 재개발로 인해 서울 판자촌들이 점점 사라졌기 때문이다. 결국 많은 가옥주들이 자신의 권리를 팔고 전과 비슷한 곳으로 이주했다.

겉보기에도 더럽고 냄새나는 무허가 주택에 사는 사람들은 누구일까? 왜 그들은 그런 곳에 사는 것일까? 게다가 자기 땅도 아닌 곳에 집을 짓고 사는 것이 불법이면 이들은 범죄자가 아닌가? 정부는 무허가 주택이 보건, 위생상 취약하고 화재, 산사태 등 위험에 노출되어 있을 뿐만 아니라 이처럼 불건전한 주거환경은 사회병리의 온상이 될 수 있다고 보고 단속, 철거, 이주 등의 방법으로 대응해왔다.

"무허가 불량주택은 국공유지 또는 타인의 사유지를 무단으로 점유하고 건축허가를 받지 않은 채 건축된 불법건물이다. 법질서를 수호해야 할 공공의 입장에서 토지 무단 점유나 무허가 건축행위는 용인할 수 없는, 공권력을 통해 시정되어야 마땅한 법질서 문란행위다."

무허가 주택은 불법건물이므로 정해진 절차에 따른 철거는 합법이다. 이러한 전제하에 정부와 경찰은 재개발조합이 폭력배를 동원해 철거민들을 내쫓는 것에 대해 묵인하거나 부추기는 태도를 보였다. 철거민 중 한 아주머니가 자신들은 철거되면 갈 곳이 없다고 답답하고 억울한 마음에 경찰서에 가서 호소했더니, 경찰서에서 농담인지 진담인지 이렇게 말했다고 한다.

"그렇다면 한강에 가서 빠져 죽어라."

오랫동안 철거민과 함께 살아온 정일우 신부는 이렇게 말했다.

"지금 정부나 관에서는 없는 사람들을 볼 때 정말 아무런 가치가 없고 귀찮은 존재일 뿐이에요. 어디 공중에 좀 꺼져버렸으면, 사라져버렸으면 하는 그 대접뿐이에요."

우리들의 생각은 이와 얼마나 다른가? 철거민, 빈민들이 죽기를 바라진 않더라도 어디론가 사라졌으면 하는 귀찮고 성가신 존재인가? 마치 더럽고 지저분한 쓰레기를 직접 치우기는 싫고 누군가가 치워주기를 바라는 것처럼? 아니면 권리도 없으면서 권리를 주장하는 몰상식하고 비양심적인 사람들인가? 아니면 다른 사람의 도움이 필요한 힘없고 불쌍한 사람들인가?

정일우 신부는 이와 다르게 생각했다. 1986년 12월, 그는 한 강연에서 상계동 철거민에 대해 다음과 같이 말했다.

"여러분들은 어떻게 생각하는지 모르지만 말입니다. 세입자들을 엉뚱하게 평가하는 소문들도 많아요. 세입자는 아무런 권리도 없는데 순 도둑놈이다, 철거되니까 공짜로 집을 달라고 하는 것으로 엉뚱하게 평가하는 사람들이 있어요. 그러나 똑똑히 좀 말씀드리고 싶습니다. 상계동 세입자들은 공짜로 요구하는 것이 하나도 없습니다. 그들의 주장과 요구는 분명해요. 우리는 팔릴 물건도 아니고 팔릴 짐승도 아니고 우리는 인간이다. 이 나라 국민이기 때문에 살 자리를 가질 권리가 있다. 그들의 주장은 그거예요. 누구나 사람이라면 자기 몸뗑이 있잖아요. 몸뗑이 있는 한 앉을 자리가 있어야지요. 그래서 자리를 요구하는 거예요. 그래서 땅을 사도록 하든지, 우리 생활수준에 맞는 조그마한 아파트 9평이나 10평 그런 아파트를 짓든지, 그런 대책이 있어야 한다는 요구예요. 땅이 되든 집이 되든 돈을 내겠다 그런 것이에요."

정일우 신부의 원래 이름은 존 데일리John Daly, 미국 사람이다. 미국에서 태어나 열아홉 살 때 내면에서 울리는 소리를 따라 예수회에 들어가 신부가 되고 한국에 와 대학교에서 신학을 강의했다. 그러던 중 자신이 예수님의 말씀을 입으로만 떠들며 살고 있다는 의구심이 들어 청계천 판자촌에 들어왔다. 당시 먹고 살기 힘든 빈민들이 서울로 모여들었고, 주로 4대문 외곽과 청계천 주변에 무허가 판자촌을 형성해 살았다. 처음 한 달 있으려던 것이 어느덧 18년이 되었다. 청계천 판자촌 사람들은 이후 정부의 철거, 이주정책에 따라 양동, 사당동, 염창동, 서부이촌동, 상계동 등으로 쫓겨났다. 정일우 신부는 이들을 따라 옮겨가며 살았다. 하지만 땅값, 집값은 비쌌고 가난한 사람들이 살 수 있는 곳은 점점 사라져갔다. 생각할수록 화가 났다.

'이놈의 나라가 도대체 어떻게 된 나라인가.'

'땅이 비싸서 국민이 살 곳이 없으니 잘못돼도 뭔가 한참 잘못된 나라다.'

그는 평소 친구처럼 허물없이 지내면서 도움을 청하면 아낌없이 도와주던 김수환 추기경에게 가서 따지듯 물었다.

"추기경님, 대한민국이 어디 있습니까? 이 나라에 국민이라는 존재가 있기나 하는 겁니까?"

"그게 무슨 소리냐?"고 반문하는 추기경에게 자초지종을 설명했다. 철거민들이 갈 곳이 없고 매일같이 찾아다녀도 웬만한 곳은 돈 있고 힘 있는 사람들이 이미 다 자기 땅으로 소유하고 있고 적당한 가격의 땅을 찾았다 싶어도 나중에 오를 것을 생각해 팔지를 않는다고 말씀드렸다. 정일우 신부가 화나고 속상했던 것은 가난한 사람들이 이 땅에 살고 싶어도 살 수 없다는 사실 때문이었다.

정일우 신부와 함께 빈민운동을 했고 뒤에 국회의원을 지낸 제정구[104]는 주거권이라는 빈민들의 당연한 권리를 주장했다.

"주거권이 곧 소유권이라고 보는 것은 엄청나게 잘못된 것입니다. 주거권

---

104) 제정구(1944년 3월 1일-1999년 2월 9일)는 한국 정치가이자 빈민운동가다. 청계천, 상계동 등 판자촌 마을에서 빈민운동을 하였으며, 국회의원으로 활동하였다.

속에는 소유권도 들어가겠지만, 더 중요한 것은 내가 사람으로서 살아갈 수 있는 조건 즉 자리를 말합니다. 이 자리는 물질적인 공간만을 뜻하는 것이 아니라 총체적인 자리로서 파악해야 합니다. 예를 들어서 너희들은 철거를 반대하는 것이냐. 그렇다면 저렇게 주거시설이 열악하고 나쁜, 사람이 산다고 하기보다는 닭장 같고 무슨 돼지우리 같은 데서 사는 것을 그냥 놔둬야 한다는 이런 주장이냐. …… 우리가 철거하지 말라고 하는 것은 그 사람들이 그것조차 없어지면 어디 가서 어떻게 하느냐 하는 것을 말하는 겁니다. 철거를 반대하는 것이 아니라 재개발도 해야 하고 개량도 해야 하고 다 해야 한다. 그러나 거기에 살고 있는 이 가난한 사람들이 사람으로 살 수 있는 자리가 먼저 확보되고 난 뒤에 그걸 개발하든지 뭘 해야지 전혀 그런 자리를 고려하지 않고 무조건 철거하고 쫓아내기만 하면 안 된다는 겁니다.”

제정구는 소유권이 아니라 주거권을 주장했다. 소유권은 돈 있는 사람들의 권리지만 주거권은 모든 사람의 권리다. 집을 물리적 공간, 소유재산이 아니라 인간이 기본적 삶을 영위하기 위해 반드시 필요한 총체적인 자리로 보고, 모든 인간이 가져야 할 당연한 권리로서 주거권을 주장한 것이다. 이러한 관점에서 보면 철거민들의 요구가 몰상식하고 비양심적인 것이 아니라 바람직하고 정의로운 것이며, 안정적이고 적절한 가격의 집값에 대한 요구가 철거민뿐 아니라 모든 사람을 위한 것이 된다. 1989년 6월, 서울에서 열린 아시아 도시빈민대회에서 김수환 추기경은 이렇게 말했다.

“삶의 자리! 이보다 더 근본적이요, 최소한의 요구가 있겠는가? 삶의 자리 없이 인간이 존재할 수 없다. 존재할 자리가 없는데 인간의 권리를 어떻게 누릴 수 있는가? 도시 빈민은 게으른 자도 아니요, 악한 자도, 무법자도 아니며, 결코 무가치한 존재, 불필요한 존재, 일회용품처럼 쓰다가 내버려도 좋을 사람들이 아니다. 정부와 대기업 또는 어떤 개인일지라도 이 세상에 집

없는 사람이 단 한 사람이라도 있는 한 호화주택을 짓거나 가질 권리는 없다. 모든 이를 위해 최소한의 삶의 자리를 마련해야 하는 의무가 있음을 명심해야 한다."

김수환 추기경은 '도시빈민사목위원회'를 만드는 등 가난하고 소외된 사람들을 위해 많은 관심과 노력을 기울였고, 정일우 신부와 제정구가 하는 일에도 물심양면 지원을 아끼지 않았다.

이러한 지원에도 불구하고 철거민, 빈민들의 삶은 빨리 나아지지 않았다. 그도 그럴 것이 사회구조적 모순 때문에 발생하는 가난은 사회 전체의 변화 없이는 개선되기 어려웠다. 철거민, 빈민들도 이런 사실을 알고 있었다. 1987년 3월, 상계동 철거민은 '도시빈민께 드리는 호소문'에서 다음과 같이 말했다.

"1960년도 이래 경제개발계획으로 우리나라 농업은 엄청난 희생을 당해왔습니다. 때문에 농촌은 황폐하고 이농민이 발생하여 이농으로 형성된 광범위한 노동인구에 비교하여 고용은 지극히 한정되어 있기 때문에 저임금은 구조적으로 만들어지는 것이며 이에 따라 이농민은 도시빈민으로 남게 되는 것입니다. 이러한 우리 도시빈민은 사회보장제도의 결여로 낮은 임금에 맞는 빈민촌에 정착하여 살고 있는 것입니다. 그러나 1970년도부터 불어 닥친 주택개량 재개발사업으로 인하여 대대적인 살인적 강제철거가 자행되면서 빈민들이 살 수 있는 빈민촌 자체가 없어져 가고 너나 할 것 없이 모두 집을 잃게 되어 살 곳이 없어지게 되었던 것입니다."

정일우 신부도 이렇게 말했다.

"우리나라 농민들, 근로자들, 도시빈민들 말이에요. 굉장히 억울합니다. 그들의 고생, 고통, 노력에 대하여 그 대가를 못 받아요. 또 너무 가난하기 때문에 사회에서 인간 대접을 못 받아요. 그러한 가난은 우리의 죄입니다. 사회의 죄입니다."

그렇다면 가난한 이들을 어떻게 도와야 할까? 오랫동안 판자촌 주민들과 함께한 정일우 신부 역시 이 질문을 많이 받았다. 누군가 물었다.

"여기서 이 사람들을 어떻게 도와줍니까?"

그는 말했다.

"저는 이분들을 도와주는 것이 아닙니다. 이분들과 함께 사는 것이 좋아서 그냥 함께 삽니다."

그러면 '함께 사는 것'이 무슨 뜻일까? 그가 말했다.

"참으로 설명하기 힘들다. 나 자신도 설명하기 힘들 뿐 아니라 설명할 수 없는 그 무엇이다. 그래서 무슨 화두話頭같다. 그러나 정구하고 나는 이것을 살아내려고 무척 노력했다. 우선 주민들이 사는 모습을 보면 무슨 사업을 벌여서라도 그 문제를 해결하고 싶은 마음이 생긴다. 판자촌의 환경이나 생활조건이 형편없이 열악하기 때문이다. 이런 문제들을 해결하고 싶은 것이 사람의 마음이다. 그래서 막 해결하기 시작하면 그만 해결사가 되고 만다. 그러니 해결사로 살면 오히려 마음은 편하다. 그러나 해결사가 아니고 '그냥 주민들 옆에서 산다는 것'이 얼마나 힘든 것인지 모른다."

그는 또 말했다.

"당시 나는 '그냥 사는 것', '그냥 옆에 있는 것'에 대하여 이렇게 생각했다. 주민들의 생각을 기다려주는 것, 상대방이 이런 사람이 되어라 하는 요구 없이, 조건 없이 기다려주는 것으로 봤다. …… 그러니까 그냥 사는 것은 어떤 일이나 사업이나 눈에 보이는 어떤 성과보다는 내면적인 것이다. …… 그래서 판자촌에 들어갈 때 '일하러 들어가지 않고 살러 들어가는 것이다.' 일은 잘 보이지만 사는 것은 잘 보이지 않는다. 잘 보이지 않는 부분은 사람의 변화인데 이 변화가 바로 '사람이 사람되게 하는 과정'이다. 이 과정은 있어주고 기다려주고 하면서 그냥 사는 것이다."

정일우 신부는 도와준다는 표현을 쓰지 않았다. 그때 청계천 판자촌에는 이미 교회와 단체에서 사람들이 와서 도와주고 있었는데, 그들은 판자촌 사람들과 같이 가난하게 살면서 아픈 사람들을 돌보아주고 있었다. 정일우 신부와 제정구는 그들이 청렴하게 봉사하는 것이 처음에는 좋게 보였지만 나중에 깨달았다. 주민들이 스스로 생각하고 움직이기보다 자꾸 교회에 의존하게 되었던 것이다. 도와주려는 것이 오히려 주민들의 자립을 막고 있었다.

'그냥 함께 사는 거다.'

그때부터 정일우 신부와 제정구는 판자촌 사람들이 의존하게 만드는 행동은 절대 하지 않겠다는 원칙을 세웠다. 눈앞에 급한 일을 도와주고 해결해주면 안타까운 내 마음도 편하고 그들도 좋아할지 모르나, 다른 한편으로 그것은 그들을 계속 그런 식으로 의존하며 살게끔 묶어두는 족쇄가 되었다. 그렇다면 어떻게 해야 한단 말인가? 신부는 그들 옆에 그냥 있는 것, 그냥 함께 사는 것이 정답이라고 생각했다. 나와 그들 간 구별을 버리고, 내가 그들에게 뭔가 도와준다는 생각도 버려야 했다. 그들에게 뭔가 해줘야 한다는 내 생각에는 그들이 뭔가 모자라고 부족한 사람이라는 무의식적인 생각이 깔려있고, 이는 은연중에 그들을 대하는 내 행동에서 나타나고 그들에게도 전해져 그들 스스로 계속 도움이 필요하고 모자라고 부족한 사람이라고 느끼고 행동하게 만든다. 진정으로 그들이 더 나은 조건에서 살기를 바란다면 무엇보다 내가 아닌 그들의 눈, 나아가 우리의 눈으로 볼 수 있어야 한다. 그들과 함께 있으면서 누가 누굴 돕는 게 아니라 너와 나 서로에게 그러니까 바로 우리에게 필요한 일을 함께 해나가야 하는 것이다.

판자촌 생활은 온갖 문제투성이고 할 일투성이다. 하지만 중요한 것은 겉으로 보이는 문제와 일이 아니라 사람이다. 먼저 봐야 할 것은 사람이고 진정 봐야 할 것은 그 사람의 내면이다. 누군가 함께 살면서 그들과 같은 눈으로 그들의 마음속 맺힌 슬픔과 억울함을 들어줄 수 있다면 그것은 모두에게 힘이 될 것이다. 함께 살며 기쁠 때 같이 웃고 슬플 때 같이 울며 기다린다면, 언젠가 그들의 슬픔과 억울함이 풀려 그 안에 막혀있던 생명력과 잠재력이 뿜어져 나올 날이 반드시 올 것이다. 마침내 그들의 생명력이 샘물처럼 솟아나올 때, 내 안에 감춰진 생명력 또한 그들과 함께 자연스레 춤을 추듯 흘러나오게 된다. 그러면 이제 자신이 진정 해야 할 일이 무엇인지 보이기 시작한다.

정일우 신부는 다른 사람의 이야기를 잘 들었다. '발가락으로 듣는다'고 표현할 정도로 온몸으로 정성을 다해 들었다. 김상용 신부는 정일우 신부와 있었던 일을 다음과 같이 전했다.

"제 얘기를 좀 들어주실 수 있냐 그랬더니, 괴산으로 내려오라고 하셨어요. 그래서 괴산으로 가서 버스에서 내리는데 그때 신부님이 트럭에 태워가지고 바로 국밥집으로 갔어요. 시장에 국밥집에서 둘이서 국밥이랑 소주 한 병 나눠마시고, 국도를 쭉 달려서 굉장히 커다란 소나무 밑에 차를 세우시더라구요. 핸드브레이크를 잡으시더니 얘기해보라고. 그래서 '여기서요?' 그랬더니 너무 좋지 않냐고. 창문을 탁 열었는데 아주 맑은 공기가 차 안으로 들어와서 굉장히 뭔가 편안해지는 느낌이 들었어요. 굉장히 오래 얘기했던 거 같아요. 주위가 완전히 껌껌해졌어요. 시골이니까. 그리고 난 다음에 제 얘기를 다하고 신부님 말씀을 기다렸어요. 근데 '이제 가자' 하시더니 다시 시동을 거시더라구요. 그래서 '이게 뭐지?' 생각이 들었어요. 그런데 시동을 걸 때, 차에 불을 켜지잖아요. 그때 신부님이 울고 계셨다는 걸 알게 되었어요. 그때 무슨 얘기를 했고 무슨 얘기를 들었고 이런 거 전혀 기억나지 않는데. 누군가 내 앞에 앉아 있는 사람의 이야기를 굉장히 깊이 있게 경청한다는 것이 어떤 자세인 건지, 그때 깊이 체험한 것 같습니다."

정일우 신부와 평생지기 친구였던 제정구는 둘이 재미나게 놀기로 유명했다. 하루는 둘이서 장난을 치다가 제정구가 정일우 신부의 바지를 확 잡아 내렸다. 다행히 겉옷만 벗겨지고 속옷은 안 벗겨졌다. 이번엔 반격할 틈을 노리던 정일우 신부가 제정구의 바지를 순식간에 잡아 내렸다. 그랬더니 제정구의 바지가 그만 속옷까지 다 벗겨져 알몸이 훤히 드러나고 말았다. 그걸 본 판자촌 사람들이 다 같이 배꼽을 잡으며 깔깔 웃어제꼈다.

판자촌 생활이 다 재미났던 건 아니다. 판자촌을 강제로 철거한다는 공고가 붙자, 정일우 신부와 제정구는 판자촌 주민들과 함께 살 곳을 찾아 매일같이 돌아다녔다. 가난한 사람들은 대부분 전문적 기술이 없기 때문에 막노동이나 식당일을 하려 해도 서울과 같은 대도시 근처에 살아야 아침 일찍 나와 일을 얻을 수 있다. 하지만 서울시내는 물론 변두리 어디에도 얼마 되지 않는 이주보상금과 자신들이 모아온 돈을 합쳐 살 수 있는 땅은 없었다. 결국 정일우 신부가 김수환 추기경에게 부탁해 독일의 한 후원단체를 찾아 얼마만의 목돈을 마련하고 땅을 샀다. 판자촌 사람들 간의 싸움이 시작된 것은 이때부터였다. 땅이 생기자 조금이라도 좋은 곳에 천막을 치고 자기 자리를 만들려고 싸움이 났다. 이뿐만이 아니다. 정일우 신부와 제정구가 자신들이 낸 계약금을 떼먹고 도망갈까 의심하고, 또 건축업자와 짜고 공사비를 올려 받는다고 모함했다. 가진 것 없던 판자촌 사람들이 난생처음 자기 것이 생기려 하니 욕심과 두려움이 난 것이다. 하루는 사람들이 몰려와 죽일 기세로 달려들었다. 이때 정일우 신부는 제정구에게 "우리 여기서 맞아 죽자"고 하며 포기하지 않고 자리를 지켰다. 마침내 집을 다 짓고 사람들은 그

동안 싸운 것도 다 잊고 추첨에 따라 자기 집을 정했다. 집 짓는 데 든 돈도 각자가 벌어 모두 갚았다.

도대체 가난이란 무엇일까? 제정구는 가난이 무엇인지 느꼈던 순간을 다음과 같이 말했다. 돌도 지나지 않은 자신의 첫째 딸이 급성폐렴에 걸려 병원을 찾았을 때였다. 병원비가 없어 온몸이 불덩이인 아기를 안고 정신없이 헤매다 겨우 무료로 치료를 받을 수 있는 의사를 찾았다. 의사는 어떻게 이 지경이 될 때까지 아기를 놔두었냐며 질책했다. 더 나빠질 수 없을 것 같은 참혹하고 비참한 심정이었지만, 그 순간 떠오른 것은 정말 가난한 사람들이었다.

"그 순간 내가 깜박 잊고 있었던 것은 이 모든 것이 판자촌 사람들이 겪는 일상이라는 사실이었다. 처의 친구 아버지 병원을 찾아가 아름이를 살리고 난 뒤 나는 결코 가난한 판자촌 주민이 아니라는 사실을 깨달았다. 돈이 없는 것은 그들과 같을지 모르지만, 돈 아닌 무형의 자산인 중, 고, 대학교의 친구들과 친척들이 있었던 것이다. 판자촌 주민 중에 급성폐렴에 걸린 자식을 나처럼 무료로 살릴 수 있는 사람이 몇 명이나 되겠는가? 그때까지 나는 내가 똑같은 판자촌 주민이요, 도시빈민이라는 허위의식에 젖어 있었던 것이다."

가난하더라도 도움이 필요할 때 어렵지 않게 손 벌릴 누군가가 있다면 정말 가난한 것이 아니리라. 정말 가난한 사람에게 가난은 지독하게 춥고 배고프고 부끄럽고 서럽고 지긋지긋하고 절박한 것이리라. 그러나 다른 한편으로 정일우 신부와 제정구는 가난한 이들에게서 우리 사회 전체를 이끌어 갈 희망을 보았다. 제정구는 말했다.

"전기, 수도, 도시가스, 하수도, 쓰레기, 교통 등으로 얽혀있는 도시는 공동 운명의 성격이 엄청나게 강화되어 싫든 좋든 도시기능이 잘못되기라도 하면 도시의 성원들은 다 같이 죽을 수밖에 없다. 생존이 옛날처럼 의식주에만 달려 있는 것이 아니라 도시기능에도 달려 있다는 말이다. 그런데 잘 살펴보면 도시기능이 원활하게 돌아가도록 가장 직접적이고 최종적으로 보살피는 일은 주로 가난한 이들이 담당하고 있다. 도시의 공동체적 기능을 유지시켜주는 사람은 바로 가난한 사람들이라는 말이다. 따라서 공동 운명의 성격이 가장 강력하게 발현된 현대사회에서 빈자는 당연히 천하지대본天下之大本이 될 수밖에 없다."

"판자촌 주민들은 그들이 사는 곳 앞이나 뒤 혹은 옆에서 흐르는 시궁창처럼, 지배자들이 퍼뜨린 온갖 의식의 독소와 물질적인 찌꺼기를 모두 짊어진 채 자신의 삶을 파괴하고 희생하면서 그 모든 쓰레기를 정화시켰다. 따라서 그들은 힘의 논리가 지배하는 이 세상을 그나마 지탱해주는 이 세상의 대속자代贖者들인 것이다."

정일우 신부 역시 가난한 이들에게서 다른 사람들이 보지 못하는 것을 보았다. 가장 비인간적인 환경 속에서 사는 사람들이 역설적으로 가장 인간적이고 생명력이 넘쳤다. 그런 그들의 삶은 그에게 질문을 던졌다.

"너의 삶이 삶이냐?"

"인간다운 삶이란 무엇이냐?"

정일우 신부는 무엇을 보았던 것일까? 그는 철거민, 빈민들의 삶이 자신의 머리를 망치로 '꽝' 치며 '삶이란 이런 것'이라고 깨우쳐주었다고 고백했다. 가난한 사람들은 살기 위해 솔직할 수밖에 없었다. 가진 것이 없기 때문에 자신을 있는 그대로 보여줄 수밖에 없고, 좋으면 좋고 싫으면 싫지, 체면을 차리기 위해 좋은 데도 싫은 척, 싫은 데도 좋은 척할 여유가 없었다. 또 살기 위해 서로를 의지해야 했다. 부모가 일하러 나가면 남겨진 아이들을 서로가 내 자식 남의 자식 할 것 없이 돌봐주었다. 빈민들의 순수하고 인간다운 모습을 보면서 신부는 감출 것 많고 솔직하지 못한 자신의 모습이 비인간적임을 깨달았다.

또한 철거과정에서 일어나는 엄청난 폭력에도 굴하지 않고 다시 일어나는 생명력을 보았다. 1986년 12월, 그는 한 강연에서 다음과 같이 말했다.

"금년 6월 26일 날, 이건 제가 들은 얘기고 직접 보지는 않았어요. 그날 가옥주 천 명이랑 전경 2백 명이랑 깡패들 3백 명과 철거반이 들어와서 막 두들겨 패버렸어요. 사람들을, 아주머니들을 사정없이 막 두들겨 팼어요. 그리고 다섯 살짜리였던 것 같은데 하여튼 꼬마 둘이 무서워서 엄마를 붙잡고 있는데 그 꼬마를 낚아채 꺼내가지고 공중에 그냥 던졌어요. 애들이 허리 다쳤고 그날 40명이나 다쳤어요."

"여러 번 그런 날이 있었는데, 하루 종일 싸우고 울고 외치고 욕하고 얻어맞고 밟히고 그랬어요. 하루 종일 당하고는 저녁때 천막에 모여서 기도할 때는 막 울고 울음판이 돼요. 기도가 끝나면 그 후에는 매번 아주 밝은 표정으로 노래하고 놉니다. 저는 이런 주민들이 놀라운 거예요. …… 사람의 생명이 흘러가는 강물이라면 도시 빈민들은 바로 그 강물 옆에 심어진 나무예요. …… 깡패들하고 싸우다가도 약간 틈이 생기면 휙 돌아서서 포크레인 꼭대기까지 올라가요. 놀랍습니다. 그 용기 또 그 생기, 저는 도저히 못할 거예요. 아마 그래서 그 생명력 그 생기 그 힘 그 용기 또 당하고 난 뒤에 노는 그런 것이 어디서 나오는지 하여튼 정말 신비롭습니다."

정일우 신부는 가난한 이들이 밟히고 쓰러져도 다시 일어나는 잡초와 같은 생명력에 감명받았다. 더 나아가 그는 가난해지는 것이 하느님에게 다가가는 길이라고 생각했다. 1986년 10월 상계동 철거민들이 철거반대운동을 하다가 텐트까지 빼앗겼을 때, 그는 철거민들 앞에서 이렇게 말했다.

"더 가난해졌으니까 잘된 거예요. 우리는 가난해지면 질수록 하느님과 가까워지고, 우리가 가난해지면 질수록 우리 힘이 없어지니까 그분의 힘이 드러나게 마련입니다. 오늘 이 일은 정말 잘된 일입니다. 너무나 잘된 일입니다."

또 철거민들을 위해 기도했다.

"인간이라면 보이지 않는 병을 앓지 않는 사람 없습니다. 그래서 주님께서 매일 우리 마음들 안에서 욕심 같은 그런 병을 치유하려고 무척 바쁘십니다. 주님, 계속 그런 일 하시고, 173번지 세입자들의 이 공동체를 지켜주시고, 차차 더욱더 하나가 되도록 해주십시오. 여기서 주님께서 활동하시는 것은 성당이나 예배당에 가서 기도하도록 하시는 것이 아닙니다. 살아계실 때 하신 것과 똑같이 우리가 참인간이 되도록 힘을 쓰시는 줄 압니다. …… 돈 싸움이 되어 간다면 우상숭배하는 것이고 우리는 황금의 노예가 되어버립니다. 그런 유혹을 이길 수 있는 힘을 주시고 매일매일 우리를 더욱더 참사람이 되게 해주소서."

빼앗긴 것이 잘됐거나 빼앗아간 사람들의 행위가 옳다는 말이 아니었다. 핵심은 자신이 가진 모든 것을 내려놓고 신에게 혹은 모두에게 의지하는 마음이었다. '서로 사랑하여라'라고 하신 성경말씀처럼 모든 이웃을 형제자매처럼 여기고 그 속에서 살아가는 마음이었다. 그것이 정일우 신부가 평생 되고 싶었던 진짜 사람의 모습, 즉 하느님을 닮은 사람의 모습이었다.

"난 정말 죽기 전에 사람이 되고 싶었어요. 가난뱅이, 사회의 찌꺼기, 쓰레기라 불리는 사람들이 사는 자리는 사실 인간이 되어가는 자리였어요. 그 생명의 강을 거스르지 않고 따라가기만 하면 사람이 될 수 있겠구나 하는 결론이 나왔지요."

정일우 신부가 생각하는 가난은 참사람이 되어가는 자리였고 동시에 참 사회를 만드는 자리였다. 그것은 각자가 해야 할 싸움이고 동시에 모두가 함께해야 할 싸움이었다. 그는 말했다.

"왜 그 싸움을 제일 힘이 없는 사람들한테 맡겨버리느냐 이렇게 묻고 싶어요. 그 사람들 먹고 살기도 바쁜데 말이죠. 게다가 왜 그 사람들만이 이 나라를 위해서 싸워야 하는지 정말 따져 묻고 싶어요. 너무 한다고 생각해요. 힘이 있는 사람, 힘을 가진 사람, 권력이 있는 사람, 배운 사람이 싸움을 안 한단 말이에요. 도시빈민들이 얻어맞고 다치고 죽고 그렇게 함으로써 이 사회가 정의로운 사회가 된다면 저나 여러분들께서 그 덕을 볼 겁니다. 그렇다면 같이 해야지요."

가난은 깃발이 선 자리다. 불의와 불평등, 부정부패, 사회구조적 모순이 깃발처럼 펄럭이며 신호를 보낸다. 그 신호를 늦지 않게 알아채고 변화한다면 그 사회는 더 나은 곳이 될 수 있다.

가난은 또한 치열하게 싸우는 자리다. 물질적으로 아무것도 없이 맨몸으로 싸우는 자리이며, 심리적 차원에서 자신을 비우고 신과 마주 서야 하는 자리다. 벼랑 끝에서 두 주먹 불끈 쥐고 물리적으로 이길 수 없는 싸움을 싸우는 자리이며, 동시에 내 마음 다 내려놓고 대신 모두의 마음이 되어 오직 신과 정의에 의지해 싸우는 자리다. 간절히 구하되 '그러나 내 뜻대로 하지 마옵시고 아버지의 뜻대로 하옵소서(마태복음 26:39)'하신 예수님의 말씀처럼 모든 결과를 받아들이는 겸허한 마음으로 싸우는 자리다. 나를 버리고 모두를 얻는 자리이며, 하늘나라의 마음으로 지상에서 싸우는 자리다. 그것은 영원히 지면서 또한 영원히 이기는 싸움이다. 그것은 참인간이 해야 할 단 하나의 싸움이다.

옛날에 어떤 성자가 있었다. 한 번은 그 성자가 제자들을 불러 모아놓고 이렇게 물었다.

"밤의 어두움이 지나고 새날이 밝아온 것을 그대들은 어떻게 아는가?"

제자 중 한 사람이 대답했다.

"동창이 밝아오는 것을 보면 새날이 온 것을 알 수 있지요."

그러자 스승이 말했다.

"아니다."

또 다른 제자가 대답했다.

"창문을 열어보고 사물이 그 형체를 드러내어 나무도 꽃도 보이기 시작하면 새날이 밝아온 것을 알 수 있지요."

"아니다."

스승은 말했다.

"너희가 눈을 뜨고 밖을 내다보았을 때, 지나다니는 모든 사람이 형제로 보이면 그 때 비로소 새날이 밝아온 것이다."

- 김수환 추기경의 『참으로 사람답게 살기 위하여』 중에서

# 인술이란 무엇인가

## 장기려

**장기려**(1911년 8월 14일-1995년 12월 25일)

한국 외과의사다. 평양에서 외과의사로 근무하다가 6·25전쟁 때 월남하여 부산에 정착했다. 피난민, 빈민을 위한 무료병원을 열어 운영했으며 뒤에 복음병원을 설립했다. 지금과 같이 정부에서 전 국민을 대상으로 시행하는 의료보험제도가 없을 때, 청십자의료보험조합을 만들어 가난한 사람들이 스스로 도울 수 있는 길을 열었다. 1979년 막사이사이상을 수상했다. 그는 의사가 된 이유에 대해 다음과 같이 말했다. "나는 의학도가 되려고 지원할 때에 치료비가 없어서 의사의 진찰을 받지 못하고 죽는 환자가 불쌍하다고 생각이 되어 그러한 환자를 위하여 의사 일을 하려고 결심하였다. 그래서 의사가 된 날부터 지금까지 치료비가 없는 환자를 위한 책임감이 증대될 뿐 아니라 잊어버린 날은 없었다. 나는 이 결심을 잊지 않고 살면, 나의 생애는 성공이요, 이 생각을 잊고 살면 실패라고 생각하고 있다."

## 너 자신을 환자의 입장에 두게 하라.

— 조지프 리스터,[105] 영국 외과의사

    1935년 외과의사인 장기려가 한 환자의 수술을 맡았다. 그 환자는 스물다섯 살의 청년이었는데, 충수염성 복막염에 합병증으로 패혈증 증상까지 있어 매우 위독한 상태였다. 당시 적절한 치료약이 아직 개발되지 않았던 때라, 장기려는 의사로서 할 수 있는 대로 우선 복부수술을 해서 고름을 제거한 뒤 자연치유력에 의해 회복되기를 기다렸다. 그러나 그의 바람과는 달리 환자의 상태는 쉽사리 나아지지 않았다. 매일 고열이 계속되고 때때로 혼수상태에 빠졌다.

    장기려는 속으로 생각했다.

    "저 환자는 도저히 견뎌낼 수 없겠구나."

    그런데 놀랍게도 일주일을 넘길 것 같지 않던 환자가 한 달 이상 버텼다. 알고 보니 환자는 아버지를 생각하며 육체의 고통을 참고 이겨내고 있었다.

    "아버지가 살아계시는 동안에 자식인 내가 먼저 가면 안 됩니다."

    그러던 중 하루는 환자가 장기려에게 자신의 상태가 어떤지 계속해서 물었다.

    "선생님, 제가 얼마나 살 수 있을까요. 나을 수는 있는 겁니까?"

    장기려는 별생각 없이 의사로서의 소견을 솔직히 말해주었다.

    "글쎄요. 의사가 보기에는 도저히 극복할 수 없는 위기를 잘 이겨왔다고 보입니다. 사실 의사로서는 자신이 없습니다."

    그 말을 듣고 환자는 눈물을 흘렸다. 그리고 그 뒤 불과 3시간 만에 숨을

---

105) 조지프 리스터(Joseph Lister, 1827년 4월 5일-1912년 2월 10일)는 영국 외과의사다. 무균수술법을 개발하고 혈액 응고에 관한 연구로 현대 외과수술의 발전에 기여했다.

거두었다. 무엇이 그 환자를 죽게 만들었을까? 의사의 말이 환자에게 어떤 영향을 주었을까? 장기려의 말이 살고자 한 의지를 꺾어 더 살 수 있는 환자를 죽게 만든 것일까, 아니면 환자 자신도 속으로는 더 이상 버티기 어려워 놓고 싶었던 삶의 희망을 억지로라도 놓을 수 있게 도와준 걸까? 진실이 무엇이든 간에, 장기려는 한없이 자책했다.

그는 다음과 같이 생각했다.

'내가 무슨 말을 한 건가. 내가 무얼 다 안다고 소망이 없다는 말을 함부로 했을까. 정신적인 영으로 육의 생물학적인 법칙을 지배하고 사는 생명을 도와드리지는 못하고 육의 생명과 영을 분리하는 데 도움을 주는 말을 했을까.'

그렇다면 어떤 말을 해야 할까? 의사로서 가장 난감한 상황 중 하나가 바로 불치병에 걸린 환자에게 병에 관해 말해야 하는 상황일 것이다. 환자가 불치병에 걸렸다면 의사는 진실을 얘기해야 할까, 아니면 거짓말을 해야 할까? 진실을 얘기한다면 환자는 죽는다는 생각에 절망에 빠질 것이고, 거짓말을 한다면 병의 진행과 의사의 말이 다르므로 앞으로 의사를 신뢰하지 못하게 될 것이다. 과연 무슨 말을 어떻게 해야 환자에게 도움이 될까?

장기려는 이 같은 상황에 관해 한 칼럼에서 다음과 같이 말했다.

"이때 의사나 환자 그리고 보호자들이 주의하여야 할 것은 병이 '불치'라는 말과 '소망이 없다'는 것은 전혀 다르다는 점이다. 왜냐하면 불치라는 것은 육의 병에 대한 말이며, 소망이 없다는 것은 마음에 대한 말이기 때문이다. 불치병에 걸린 환자라 할지라도 생명에 대한 올바른 신념을 가지고 인생관이나 세계관이 확립되어 있기만 하면 항상 소망 가운데 평안한 삶을 지속할 수 있다."

그는 독실한 기독교 신자였고, 영적 생명의 영원함을 믿는 기독교적 세계관을 갖고 있었다.

"사람의 생명은 육적, 생물학적 생명만이 아니다. 사회에서 살 때, 사회적, 법적, 도덕적 생명을 살면서, 또한 하나님과 같이 사는 영적 생명을 사는 것이다. 그리고 이 생명의 본체는 하나님의 사랑이다. 생물학적 생명은 정지되는 때가 있으나 영적 생명은 사랑하는 한 영원하다. 이와 같은 순수한 사랑을 체험한 사람은 생물학적 생명의 정지를 조금도 두려워하지 않는 이성을 가지게 된다. 그리고 인격의 영생을 믿으므로 그의 말과 행동이 언제나 낙관적이다. 죽음을 두려워하기보다 생을 즐기고 감사하는 삶을 살게 되는 것이다."

그는 이 같은 세계관을 가진 의사가 환자를 올바르게 지도할 수 있다고 생각했다. 그리고 그 세계관의 핵심은 사랑이었다.

"무엇보다 의사는 환자를 사랑으로 대해야 한다. 환자를 자기 몸과 같이 생각하고 돌아볼 때 올바른 치료가 이루어질 것이다. …… 불치병 환자는 물질의 공급만으로는 전혀 도움을 받지 못한다. 그에게 더 필요한 것은 마음의 양식, 곧 진실한 사랑이다. 곧 그 인격의 긍정이며, 영원한 생명과의 호흡을 느끼게 해주는 것이다."

그렇다면 환자를 사랑으로 대한다는 것은 구체적으로 무엇을 말하는 것일까?


젊은 환자의 일이 있은 후 30여 년이 지난 1968년 어느 날, 장기려가 있는 부산 복음병원으로 한 응급환자가 실려 왔다. 환자는 타고 가던 자동차가 폭발하면서 화재가 발생해 온몸이 불에 타 새까만 숯덩이가 되어있었다. 당시 복음병원에는 화상을 전문적으로 치료할 수 있는 시설이나 의사가 없었다. 장기려는 부산에서 제일 큰 병원에 있는 미국인 의사에게 급하게 도움을 요청했다. 그런데 환자를 살펴본 미국인 의사의 첫마디는 다음과 같았다.

"가망 없습니다."

"그렇다면 혹시 목숨이라도 살릴 방법은 없을까요?"

"한 가지 있긴 있습니다만, ……."

"무엇입니까?"

"팔, 다리를 몽땅 자르면 목숨은 혹시 구할 수 있을 것 같습니다."

절체절명의 순간이었다. 의사에게는 결단의 순간이었고, 환자에게는 운명의 순간이었다. 어떻게 해야 할까? 팔다리를 모두 자르고 목숨을 구할 것인가, 아니면 목숨을 살리지 못한다 할지라도 팔다리를 자르지 않는 방법을 시도할 것인가? 그러나 만약 목숨을 살리지 못한다면 팔다리를 자르지 않는 것도 아무 소용이 없게 될 것이다. 과연 의사는 무엇을 선택해야 할까? 환자를 위해 무엇이 최선일까?

장기려는 결단을 내렸다.

"안 됩니다. 팔다리를 잘라놓고 목숨만 붙여놓으면 무슨 인간 구실을 하겠습니까? 사람의 목숨은 하나님의 손에 달려 있습니다. 우리가 할 수 있는 한 최선을 다해보겠습니다."

사실 환자는 외국 유학을 다녀온 사람이어서 둘 사이에 영어로 나누는 대화를 다 알아듣고 있었다. 그도 속으로 장기려와 같은 생각이었다.

'차라리 죽는 게 낫다. 팔다리 없이 살면 차라리 자살해버리겠다.'

생사를 넘나드는 긴 시간이 흐르고, 환자는 한쪽 눈이 멀고 얼굴은 흉터로 일그러지고 손가락은 오그라들었지만 결국 팔다리를 절단하는 일 없이 살아날 수 있었다.

그렇다면 장기려는 어떻게 해서 그 같은 결단을 내렸을까? 의사 입장에서 보면 팔다리를 자르더라도 환자의 생명을 살릴 수 있다면 그렇게 하는 게 안전하고 나중에 책임추궁도 피할 수 있는 최선의 선택일 수 있다. 반면 팔다리를 자르지 않으면 환자의 생명이 위태로울 수 있다는 것을 알면서도 그런 시도를 하는 것은 위험한 선택일 것이다. 그런 시도를 했다가 환자가 죽기라도 한다면, 어떻게 할 것인가? 과연 그 같은 결단을 내려야 할 상황에서 무엇이 옳은 선택인지 어떻게 알 수 있을까? 수술결과를 미리 알 수 없는 상황에서 장기려의 선택이 옳은 선택이라고 누가 말할 수 있을까?

나중에 장기려는 한 신문에 기고한 칼럼에서 자신이 갖고 있던 생각을 다음과 같이 밝혔다.

"나는 환자를 진료하면서 '내가 환자 자신이라면⋯⋯'하고 생각할 때가 많아졌다. 특히 수술을 권할 때는 '나 같으면 이 병으로 수술을 받겠는가?'하고 자문자답을 해보고 결론을 내린다. 신체 부분을 절제할 것인가, 아니면 그냥 두고 경과를 본 후 결정할 것인가를 판단해야 할 때도 환자가 곧 나 자신이라고 생각하면 거의 틀림없이 올바른 판단이 내려지게 되는 것을 종종 경험하고 있다. 의사가 환자를 자기와 동일화시켜 진단하는 것이 가장 좋은 방법인 것이다."

그가 환자를 먼저 생각하는 것은 무엇보다 환자에 대한 사랑으로 인해서였으며, 그것은 또한 하나님의 사랑을 구체적으로 드러내는 행위였다. 그는 또 말했다.

"우리 의료사업을 하는데 황금술로 지적되고 있는 것은 저 유명한 영국의 외과의사 리스터의 말이다. 즉, '너 자신을 환자의 입장에 두게 하라'라는 금언이다. 이 금언은 '네 이웃을 네 몸과 같이 사랑하라'는 말씀의 구체적 표현이다."

그러면 만약 수술이 잘못되었다면 어떨까? 그러게 의사 입장에서 안전한 선택을 했어야 했다고 후회할까? 환자에게 수술동의를 받았다면, 잘못된 수술결과에 대한 책임도 환자가 지는 것이 당연하다고 할 수 있을지 모른다.

그러나 그뿐일까? 의사가 진정 환자를 사랑하는 마음을 지녔다면 어떻게 행동할까?

장기려는 동료 의사, 간호사들과 함께 병에 걸려도 병원에 오지 못하는 환자들을 찾아 치료하기도 했다. 6·25전쟁이 끝나고도 오랫동안 부산에는 피난민들과 갈 곳 없는 행려병자들이 많았다. 어느 날, 장기려가 그 행려병자 중 한 명을 수술하던 중 의료사고가 발생했다. 환자는 척추가 결핵균에 감염되어 두 다리가 경련성마비증상을 보였다. 수술은 환자의 척추뼈에서 결핵균에 감염된 부분을 잘라내고 그곳에 다른 뼈를 잘라다가 심어주는 수술이었다. 그런데 수술 도중에 뼈를 자르다 그만 신경을 건드려 환자는 목과 양팔을 제외한 몸 전체가 마비되고 말았다.

수술이 끝나고 환자와 환자 보호자에게 장기려는 자신을 방어하기보다 실수를 인정하고 용서를 청했다.

"이건 나의 실수입니다. 이 분의 앞으로 생활을 내가 책임지겠습니다."

장기려는 환자에게 방을 얻어주고 자신의 월급에서 일부를 떼어 생활비를 보조했다. 또 자주 찾아갔다. 환자는 처음에는 그를 원망하며 찾아오지 말라고 했다. 하지만 그는 계속해서 찾아갔고 이렇게 말했다.

"하나님께서 주신 생명을 쉽게 포기할 수는 없습니다."

그는 환자의 재능을 알아보고 갈 때마다 책을 사 가며 말했다.

"당신은 뭐가 되어도 좋은 사람이 될 겁니다. 그러니까 당신의 길을 쭉 개발해가세요. 마음과 정신을 개발하세요."

그 뒤 환자는 누워서도 달걀을 받을 수 있는 양계장을 개발해 운영하기도 하고 많은 책을 읽으며 글도 쓰기 시작했다. 또 자신을 돌보던 간병인 여성과 결혼하여 기적처럼 자식도 생겼다.

장기려는 죽기 전까지 30년이 넘게 그를 찾아가 격려하고 함께 시간을 보냈다. 환자는 장기려가 죽은 후 그와 함께했던 시간을 회고하며 이렇게 말했다.

"…… 이렇게 크게 많은 말씀은 안해주시고, 같이 그냥 근황도 물어보시고, 같이 그냥 부자지간에 시간을 보내듯이, 그렇게 있는 거예요. 있으면서도 말 없는 사이에 이렇게 마음이 오가는 거죠."

"(장기려) 박사님은 그러신 거 같아요. 좋은 영향은 말을 한다고 해서 받는 것이 아니라 어느 정도의 시간을 같이 나눠주느냐, 거기에서 영향을 받는다고 그렇게 하신 것 같아요."

과연 장기려가 생각하는 인술仁術이란 무엇일까? 환자를 사랑으로 대하는 것이 그에게 어떤 의미일까?

1990년, 80대에 가까워진 그에게 한 기자가 물었다.

"오늘날 많은 의사들은 인술보다는 돈벌이의 노예가 되어가고 있는데, 이 점에 대해 어떤 견해를 갖고 계시는지요."

그가 대답했다.

"물론 그런 사람들도 있겠지요. 그러나 대개의 의사들은 인술을 소중히 여기고 있다고 봅니다. 맹자를 읽어보면 제사용 짐승을 죽이는 것도 불쌍하게 여기는 '차마 견딜 수 없는 마음, 차마 하지 못하는 마음不忍人之心'에 관한 말이 있어요. 이 불쌍히 여기는 마음이 없으면 인간이 아니라고 했어요. 그런데 불쌍히 여기는 마음이란 불쌍한 현실을 많이 접하는 사람일수록 큰 법이지요. 그렇게 본다면 병의 고통에 시달리면서 죽음과 싸우는 환자를 만나고 돌보는 의사는 언제나 이 불쌍히 여기는 마음을 가지고 있다고 보아야 해요. 그런 의미에서 의사는 결국 인술을 행하는 사람일 수밖에 없지 않겠어요."

장기려는 인술을 설명할 때 성경에 나오는 선한 사마리아인의 이야기[106]와 맹자에 나오는 이야기를 즐겨 인용하였다. 맹자 이야기의 원문은 다음과 같다.

어느 날 제나라 의왕이 맹자에게 물었다.

"덕이 어떠해야 통일된 천하의 왕이 될 수 있습니까?"

맹자가 대답했다.

"백성들을 평안히 살게 해주고 왕이 된다면 아무도 그를 막을 사람이 없을 것입니다."

다시 왕이 물었다.

"나같은 사람도 백성을 평안히 살게 해 줄 수 있을까요?"

"하실 수 있나이다."

"어떤 근거로 내가 할 수 있다는 것을 아십니까?"

그러자 맹자가 말했다.

"제가 호흘이라는 신하에게서 다음과 같은 이야기를 들었습니다. 왕께서 대청 위에 앉아 계실 적에 소를 끌고 대청 아래를 지나가는 사람이 있었는데, 왕께서 그것을 보시고 '소를 어디로 끌고 가느냐?' 하시니, 그 사람이 대답하기를 '피를 받아서 종에 바르려고 합니다'고 했나이다. 그랬더니 왕께서 '그 소를 놓아주어라. 나는 그 소가 부들부들 떨면서 아무 죄도 없이 사지로 끌려가는 꼴을 차마 보지 못하겠구나'라고 말씀하셨나이다. 그래서 그 사람이 '그러면 종에 피를 바르는 것을 그만두오리이까?'라고 묻자 왕께서는 '어찌 그만둘 수 있겠느냐? 양으로 바꿔서 해라'라고

---

106) 선한 사마리아인의 이야기는 예수님이 어느 율법학자에게 하신 말씀이다. 예수님이 말씀하셨다. "한 사람이 예루살렘에서 여리고로 가다가 강도를 만났다. 강도는 그의 옷을 벗기고 때려 거의 죽게 된 채로 내버려두고 갔다. 마침 한 제사장이 길을 가다 그 사람을 보더니 반대쪽으로 지나갔다. 한 레위 사람도 지나가다 그 사람을 보더니 반대쪽으로 지나갔다. 그러나 한 사마리아인은 지나가다 그 사람을 보고 불쌍한 마음이 들어 가까이 다가가 상처를 싸매주었다. 그리고 근처 여관에 데려다주고 여관주인에게 돈을 주며 '저 사람을 잘 돌봐주시오. 돈이 더 들면 내가 돌아와서 갚겠소'라고 말했다. 이야기를 마치고 예수님은 율법학자에게 물었다. "이 세 사람 중 누가 강도 만난 사람의 이웃이라고 생각하느냐?" 율법학자는 "그에게 자비를 베푼 사람입니다"라고 대답했다. 그러자 예수님은 "너도 가서 이와 같이 하여라"라고 말씀하셨다. (누가복음 10장 30-37절)

하셨다고 합니다. 정말 그런 일이 있었습니까?"

왕이 그렇다고 대답하자, 맹자가 말했다.

"그런 마음이라면 통일된 천하의 왕이 되기에 충분합니다. 백성들은 모두 왕께서 소 한 마리가 아까워서 그랬다고 하지만, 저는 왕께서 끌려가는 소의 모습을 볼 수 없어서 하신 것임을 알고 있나이다."

왕이 말했다.

"그렇습니다. 실제로 그렇게 생각하는 백성들이 있습니다. 그러나 제나라가 비록 작기는 하지만 내가 어찌 소 한 마리를 아까워하겠습니까? 그 소가 부들부들 떨면서 죄도 없이 사지에 끌려가는 꼴을 차마 볼 수 없었기 때문에 양으로 바꾸라고 말한 것입니다."

이에 맹자가 말했다.

"왕께서는 백성들이 왕께서 소를 아껴서 하신 것이라고 이르는 것을 과히 여기지 마옵소서. 백성들은 단지 왕께서 작은 양으로 큰 소를 바꾸는 것만을 보았을 뿐이니, 어찌 왕의 깊은 뜻을 알 수 있겠습니까? 그런데 왕께서 소가 아무런 죄도 없으면서 사지로 끌려가는 것을 측은하게 생각하셨다면 어찌 소와 양을 차별하셨는지요?"

그러자 왕이 웃으며 말했다.

"내가 정말 무슨 마음에서 그랬을까요? 내가 재물을 아끼느라 양으로 바꾸라고 한 것은 아니건만 백성들이 나보고 재물이 아까워 그랬다고 말하는 것도 무리가 아니겠군요."

맹자가 말했다.

"왕께서는 너무 상심하지 마옵소서. 그것이 바로 인술입니다. 왕께서 소와 양을 차별하신 것은 소는 직접 눈으로 보았지만 양은 보지 못했기 때문입니다. 군자는 금수를 대함에 있어서 살아있는 모습을 보고서는 차마 그것이 죽어가는 것을 보지 못하며, 애처롭게 우는 소리를 듣고서는 차마 그 고기를 먹지 못합니다. 그러므로 군자는 푸줏간을 멀리하는 것입니다."[107]

이와 같은 내용을 인용하면서 장기려는 '인술이란 눈앞에 나타난 생명을 해하지 않는 동정심'에서 나온다고 했다.

위 이야기는 한편으로는 단순명료하지만 다른 한편으로는 그렇지만도 않다. 소가 불쌍해 살려준다면 그 소를 대신한 양은 죽게 내버려둘 것인가? 눈앞에 불쌍한 사람만 도와준다면 눈에 보이지 않는 수많은 불쌍한 사람들은 어쩔 것인가? 소위 근본적인 대책, 제도의 개혁이 있어야 하지 않겠는가?

이와 관련하여 장기려가 인용하는 성경말씀 중에 다음과 같은 내용이 있다.

한 여인이 매우 귀한 향유 한 옥합을 가지고 예수께로 나아가 그의 머리에 부었다.

이를 본 제자들이 분개하여 말했다.

"이 무슨 낭비냐? 이 향유는 비싼 값에 팔아 그 돈을 가난한 자들에게 줄 수 있지 않느냐?"

예수께서 이를 보시고 말씀하셨다.

"너희는 왜 이 여인을 괴롭히는가? 그는 좋은 일을 했도다. 가난한 자들은 항상 너희와 함께 있을 것이지만 나는 너희와 그렇지 못할 것이다. 이 여인이 내 몸에 향유를 부은 것은 내 장례를 위한 것이다. 내 진실로 이르노니, 이 복음이 전파되는 모든 곳에 이 여인도 기억하며 그가 행한 바를 전하리라."

– 마태복음 26장 7-13절[108]

---

107) 뒤이은 이야기에서 맹자는 왕에게 "지금 왕의 은혜가 금수에게까지 미칠 정도로 충분하면서도 그 공적이 백성들에게는 미치지 못하는 것은 유독 무슨 까닭입니까"라고 물으며 왕이 자신의 자비심을 백성에게 확장시킬 수 있도록 돕고 있다. 나아가 왕이 전쟁을 통해 천하를 통일하려는 욕망을 가지고 있음을 알고 그럴 경우 반드시 재앙이 따를 것임을 말하고 어진 정치를 하여 근본으로 돌아갈 것을 권고했다.

108) 같은 내용이 누가복음, 요한복음, 마가복음에도 나와 있다. 세부내용이 조금씩 다른데, 누가복음에는 여인이 예수님의 발

향유 한 옥합은 당시 보통 일꾼의 일 년 치 봉급 정도 되는 돈의 값어치를 지닌 물건이었다. 그 같은 비싼 선물을 예수님을 위해 쓰자, 제자들은 그것을 팔아 가난한 자들을 돕는 데 쓰지 않음을 비판했다. 하지만 모든 것을 아시는 예수님은 제자들을 물리치고 그의 행위를 축복했다.

과연 예수님이 그같이 행한 뜻은 무엇일까? 사치스러운 향유를 쓰기보다 그 돈으로 가난한 사람들을 돕자는 제자들의 말이 뭐가 잘못된 것일까? 설사 자신의 장례를 위한 선물일지라도, 자신보다 가난한 사람들을 더 아꼈던 예수님이 왜 제자들의 말을 물리쳤을까?

이 같은 이야기를 물질적, 행위적 차원에서만 해석한다면 이해하기 어렵다. 예수님은 원래부터 그 같은 차원에서 문제를 해결하려고 하지 않았다. 만약 그랬다면 가난하고 억압받는 민중을 위해 나라를 뒤엎는 반란이나 혁명을 일으켰을 것이다. 문제는 그렇게 풀리는 것이 아니었다. 문제의 근본 원인은 심리적, 영적 차원에 있었고, 그것은 억압하는 자와 억압받는 자, 모두의 마음속에 있었다.

장기려가 보기에 예수님의 제자들은 물질적인 차원을 벗어나지 못했고 그 동기가 순수하지 못했다. 그는 다음과 같이 해석했다.

"제자들은 이해타산적이었기 때문에 진실하지 못했다. 예수님은 여인의 마음을 보셨기 때문에 인격적이었다. 여기에서 우리는 하나의 원리를 발견할 수 있다. 즉 이웃에 대한 선행이 자기의 정의와 일치되지 않을 때에는 거기에 비진실(죄)이 도사리고 있는 증거다."

반면 여인의 마음속에는 순수한 사랑이 있었다고 보았다.

---

곁에서 눈물을 흘리며 발에 입 맞추고 향유를 부었으며 자신의 죄를 탕감받기 위해 그랬다고 쓰여 있다. 또 요한복음에는 여인의 행위를 비판하는 말을 한 사람이 제자 중 나중에 예수님을 팔아넘긴 가룟 유다이며, 그가 재무담당이었고 만약 향유를 돈으로 바꾼다면 그 돈을 훔쳐갈 의도로 그 같은 말을 했다고 쓰여 있다.

"여인은 예수님에 대한 순전한 사랑에서 자기의 가장 귀한 것을 바쳤다. 비싼 향유는 그 여인의 소유 중 최대의 것이었다. 그리고 그 기름을 예수님의 발에 붓고 자기의 머리털로 씻은 것은 인격 전부를 바친 사랑의 표현이었다."

도대체 예수님이 여인의 사치스러운 선물을 받아들인 이유는 무엇일까? 그것이 자신의 장례를 위한 선물이 아니었다면 받아들이지 않았을까? 그렇게는 생각되지 않는다. 왜냐하면 예수님은 분명 그의 마음속에 순수한 사랑을 보았을 것이고, 하나님의 법칙에 따르면 순수한 사랑은 분명 좋은 결실을 맺을 것이기 때문이다.

어쩌면 우리가 여기서 얻을 수 있는 가장 큰 교훈은 바로 이것일지 모른다. 평범한 우리는 우리 안의 사랑이 미래에 어떤 결실을 맺을지 알지 못한다. 하지만 위 성경말씀에서 예수님은 그것이 반드시 좋은 결실을 맺을 것임을 보여주고 있다. 즉 우리는 오직 우리의 사랑이 진실하기를, 또 우리가 할 수 있는 일에 최선을 다할 뿐이며, 나머지는 하나님 뜻에 맡기라는 것이다.

현실적인 비판을 하는 사람들이 보기에, 사치스러운 향유를 바친 여인이나 소를 양으로 바꾸게 한 제나라 의왕이나 모두 어떤 실질적인 문제해결에는 미치지 못하는 제한된 시각을 갖고 있었는지 모른다. 하지만 이들의 마음에는 진실한 사랑과 자비가 있었다. 진정한 문제해결은 이러한 마음을 확장시키고 발전시키는 데 있지, 이러한 마음의 뿌리를 잘라내는 데 있지 않다.

장기려는 말했다.

"오늘의 사회사업가들 중에는 불쌍히 여기는 마음으로 소수에 봉사하는 것보다는 더 과학적으로 조직적인 집단봉사가 더 유효하다고 하는 사람이 있을 것이다. 그런데 자발적 봉사의 밑뿌리가 되는 긍휼의 마음에는 과학적 봉사를 반대하지 않을 뿐 아니라 더 과학적으로 하게 한다."

진정으로 이웃을 사랑하는 사람은 단순한 자선행위에 만족하지 않을 것이다. 봉사단체에 가입하여 일한다면 그 단체가 꼭 필요한 곳에 도움을 베푸는지, 재정은 효율적으로 운영되는 지에도 관심을 가질 것이며, 나아가 제도를 바꾸거나 정치를 변화시키는 데도 관심을 가질 것이다.

장기려는 1970년대를 전후하여 평화운동으로 관심을 넓혔다. 그가 로버트 케네디의 죽음을 보며 쓴 글은 사회 변화에 대한 그의 생각을 알 수 있다. 로버트 케네디[109]는 그의 형 존 F. 케네디가 대통령으로 있을 때 법무장관으로 일했으며, 존 F. 케네디가 암살당한 뒤, 그의 형과 마찬가지로 개혁적인 주장을 펼치며 대통령 후보에 나서 선거유세를 하던 중 암살당해 죽었다. 당시 기독교인 중에는 로버트 케네디의 죽음을 비판적으로 보는 시각이 있었다. 물질만능주의와 향락주의 등에 빠져 하나님의 뜻을 거스른 미국 사회가 스스로 충분한 고통을 겪고 난 뒤 하나님이 정한 때가 되어 변화할 터인데, 그걸 로버트 케네디가 억지로 변화시키려다가 죽임을 당했다는 주장이었다. 다시 말하면, 영성적 차원에서 해결해야 할 문제를 정치적으로 해결하려고 시도했다가 죽었다는 것이다.

이에 대해 장기려는 그의 칼럼에서 다음과 같이 반대의견을 제시했다.

"보는 입장에 따라 그렇게 보일지 모른다. 그러나 나의 생각은 그렇지 않다. 확실히 케네디를 쏜 사람은 미국 사회에 있어서 과학주의, 정치주의, 물

---

109) 로버트 케네디(Robert F. Kennedy, 1925년 11월 20일-1968년 6월 6일)는 미국 정치가다. 그의 형 존 F. 케네디는 미국 대통령을 지냈으며, 리 오스왈드에게 저격당해 숨졌다. 로버트 케네디는 존 F. 케네디 정부 하에서 법무장관으로 근무했으며, 뒤에 형을 이어 대통령 후보에 출마해 선거운동을 벌이던 중 암살당해 죽었다. 1963년 존 F. 케네디 암살, 1968년 로버트 케네디 암살은 로버트 케네디가 죽기 2달 전 역시 암살당해 죽은 마틴 루터 킹의 죽음과 연관지어 볼 수 있다. 이들은 모두 미국사회 개혁을 위해 노력했던 인물이었다. 로버트 케네디는 그가 법무장관으로 있을 당시 마틴 루터 킹과 흑인민권운동 지도자들이 폭도의 위협을 받고 있다는 사실을 알고 이들의 보호를 위해 400여 명의 연방보안관을 보낸 바 있다. 로버트 케네디는 워싱턴 앨링턴 국립묘지, 그의 형 존 F. 케네디 옆에 묻혔다.

질주의, 경제주의, 현실주의 심리와 사상에 의하여 하나님에 대한 신앙을 잃었기 때문에 폭력으로 해결하려는 자들의 앞잡이로 등장했다고 생각된다. 그러나 케네디가 대통령 후보로 나선 것은 월남전의 과열과 존슨의 출마 포기로 갑작스럽게 추진되었다 할지라도 하나님의 때를 단축시키려고 한 교만에서 비롯된 것이라고 보이지 않는다. 그리고 그가 정치적으로 문제를 해결하려고 한 것을 하나님은 '아니야'하고 못마땅하게 생각하신다고 여기는 이가 있을지 모르지만, 나는 정치적으로 문제를 옳게 해결하려고 하는 자를 찾으시고 뒷받침해주시는 하나님으로 믿어지지, 그것을 못마땅하게 여기실 것으로 생각하지는 않는다."

그는 또 말했다.

"세계평화와 흑백문제 해결에 어느 것이 더 첩경이겠는가? 케네디가 대통령이 되어 정치적으로 대결하는 길이겠는가? 그렇지 않으면 폭력배의 손에 맞아 죽어 그들의 마음을 움직이게 하는 것이 더 첩경이겠는가? 아마도 나는 후자가 아닌가 생각된다. 그래서 하나님은 케네디를 뽑아 그렇게 사용하셔서 비폭력주의가 옳다는 것을 또 한 번 세계에 외치고 많은 사람을 감동케 하셨다."

로버트 케네디의 암살과 그보다 두 달 전 발생한 마틴 루터 킹의 암살은 미국 사회의 여론을 변화시켰다. 이러한 사회적 분위기 속에서 의회는 그때까지도 계류 중이던 총기규제법을 아슬아슬한 표차로 통과시키는 데 성공했다. 이 법으로 중범죄 전과자, 불명예제대자, 정신병력자 등의 총기구입이 금지됐다.[110]

이와 같이 장기려는 기본적으로 영성적 차원에서 사회문제를 접근했지만,

---

110) 미국에서 총기관련사건이 총기규제법규의 강화로 이어진 사례는 이때를 제외하고는 거의 드물다. 총기규제는 현재까지도 미국 내 가장 심각하고 논란이 많은 문제들 중 하나다.

그의 영성적 차원은 정치적 차원의 문제해결에 반대하거나 그와 대립하는 차원이라기보다 그것을 포괄하는 것이었다. 그것은 우리가 인간이기에 모든 것을 알 수 없으니, 그러므로 각자는 최선의 노력, 선한 노력을 계속하되, 그 결과는 하나님의 뜻으로 겸허하게 받아들이는 것을 의미했다.

그는 말했다.

"하나님은 왜 정치가의 두뇌로 하지 못하는 것을 이와 같이 많은 사람의 피를 흘리게 해서 역사를 이루시는지 나는 잘 모른다. 다만 하나님은 진리요, 원리이기 때문에 십자가를 통하여 부활로 죽음을 지나 영생으로 가는 원리를 보여주셨기에 회의하면서도 그렇게 되는 것이 옳은 줄 믿을 뿐이다."

장기려의 하나님에 대한 사랑은 각별했다. 그가 믿는 하나님의 사랑은 곧바로 이웃에 대한 사랑이었고 그것도 그냥 사랑이 아니라 이웃을 위해 기꺼이 목숨을 내주는 사랑이었다. 그의 사랑의 본보기는 예수님이 보여주신 사랑이었다.

"인류 역사상 단 한 번 사랑이 그 본체를 드러내었다. 그리스도의 십자가에서의 죽음, 바로 이것이다. 즉 사랑이란 다른 사람을 위하여 목숨을 버리는 일이다. 여기에 생명이란 목숨이어서 곧 생물의 생활원리에 대한 말이다. 다시 말하면 우리 육의 생활원리를 다른 사람을 위한 희생으로 삼는다는 말이다."

"우리는 사랑하기 위하여 이 세상에 보내심을 받은 자들이다. 그런데 사랑은 죽음을 요한다. 버리는 것이 우리 생애의 목적이다. 우리들 매 개인은 다 사랑을 위해서 죽어야 한다. 이것이 예수님의 길이다. 또한 참되게 산 사람들의 길이다. 목숨을 버린다고 하는 것은 반드시 순교자와 같은 최후를 마쳐야 한다는 뜻은 아니다. 우리는 최후에 죽을 뿐 아니라 매일 죽을 수 있다. 그렇다. 매일 죽지 않으면 안 된다. 인류에 대한 사랑을 위하여 자기의 행복과 재물을 다 희생하여 죽지 않으면 안 된다."

그의 몸은 지상에 있었지만 그의 마음은 하나님의 나라에 있었다. 그가 믿는 하나님의 나라는 사랑만이 존재하는 나라였다. 모든 분리를 초월한 오직 하나만이 존재했고 그것은 사랑 그 자체였다. 그곳은 사랑만이 가득한 세계였지만, 역설적으로 그렇기 때문에 사랑을 경험할 수 없는, 어떤 점에서 보면 사랑이 없는 세계였다. 사랑을 경험하기 위해서는 분리가 있어야 했다. 너와 내가 분리되고 누군가 사랑을 주고 누군가 사랑을 받아야 서로가 사랑을 경험할 수 있고, 이것이 가능한 곳이 바로 지상의 세계였다.

그는 말했다.

"하나님은 사랑이시다. 사랑은 생각이나 감정이 아니다. 사랑은 자기를 주는 것이다. 그러므로 사랑하는 자와 사랑을 받는 자가 있으므로 사랑이 실재하는 것이다. 예수님(말씀)과 하나님은 영원 전부터 사랑으로 계시어서 사랑의 삶을 계속하셨던 것이다. 말씀은 지금도 하나님과 같이 계시어서 사랑의 생활을 계속하신다. 세계는 지금도 무한한 사랑 중에 길러지고 있다. 가령 모든 것이 거짓되다 하더라도 이 세계가 사랑으로 길러지고 있다고 하는 사실만은 진실하다. 사람의 나라와 사회에 사랑이 식는다 하여도 하나님과 말씀과의 사랑은 이 역사를 하늘나라로 이루시고야 말 것이다."

지상의 세계는 하나님의 세계와 분리되어 있지 않다. 지상의 세계는 하나님의 세계를 구현하기 위해 존재한다. 하나님은 우주라는 광대한 시간과 공간 속에서 이 무대를 창조했다. 분리라는 환상 속에서 우리가 사랑을 경험할 수 있게 말이다. 우리 모두는 그 창조에 동참했으나 대부분 그 사실을 잊고 있다.

장기려는 자신이 어디에서 왔는지, 왜 왔는지를 알았다. 그의 믿음이 그 깨달음에 도달케 했다. 그리고 그는 자신의 믿는 바에 따라 자신이 맡은 바를 충실히 행하며 살았다. 사랑하며 살았다.

"나의 세계는 나의 사랑하는 곳에 있다. 그것은 나의 영원한 왕국이다. 아무도 빼앗지 못한다. 인생의 승리는 사랑하는 자에게 있다."

그는 인술仁術이 눈앞에 나타난 생명을 해하지 않는 동정심에서 비롯된다고 했다. 맹자는 인仁을 말하며 참으로 단순한 질문을 우리에게 던진다.

"만약 지금 눈앞에서 어떤 아이가 우물 속으로 빠지려고 한다면 당신은 어떻게 하겠는가?"

앞뒤 가릴 것 없이 구하려 들지 않겠는가? 혹시 자신의 목숨이 위태로울지라도 그것은 나중 생각이고 우선 아이를 구하려 달려들지 않겠는가? 장기려, 맹자, 예수님의 이야기들이 모두 이 점에 주목하는 이유, 그리고 인간의 선한 본성에 대해 회의적인 사람들조차 이 점을 쉽게 부정하지 못하는 이유는 바로 이것이 직관적으로 진실임을 느끼기 때문이다. 그렇게 설사 아주 짧은 순간, 아주 작은 느낌일지라도 이 틈새는 우리에게 새로운 차원을 보여준다. 그 차원은 이 세상보다 훨씬 더 오래된 차원이며, 영원히 지속되며 세상 모든 것을 감싸고 있는 차원이다. 선각자들은 이 틈새를 잡아 과감히 찢어내어 한순간에 환상의 세계를 무너뜨린 자들이다.

너희는 예수의 길을 밟는 것, 부처의 가르침을 따르는 것, 크리슈나의 빛을 간직하는 것, 위대한 선각자가 되는 것은 어렵다고 말한다. 그러나 내가 말하노니, '자신'을 받아들이기보다 부정하기가 훨씬 더 어렵다.

너희는 선이요, 자비요, 연민이요, 이해다.

너희는 평화요, 기쁨이요, 빛이다.

너희는 용서고, 인내요, 강함이요, 용기다.

필요할 때는 도와주는 이요, 슬퍼할 때는 달래주는 이요, 다쳤을 때는 치료해주는 이요, 혼란스러워할 때는 가르쳐주는 이다.

너희는 가장 심오한 지혜이고, 가장 고귀한 진리이며, 가장 위대한 평화이고, 가장 숭고한 사랑이다.

바로 이런 것이 너희다. 그리고 살면서 순간순간 너희는 자신을 이런 것들로 인식하기도 한다.

이제는 자신을 항상 이런 것들로 인식하도록 하라.

- 『신과 나눈 이야기 1』 중에서

# 타인을 어떻게 대할 것인가

## 장일순

**장일순**(1928년 9월 3일-1994년 5월 22일)
한국 사회운동가, 교육자다. 원주에서 대성중고등학교를 세우고 학생들을 가르쳤으며, 신용협동조합과 한살림을 설립하는 데 참여했다. <녹색평론>의 발행인인 김종철은 그를 가리켜 다음과 같이 말했다. "이 땅의 풀뿌리 백성을 하늘처럼 섬기고, 사람 사는 도리를 가르쳤던 해월 최시형 선생이 지금 단순히 동학이나 천도교의 스승이 아니라 이 겨레, 이 나라 사람들 전체의 스승이듯이 장일순 선생의 자리도 그러한 것이 아닌가 합니다."

너와 나 사이 산이 무너지는 곳에서 허튼짓만 하지 않으면 도는 스스로 높아진다.

(人我山崩處 無爲道自高)

— 야운조사野雲祖師, 조선시대 스님


어느 날 시골 아주머니 한 분이 헐레벌떡 장일순의 집을 찾았다. 자기 딸 혼수비용으로 애지중지 모아둔 돈을 기차에서 몽땅 소매치기당했다는 것이다. 아주머니는 장일순이 어려운 사람을 잘 도와준다는 것을 알고 지푸라기라도 잡는 심정으로 찾아온 것이다. 얘기를 다 들은 장일순은 아주머니를 일단 잘 달래서 집으로 돌려보내고, 아주머니가 소매치기를 당했다는 기차역으로 갔다. 가서 소매치기부터 찾은 게 아니라 역 주변에 길거리 노점상들과 소주를 시켜놓고 이런저런 얘기를 나누기 시작했다. 그러기를 사나흘, 장일순은 그 주변을 누비는 소매치기들이 누군지 대강 알 수 있었고, 마침내 아주머니 돈을 훔친 장본인도 찾아냈다. 장일순은 그로부터 수중에 남은 돈을 받았고, 거기에 자기 돈을 얹어 아주머니에게 돌려줬다. 일을 이렇게 마무리한 뒤 장일순은 기차역을 찾아가 그 소매치기에게 밥과 술을 사주며 이렇게 말했다.

"미안하네. 내가 자네 영업을 방해했어. 이것은 내가 그 일에 대해 사과하는 밥과 술이라네. 한 잔 받으시고, 용서하시라고."

아니 잘못을 저지른 사람을 꾸짖기는커녕 그 앞에서 용서를 구하다니? 밥과 술을 사주기는커녕 앞으로 한 번만 더 그러면 경찰에 신고할 거라고 경고하든지, 그렇지 않으면 앞으로 나쁜 짓 하지 말고 착하게 살라는 따끔한 충고를 하든지 해야 마땅한 것이 아닌가? 범죄자와 한 패가 되려는 것이 아니라면 도대체 왜 이런 말을 하는가?

장일순은 남을 변화시키기 위해서는 먼저 그를 이해해야 한다고 생각했다. 그는 사람의 마음을 헤아릴 줄 알았다. 남의 돈을 훔치는 것이 나쁜 짓이라는 것을 모르는 사람은 없을 테고, 그렇다면 소매치기가 나쁜 짓인 줄 알면서도 하는 데에는 그만의 어려운 사정이 있을지 모른다. 게다가 그가 그 일을 그만두게 하기 위해서 가장 중요한 것은 스스로 새 출발을 결심하는 것이며, 그것은 다른 사람이 강요해서 되는 일이 아니다.

장일순은 그와 같이 밥 먹고 술도 마시며 많은 얘기를 나누었을 것이다. 그동안 그가 겪어온 힘든 일들, 소매치기가 된 사정도 모두 들었을 것이다. 그러면서 그 소매치기는 가슴에 맺힌 것을 풀고 자연스레 새 출발을 할 마음을 먹었을지 모른다. 자신의 얘기를 진심으로 들어주고 자신이 한 나쁜 짓까지도 이해해주는 사람 앞에 그는 과연 무엇을 느꼈을까?

장일순은 말했다.

"친구가 똥물에 빠져있을 때 우리는 바깥에 선 채 욕하거나 비난하기 쉽습니다. …… 그러나 그럴 때 우리는 같이 똥물에 들어가야 합니다. 들어가서 여기는 냄새가 나니 나가서 이야기하는 게 어떻겠느냐고 하면 친구도 알아듣습니다. 바깥에 서서 입으로만 나오라고 하면 안 나옵니다."

같이 똥물에 들어가라는 말이 같이 나쁜 짓을 하라는 뜻은 아닐 것이다. 생각의 차원에서 그와 내가 다르다는 전제 하에 그를 이해하지 말고, 그와 내가 같다는 생각, 즉 똑같이 불완전한 인간으로서 누구나 잘못을 저지를 수 있다는 그런 차원에서 상대방을 이해하라는 뜻이리라.

그는 또 다른 자리에서 이렇게 말했다.

"물론 모순이 있는 일에 협력해서는 안 되지. 그런데 방법적으로는 아주 부드러워야 할 필요가 있어. 부드러운 것만이, 생명이 있는 것만이 딱딱한 땅을 뚫고 나와 꽃을 피울 수 있는 것이거든. 사회를 변혁하려면 상대를 소중히 여겨야 해. 상대는 소중히 여겼을 적에만 변하거든. 무시하고 적대시하면 더욱 강하게 나오려고 하지 않겠어? 상대를 없애는 게 아니라 변화시키는 것이 중요하다면 다르다는 것을 적대관계로만 보지 말았으면 좋겠다, 이 말이야."

장일순은 사람을 대함에 있어서 항상 부드러움과 따뜻함을 강조했다. 그래야 변한다는 것이었다. 개인의 변화뿐만 아니라 사회의 변화에서도 마찬가지였다.

어느 기자가 물었다.

"혁명을 어떻게 생각하십니까?"

"일반적으로 얘기하는 혁명을 묻는 거요, 아니면 내가 생각하는 걸 묻는 거요?"

"당신 생각을 듣고 싶습니다."

"그렇다면 혁명이란 따뜻하게 보듬어 안는 것이라오."

기자가 놀라며 다시 물었다.

"그런 혁명도 다 있습니까?"

"혁명은 새로운 삶과 변화가 전제되어야 하지 않겠소? 새로운 삶이란 폭력으로 상대를 없애는 게 아니고, 닭이 병아리를 까내듯이 자신의 마음을 다 바치는 노력 속에서 비롯되는 것이잖아요. 새로운 삶은 보듬어 안는 정성이 없이는 안되지요."

과연 이런 혁명, 이런 사회적 변화가 가능할 것인가? 혁명이란 모름지기 정의라는 잣대를 놓고 옳고 그름을 칼날같이 가르고 잘못을 바로잡는 것이 아니던가? 그렇다면 장일순이 말하는 변화, 즉 따뜻하게 보듬어 안는 혁명이란 어떻게 가능한 것일까?

1970년대 후반 장일순은 노동운동, 농민운동 등 기존에 행해지던 사회운동의 한계를 체감하고, 이러한 한계를 극복하여 전체를 끌어안고 누구를 변화시키는 것이 아니라 함께 변화하는 방식의 생명운동을 시작했다.

"제가 70년대에 반독재운동을 계속하다가 70년대 후반에 농촌의 곡가와 생산비를 보장하라는 운동을 했어요. 그러다가 내가 잘못 가고 있다는 것을 깨달았어요. 77년이었지요."

"태양이 없으면 우리가 살 수 없지 않아요? 지구가 없으면 우리가 살 수 있어요? …… 이 지상에 풀이나 나무가 없다면 (우리가) 존재할 수 있습니까?"

"생명이라는 것은 혼자가 아닙니다. 일체가 유기적인 상관관계 속에 있기 때문에 일체가 협동하고 공생하는 시대로 전환해야 하는 겁니다."

그가 주장하는 생명운동은 환경문제를 포함한 모든 사회문제에 적용되는 것이었다. 그것은 옳고 그름을 가르고 옳음으로써 그름을 타파해가는 기존 사회운동의 방식과는 근본적으로 다른 것이었다.

누군가 물었다.

"선생님께서 생각하시는 운동이라는 개념은 갈등이론에 근거한 운동과는 차원이 다른 것 같습니다. 선생님에게 운동이란 무엇입니까?"

그가 말했다.

"다릅니다. 전체가 다 공생하자는 얘기죠. 운동이라는 것이 뭐냐 했을 때 으레 투쟁이 기본이냐, 아니면 조화가 기본이냐로 갈리죠. 나는 조화가 기본이라고 보죠. 전부 떼어내어 버리면 생명이 존재하는 거냐, 통일문제를 보더라도 김일성이가 공산당 했다고 해서 바닷속에 집어넣어 버릴 거냐 이겁니다. 그렇게 해가지고는 통일이 안 되거든요. 가지고 있는 걸 살리고 극복해야죠. 상대를 없애버리는 해결은 해결이 아니라고 보는 거죠. 저것이 있는 것은 이것이 있기 때문에 가능한 것이지 없애버리면 해결이 있을 수도 없죠."

사람들은 이렇게 말하는 그를 변절자, 회색분자, 투항주의자 등으로 부르며 비판하기도 했다. 어떻게 적과 살인자, 불의를 저지르는 자들과 공생 혹은 타협할 수 있느냐는 것이었다.

가장 비판의 소리가 컸던 시기는 그가 전두환 대통령을 사랑하라고 했을 때였다. 이에 관한 몇 가지 일화가 있다. 전두환이 광주민주화운동을 공권력으로 진압하고 대통령으로 취임했을 때였다. 진보성향의 어떤 이가 찾아와 장일순에게 민주화에 대해 묻자 그가 말했다.

"전두환을 사랑하라."

"아니 사랑할 수 없는 사람인데 어떻게 사랑합니까?"

그러자 장일순이 반문했다.

"네가 전두환이었다면 어떻게 하겠니?"

또 다른 이는 장일순이 비슷한 얘기를 하자 이렇게 대꾸했다.

"선생님, 그런 소리 하셔도 벼슬도 못하시고 돈 번다는 소리도 못 들었는데 어떻게 된 것입니까?"

그러자 장일순이 말했다.

"문제는 그런 차원이 아니지 않느냐. 분단의 책임이 우리 내부에도 있는데, 내가 듣기로는 전쟁에서 살상자가 6백만이라고 하는데 그 책임을 김일성에게 물을 거냐. 묻는다고 할 거 같으면 통일의 대화가 되겠어? 김일성한테 그 얘기도 못 물어보는 주제에 전두환 죽이라는 소리는 어디서 나오느냐. 죽여야 하겠다는 얘기는 미워하겠다는 건데 누구를 미워해서 해결할 차원이 아냐. 할 말 있으면 해봐."

장일순은 이어서 말했다.

"그렇게 얘기하면 미국놈들 소련놈들 다 죽여야 되는데 다 죽이면서 해결할거냐, 다 살리면서 해결할거냐. 난 다 살리면서 하는 길을 택하려고 해서 사랑하라고 했다."

도대체 적대관계에 있는 상대방, 민중을 억압하는 압제자를 사랑하라는 그의 말을 어떻게 이해해야 할까? 적과 나를 다 살리면서 문제를 해결한다는 것이 가당한 말일까? 그것은 불의와 억압을 받아들이라는 뜻일까, 회개하지 않는 압제자를 아무 조건 없이 용서하라는 뜻일까? 그렇게 되면 그것은 문제를 해결하는 게 아니지 않는가? 미래에 똑같은 일이 반복될 수 있지 않는가?

이 같은 질문에 답변하기 위해서는 그의 말이 어떤 차원에서 나왔는지 먼저 이해할 필요가 있다. 장일순은 박정희정권 하에서 감옥생활을 하고 이후 계속해서 억압과 감시를 받아왔다. 그는 박정희 대통령에 대해 다음과 같이 말한 바 있다.

"박정희 씨가 아니었으면 내가 먹장난을 다시 시작하지 않았을 게야. 그런데 그 박정희 씨 덕에 먹장난을 하게 되니까 뭐냐하면 난초가 나왔단 말이야. 난초란 무아無我 상태에서 처리가 되는 건데, 그것을 일컬어 미美라고 한다면, 박정희라고 하는 탄압이 없었으면 그놈의 난초가 생길 수가 없잖은가? 그래서 내 난초는 박정희 씨 덕이다. 그런 생각을 가끔 한다구. 그래 요전번에 근원 김양동 선생한테 난을 하나 쳐드리면서 정란유래정희공淨蘭由來正熙公(맑은 난이 박정희로부터 나왔다)이라고 해서 화제를 써준 적이 있지. 절대선도 절대악도 없는 것 아닌가? 지금 이 노자의 제2장은 모순의 통일을 얘기하고 있거든. 선이 계속 자기를 고집할 때에는 곧장 악이 돼버리잖나?"

그는 노자를 해석하면서 이 같은 얘기를 했다. 그가 언급하는 노자 2장의 구절은 다음과 같다.

세상 사람들이 모두 이것이 아름답다고 알아 아름답다고 하는데 그것이 더러움이요, 이것이 선하다고 알아 선하다고 하는데 그것이 선하지 아니함이다. 그러므로 있음과 없음은 서로 말미암아 있고 없으며, 쉬움과 어려움은 서로 말미암아 쉽고 어려우며, 길고 짧음은 서로 말미암아 길고 짧으며, 높음과 낮음은 서로 말미암아 높고 낮으며, 내는 소리와 들리는 소리는 서로 말미암아 나고 들리며, 앞과 뒤는 서로 말미암아 앞서고 뒤선다.

天下皆知美之爲美 斯惡已. 皆知善之爲善 斯不善已. 故有無相生 難易相成 長短相形 高下相傾 音聲相和 前後相隨.

여기서 절대선도 절대악도 없다고 해서 선과 악이 없다는 뜻으로 해석해서는 잘못일 것이다. 오히려 선과 악의 상호 유기적인 관계를 이해할 때 그것들의 실체를 볼 수 있음을 말하고자 함이 아닌가. 장일순의 말 역시 박정희정권의 장점을 언급한다기보다 다른 것들과의 관계 속에서 그 단순하지 않은 실체를 지적하는 것이리라. 그 속에서 우리는 압제자와 피압제자의 양극단을 가로질러 또 다른 차원에서 악의 실체를 볼 수 있으며, 결국 우리 내면에 존재하는 압제자의 모습을 보는 데까지 이르게 된다. 그제야 우리는 압제자만 바뀌는 체제가 아니라 억압 자체가 불가능한 체제로 변화할 수 있다. 그때야 선이 선을 고집하지 않고 악을 이끌고 나갈 수 있다.

'캄보디아의 간디'라고 불리는 마하 고사난다[111] 스님은 압제자에 의해 수백만 명이 학살당한 캄보디아에 평화를 정착시키기 위해 노력했다. 그는 자신의 책 『한 걸음 한 걸음』에서 간디의 말을 인용하며 이렇게 말했다.

"간디는, 자신은 항상 협상할 준비가 되어있노라고 말하곤 했습니다. '나의 비타협 뒤에는 언제나 협조를 갈망하는 바람이 숨어있습니다. 상대가 아

---

111) 마하 고사난다(Maha Ghosananda, 1913년 5월 23일-2007년 3월 12일)는 캄보디아 승려다. 캄보디아 내전으로 수백만 명이 죽은 뒤 재건과 영구적인 평화를 위해 노력했다.

무리 극심한 반대성향을 가지고 있다 해도 마찬가지입니다. 그 가능성이 아무리 희박하다 해도 마찬가지입니다. 내가 생각하는 불완전한 사람에게는 진정 신의 은총이 필요합니다. 다르마[112]의 빛이 필요합니다. 구원받지 못할 사람은 아무도 없습니다.'"

그는 계속 말했다.

"캄보디아인들이 크메르 루즈[113]를 사랑하는 것처럼, 자신의 압제자를 사랑한다는 것은 어쩌면 가장 어려운 일일지도 모릅니다. 아주 당연한 일입니다. 그것이 세상 이치입니다. 증오와 복수는 끝없이 돌고 돌기 때문입니다. 화해란 결코 권리와 조건의 포기를 뜻하지 않습니다. 그것은 오히려 모든 협상 과정을 통해 사랑과 이해를 발휘하는 일입니다. 상대방의 모습에서 내 모습을 찾아내는 일입니다. 무지하기 때문에 적대적일 수밖에 없습니다. 우리 역시 많은 부분에서 그들만큼 무지하지 않습니까? 결국 우리 모두를 자유케 하는 것은 사랑이 넘치는 자비와 올바른 자각뿐입니다."

장일순 역시 비슷한 얘기를 했다.

"용서한다는 것은 같이 공생하려고 할 때의 얘기입니다. 그들이 공생 안 하겠다고 한다면 우리는 비폭력, 비협조해야죠. 이것 두 가지는 굉장히 중요한 잣대입니다. 그런 사람하고는 비협력해야죠. 그리고 상대는 폭력을 쓰더라도 우리는 비폭력으로 대해야죠. 그 폭력의 세계라는 건 정복을 한다거나 소유를 한다는 범주의 얘기들이니까, 억울함이라든가 분함이라는 것도 똑같은 역사의 궤적을 갈 경우에 따르는 문제이지요. 우리는 우리끼리 만든 다른

---

112) 다르마(Dharma)는 고대 인도에서 사용했던 산스크리트어로, 변하지 않는 진리나 법을 의미하며, 불교 전통에서는 불법, 즉 부처님의 가르침을 의미한다.

113) 크메르 루즈(Khmer Rouge)는 1975-79년 캄보디아를 통치한 급진적인 공산주의 군사조직이다. 이들의 통치기간 동안 150-300만 명의 캄보디아인들이 학살되었다.

궤적의 역사를 가고 있으니까 억울함이나 분함이 문제되는 것은 아닙니다. 지금 세상은 얼마나 빠르게 변합니까. 우리가 그렇게 살아가는 모습을 보여주면 가졌던 놈들도 다 놓게 될 겁니다."

결국 압제자를 사랑하라는 말은 그를 무조건적으로 용서하라는 뜻은 아닐 것이다. 회개하지 않는 압제자를 용서하는 것은 진정한 의미의 용서도 사랑도 아니며 무지일 뿐이다. 압제자에 대한 사랑은 반드시 그가 자기 잘못을 깨달을 수 있게 도울 뿐 아니라 모두가 자신의 무지를 깨닫는 데 기여해야 한다.

게다가 여기서 장일순이 말하는 초점은 압제자가 아니라 우리들 자신에 있다. 우리가 현재 자신이 속해있는 폭력을 가능케 만드는 경쟁과 시비의 차원에서 벗어나 모든 존재가 유기적인 상관관계 속에 있음을 이해하고 협동하고 공생하는 차원에서 새로운 삶을 산다면 압제자도, 불의한 행위도 자연스레 모두 사라질 것이라는 말이다. 이것이 바로 적과 나를 다 살리면서 문제를 해결하는 방법이다.

하지만 우리가 이미 그러한 수준 높은 의식의 차원에 있다면 모를까, 현재 우리가 속한 경쟁과 시비, 폭력과 갈등의 차원에서 어떻게 그리로 옮겨갈 수 있을까? 그러려면 뭔가 지금까지와는 다른 특별한 희생과 노력이 필요할지 않을까? 그렇다면 그 희생과 노력은 어떤 것일까?

장일순은 평소 옳은 말을 잘하는 어떤 이에게 이렇게 말한 적이 있다.

"그렇게 옳은 말을 하다보면 누군가 자네를 칼로 찌를지도 몰라. 그럴 때 어떻게 하겠어? 그땐 말이지. 칼을 빼서 자네 옷으로 칼에 묻은 피를 깨끗이 닦은 다음 그 칼을 그 사람에게 공손하게 돌려줘. 그리고 날 찌르느라고 얼마나 힘들었냐고, 고생했다고 그 사람에게 따뜻하게 말해주라고. 거기까지 가야 돼."

나와 남의 관계 속에서 오로지 상대방의 입장에서 모든 것을 생각한다면 어떨까? 또 제 눈의 들보는 보지 못하면서 상대방 눈의 티를 나무라는 것이 아니라 이와 반대로 상대방의 눈의 들보는 전혀 나무라지 않으면서 제 눈의 티는 드러내고 용서를 구하려 한다면 상대방은 어떤 기분이 들까? 그것이 볼 수 없어서 혹은 무지해서도 아니고 오히려 보통 사람보다 훨씬 더 분명하게 모든 사태를 지켜보면서도 상대방의 탓은 전혀 하지 않는 사람에게 우리는 무엇을 느낄까? 내가 찌른 상대가 나에게 아무런 원한이나 미움 없는 따뜻하면서도 지혜로운 눈으로 나를 바라볼 때 나는 과연 무엇을 느낄까?

　어쩌면 장일순 자신이 이렇게 살았는지 모른다. 그는 혼란과 무지의 사회 속에서 자신은 편안한 자리에 머물면서 누가 옳고 그른지 판단 내리기를 좋아하는 스타일의 어른이나 스승이 아니었다. 그는 삶의 밑바닥에서 억압받는 사람들과 함께 슬픔과 절망을 겪으며 살았다. 그는 삶이라는 링을 떠나지 않았다. 링 밖에서 누가 옳다 그르다 심판하지도 않았으며 누가 이겨라 져라 편을 들지도 않았다. 그는 링 안에 머물렀고 약자와 함께 칼을 맞았다. 상대방의 칼을 맞고 분노하고 복수하려는 마음을 품는 대신 그는 칼을 뽑아 자기 옷으로 칼에 묻은 피를 깨끗이 닦아낸 뒤 공손하게 돌려주며 이렇게 말했다.

　"자네, 날 찌르느라 고생 많았지. 자넬 이해해주지 못해 미안하네."

　그렇게 상대방을 따뜻하게 보듬었다. 그 순간 링은 사라진다. 칼을 찌른 사람도 칼에 맞은 사람도 없었다. 애초에 장일순의 마음속에는 그런 것들이 존재하지 않았다. 오로지 행위자 없는 행위만이, 한없는 사랑만이, 풀 한 포기의 향기만이 남았다.

혁명은 보듬는 것

혁명은 생명을 보듬는 것

온몸으로 따뜻하게 보듬어 안는 것

혁명은 보듬는 것

따뜻하게 보듬는 순간순간이 바로 혁명

어미닭이 달걀을 보듬어 안 듯

병아리가 스스로 껍질 깨고 나오도록

우주를 온몸으로 보듬어 안는 것

혁명은 보듬는 것

부리로 쪼아주다 제 목숨 다하도록

혁명은 생명을 한없이 보듬는 것

어미닭이 달걀을 보듬는 순간

스스로도 우주의 껍질을 깨고 나오는 것

한없이 보듬는 순간순간이 바로 개벽

개벽은 보듬는 것

- 김지하의 『남南』 중에서

# 장애는 왜 존재하는가

## 펄 벅

**펄 벅Pearl Buck(1892년 6월 26일-1973년 3월 6일)**
미국 소설가다. 선교사인 부모를 따라 중국으로 건너가 어린 시절을 보냈으며, 미국에서 대학을 마치고 다시 중국에 와서 생활했다. 중국을 배경으로 한 소설 『대지』로 1932년 퓰리처상을 수상했고, 1938년 노벨문학상을 수상했다. 그에게는 발달장애인 딸과 입양한 7명의 자녀가 있다. 웰컴하우스와 펄벅재단(뒤에 통합되어 펄벅인터내셔널로 명칭이 변경됨)을 설립하여 전쟁 중 미군과 아시아 여성 간에 출생한 혼혈아들의 입양을 도왔다.

마사가 남편 존에게 물었다.

"그러니까 당신은 만일 이 아기가 정상이 아니면 중절시키기를 바라는 거지?"

존은 숨을 깊이 내쉬고는 말했다.

"내가 항상 당신과 같은 관점에서 사물을 볼 수 없다는 거 알아. 그리고 그래서 미안해. 그렇지만 내 생각엔 만일 아기가 기형이라든지 그런 것이라면 중절이 모두에게 고통을 면하게 하는 한 방법이야. 특히 그 아이에게 말이야. 그건 다리가 부러진 말을 쏘아죽이는 거나 같은 일이야."

그는 계속해서 말했다.

"다리를 다친 말은 천천히 죽거든. 심한 고통 속에서 죽어. 그리고 달릴 수 없으니까 죽지 않는다고 해도 삶을 즐길 수 없어. 말은 달리기 위해서 살아. 달리는 게 말의 삶이야. 만일 아기가 다른 사람들이 하는 것을 하지 못하도록 태어난다면, 아기의 고통을 연장시키지 않는 것이 낫다고 생각해."

마사는 자기 내면이 말라비틀어져 껍질만 남은 듯 느껴졌다. 그는 독백하듯 읊조렸다.

"그런데, 사람이 하는 일은 뭐지? 말은 달리기 위해서 사는데, 사람은 뭘 하려고 사는 거야?"

마사는 답을 기대하지 않았고 존은 대답하지 않았다.

— 마사 베크Martha Beck의 『아담을 기다리며』 중에서


"저 애는 머저리야."

펄 벅의 딸, 캐롤을 향해 누군가 말했다. 때는 1920년대, 중국 상하이의 어느 거리에서였다. 그런데 그런 말을 한 사람은 중국인이 아니라 미국인이었다. 중국인들에게는 장애나 불구를 있는 그대로 받아들이는 문화가 있었다. 장애를 하늘에서 주어진 운명으로 받아들이고, 그 사람 본인이나 가족의 죄나 잘못으로 돌리면서 수치스럽게 느끼지 않았다. 장애인들은 집에 숨어있

을 필요가 없었고 거리를 활보했으며, 사람들은 그들에 대해서 거리낌 없이 말했다. 장애인들을 '장님', '귀머거리', '벙어리' 등 장애를 그 사람의 별명처럼 부르기도 했는데, 그들을 업신여기거나 조롱하기보다 그것이 그들에게 겉으로 드러나는 가장 두드러진 특징이기 때문이었다. 이러한 거칠지만 단순하고 꾸밈없는 사회적 분위기는 장애인 스스로가 일찍부터 장애를 자신의 일부로 받아들이고 생활해나가는 데 도움이 되었다.

반면 미국과 유럽 등 서양에서는 장애나 불구를 본인이나 가족에 대해 신이 내린 저주나 벌로 여겨져 왔다. 근대에 들어 과학이 발전하면서 그러한 미신적 관습도 많이 사라졌지만, 사람들은 여전히 공식적인 자리에서는 예의를 갖춰 말하면서 뒤돌아서는 '병신', '머저리'라고 부르며 천시하는 이중적 태도를 갖고 있었다.

잔인했지만 어쨌든 진실이 들어있는 말이었다. 캐롤은 뭔가 모자라 보였고, 중국에 갓 건너온 듯 보이는 두 미국인 여성들은 아이 엄마가 옆에 있다는 것도 개의치 않은 채 그렇게 말했다. 그 순간 펄 벅은 처음으로 자기 아이를 남들의 시선으로부터 숨기고 싶다고 생각했다. 하지만 먼저 확실히 알아야 했다. 아이에게 병이 있는지, 병이 있다면 고칠 수 있는지 알아야 했다.

미국으로 돌아와 그는 아이를 데리고 많은 병원들을 찾아다녔다. 그러다가 누군가 소개해준 미네소타 주에 있는 한 병원을 찾아갔다. 거기서 아이는 많은 검사를 받았고, 얼마 뒤 검사결과가 나왔다. 의사는 친절하게 말했지만 결과는 절망적이었다. 아이가 신체적으로 아주 건강하지만 정신적으로 심각한 결함이 있다는 진단이었다.[114]

---

114) 캐롤은 페닐케톤뇨증(PKU, phenylketonuria)으로 인한 발달장애를 갖고 있었다. PKU는 아미노산의 하나인 페닐알라닌을 대사하지 못하는 유전병이다. 이로 인해 체내에 축적된 페닐알라닌은 뇌혈관장벽을 막아 뇌로 가는 아미노산 공급을 감소시켜 중추신경계를 손상시키며 뇌에 축적되어 경련과 지능장애 등을 일으킨다. 오늘날 PKU를 앓는 신생아는 간단한 검사로 알 수 있으며, 영아 때부터 페닐알라닌이 적게 들어간 식사를 처방함으로써 지능장애를 예방할 수 있다. 하지만 PKU가 의학적으

그는 다른 의사들에게 했던 질문을 또다시 물을 수밖에 없었다.

"왜 그런가요?"

의사는 말했다.

"모르겠습니다. 언젠가, 출생 전에나 출생 후 언제쯤에 정신적 성장이 멈추었습니다."

"희망이 없나요?"

의사는 마음이 여려서인지 아니면 확실치 않아서인지 이렇게 대답했다.

"저라면 포기하지 않겠습니다만⋯⋯."

의사는 더 이상 할 말이 없었다. 그는 아이를 데리고 나왔다.

'이제 앞으로 무엇을 해야 하나?'

그때였다. 그의 걸음을 멈추게 한 사람이 있었다. 또 다른 의사였다. 펄벅은 그가 손짓하는 방으로 들어갔다. 억양이나 생김새가 독일계로 보였고 미국에 온 지 얼마 되지 않았는지 서툰 영어를 썼다.

"과장님이 아이가 나을 수 있다고 했나요?"

"아 ⋯⋯ 아니라고는 하지 않으셨어요."

"제 말을 잘 들으세요!"

그는 엄한 눈빛으로 말했다.

"아주머니 아이는 절대로 정상이 될 수 없습니다. 스스로를 속이시면 안됩니다. 포기하고 현실을 직시하지 않으면 아주머니의 삶은 완전히 망가지고 집안은 거덜날 거예요. 아이는 영영 낫지 않을 겁니다. 제 말 듣고 계세요? 전에도 이런 아이를 본 적이 있어서 압니다. 미국 사람들은 마음이 약해서 이런 말을 못하지만 전 아닙니다. 힘들더라도 제대로 아는 편이 낫습니

로 밝혀진 것은 1934년이 되어서였고, 1920년에 태어난 캐롤은 이러한 진단과 치료의 혜택을 받을 수 없었다.

다. 이 아이는 평생 아주머니의 짐이 될 겁니다. 그 짐을 질 준비를 하세요. 아이는 말도 제대로 하지 못할 거고, 글을 읽거나 쓰지도 못할 겁니다. 고작 해야 네 살 이상으로는 자라지 않을 거예요. 마음의 준비를 하세요. 아주머니! 무엇보다 아이한테 아주머니의 삶을 다 바쳐서는 안 됩니다. 아이가 행복하게 살 수 있는 곳을 찾아내어 그곳에 아이를 맡겨두고 아주머니는 아주머니의 삶을 사세요. 아주머니를 위해서 하는 얘기입니다."

그의 말 한마디 한마디가 뇌리에 박히는 듯했다. 모두가 진실을 찌르는 말이었다. 그의 말은 외과수술과 같았다. 상처를 치료하려면 빠르고 깔끔하게 도려내야 했고 그러기 위해서는 그곳을 정확하고 깊게 찔러야 했다. 후에 그는 그렇게 말해준 의사에게 더없이 감사함을 느꼈다고 고백했지만, 그 순간에는 그럴 준비가 되어 있지 않았다.

"내가 무어라고 했는지, 무슨 말을 하기는 했는지조차 기억이 나지 않는다. 다만 아이를 데리고 홀로 끝없는 복도를 걸어갔던 것만은 기억난다. …… 그때 내 심정에 가장 가까운 표현은 몸 안에서 피가 철철 넘쳐흐르는 것 같은 느낌이라고 할 것이다."

복도로 나온 그의 얼굴은 걷잡을 수 없는 슬픔과 고통으로 일그러졌다. 아이는 답답한 방안에서 나오자 기분이 좋았는지 갑자기 복도에서 춤을 추기 시작했다. 그리고 엄마의 우는 얼굴을 보더니 신기한지 깔깔거리며 웃었다.


삶은 계속되었고 슬픔도 계속되었다. 감당해야 할 짐은 버거웠다.

'아이를 어떻게 돌볼 것인가?'

'내가 죽고 나면 누가 이런 일을 해줄까?'

아이의 죽음까지 생각했다.

"차라리 (아이가) 죽었으면 하는 생각까지 든다. 죽으면 이 모든 고통도 끝나기 때문이다. 나 역시 얼마나 자주 마음속으로 차라리 내 아이가 죽었으면 하는 생각을 하며 울었던가! 모르는 사람은 이 말을 들으면 충격을 받겠지만 아는 사람은 내 말이 무슨 뜻인지 알 것이다. 아이가 죽는다면, 그때건 지금이건 나는 기꺼이 받아들일 것이다. 죽은 후에는 내 아이가 영원히 안전할 수 있기 때문이다."

"발달장애인 자식을 제 손으로 죽인 부모의 이야기가 이따금 신문에 실린다. 나도 그런 생각이 든 적이 있다. 그래서 그런 행동을 하게 만든 사랑과 절망을 이해한다. …… 그렇지만 그 부모들은 분명히 잘못된 행동을 한 것이다. 부모에게는 아이들의 목숨을 맘대로 할 수 있는 권리가 없다. 사랑으로 한 일일 수는 있지만 그래도 잘못된 일이다. 생명에는 인간이 감히 헤아릴 수 없는 깊이가 있다."

죄없는 아이, 더군다나 자식을 죽이는 일이 잘못이라는 것은 너무나 당연한 사실이지만, 오랜 슬픔과 고통으로 얼룩진 절망의 심연 속에서, 삶과 죽음이 뒤섞여버린 혼란 속에서는 상식도, 인간존재와 생명에 대한 가치와 기본적인 존중도 모두 사라져버릴 수 있음을 그는 스스로 체험했다.

그는 아이를 살리기 위해 먼저 자신이 살아야 함을 깨달았다. 그러기 위해서는 감당할 수 없는 슬픔을 감당하는 법을 배워야 했다. 삶을 받아들일 준비가 돼있지 않은 상태지만 어떻게든 삶을 살아내야 했다.

"내가 찾은 타협점은 겉으로는 최대한 본래 모습을 유지해서 말하고 웃고 세상사에 관심을 갖는 척하는 것이었다. 그러나 가슴 속에서는 무언가 치밀어 오르는 것이 있어 혼자 있을 때는 눈물이 주르륵 흘렀다. 이렇게 속마음과 달리 겉모습을 꾸며 지냈으니 진심으로 다른 사람을 대할 수 없었다. 나를 만나는 사람들도 나의 겉모습은 밝지만 깊이 들어갈 수 없다는 것을 느꼈을 것이고 그 아래에 있는 접근할 수 없는 무언가 단단하고 차가운 것에 거부감을 느꼈을 것이다. 그렇지만 나 자신을 보호하기 위해 이런 모습을 가장할 수밖에 없었다."

그것은 분명 올바른 해결책은 아닐지라도, 살기 위해 그가 할 수 있는 유일한 일이었다. 살 수 없는데도 살아있는 척했고 정상일 수 없는데도 정상인 척했다. 억지로 일에 몰두했고 청소와 식사준비 등 기계적인 일들을 해냈다.

시간이 흘렀다. 그러는 과정에서 슬픔을 가진 많은 이들을 보게 되었다. 자신과 똑같은 짐을 진 사람들도 많다는 것도 알게 되었다. 그것이 그의 슬픔을 덜어주거나 위안이 되지는 않았지만, 다른 사람들이 살아가는 모습을 보면서 자신도 할 수 있으리라는 자신감을 얻었다. 어느 순간 그는 다짐했다.

"이것은 바꿀 수 없는, 언제나 내 곁에 있을 현실이고, 아무도 나를 도와줄 수 없으니 받아들여야만 한다."

"이것이 내 삶이니 어떻게든 살아야 해."

몇 번이고 절망의 구렁텅이로 빠지는 단계를 반복하며 그는 마침내 살아남는 법을 터득했다. 변한 것은 아이도 주변환경도 아무것도 없었다. 오직 자신이 변했을 뿐이었다. 현실을 직시하고 받아들이자, 해야 할 일이 보였다.

'아이를 어떻게 해야 할까? 아이에게 무엇이 최선일까?'

어느 날, 캐롤과 글씨 쓰는 연습을 하려고 했다. 아이가 뭔가를 배우기 위해서는 끊임없는 반복훈련이 필요했다. 그는 아이에게 다정하게 대한다고는 했지만, 때로 꽤 오랜 시간을 쉬지 않고 연습시킬 때도 있었다. 그 날은 우연히 연습을 시키려고 아이의 손을 잡았는데 손바닥이 땀으로 흥건히 젖어있는 것을 발견했다. 그는 놀랐다. 간단한 연습이었지만 아이는 엄청난 중압감을 느끼고 있었던 것이다. 그런데도 엄마가 시키는 대로 따르려고 했다. 자신은 그것을 왜 하는지조차 모른 채 말이다. 가슴이 무너져 내렸다.

"아이에게 아무런 쓸모가 없는 일을 가르쳐 보아야 무슨 소용이 있겠는가? 엄청난 노력을 들이면 책을 조금 읽을 수 있을지 모르지만, 아이가 책 읽기를 좋아하게 되지는 않을 것이다. 이름 쓰는 법을 배울 수는 있겠지만, 글을 써서 자기 의사를 전달할 수는 없을 것이다. …… 이 아이는 사람이다. 행복해질 권리가 있고, 아이의 행복은 아이가 이해하고 기능할 수 있는 세계에 살 때에만 누릴 수 있는 것이다."

정신을 차리고 일어나 책상 위 책들을 모두 치우고는 말했다.

"이제 나가서 고양이랑 놀자."

그러자 아이는 믿을 수 없다는 듯 쳐다보다가 이내 기쁘게 웃었다. 그는 아이를 있는 그대로 받아들이고 아이가 행복할 수 있는 환경을 만들어 주기로 결심했다. 물론 가르치기도 해야겠지만 그것은 오직 아이에게 필요하고 아이가 할 수 있는 범위에서였다.


펄 벅은 캐롤이 행복할 수 있는 시설을 찾기 시작했다. 몇 년 동안 여러 군데를 돌아본 끝에 미국 뉴저지주의 한 특수학교를 찾았다. 학교를 둘러보고 교장선생님과 아이를 돌보는 보모선생님을 모두 만나보았다.

그 날 오후, 교장선생님은 그에게 마침 이곳에 왔으니 아이들에게 잠시 중국에 대해 이야기해줄 수 있겠느냐고 물었다. 아이들 다는 아니더라도 몇 명은 알아들을 수 있을 거라고 했다. 강당에서 아이들 앞에 섰는데, 갑자기 온갖 생각과 감정들이 밀려왔다. 그 순간이 마치 그의 지난 수년 동안의 삶이 응축되어 결정체로 드러난 것 같았다. 수백 명의 발달장애 아이들이 자신을 바라보고 있었다. 그들의 고통과 삶이 느껴졌다.

'이 아이들 각자의 모습 뒤에는 얼마나 많은 마음의 고통이 드리워있을까?'

'얼마나 많은 상처와 눈물, 좌절감과 절망이 도사리고 있을까?'

그는 평생 그같이 노력한 적이 없을 정도로 최선을 다해 이야기했다. 온 마음을 다해 아이들의 눈높이에서 아이들을 즐겁게 해주려고 노력했다. 아이들은 다행히 웃으며 좋아했고, 그것은 그에게 최상의 행복감을 안겨주었다.

교장선생님은 그에게 이렇게 말했다.

"이 사실을 아셔야 합니다. 이 아이들은 모두 행복해요. 이곳에 있으면 안전합니다. 괴로움이나 부족함을 느낄 일이 없습니다. 힘들게 노력해야 하는 일도 좌절감을 맛보는 일도 없고, 슬픈 일도 없을 것입니다. 아이들이 해낼 수 없는 일은 절대로 시키지 않습니다. 아이들이 느낄 수 있는 기쁨이 아이들에게 주어질 겁니다. 댁의 따님도 모든 괴로움에서 해방될 거예요. 이 사실을 잊지 마시고 이것으로 마음의 위안을 얻으세요. 세상에는 자기 자신의 슬픔보다 더 견디기 힘든 슬픔이 있습니다. 사랑하는 사람이 고통받고 있는데 아무런 도움을 줄 수 없을 때 느끼는 슬픔이죠. 이제는 이런 슬픔을 느끼실 필요가 없습니다."

그는 캐롤을 두고 집에 돌아와 한 달 동안 찾아가지 않았다. 아이가 새로운 환경에 적응하기 위해서 그 정도의 시간이 필요하다고 했다.

한 달 뒤 학교에 갔을 때, 아이는 아직 불안해하고 있었다. 그는 교장선생님을 다시 만났다.

"아이를 데려가야겠어요. 보모가 아이를 잡아줘야 했다고 하더군요. 그게 무슨 뜻인지는 모르겠지만, 그렇지만 이렇게 어린아이가 자기가 살던 집을 떠나서 갑자기 행복하게 지낼 수는 없다는 것을 알아야 하지 않을까요. 이 애는 전에는 낯선 사람하고 같이 지내본 적이 없어요. 왜 자기 삶이 이렇게 갑자기 완전히 바뀌었는지 이해할 수 없을 거예요. 아이들이 모두 정해진 일과에 따라 살아야 하나요? 예를 들어서 모두 한 줄로 서서 식당에 들어가야만 하는 거예요?"

교장선생님은 차분히 얘기를 끝까지 듣더니 이렇게 말했다.

"아이가 여기에서도 집에서 지내던 것과 똑같이 살 수는 없습니다. 이 곳에서는 여러 아이들 중의 한 명이니까요. 아이 한 명 한 명을 돌보고 지켜보고 가르치기는 하지만, 혼자 있을 때처럼 행동할 수는 없습니다. 그러니까 어느 정도 자유의 제한은 감수해야 합니다. 이렇게 잃는 부분과 얻는 부분을 비교해서 생각해 보아야 합니다. 이곳에 있으면 안전하고 친구들도 있습니다. 대가족 내에서는 몇 가지 간단한 일과가 반드시 필요합니다. 거기에만 익숙해지면 여러 사람과 함께 지내면서 기쁨을 느낄 수 있을 것입니다. 아시다시피 그걸 배워야만 합니다. 그렇지만 아이가 배울 수 있는 것만 우리는 가르칠 것이고 아이가 할 수 없는 것을 강요하지는 않는다는 것은 믿으셔도 됩니다."

"아이가 왜 그래야 하는지를 이해하지 못하고 그게 자기를 위한 것이란 것도 모르니까 너무 힘들어요."

"우리도 그 이유는 모릅니다. 어머니도 왜 이런 아이가 세상에 태어났는지는 모르시지요? 아이의 존재이유를 이해하실 수 없을 겁니다. 언제까지고 어머니가 아이를 감싸고 보호해줄 수는 없습니다. 이 아이도 사람이고 자기 몫의 조그만 짐을 짊어져야 합니다. 모든 사람에게 그것은 마찬가지입니다."

그는 결국 교장선생님 말에 설득되었다. 그는 아이를 두고 다시 돌아갔다.

그 날 이후 몇 년의 시간이 흘렀다. 아이를 집에 데려오면 처음에는 좋아하지만 며칠 지나면 학교에 돌아가고 싶어했다. 길고 긴 싸움이 끝나고 마침내 아이는 새로운 환경에 적응했다.

그는 자신과 같은 아이를 둔 부모들에게 다음과 같은 말을 전했다.

"당신의 아이가 당신이 바란 대로 건강하고 멀쩡하게 태어나지 못했더라도 몸이나 정신, 아니면 둘 다 부족하고 남들과 다르게 태어났더라도 이 아이는 그래도 당신의 아이라는 것을 명심해야 합니다. 또한 아이에게도 그것이 어떤 삶이든지 간에 삶의 권리가 있고 행복해질 권리가 있어서 부모가 그행복을 찾아주어야 한다는 사실을 잊어서는 안 됩니다. 아이를 자랑스럽게 생각하고 있는 그대로 아이를 받아들이고 아무것도 모르는 사람들의 말이나 시선에 신경쓰지 말아야 합니다. 이 아이는 당신 자신과 세상 모든 아이에게 중요한 의미를 지니는 존재입니다. 아이를 위해 아이와 함께 아이의 삶을 완성해주는 데에서 틀림없이 기쁨을 느낄 수 있을 것입니다. 고개를 당당히 들고 주어진 길을 가야 합니다."

장애는 왜 존재하는 것일까? 우리 중 누군가 한평생 혹은 남은 인생 동안 벗어버릴 수 없는 장애를 짊어져야 한다면 그 이유는 무엇일까? 이들과 이들 가족에게 죽을 때까지 지속되는 고통이 존재하는 이유는 무엇일까?

성경에는 다음과 같은 내용이 있다.

예수님이 제자들과 길을 가는데 태어날 때부터 눈이 보이지 않는 사람을 보았다.
제자들이 예수님께 물었다.
"스승님, 이 사람이 눈먼 자로 태어난 것이 누구의 죄로 인함입니까? 이 사람입니까, 그의 부모입니까?"
예수님께서 말씀하셨다.
"이 사람이나 그 부모의 죄가 아니다. 그것은 하느님이 하시는 일이 그에게서 드러나려고 그리된 것이다."

- 요한복음 9장 1-3절

예수님의 말씀대로 장애가 세상의 모든 일들에서와 같이 하느님의 일을 그를 통해 드러내려는 것이라면, 그것은 분명 우리 모두와 관련이 있다. 장애로 드러남으로써 결국 우리 모두에게 영향을 주고 변화를 이끌어내기 위함이다. 그렇다면 하느님은 도대체 우리에게 어떤 변화를 원하는 것일까? 이것이 장애를 볼 때 우리가 해야 할 질문이다.

이는 장애인과 그 부모를 가리켜 "너희는 왜 이런 아이를 낳아 기르는가?"라고 물었던 질문을 하느님께로 돌리며 "하느님은 왜 이런 아이를 태어나게 했는가?"라고 묻게 하고, 다시 우리에게 내려와 "우리는 무엇을 해야 하는가?"라고 묻게 한다. 이것은 마치 물의 순환과 같다. 지상의 수증기가 하늘로 올라가 구름이 되고 구름이 무거워지면 비가 되어 내리듯, 지상의 죄는 하늘로 올라가 우리 각자에게 의미가 되어 내린다.

그리하여 누군가는 장애를 예방할 수 있는 치료법을 개발하고, 누군가는 장애인을 자기 몸같이 돌보며 봉사하고, 누군가는 장애있는 사람과 없는 사람이 똑같이 능력을 발휘할 수 있도록 제도를 개혁한다. 또 어떤 장애인은 엄청난 노력으로 자신의 장애를 극복함으로써 불굴의 의지를 드러내고, 어떤 장애인은 자신의 장애를 용기있게 드러냄으로써 비장애인으로 하여금 자신의 장애없는 몸과 마음에 감사하게 한다. 또 어떤 장애인 가족은 장애인을 책임지고 보살피기 위해 자신의 능력을 더 한층 발휘하기 위해 노력하고, 어떤 장애인 가족은 사회문제에 관심을 갖고 장애인과 약자를 배려하는 사회가 될 수 있게 열심히 사회운동에 참여한다.

펄 벅은 이렇게 말했다.

"세상에는 두 가지 종류의 슬픔이 있다. 달랠 수 있는 슬픔과 달래지지 않는 슬픔이다. …… 달랠 수 있는 슬픔은 살면서 마음속에 묻고 잊을 수 있는 슬픔이지만, 달랠 수 없는 슬픔은 삶을 바꾸어 놓으며 슬픔 그 자체가 삶이 되기도 한다. 사라지는 슬픔은 달랠 수 있지만, 안고 살아가야 하는 슬품은 영원히 달래지지 않는다."

그의 말처럼 달래지지 않는 슬픔은 그의 삶을 변화시켰다. 하지만 그는 슬픔이 자기 삶을 파괴하도록 내버려두지 않았고, 오히려 그것을 자기 안의 꺼지지 않는 창조적 에너지로 승화시켰다. 그는 평생 70권이 넘는 왕성한 집필활동을 했으며, 7명의 아이를 입양했고, 웰컴하우스와 펄벅재단을 운영하며 특히 미군과 아시아 여성 사이에서 출생한 혼혈아들의 입양을 도왔다. 또 캐롤에 관한 책, 『자라지 않는 아이』를 출간하여 당시 장애인을 수치스럽게 생각하는 사회분위기를 변화시키는 데 기여했다. 누군가는 이 책이 그의 저서 중에 대중에게 가장 큰 영향을 준 책이라고 평했다.

마사는 존의 가슴에 얼굴을 기대고 눈을 감았고, 존은 다른 팔을 둘러서 그를 안았다. 잠시 동안이지만 마사는 마음이 푹 놓이는 것을 느꼈다. 그 순간 마사는 자신들이 스스로 대답을 하고 있다는 생각이 들었다.

'바로 이거야. 우리의 짧고 덧없는 삶을 살만한 것으로 만드는 것은 고립된 자신을 벗어나 손을 뻗쳐 서로에게서, 그리고 서로를 위해서, 힘과 위안과 온기를 발견하는 능력이다. 이것이 인간이 하는 일이다. 이것을 위해 우리는 사는 것이다. 말이 달리기 위해 사는 것처럼.'

- 마사 베크Martha Beck의 『아담을 기다리며』 중에서

# 장애가 우리에게 주는 의미는 무엇인가

## 템플 그랜딘

**템플 그랜딘**Temple Grandin(1947년 8월 29일-현재)
미국 동물학자, 가축설비설계자다. 자폐성 장애를 갖고 태어났으며, 1986년 출간된 그의
자서전 『어느 자폐인 이야기』는 이전까지 얘기되지 않았던 자폐인의 내면적 삶을 사람들
에게 널리 알리는 계기가 되었다.

인간 영웅에 대한 모든 역사적 기록을 통틀어 가장 고귀한 주제는 한 개인에게 불행이 닥쳐 인간의 기본적 자질을 잃어버렸을 때 그걸 보충하기 위해 다른 것을 구하려 하는 노력일 것이다.

— 스티븐 제이 굴드,[115] 『새로운 천년에 대한 질문』 중에서


템플 그랜딘이 세 살 때였다. 그날은 언어치료를 받으러 가는 날이었다. 차 운전석에 앉은 어머니가 뒷좌석에 앉은 그에게 모자를 씌워주며 말했다.

"템플, 이거 네 모자다. 선생님에게 예쁘게 보이고 싶지 않니?"

그는 어머니가 씌워주는 대로 모자를 썼지만, 이내 모자는 그의 머리를 짓누르며 옥죄는 듯 느껴졌다. 그는 아파서 소리를 지르며 모자를 벗었다. 그러자 어머니가 말했다.

"모자 다시 써라."

차는 어느새 고속도로에 진입했다. 그는 모자를 다시 쓰지 않고 있었다. 벗어 놓은 모자를 무릎 위에 두었는데, 그 부위가 점점 뜨거워지고 바늘처럼 콕콕 찌르는 듯 느껴졌다. 괴로워 미칠 것 같았다. 마침 운전석 옆 창문이 열려있었다. 그는 모자를 창문 밖으로 던져버리기로 마음먹었다. 재빨리 던지면 어머니가 모를 것이라고 생각했다.

어느 순간, 몸을 앞으로 내밀고 창문을 향해 모자를 던졌다. 그러자 어머니가 깜짝 놀라서 고함을 지르며 모자를 잡아챘다. 그러면서 차가 크게 흔들렸고 차선을 넘었다. 어머니가 이를 알아채고 운전대를 돌리려 했으나 너무 늦었다. 빨간 트랙터가 그와 어머니가 탄 차를 들이박았다. 차 유리가 깨

---

115) 스티븐 제이 굴드(Stephen Jay Gould, 1941년 9월 10일-2002년 5월 20일)는 미국 고생물학자이며 과학저술가다. 자폐성 장애를 가진 아들이 있다. 저서로는 『다윈 이후』 『판다의 엄지』 『풀하우스』 등이 있다.

지고 차 옆면이 안쪽으로 밀려 들어왔다. 뒷좌석에 함께 타고 있던 여동생이 울음을 터뜨렸다. 하지만 그는 울지 않았고 오히려 재밌었다. 깨진 유리조각이 마치 얼음처럼 자신에게 쏟아졌기 때문이다. 천만다행으로 아무도 크게 다치지 않았다.

템플 그랜딘은 자폐성[116] 장애인이다. 자폐성 장애인은 뇌신경계의 이상으로 인해 특별한 감각정보전달체계를 갖는다. 시각, 청각, 후각, 피부감각 등 감각자극에 과도한 혹은 과소한 영향을 받으며, 자극으로부터 방어하기 위해 자신만의 세계에 몰입하고 다른 사람과의 관계에 어려움을 나타낸다.

그는 누가 자신을 안는 것을 견딜 수 없었다. 아기 때는 어머니가 자신을 안으면 몸이 뻣뻣하게 굳었고, 팔다리를 움직일 수 있게 되었을 때는 야생동물처럼 할퀴며 저항했다. 사랑의 표현인 부드러운 포옹이 그에게는 과도한 자극으로 질식할 것 같은 고통을 주었다. 포옹뿐만이 아니었다. 전화벨소리는 고막이 터질 것같이 괴로웠고, 언어치료 선생님이 사용하는 지시봉은 눈을 찌를 것 같아 무서웠다. 이렇듯 어린 시절 내내 그에게는 생존을 건 자신만의 싸움이 계속되었다. 그는 그때를 회상하며 이렇게 말했다.

"나는 유아기 5년 동안 죽지 않고 살아남았다."


템플 그랜딘은 느끼는 방식도 달랐지만 사고하는 방식도 남들과 달랐다. 언어로 사고하는 대부분의 사람들과는 다르게 시각이미지를 이용해 사고했다. 예를 들어 누군가 '개'라고 말하면 사람들은 인간과 친숙한 동물의 한 종류라는 생각이 들겠지만, 그의 머릿속에는 '개'라는 단어가 들리는 즉시

---

116) 자폐성 장애(autism)는 자폐성 스펙트럼 장애라고도 일컬어지며 다양한 스펙트럼의 장애증상을 포함하는데, 여기에는 사회적 상호작용 부족, 감각자극에 지나치게 민감하거나 둔감함, 제한적이고 반복적인 행동 등이 속한다. 저기능 자폐성 장애는 심각한 정도의 언어능력의 손상과 IQ 70이하의 낮은 지능, 즉 지적장애를 동반하지만 고기능 자폐성 장애는 IQ가 정상 이상으로 자립된 생활이 가능하다.

지금까지 보아온 온갖 개들의 구체적인 이미지가 떠오르기 시작한다. 고등학교 다닐 때 교장선생님이 길렀던 개, 이모가 길렀던 개, 광고에 나온 개 등의 이미지가 연속적으로 떠오르는 것이다.

한편 구체적인 형체가 없는 개념은 조금 복잡했다. '정직'이라는 단어를 들으면 '바르다', '곧다'와 같은 연관된 개념이 떠오르는 게 아니라 법정에서 성서 위에 손을 대고 맹세하는 이미지나 언젠가 TV 뉴스에서 보았던 돈이 가득 든 지갑 주인을 찾아준 사람의 이미지가 떠올랐다. 그래서 이러한 시각적 사고방식은 추상적인 개념과 논리를 다루는 철학, 통계학 같은 과목을 공부하기에는 힘들지만 구체적인 사물을 다루는 건축, 디자인, 기계설계 같은 과목에는 유용했다.

그는 자신의 두려움을 이겨내고 삶을 개척해나가는 데에도 시각적 이미지를 이용했다. 고등학교 다닐 때였다. 어느 일요일, 학교 교칙에 따라 교회에 가서 목사님의 지루한 설교를 듣고 있었다. 한참 딴청을 피우고 있는데, 갑자기 목사님이 인용하는 성경말씀이 뚜렷하게 들렸다.

"두드려라. 그러면 열릴 것이니(마태복음 7:7)."

"내가 문이니 누구든지 나로 말미암아 들어가면 구원을 얻고……(요한복음 10:9)."

목사님은 '천국으로 들어가는 문'을 열고 들어가 구원을 받으라고 했다. 그날부터 그는 그 문을 찾기 시작했다. 학교 문, 교실 문, 마구간 문 등, 문이란 문은 다 살펴보았지만 제대로 된 문은 보이지 않았다. 그러던 중 어느 날, 기숙사 건물 확장공사를 하는 곳을 지나가게 되었다. 일꾼들이 일을 마친 뒤라 아무도 없었다. 4층으로 올라갔는데 거기에 문이 하나 있었다. 나무로 만든 문이었는데 지붕으로 통했다. 문 옆의 창문을 통해 밖을 보았다. 저녁 무렵 산들이 보였고 산 뒤로 달이 떠올랐다. 그 순간 자신을 감싸는 어떤 평온함이 느껴졌다. 그리고 그 속에서 미래에 대한 희망과 자신감이 생겨났다.

그는 그곳을 계속해서 찾아갔다. 거기서 자신과 미래에 대한 생각에 잠겨 시간을 보냈다. 이제야 어머니가 계속해서 자신에게 했던 말이 무슨 뜻인지 알게 되었다.

"모든 사람은 각자의 문을 찾아야 하고 스스로 그 문을 열어야 한다. 아무도 그것을 해줄 수 없다."

그는 실제로 그 문을 열고 나가려 했다. 하지만 그 문은 지붕으로 나가는 문이어서 열고 나가는 것이 금지돼 있었고 그가 찾는 문도 미래를 상징하는 추상적인 것이었으므로 실제 그 문을 여는 것과는 상관이 없었다. 그럼에도 그에게는 시각적인 이미지와 연결된 실제적인 체험이 필요했다. 한참을 고민한 후 결국 문을 활짝 열고 지붕 위로 발을 내딛었다. 상쾌한 바람이 그를 반겼고 다시 태어난 느낌이었다.

얼마 뒤, 그 문은 또 다른 의미를 갖게 되었다. 학교에서 이 사실을 알게 되어 정신과 의사에게 상담을 받아야 했다.

"템플, 그것은 학교규칙에 어긋난다. 위험할 뿐 아니라 옳지 않은 짓이다."

"나한테는 안 그래요."

"템플, 그곳에서 뭘 하는 거니?"

"나에 대해서, 나의 삶에 대해서, 나의 신에 대해서 생각해요."

"너는 뱃사람의 부인이 지붕 위 발코니에 올라가 돌아오지 않는 배를 바라보고 있는 것처럼 행동하는구나. 그러나 뱃사공은 결코 돌아오지 않지. 그곳에 다시는 가지 않겠다고 약속해라."

정신과 의사는 그가 돌이킬 수 없는 과거에 집착하고 있다고 생각했다. 분명 그는 대부분의 자폐성 장애인들이 그렇듯 익숙한 것에 집착하는 경향이 있었다. 그것은 과도한 자극들로 둘러싸인 자신을 방어하기 위해서였고, 그래서 그들에게 새로운 자극들로 가득 찬 변화란 더욱 어려운 일이었다. 하지만 그곳에서 그는 변화를 준비 중이었다. 변화를 위해서는 먼저 이해해야 했다. 변하려는 주체인 자기 자신, 자기 앞에 놓인 삶의 기회들, 그리고 이 모든 것에 의미가 있다면 그 의미를 부여하는 거대한 힘, 신과 같은 존재에 대한 이해가 필요했다. 나는 누구인가? 내 삶의 목적은 무엇인가? 삶의 의미란 무엇인가?

그는 '문'이라는 시각적 이미지를 이용해서 이 모든 것을 이해하는 중이었다. 졸업, 진학, 직장 등 내 앞에는 문들이 있고 그 너머에는 두렵지만 흥미로운 미지의 세계가 펼쳐져 있다. 내가 해야 할 일은 오직 하나, 용기있게 문을 여는 것이다. 삶은 수많은 문들로 이루어져 있다. 문은 열리기 위해 존재하며 나는 문을 열기 위해 존재한다. 인간은 끊임없이 도전하는 존재이며 그럼으로써 자신을 입증해야 한다.

그는 정신과 의사의 조언을 따르지 않았다. 그뿐 아니라 앞으로 자신이 발견한 소중한 진리를 부정하는 누구의 말도 따르지 않기로 결심했다. 이제 그 문은 새로운 의미를 더했다. 그는 말했다.

"내가 그 문을 통해 밖으로 나오면 나는 학교의 권위를 벗어난 것이다. 내가 그 문을 나오면 나는 인간의 권위, 즉 규칙과 규율에서 벗어나면서 나 자신, 삶, 그리고 선택의 자유를 느꼈다. 내가 깨달은 것은 그 문을 넘어서도 권위가 있는데, 그것은 바로 나 자신의 권위라는 것이었다."

그는 심리적 독립이라는 추상적인 발달단계를 어떤 전문가의 도움 없이 자신의 노력과 재능, 구체적이고 시각적인 사고방식을 이용해 도달했다.


템플 그랜딘이 소와 특별한 교감을 갖게 된 것은 고등학교 시절 여름방학에 목장을 운영하는 친척집을 방문하면서부터였다. 어느 날 소가 가축압박기에 들어가는 것을 보게 되었다. 가축압박기는 소, 돼지와 같은 가축에게 낙인을 찍거나 주사를 놓을 때 움직이지 못하게 하는 장치다. 소가 압박기에 들어가 머리를 앞쪽으로 내놓으면 양옆에 나무와 쇠로 된 넓적한 판이 있어 소의 몸통을 압박하여 움직이지 못하게 한다. 그를 놀라게 한 것은 압박기에 들어간 소의 반응이었다. 불안해하던 소가 양옆의 판이 압박하면서 잠시 뒤 조용해졌다. 소는 그 안에서 편안해 보였다. 왜 그럴까? 혹시 이 장치가 다른 사람과의 접촉이 고통스러운 자신에게도 도움이 될까?

그는 자신이 직접 시험해보기로 했다. 소처럼 엎드려 압박기로 기어들어가 머리를 내놓고 숙모에게 양옆의 판을 조여 달라고 했다. 처음 몇 초는 빠져나갈 수 없다는 공포감에 온몸이 굳어졌지만 그 뒤 안정감이 느껴졌다. 30분 뒤 압박기에서 나왔을 때는 들어가기 전보다 훨씬 평온하고 차분한 상태가 되었다. 그 장치는 사람에게 안길 때와는 달랐다. 강한 압박이 몸 전체 넓은 범위에 가해졌고, 원하는 시간 동안 또 원하는 만큼의 압력을 조절할 수 있었다. 연구에 따르면 동물을 가볍게 만지면 오히려 경계하는 효과가 나타나고, 야무지게 만지면 안정시키는 효과가 나타난다고 한다. 그는 압박기의 효과가 자신에게도 나타나는 것을 보고 동물, 특히 소와의 특별한 유대감을 느꼈다.

방학이 끝나고 학교에 돌아온 그는 자신만의 압박기를 만들기로 했다. 이를 알게 된 학교에서는 탐탁케 여기지 않았다. 한 심리교사가 그와의 상담 중에 말했다.

"음, 템플, 네가 만드는 것이 자궁이나 관의 상징이 아닌지 의심스럽구나."

"두 가지 다 아녜요."

"우리 자신이 무엇인지에 대해 문제가 있는 건 아니겠지? 우리가 소와 같은 가축이라고 생각하지는 않겠지?"

"어떻게 정신이 돌았나요? 나는 내가 소와 같은 가축이라고 생각하지 않는데, 선생님은 자신이 소라고 생각하세요?"

이 말은 선생님을 화나게 했다.

"템플! 너는 학교에서 괴상한 짓을 하곤 했지. 교사들이 너를 동정하고 이해하려고 많이 노력했다. 하지만 압박기는 너무 괴상망측하다. 내가 네 어머니에게 내 생각을 이야기할 수밖에 없겠다."

정신과 의사 역시 압박기를 성적인 의미로 해석했고 병적인 집착이라고 생각했다. 그러나 그가 생각하기에 압박기는 성적인 욕망이 아닌 자신이 이때까지 느낄 수 없었던 따뜻함과 부드러움에 대한 생물학적 욕구를 충족하도록 도와주는 장치였다. 그는 일기장에 다음과 같이 썼다.

"아이는 부드러움에 대해서 배울 필요가 있다. 나는 이러한 개념을 어렸을 때 배울 수 없었기에 이제야 그것을 배우기 시작한다. 압박기는 내가 누구에게 속해있다는 기분을 느끼게 해주고, 또 어머니의 팔 안에 부드럽게 안겨있는 기분을 느끼게 해준다."

그는 압박기를 통해 많은 것을 배울 수 있었다. 구체적인 감각이 추상적인 차원으로 확장되었다. 처음으로 사람들이 서로를 부드럽게 대하는 친절함, 정중함이 어떤 것인지 알 수 있었다. 압박기를 사용하면서 그는 점차 다른 사람과의 악수나 가벼운 신체접촉을 견딜 수 있게 되었다. 하지만 전문가들의 의견은 그가 그 장치를 사용할 때마다 죄책감을 느끼게 했다.[117]

'나는 정말 별난 생각을 가진 괴상한 사람인가?'

이제 그는 두 가지와 맞서 싸워야 했다. 자신의 문제를 극복해야 했고 또

---

[117] 당시 압박기 사용에 대한 전문가들의 의견은 잘못된 것으로 여겨진다. 현재 자폐성 장애의 원인은 심리적 요인보다 뇌신경 등 생물학적 요인으로 밝혀져 있으며, 압박기도 자폐성 장애, 과잉행동장애 어린이와 성인들의 치료에 사용되고 있다.

한편 사람들의 생각과도 싸워야 했다. 그가 생각할 때 자신을 제대로 이해하지 못하는 쪽은 자신이 아니라 그들이었다. 어느 날 괴로운 마음에 어머니께 편지를 보냈다. 어머니는 처음에는 전문가들과 마찬가지로 부정적이었지만 나중에는 인정하고 격려해주었다. 어머니의 답장에는 다음과 같이 쓰여 있었다.

"네가 남과 다른 것을 자랑스럽게 생각해라! 세상에 공헌한 모든 위대한 사람들은 남과 달랐고, 그들은 외로운 삶의 길을 걸어갔다. …… 그 압박기에 대해서는 더 이상 걱정하지 마라. 그것은 너의 '위안물'이다. 네가 어렸을 때 모든 '위안물'을 거절하지 않았니? 너는 그것을 참을 수 없었지. 압박기에 대한 너의 관심은 자연적인 것이다. 인생에서 가장 어려운 것은 마음속에 있는 불합리한 것을 해결하는 일이란다. 너의 성숙한 부분이 미성숙한 부분에 의해서 좌절당하는 경우지. 어린 시절 너의 동기에 대해서 부끄러워하지 마라. 그것들은 우리들의 환상적 삶의 깊은 곳에 있고, 또 그것은 삶의 좋은 원동력이다."

그는 어렸을 때와 마찬가지로 여전히 생존을 건 싸움을 하고 있었다. 남들과 다르다는 것은 이렇게 어려운 것이었다. 사람들은 그를 이해하지 못했고 전문가들도 마찬가지였다. 어렸을 때 의사는 그가 평생 보호시설에서 살아야 할 것이라고 말했고, 고등학교 때 선생님은 그가 목수 일을 좋아하니 직업학교에 보내라고 조언했다. 그들은 그가 무엇을 할 수 있고 무엇을 어려워하는지, 어려운 이유가 무엇이고 어떤 도움이 필요한지 제대로 알지 못했다. 그들은 그가 가진 잠재력의 스펙트럼을 이해하기에 자신들의 세계가 협소하다는 사실을 알지 못했다.

템플 그랜딘은 동물학을 전공으로 대학원에 진학했다. 자폐성 장애와 시각적인 사고방식은 소의 행태를 이해하는 데 많은 도움이 되었다. 자폐성 장애인들은 주위의 자극으로부터 자신을 방어하려는 경향이 있다. 소도 주위의 포식동물로부터 잡혀먹히지 않기 위해 항상 경계한다. 이를 위해 감각들이 발달해있는데 특히 눈은 양옆에 위치하여 거의 360도 범위를 볼 수 있다.

그는 가축설비를 취급하는 분야에서 연구하면서 일했다. 한 번은 소사육장에서 의뢰가 들어왔다. 백신주사를 놔야 하는데 소들이 가축압박기에 들어가지 않는다는 것이었다. 대량으로 소를 키우는 사육장에서 백신주사를 제때 맞히지 않으면 적어도 10퍼센트 이상의 소들이 병에 걸리고 죽기도 한다. 사육장 주인은 설비를 다 허물고 다시 짓기 전에 지푸라기라도 잡는 심정으로 그를 찾아왔다.

그는 사육장을 방문해 10분 만에 문제점을 파악했다. 소들은 압박기로 들어가는 좁은 통로 입구에 멈춰서 더 이상 들어가려 하지 않았다. 그 압박기와 연결 통로는 다른 사육장에서도 똑같이 아무 문제 없이 사용되고 있었기 때문에 사람들은 문제점을 찾아내지 못했다. 그러나 그는 쉽게 찾아낼 수 있었다. 통로 입구가 어두운 것이 문제였다. 정확히 말하면 어두운 것 자체가 아니라 통로 입구 바깥쪽과 안쪽의 명암차이가 문제였다. 야외에 있는 그 시설에는 햇빛이 내리쬐는데 그 통로 앞에 있는 큰 문이 빛을 막아서 그늘이 생겼던 것이다. 항상 위험을 감지하려는 동물에게는 주위 환경의 미세한 변화조차 행동에 큰 영향을 미칠 수 있다. 문제는 즉시 해결되었다. 햇빛을 막는 문을 여니 명암차이가 사라졌고 소들은 쏟아져 들어왔다.

그는 열심히 일했고 성과도 냈다. 하지만 어려움도 계속되었다. 한 번은 어느 사육장에 방문하는데, 문 앞에서 한 남자가 막아서며 "여자는 출입금지"라고 말했다. 당시에 이쪽 분야에서 일하는 사람들이 거의 다 남자들이었다. 그는 당시를 회상하며 "그때는 내가 여자라는 사실과 자폐인이라는 사실 중 어떤 것이 더 큰 장애인지 알 수 없을 정도"라고 말했다. 그 남자는 그러나 자기가 가로막은 여자가 누구인지 알지 못했다. 그는 지금까지 자기 삶의 온갖 장애물들을 불굴의 의지로 극복해온 사람이었다. 그는 자서전에서 이렇게 말했다.

"그는 가축 작업장으로 가는 길을 막아섬으로써 울타리에 달린 조그맣고 별것 아닌 나무문을 내 상징의 신전에서 특별한 지위를 가진 상징적 문으로 만들어 놓았다. 막아놓은 문과 관련된 어떤 사건이라도 나에게는 신이 마련해 놓은 원대한 계획의 일부처럼 느껴진다. 시각적 상징의 세계 덕에 나는 계속 앞으로 나아갈 수 있었다. 닫힌 문은 정복해야 할 대상이 되었다. 나는 말 그대로 순전히 의지로 가득한 황소처럼 돌진했다. 아무것도 나를 막을 수 없었다."

시각적인 이미지를 이용해 생각해보자. 지구에 존재하는 수많은 사람들은 모두 자신만의 잠재력을 지닌, 빛을 낼 수 있는 존재들이다. 하지만 모든 이들이 자신의 잠재력을 발휘할 기회를 얻고 빛을 내기에 충분한 노력을 기울이는 것은 아니다. 장애인들 역시 똑같은 존재이지만 이들은 비장애인들과 다른 색깔의 빛을 낸다. 만약 이들이 잠재력을 발휘할 수 있도록, 빛을 낼 수 있도록 기회를 주고 이들의 노력을 돕는다면 세상은 어떻게 달라질까? 달라진 세상에서는 장애인들뿐만 아니라 더 많은 비장애인들이 잠재력을 발휘하게 되지 않을까? 그렇게 되면 지구는 어떻게 보일까? 지구는 지금보다 더 많은 반짝이는 빛들로 가득해지고 그뿐 아니라 형형색색 다채로운 빛깔을 띠는 별이 되지 않을까?

장애인 문제는 많은 것들과 얽혀있다. 기본적 인권, 불평등, 정의, 하지만 문제의 본질은 아름다움이다. 비장애인들은 보고도 보지 못하는 아름다움이 존재한다. 시청각 중복장애를 가진 헬렌 켈러[118]가 나이아가라 폭포에서 느낀 감동을 얘기했더니 누군가 이렇게 물었다.

"당신은 지금 대자연의 아름다움과 음악 운운하는데 대체 그 모두가 당신에게 무슨 의미란 말입니까? 솔직히 일렁이는 파도를 볼 수 있는 것도 아니고 으르렁거리는 포효를 들을 수 있는 것도 아니잖아요? 대체 당신이 무엇을 알 수 있다는 건지."

그는 자서전에서 이렇게 대답했다.

"보았으면 또 들었으면 다 안 것인가, 다 설명한 것인가. 사랑이 무엇이며 종교란 무엇이고 또 선함이란 어떤 것인지 설명하는 것이 어려운 만큼이나 나이아가라, 이 대자연의 그러함을 설명하기 어려운 건 피차 마찬가지 아닐까."

우리는 지금 보고 있는 것을 정말 보고 있는가? 만약 내일 어떤 이유에서든 눈이 멀게 된다면, 오늘 당신은 무엇을 어떻게 볼 것인가? 헬렌 켈러는 『사흘만 볼 수 있다면』이라는 짧은 에세이에서 자신이 만일 사흘 동안 볼 수 있게 된다면 무엇을 보고 싶은지 그 계획을 적었다. 그리고 마지막 부분에서 그런 장애를 갖지 않는 독자들에게 똑같은 질문을 던지고 이렇게 말했다.

"확신하건대 여러분이 실제로 그런 운명에 처해진다면 여러분의 눈은 이전엔 결코 본 적이 없는 것들을 보게 될 것이며, 다가올 기나긴 밤을 위해 그 기억들을 저장할 것입니다. 그리고 자신의 눈을 이전과는 전혀 다르게 사용

---

118) 헬렌 켈러(Helen Adams Keller, 1880년 6월 27일-1968년 6월 1일)는 미국 사회운동가다. 태어난 지 19개월 지나 성홍열과 뇌막염을 앓고 시각과 청각장애를 갖게 되었다. 앤 설리번 선생님의 도움과 자신의 노력으로 대학교육을 마치고 여성참정권, 사형제폐지, 인종차별반대, 장애인복지 등 다양한 사회운동에 참여하여 활발한 활동을 했다. 그는 손끝으로 진동을 느낄수 있었다. 축음기에서 나오는 공기의 떨림으로 음악을 듣고, 우아한 발레리나의 몸동작이 바닥에 전하는 진동으로 발레를 보았다. 그는 자신의 에세이 『사흘만 볼 수 있다면』에서 자신이 제일 먼저 보고 싶은 것은 설리번 선생님의 얼굴이라고 말했다. "먼저 어린 시절 내게 다가와 바깥세상을 활짝 열어 보여주신 사랑하는 설리번 선생님의 얼굴을 오랫동안 바라보고 싶습니다. 선생님의 얼굴 윤곽만 보고 기억하는데 그치지 않고 그것을 꼼꼼히 연구해서, 나 같은 사람을 가르치는 참으로 어려운 일을 부드러운 동정심과 인내심으로 극복해낸 생생한 증거를 찾아낼 겁니다. 또한 선생님의 눈빛 속에서 아무리 어려운 상황일지라도 당당하게 맞설 수 있었던 강한 개성과 내게도 자주 보여주셨던 전 인류에 대한 따뜻한 동정심도 보고 싶습니다."

할 것이며, 눈에 보이는 모든 것들이 소중하게 느껴질 겁니다. 당신의 눈은 시야에 들어오는 모든 사물들을 어루만지고 끌어안을 것입니다. 그때에야 비로소 당신은 제대로 보게 될 것이며, 새로운 아름다움의 세계가 당신 앞에 그 문을 열 것입니다."

헬렌 켈러가 느꼈던 나이아가라 폭포는 과연 어떤 것일까? 정신장애를 겪었던 반 고흐를 사로잡았던 밤하늘은 어떤 광경일까?[119] 청각장애를 갖게 된 베토벤이 절대적 고독 속에서 체험한 것은 무엇일까?[120] 그들은 그들만의 특별한 세계에 살고 있다. 그 세계는 우리에게는 낯설고 혼란스러운 자극들로 가득 차 있다. 아마도 그들에게도 편치만은 않은 곳이리라. 그러나 그들은 무력하지 않다. 그들은 비장애인들과 똑같은 삶의 에너지와 열정을 가지고 태어났다. 그들은 그 특별한 세계에서 자신들의 고통과 재능, 그리고 그들 사회가 제공한 약간의 도움으로 보통 사람들이 그전까지 보지 못했던 질서와 아름다움을 창출해낸다. 그것은 장애인 세계와 비장애인 세계를 모두 꿰뚫는 동시에 두 세계를 뛰어넘는 새로운 차원의 질서와 아름다움이다. 그 아름다움이 우리 모두를 끌어올리리라.

---

119) 빈센트 반 고흐(Vincent Willem van Gogh, 1853년 3월 30일-1890년 7월 29일)는 네덜란드 화가다. 측두엽 기능장애로 추측되는 정신장애를 앓았다. 그의 대표작 중 하나인 '별이 빛나는 밤'은 1889년 생레미 정신병원에 있을 때 그린 그림이다. 밤하늘과 별은 그의 예술적 감각에 영감을 불어넣었다. 그의 또 다른 작품 '론강의 별이 빛나는 밤'은 그가 동생 테오에게 "캄캄한 어둠이지만 그조차도 색을 가지고 있는 밤"을 그리겠다고 말하고 완성한 작품이다. 그의 그림은 후대에서 가장 위대한 예술작품들로 인정받고 있지만, 그가 살아있는 동안에는 800여 작품 중에서 하나밖에 팔지 못했을 정도로 사람들에게 인정받지 못했다. 그가 죽기 얼마 전 동생 테오에게 보낸 편지에는 이런 말이 적혀있다. "어제 밀레의 '만종Angelus'이라는 그림이 50만 프랑에 팔렸는데, 대중이 밀레가 그 그림을 그릴 때 가졌던 생각을 공감한다는 걸까?" 그는 사람들의 공감과 이해를 갈구하며 외롭게 삶을 마감했다.

120) 루트비히 판 베토벤(Ludwig van Beethoven, 1770년 12월 17일-1827년 3월 26일)은 독일 음악가다. 1798년부터 청력을 잃기 시작하여 나중에는 완전히 들을 수 없게 되었다. 토마스 만의 『파우스트 박사』에서는 후기 베토벤 작품들에 대해 "전통적인 영역으로부터 벗어나 순전히 개인적인 영역 혹은 절대성 속에 고통스럽게 고립되어있는, 청각의 사멸로 말미암아 감각계로부터도 고립되어 있는 자아의 세계로 고양되었다"고 표현돼있다.

아이를 어떻게 키울 것인가

# 아이를 어떻게 사랑할 것인가

## 야누슈 코르차크

**야누슈 코르차크**Janusz Korczak(1878년 7월 22일-1942년 8월 7일)
폴란드 의사, 교육자다. 본명은 헨릭 골드슈미티Henryk Goldszmit이며, 야누슈 코르차크는
필명이다. 2차대전 당시 독일 점령 하 폴란드에서 고아원을 설립하여 버려진 아이들을 돌보
았다. 1942년 8월 5일 아이들과 함께 트레블링카 강제수용소로 이주되어 거기서 학살당했다.

아이들과 소통하려면 낮은 곳으로 내려가야 한다는 생각은 착각이다. 높이 올라가야 아이들의 감정과 마주할 수 있다. 몸을 펴고 까치발로 서야 한다.

— 야누슈 코르차크, 폴란드 의사, 교육자

1930년 폴란드의 수도 바르샤바, 한 어머니가 일곱 살 남자아이를 데리고 고아원을 찾았다. 남편이 죽은 뒤 경제적으로 어려운 상황에서 여섯 아이를 키워야 했던 그 어머니는 자신의 한 아이를 고아원에 맡기로 결정했다. 그 고아원은 야누슈 코르차크와 스테파니아 빌친스카[121]가 운영하는 곳이었다.

일곱 살이었던 아이는 나중에 나이가 들어서 자신이 코르차크 선생님을 처음 만났을 때를 다음과 같이 회상했다.

"코르차크 선생님은 엄마와 나를 작은 방으로 안내했다. 엄마는 의자에 앉았고 코르차크 선생님도 의자에 앉았지만 내가 앉을 자리는 없었다. 그러자 코르차크 선생님은 나를 자기 무릎에 앉혔다. 나는 그를 끌어안아 그의 무릎 위에 일어섰다. 코르차크 선생님은 엄마와 이야기를 나누었고 나는 가까이에서 그가 어떻게 생겼는지 살펴보기 시작했다. 나는 그의 짧은 수염이 정말 맘에 들었다. 수염은 금색이었고 너무 멋졌다. 나는 수염이 어떻게 자라고 그게 진짜인지 궁금해서 만지작거리면서 관찰했다. 코르차크 선생님은 아무런 반응도 하지 않았다. 그래, 이 정도로 충분해. 수염은 이제 됐어. 나는 이제 그의 둥근 안경이 궁금해졌다. 나는 그의 안경을 통해 엄마를 보려고 마음먹었다. 그의 안경으로 엄마를 볼 수 있게 내 뺨을 그의 뺨에 바짝

---

121) 스테파니아 빌친스카(Stefania Wilczynska, 1886년 5월 26일-1942년 8월 6일)는 폴란드 교육자다. 아이들은 '스테파(Stefa)'라고 불렀다. 코르차크와 함께 고아원을 설립하고 아이들을 돌보았다. 나치의 폴란드 침략 이후 두 차례에 걸쳐 폴란드를 떠날 수 있는 기회가 있었으나 끝까지 아이들을 떠나지 않았다. 트레블링카 강제수용소에서 죽음을 맞이했다.

붙였다. 하지만 선생님과 엄마의 대화가 끝났고 엄마는 내게 말했다. '얘야, 너는 여기 있고 엄마는 집에 갈게.' 나는 내가 울었는지조차 생각나지 않는다. 나는 코르차크 선생님이 좋았고 그가 내 손을 잡고 있었기 때문이다. 그래서 나는 '알았어요'라고 대답했다. 그러자 엄마는 내게 키스했고 나도 엄마에게 키스했다. 엄마는 떠났다."

코르차크와 스테파니아가 아이들에게 갖는 애정은 여느 부모의 그것에 못지않았을지 모르지만 아이들이 느끼는 것은 뭔가 달랐다. 아이들은 자신이 진심으로 존중받고 사랑받는다고 느꼈고, 그것은 코르차크와 스테파니아가 아이들에 대한 관심과 주의를 항상 잃지 않고 있었기 때문이었다. 물질적으로 결코 풍요롭지도 자유롭지도 못한 상황에도 불구하고 아이들이 심리적으로 충분한 풍요로움과 자유로움을 느낄 수 있었던 것은 코르차크와 스테파니아가 아이들의 성격과 욕구를 주의깊게 파악하고 적절한 시기에 적절한 방법으로 꼭 필요한 도움을 주었기 때문이었다.

아이는 그림 그리기를 좋아했다.

"어느 날, 스테파니아 선생님이 내게 와서는 말했다. '얘야, 너 그림 그리는 거 좋아하지? 너에게 종이, 연필, 붓, 물감을 줄게. 언제든지 마음껏 그리렴.' 그 말을 듣는 나는 마치 천국에 있는 기분이었다. 선생님은 내가 붓과 다른 모든 것을 가질 수 있고 언제든 원할 때 그림을 그릴 수 있다고 말했다. 정말 대단한 일이었다. 스테파니아 선생님이 그렇게 말했다면 코르차크 선생님도 알고 있는 게 분명했다. 나는 너무나 기뻤다. 두 분은 한 번도 내가 무얼 그리는지 보자고 요구하거나 검사한 적이 없었다. 마치 내가 그리고 싶은 것은 뭐든 다 그릴 수 있는 것이 내 권리인 것처럼 말이다. 그것은 정말 멋지고 아름다운 일이었다."

어느 날, 코르차크가 한 아이에게 물었다.

"너 혼자서 문 열 줄 아니?"

"알아요. 화장실 문도 열 줄 아는 걸요!"

자신에 찬 아이의 대답에 코르차크는 자기도 모르게 소리 내어 웃고 말았다. 하지만 그는 이내 자신이 아이에게 무슨 짓을 했는지 깨달았다. 뒤에 그는 이렇게 회상했다.

"아이는 부끄러워했지만, 나는 더 많이 부끄러웠다. 나는 아이가 자신의 비밀스런 성취에 대해 고백하게 한 뒤에 그걸 비웃었던 것이다. 한때 아이는 집에 있는 모든 문을 열 수 있었으나, 단 하나 화장실 문만은 자신의 노력으로 열 수 없었고, 그래서 화장실 문을 여는 것이 아이의 중요한 목표였을 것이라고 쉽게 추측할 수 있다. 그럴 때 아이는 마치 어려운 수술을 해내기를 꿈꾸는 젊은 외과의사와 같다. 아이는 이제 누군가를 믿고 비밀을 털어놓지 않을 것이다. 주변 사람 누구도 자신의 내면세계를 이해하지 못하기 때문이다."

어른에게 쓸데없는 장난으로 보이는 일이 아이에게는 진지한 과업일 수 있다. 물리적 차원에서 볼 때, 열기 힘든 화장실 문을 열려고 애쓰는 아이와 어려운 외과 수술을 해내려고 노력하는 젊은 외과의사는 서로 전혀 다른 얘기다. 하지만 심리적 차원에서 볼 때는 어떨까? 그들이 각자 자신이 하기 힘든 어려운 일에 도전해서 성공하려는 의지는 본질적으로 같은 것일 수 있다. 어렸을 때 자신의 의지를 개발할 기회를 뺏긴 아이가 어떻게 어른이 되어 중요하고 어려운 과업을 해낼 수 있을까? 우리는 얼마나 자주 아이가 스스로 자신의 의지를 성장시킬 기회를 박탈하고 있는가?

부모가 아이에게 말한다.

"(너 그러면) 네 손목이 부러질 거야. 차에 치일 거야. 개한테 물릴 거야. 자두 많이 먹지 마. 수돗물 마시지 마. 맨발로 뛰지 마. 햇볕에 나다니지 마. 겉

옷 단추 끝까지 채워. 목도리 해. 내 말 안 듣니? 저기 절름발이를 봐. 맹인을 봐. 맙소사, 피가 난다! 누가 너한테 가위를 줬니?"

부모는 자기 아이의 육체가 다치고 불구가 될까 봐 걱정하지만 자신의 말이 자기 아이의 정신을 불구로 만드는 것은 의식하지 못한다.

코르차크는 말했다.

"만약 아이가 부모 말을 다 믿고 자두를 몰래 먹으려는 시도에서 움츠러든다면, 어른들이 방심한 틈을 타서 안 보이는 구석에서 성냥불을 붙이려는 시도에서 움츠러든다면, 만약 아이가 복종적, 수동적으로 부모 말을 곧이곧대로 믿으면서 어떤 시도도 하지 말라는 요구에 굴복하여 모든 시험을 단념하고 어떤 식으로든 자기 의지력을 시험하려는 행동을 포기한다면, 아이는 앞으로 무엇을 할 수 있을까? 자신 내면 깊은 곳으로부터 타오르는 갈망의 고통이 느껴질 때 말이다."

이어서 그는 다음과 같이 말했다.

"그렇다면 우리는 모든 것을 허용해야 하는가? 전혀 그렇지 않다. 그것은 지루한 노예를 지루한 폭군으로 만들 뿐이다. 결국 우리는 금지를 통해서 자기 절제와 자기부정의 방식으로 아이의 의지력을 강하게 할 수밖에 없다. 다른 사람의 통제를 벗어나려는 제한된 능력과 조건 안에서 아이의 창의력과 판단력이 길러진다. …… 아이에게 모든 것을 허락하는 것에 주의해라. 아이의 변덕을 만족시키는 것은 아이의 갈망을 더 철저하게 억압하는 것일 수 있다. 그럼으로써 아이의 의지력을 약화하거나 해치기 때문이다."

중요한 것은 아이에게 무엇을 허용하느냐 마느냐가 아니라 그럼으로써 아이 스스로 힘이 강해지느냐 아니냐다. 즉, 어떤 행동을 허용한다면 언제 어떤 방식으로 어떤 이유로 허용하는 것이 아이의 의지력과 독립심을 기르는 데 도움이 되는지, 어떤 행동을 금지한다면 언제 어떤 방식으로 어떤 이유로 금지하는 것이 도움이 되는지를 생각해야 한다.

어떻게 아이들을 사랑하고 교육할 것인가? 아이들이 성장하고 성숙할 수 있도록 부모와 교사는 어떻게 아이들을 도와주어야 하는가?

코르차크는 다음과 같이 말했다.

"나는 많은 질문이 대답을 기다리고 많은 의구심이 해명을 바라고 있음을 느낀다. 하지만 나는 이렇게 대답할 것이다. '모르겠다'고 말이다. 당신이 어떤 책을 밀쳐놓고 당신 스스로 생각의 물레를 돌려 천을 짜기 시작한다면 그 책은 의도했던 목적을 달성한 것이다."

이어서 그는 말했다.

"'모르겠다'는 과학의 영역에 속하는 말이다. 그것은 우주에 새롭게 출현한 성운, 새롭게 나타나 진실에 가장 가까이 접근하는 지혜와 통찰의 성운이다. 하지만 과학적 사고에 익숙하지 않은 사람에게는 고통스러운 진공의 상태일 뿐이다. 나는 눈부신 놀라움으로 가득 찬 아이들에 대해 '모르겠다'는 말이 얼마나 경이롭고 생명력 넘치며 창조적인 말인지, 사람들이 이 말을 이해하고 사랑하도록 가르치고 싶다. 중요한 것은 어떤 책이나 의사도 우리 자신의 깨어있는 생각과 주의 깊은 관찰을 대신할 수 없다는 것이다."

그가 말하는 '모르겠다'란 무슨 뜻일까? 또 그것이 경이롭고 생명력 넘치며 창조적이란 말은 무슨 뜻일까? 이것을 알기 위해 우리는 먼저 우리 자신이 어떻게 아이들을 대하는지를 생각해봐야 한다. 만약 아이들이 다음과 같은 질문을 한다면 우리는 어떻게 대답할까?

"제가 글을 제대로 썼나요?"

"제가 구두를 잘 닦았나요?"

"제가 귀를 깨끗이 씻었나요?"

아이들은 정말 자기가 글을 제대로 썼는지, 구두를 잘 닦았는지, 귀를 깨끗이 씻었는지 궁금한 것일까? 만약 그렇다면 그게 왜 궁금한 것일까? 만약 그렇지 않다면 정말 궁금한 것은 무엇일까? 과연 어떤 대답이 아이들에게 가장 적절하고 도움이 되는 것일까?

코르차크는 말했다.

"어떤 아이는 정말로 그게 궁금해서 물을 수 있다. 하지만 또 다른 아이들은 그저 관심을 끌기 위해서, 지금 하던 일에서 잠시 쉬기 위해, 칭찬을 들으려고 묻는다. …… 아이의 생각이 깊은지 혹은 표면적인지, 그가 자신의 질문으로 바라는 것이 무엇인지, 아이의 상태로 자신을 옮겨보아야 한다. 아이가 찾고 있는 것이 내용 없는 호기심인지, 고통스러운 문제를 풀기 위한 의지인지, 그것이 자연의 비밀인지, 윤리적인 문제인지, 혹은 아이가 단지 내가 대답할 수 있는지를 알아보려고 하는 것인지 말이다."

아이들의 생각과 마음을 알기 위해 우리는 먼저 그들의 세계로 들어가야 한다. 아이들은 마치 우주에 새롭게 출현하는 미지의 성운과 같다. 이제껏 누구도 가본 적 없는 미지의 세계를 우리는 어떻게 탐험해야 하는가? 우리는 기존에 알고 있던 모든 지식을 총동원하는 동시에 다른 한편으로 그것들을 모두 버릴 수 있어야 한다. 새로운 것은 항상 기존의 세계를 기반으로 한 이해를 뛰어넘기 때문이다. 그렇다면 아이들을 이해하기 위해 우리는 어떤 자세를 가져야 할까?

그는 말했다.

"만일 어떤 교사가 아이를 교육한다고 하면서 자기 자신은 아이를 둘러싼 환경의 영향 밖에 서서 충분히 성숙한 자로서 확고하게 변치 않고 남아 있으려 한다면, 이는 망상이요, 단순하기 그지없는 일이다. 달리 말하자면, 아이를 위한 책임을 떠맡고 있으면서도 어떠한 자기 비판적 태도도 갖지 않으려는 사람은 필연적으로 심각한 위험에 처하게 된다. 반대로 만일 교사가 아이들 속에서, 인간에 대해, 아이와 사회문제에 대해 이해하려 한다면, 그는 중요하고 가치 있는 것을 인식하게 될 것이다. 하지만 그가 충분히 깨어 있지 않고 자기를 계발하는 일을 소홀히 한다면 그는 좌초하게 될 것이다. 아이를 통하여 나는 경험을 쌓아간다. 아이로부터 나는 나 자신을 위한 지침을 얻으며 스스로에게 요구하고 질책하며 돌이켜보고 혹은 용서한다. 아이는 교사를 가르치며 교육한다. 교사에게 아이는 자연의 책이다. 교사는 이 책을 읽으며 성숙한다."

또한 아이들을 이해하기 전에 자신을 먼저 이해해야 한다. 자신이 어디 서 있는지를 먼저 알아야 앞으로 더 나아갈 수 있기 때문이다.

"당신 자신에 대해 용기를 가져라. 그리고 자신의 길을 찾아라. 아이들을 인식하려 하기 전에 스스로를 인식하라. 아이들에게 그들의 권리와 의무에 경계를 그어주기 전에 당신의 능력이 어디 있는지를 분명히 하라. 그 아이들 가운데서 가장 먼저 인식하고 교육하고 가르쳐야할 대상은 바로 당신 자신이다. 교육학이 아이들에 관한 학문이란 말은 전적으로 틀린 말이다. 그것은 먼저 인간에 대한 학문이기 때문이다."

아이라는 존재는 우리가 모르는 미지의 세계로부터 왔다. 우리 역시 마찬가지다. 코르차크의 '모르겠다'는 바로 이 미지의 세계의 문을 열고 들어가 인간 존재의 깊이, 한계를 알 수 없는 잠재력에 대한 경이로움을 남겨둔 대답이다. 그것은 우리 자신의 한계를 뛰어넘어 우리가 진정 더 나아질 수 있음을 허용하는 대답이다. 교육학은 곧 인간학이다. 그것은 누구를 가르치기 위한 학문이 아니라 바로 우리 스스로를 성장시키는 학문이다.

1942년 8월, 코르차크, 스테파니아, 고아원 아이들은 폴란드를 점령한 독일군에 의해 트레블링카Treblinka 강제수용소로 보내졌다. 그들은 그곳에서 독가스로 학살당했다. 뒤에 전해진 코르차크의 일기장에는 그가 보름 전쯤 자신의 죽음에 대해 쓴 글이 남아있었다.

"사람들은 죽음을 두려워합니다. 삶이라는 놀라운 현상은 아주 짧은 시간 지속되는 것임을 모르기 때문이죠. 그렇지 않다면 삶은 그 가치를 잃고 우리는 쉽게 그것에 질려버릴 거예요. 태어나서 살아가는 법을 배우는 것은 매우 힘든 일입니다. 내 앞에는 그보다 훨씬 쉬운 일, 죽는 일이 놓여 있습니다. 죽은 다음에는 다시 힘들지 모르지만 지금은 그 생각을 하지 않으렵니다. 마지막 해, 마지막 달, 마지막 순간까지 정신이 온전한 채 의식적으로 죽기를 바랍니다."

마지막으로 그는 아이들에게 남길 말을 적었다.

"아이들에게 작별인사로 무슨 말을 해야 할지 모르겠습니다. 오직 이것만은 분명히 말하고 싶습니다. 삶은 너희들이 자유롭게 선택하는 것이라고요."

그는 자신의 죽음을 예감하면서도 아이들에게는 희망이 담긴 메시지를 남겼다. 그런데 "삶은 너희들이 자유롭게 선택하는 것"이라니 그것은 도대체 어떤 의미일까? 비참하고 무기력한 현실, 죽음 외에 아무것도 선택할 수 없는 상황에서 '자유로운 선택'이란 무엇을 의미할까? 아마도 그것은 고통스럽기만 한 현실을 다른 차원에서 보는 것이 아닐까? 어쩌면 그것은 삶과 죽음을 초월한 절대적인 차원, 선택과 운명이 동일한 차원에서의 자유를 의미하는 것이 아닐까?

아이들과 우리들이 그렇듯이 삶 또한 미지의 세계다. 아무리 고통스럽고 힘들다 하여도 우리는 이 미지의 세계로부터 도망칠 수 없다. 삶 앞에서 우리가 물러날 곳은 없다. 그러나 우리는 정말 삶을 직면하고 있는가? 그 미지의 세계 앞에서 주저하고 있지는 않은가? 그 세계 안으로 들어갈 때 과연 무슨 일이 벌어질까? 그곳에서 우리가 지금 고통이라고 부르는 것이 무엇으로 변해있을까?

아이들에게 좋은 삶을 허락하소서. 그들의 노력 속에서 도우시고 그들의 힘든 투쟁에 축복을 내리소서. 그들을 인도하소서. 그들을 가장 쉬운 길이 아니라 가장 아름다운 길로 이끄소서. 그에 대한 보답으로 당신께 드릴 수 있는 것은 제게 남은 유일하게 가치 있는 것, 슬픔입니다. 제 슬픔과 정성을 당신께 바칩니다.

- 야누슈 코르차크의 '어느 교사의 기도문' 중에서

# 아이들에게 자유란 무엇인가

## A. S. 닐

A. S. 닐Alexander Sutherland Neill(1883년 10월 17일-1973년 9월 23일)
스코틀랜드 출신 교육자, 작가다. 자신의 자유로운 교육관에 따라 서머힐학교를 세웠다. 그
는 아이들을 학교에 맞추는 게 아니라 학교를 아이들에게 맞추어야 한다고 생각했고, 그런
그의 생각은 아이들이 악한 존재가 아니라 선한 존재라는 경험과 확신에서 비롯되었다.

**아이들을 사랑하는 것만으로는 부족합니다. 그들이 사랑받고 있음을 알도록 사랑하십시오.**

— 돈 보스코,[122] 이탈리아 가톨릭 신부


남을 잘 속이고 훔치는 버릇을 가진 한 소년이 서머힐학교[123]에 입학했다. 그가 입학한 지 일주일이 지난 어느 날, 학교의 창립자이자 교사인 닐은 전화 한 통을 받았다. 전화는 그의 삼촌이라는 사람에게서 온 것이었다.

"제 조카가 그 학교에 다니고 있습니다. 그런데 그 아이가 며칠 동안 리버풀에 와서 지낼 수 없냐고 저한테 편지를 보냈습니다. 그렇게 해도 괜찮겠습니까?"

그러자 닐이 대답했다.

"예, 괜찮습니다. 그런데 그 아이한테는 지금 돈이 없는데, 누가 차비를 내실 건가요? 아이 부모님과 연락을 해보시는 게 좋겠습니다."

그랬더니 다음날 또 한 통의 전화가 왔다. 소년의 어머니라고 했다. 그는 자신이 소년의 삼촌으로부터 연락을 받았다고 하면서 소년이 리버풀에 갈 수 있도록 차비 28실링을 학교에서 보관하고 있는 아이의 용돈에서 빼서 그에게 주었으면 좋겠다고 말했다. 닐은 그의 어머니가 말한 대로 소년에게 돈을 줬다.

사실 이 모든 게 소년이 꾸며낸 짓이었다. 소년은 리버풀로 놀러갈 돈을 얻기 위해 공중전화를 이용해 학교로 전화를 걸었다. 그는 삼촌과 어머니

---

122) 돈 보스코(Don Bosco, 1815년 8월 16일–1888년 1월 31일)는 이탈리아의 가톨릭 성직자, 교육자다. 본명은 조반니 멜키오레 보스코(Giovanni Melchiorre Bosco)이며, 돈 보스코, 요한 보스코, 보스코 신부라고 불린다. 돈(Don)은 스페인어로 '님'을 뜻하는 존칭어이며, 요한(John)은 세례명이다. 고아와 가출한 아이들을 돌보았으며, 살레시오 수도회를 설립했다.

123) 서머힐 학교(Summerhill School)는 A. S. 닐이 자신의 사상에 기초해서 세운 대안학교다. 1921년 독일에서 닐이 동료들과 함께 세운 국제학교가 서머힐의 시초이며, 그 뒤 1924년 영국에서 닐이 다섯 명의 아이들과 함께 본격적으로 서머힐학교를 시작했다. 세계 여러 나라의 진보적이고 대안적인 학교들에 영향을 주었다.

목소리를 거의 완벽하게 흉내 내어 닐을 감쪽같이 속인 것이다. 닐은 소년에게 돈을 준 다음에야 이 사실을 알게 되었다.

'이제 이 소년을 어떻게 해야 할까?'

돈을 빼앗고 벌을 줘야 할까? 그래서 버릇이 고쳐질까? 닐은 그런 방법이 그의 버릇을 고치는 데 전혀 도움이 안 될 거라고 생각했다. 그것은 소년이 이때까지 계속해서 받아온 처벌이었고, 그 처벌로 소년이 전혀 달라지지 않았다는 것이 무엇보다 분명했기 때문이다.

닐은 그와는 전혀 다른 방법을 써보기로 했다. 잠잘 시간 소년의 방에 올라가 쾌활한 말투로 말을 건넸다.

"오늘 너 참 운이 좋구나."

그러자 소년이 실실 웃으며 말했다.

"정말 그래."

"그런데 네가 생각하는 것보다 더 운이 좋아."

"무슨 말이야?"

닐은 태연하게 미소를 지으며 말했다.

"아, 네 어머니께서 다시 전화하셨던데, 차비를 잘못 계산하셨다는 거야. 28실링이 아니라 38실링이라고 하시더군. 그래서 너한테 10실링을 더 주라고 하셨어."

그 말은 들은 소년은 어리둥절하다 못해 충격을 받은 듯했다. 말을 마친 닐은 침대에 돈을 던지고는 방을 나왔다.

그 다음날 소년은 자기 계획대로 리버풀로 떠났다. 그는 떠나면서 닐에게 편지 한 통을 남겼는데, 편지에는 이런 말이 쓰여 있었다.

"닐, 당신은 나보다 한 수 위의 연기자야."

그 뒤 학교로 돌아와서 소년은 닐에게 그때 자기한테 왜 돈을 줬는지 이유를 물었다. 닐은 그의 질문에는 답변하지 않고 다음과 같이 되물었다.

"내가 돈을 줬을 때 어떤 느낌이 들었니?"

소년은 잠깐 동안 깊은 생각에 빠지는가 싶더니 이렇게 말했다.

"있잖아, 그날은 내 인생에서 가장 큰 충격이었어. 지금까지 살면서 내 편이 되어준 사람은 당신이 처음이야."

소년이 도둑질이 나쁘다는 것을 몰라서 그랬던 것이 아니었다. 그는 자기를 진심으로 이해하고 사랑해주는 사람이 없었기 때문에 미움과 반항으로 삐뚤어 나갔던 것이었다. 자신에게 벌을 주고 손가락질했지, 자신의 속마음을 알아주고 자기편이 되어준 사람은 아무도 없었다. 닐은 자신의 거짓말을 알면서도 돈을 준 닐에게서 처음으로 자신이 이해받고 있다고 느꼈고 그것이 그를 변화시켰다.


1921년 닐은 서머힐학교를 시작했다. 서머힐에서는 아이들에게 아무것도 강요하지 않는다. 수업에 들어가지 않아도 된다. 아이들은 자기가 듣고 싶을 때 수업에 참여하고 듣기 싫으면 참여하지 않는다. 몇 년 동안 수업에 들어가지 않는 아이들도 있다. 처음에 사람들은 이 학교가 아이들을 천하에 없는 게으름뱅이, 버르장머리 없는 사고뭉치, 아무것도 배우지 못한 쓸모없는 사람으로 만들 거라 여겼다.

서머힐에서 가장 중요한 일은 노는 일이다. 아이들은 자기가 하고 싶은 것을 찾아 자기만의 방식으로 논다. 인형놀이, 총싸움, 유령놀이 등 놀이 속에서 아이들은 환상의 날개를 한껏 펴고 무의식적 충동과 에너지를 마음껏 발산한다. 구름 위를 날고, 괴물을 무찌르고, 공주가 되기도 한다. 또 그리기에 빠진 아이는 시간 가는 줄 모르고 그림을 그리고, 만들기에 빠진 아이는 무언가를 계속 만든다.

노는 일이 공부보다 우선이다. 공부는 하고 싶을 때 스스로 한다. 서머힐에 와서 자유롭게 지내는 아이들은 대부분 몇 년 동안 놀면서 시간을 보내다가 때가 되면 자신이 원하는 미래를 위하여 공부를 시작한다. 아이들은 대개 뚜렷하고 구체적인 동기를 갖고 공부를 시작하며, 일반 학교에서 8년 정도 걸리는 공부와 시험준비를 2년에 마치기도 한다.

서머힐의 가장 큰 특징은 어른이 아닌 아이들의 눈으로 본다는 것이다. 아이들은 자신의 본성과 발달단계에 따라 성장한다. 아직 기는 단계에 있는 아이를 성급하게 일으켜 세우는 것은 다리를 구부정하게 만들 뿐이다. 아이의 다리가 아직 체중을 지탱할 수 있을 만큼 튼튼하지 못하기 때문에 기는 것인데, 부모가 기다리지 못하고 억지로 서게 만든다면 앞으로 정상적이고 자연스러운 발달과정 전체를 무너뜨리는 결과를 가져올 수 있다.

심리발달도 마찬가지다. 아이들은 자기중심적이지만 성장하면서 자연스럽게 다음 단계로 넘어간다. 두 살짜리 아이가 고양이 꼬리를 잡아당기는 것은 고양이를 괴롭히기 위한 악의적인 의도가 있어서가 아니라 그냥 잡아당기고 싶을 뿐이다. 뜨거운 난로에 손을 대려는 것은 화상을 입으려는 게 아니라 그런 자기 행동의 결과를 알지 못하는 단순한 호기심 때문이다. 이런 아이에게 다음과 같이 말하면 어떨까?

"만약 누가 네 코를 잡아당기면 좋겠니?"

"그래 몇 번을 말해도 안 들으니 네가 직접 데어봐라!"

이런 말들은 소용없고 무책임하며 아이의 자연스러운 심리발달을 방해한다.

닐은 말했다.

"예전에 한 엄마가 세 살 난 남자아이를 뜰에 데려다 놓는 것을 보았다. 그 아이의 옷은 얼룩 하나 없이 깨끗했다. 아이가 흙을 가지고 놀기 시작하자 옷이 조금 더러워졌다. 아이 엄마가 급히 뛰어나오더니 아이를 때리고 집

안으로 데려갔다. 잠시 후 새 옷으로 갈아입은 아이가 울면서 밖으로 나왔다. 그로부터 10분 만에 아이는 옷을 더럽혔다. 그리고 앞서의 과정이 반복되었다. 나는 그 아이 엄마에게 아이가 당신을 평생 증오할 거라고, 그리고 더 나쁘게는 인생 자체를 증오하게 될 거라고 말해주려고 했다. 하지만 내가 어떤 말을 해도 먹혀들지 않으리란 것을 깨달았다."

아이의 본성과 욕구를 거스르는 방식의 교육은 결코 성공할 수 없다. 그런 교육은 흔히 정반대의 효과를 낳을 뿐 아니라 아이에게 평생 돌이킬 수 없는 결과를 가져올 수 있다.

심리학자이자 교육자이고, 닐이 자신에게 가장 중요한 영향을 준 사람이라고 했던, 호머 레인[124]은 다음과 같이 말했다.

"무엇인가 하고자 하는 아이의 본성이 방해받는 일 없이 성장한 아이는 그 힘을 진전시켜 보다 높은 차원으로 나아간다. …… 아이는 놀이에서 스스로 여러 가지 어려움을 이겨내면서 자기교육self-education을 계속하게 되며, 항상 내면의 창조적 충동에 따라 자신의 여러 힘을 키우기 위해 노력한다. 이 원리는 평생 동안 계속된다. 훗날 아이에게 어떤 결함이 생긴다면, 그것은 이 창조적 충동을 억누른 결과이다."

그러면 아이들의 본성을 방해하지 않기 위해서 부모와 교사는 무엇을 해야 할까? 닐은 아이들을 자유롭게 하는 것이 핵심이라고 보았다. 그는 말했다.

"아이는 오직 자유 속에서만 자신의 자연스럽고 선한 본성에 따라 성장할 수 있다. 자유롭게 성장한 아이는 진정한 행복이 무엇인지 안다. 일찍이 행복한 사람이 살인을 하거나 전쟁광이 된 적은 없었다."

---

124) 호머 레인(Homer Lane, 1875년-1925년)은 심리학자이자 교육자다. 미국에서 소년의 집을 운영하다 영국으로 건너가 리틀 코먼웰스를 맡아 문제아로 알려진 아이들을 교육했다. 서머힐학교를 세운 A. S. 닐은 자신에게 가장 중요한 영향을 준 사람으로 호머 레인을 꼽았다.

그렇다면 부모와 교사는 어떻게 아이들을 자유롭게 할 수 있을까? 아이들이 자기 마음대로 모든 것을 할 수 있게 하는 것이 가능할까, 그리고 그것이 바람직할까? 현실적으로 아이들에게 많은 것을 마음대로 할 수 있는 자유는 줄 수 있을지언정 모든 것을 마음대로 할 수 있는 자유는 줄 수 없다. 즉 누군가에게 어떤 제한도 없는 자유를 주는 것은 불가능하다.

호머 레인은 다음과 같이 말했다.

"'아이에게 자유를 주어야 한다'는 주장은 새로운 교육이 강조하는 바이지만, 동시에 자유를 제한하는 모순을 안고 있다. …… 자유를 인정하는 특정 학교에서 비교적 많은 자유를 허용한다 하더라도 모든 아이를 만족시킬 수는 없다. …… 문제의 요점은 바로 '자유는 주어질 수 없다'는 것이다. 자유는 아이가 스스로 누리는 것이며, 누군가 일방적으로 주거나 가르쳐줄 수 있는 것이 아니기 때문에 어떠한 제도 속에서도 구체화될 수 없다. 그렇기 때문에 권위적인 벌이 있는 곳에는 자유가 존재할 수 없다."

중요한 것은 아이들 스스로 자유롭다고 느끼는 것이다. 즉 아이들에게 필요한 것은 내적인 자유다. 내적인 자유는 외적인 자유와 연결되어 있지만 그 관계는 매우 미묘해서, 때로 아이들은 자신에게 커다란 외적인 자유가 주어졌음에도 불구하고 내적인 자유를 거의 느끼지 못하거나, 반대로 작은 외적인 자유 안에서도 커다란 내적인 자유를 느끼기도 한다.


호머 레인은 문제아를 교육시키는 리틀 코먼웰스라는 곳을 운영하고 있었다. 어느 날, 그가 소년법원에서 한 아이를 넘겨받았다. 그는 아이에게 1파운드짜리 지폐를 건네며 코먼웰스로 가는 길을 가르쳐주었다. 그뿐이었다. 그러자 그걸 본 어떤 사람이 이렇게 말했다.

"레인, 그 아이는 돈을 다 써버리고 코먼웰스로 가지 않을 겁니다."

아이는 전에도 수없이 도망친 적이 있었다. 그러나 호머 레인은 이렇게 대답했다.

"안 그럴 겁니다. 그런데 만일 내가 그 아이한테 '네가 기차를 탈 거라고 믿어'라고 말했다면 아마 그 아이는 돈을 다 써버릴 겁니다. 왜냐면 아이에게는 그 말이 자기를 전혀 믿지 않는다는 말로 들렸을 테니까요."

그의 말대로 그가 코먼웰스에 도착했을 때 아이는 그곳에 와 있었다.

무엇이 아이를 도망치지 않고 오게 만들었을까? '너를 믿는다'는 말은 과연 아이에게 어떻게 들렸을까? 그 말이 자유를 느끼게 했을까, 아니면 지시나 강요로 들렸을까? 그 말 자체는 부드러울지는 모르지만 그 말을 듣는 아이는 그렇게 받아들일 수 있는 상태가 아니었다. 아이는 아마 타인과 세상에 대한 미움과 증오를 갖고 있었을 테고, 그런 감정에는 세상 누구도 자신을 믿어주지 않았고 자신은 버림받았다는 생각이 붙어있었을 것이다. 그런 그에게 '믿는다' 혹은 '사랑한다'는 말은 아무런 의미 없는 공허한 말로 들리지 않았을까? 그것은 오히려 반대로 그에게 익숙한 '누구도 나를 이해하지 않는다', '나를 이해하는 사람은 아무도 없다'는 생각을 확인시켜주는 말이 되었을지 모른다. 이해와 사랑을 모르는 아이에게 필요한 것은 그것을 느끼게 해주는 일이었다. 다른 것은 아무것도 소용없는 일이었을 것이다. 호머 레인은 불필요한 말을 하지 않고 필요한 행동만을 함으로써 그에게 뭔가 다른 느낌과 궁금증을 안겨주었을지 모른다. 아마도 호머 레인의 마음속에는 아이가 반드시 오리라는 기대보다 아이가 어떤 선택을 하더라도 받아들이겠다는 이해와 사랑이 있지 않았을까? 그런 그의 마음이 아이에게 자유를 느끼게 한 것이 아닐까?

호머 레인은 아이들에게 타인에 대한 친절과 배려 같은 도덕성을 가르치는 것에 대해 다음과 같이 말했다.

"할머니에게 뽀뽀해 드려'하고 말하는 것은 오히려 할머니를 싫어하게 만드는 길이다. 친절은 예의바른 행동 속에 있는 것이 아니라 다른 사람을 배려하는 감수성 속에 있다. 감수성은 서두른다고 해서 빨리 자라는 것이 아니고 질서있고 자연스러운 순서에 따라 발달해간다."

그는 또 말했다.

"양심이라는 것은 외부에서 강요할 수 없다. 우리는 양심이 아닌 편견만을 강요할 뿐이다. 만약 옳고 그름에 관한 어떠한 관념도 외부로부터 강요받지 않고, 무의식적인 경향을 표현하도록 허용된다면 아이들은 스스로 순수해질 것이다."

아이들을 교육하는 것은 아이들이 누구인지를 이해하는 것, 아이들의 입장에서 부모나 교사의 말이 어떻게 받아들여지는지를 생각하지 않고는 불가능하다. 더 나아가 아이들 각 개인의 특성과 심리를 알지 않고는 의도한 효과를 거두기 어렵다.


서머힐에서는 교사가 아이들에게 권위를 내세우지 않는다. 교사와 아이들은 평등한 관계다. 그렇다고 교사가 아이들과 같다는 말은 아니다. 교사는 교사로서의 역할을 수행할 수 있어야 한다. 그렇다면 교사의 역할이란 무엇일까? 서머힐에서 교사의 역할은 지식의 전달보다 아이들을 올바로 이해하고 사랑하는 데 있다. 즉, 교사는 아이들의 억압된 감정을 이해하고 해결하도록 도와줄 수 있어야 한다.

닐은 말했다.

"만일 내가 문에 페인트칠을 하고 있는데 로버트가 와서 진흙을 던진다면, 나는 정말로 욕을 할 것이다. 로버트는 우리와 오랫동안 함께 지내온 터라 내가 무슨 말을 해도 문제가 없다. 그런데 로버트가 지긋지긋한 학교에서

막 서머힐로 왔고 진흙을 던지는 행위가 권위와 싸우려는 시도였다고 가정한다면, 나는 로버트의 행위를 모른 척하고 넘어갔을 것이다. 그 아이를 구원하는 일이 문보다 더 중요하기 때문이다. 로버트가 다시 사회적이 되기 위해 자신의 증오를 발산하는 동안, 나는 그 아이의 편이 되어주어야 한다."

아이의 모든 요구를 들어주는 것이 아이의 편이 되어주는 게 아니다. 그것은 아이를 성장시키는 게 아니라 아이를 망치는 데 도움이 될 것이다. 교사는 아이의 성장을 위해서 적절한 때에 적절한 만큼 아이의 편이 되어주어야 한다. 그때와 정도를 아는 것이 교사의 역할이다. 아이를 사랑한다고 하면서 이해하지 못한다면 그 사랑은 아이에게 아무 의미가 없다.

그는 말했다.

"나는 아이들을 사랑하는 사람이라는 말을 흔히 듣는다. 사랑이라는 말은 어떤 문제아가 우리 학교 창문을 부수고 있을 때는 쓰기 힘든 말이다. 사람은 수많은 대중을 사랑할 수 없다. 오직 개개인을 사랑할 수 있을 뿐이다. 그리고 모든 개개인이 전부 사랑스럽지는 않다. 나는 사랑이라는 말을 거부한다. 나는 호머 레인의 '아이들 편에 서기'라는 말이 더 좋다. 이 말은 인정, 공감, 친절을 의미하며, 더불어 어른의 권위가 완전히 없다는 것을 의미한다. 아이들을 사랑하는 것보다 아이들을 이해하는 것이 더욱 중요하다."

자연을 어떻게 대해야 하는가

# 사과나무는 농약 없이 어떻게 자라는가

## 기무라 아키노리

**기무라 아키노리** 木村秋則 (1949년 11월 8일-현재)
일본 농부다. 오랜 실패 끝에 농약과 비료 없이 자연재배방식으로 사과를 기르는 데 성공했다. 그는 이러한 방식이 식량을 생산하는 사람으로서 병들어가고 있는 지구를 살리기 위해 할 수 있는 일이라고 믿고 많은 사람들에게 알리고 있다.

그것은 기술이 아니라 관점입니다. 당신의 관점이 변할 때 비로소 당신은 자연의 일부분이 되어 밖에서 온 방문객이 아니라 안으로부터 참여하게 됩니다. 그러면 당신은 무엇을 해야 할지 정확히 알게 됩니다.

— 래리 콘Larry Korn, 미국 농부, 교육자


일본 자연농법의 창시자, 후쿠오카 마사노부[125]에게 누군가 물었다.

"사람들이 알고 있는 자연은 진짜 자연이 아니라고 하셨는데 그 증거는 무엇입니까?"

그러자 그가 대답했다.

"인간은 자연을 파괴할 수는 있어도 만들 수는 없지. 어린아이가 장난감을 쉽게 망가뜨리는 것과 같네. 인간의 앎은 언제나 분별에서 출발하여 이루어지지. 그러므로 인간의 앎은 분해된 자연에 대한 근시적이고 국부적인 파악에 불과하다네. 자연 그 자체를 알 수는 없기 때문에 불완전한 자연의 모조품을 만들어 보고 자연을 알게 되었다고 착각하고 있는 것에 지나지 않지."

그는 또 말했다.

"모든 사람이 산의 푸르른 나무를 보고 있다. 밀감 잎사귀를 보고 있다. 벼를 보고 있다. 그리고 푸르름을 알고 있는 것처럼 생각하고 있다. 아침 저녁으로 언제나 자연에 접해 그 속에서 살고 있다고 생각하고 있다. 그러나 인간은 자연을 알고 있는 것이 아니다. 이 '자연을 알고 있는 것이 아니'라는

---

125) 후쿠오카 마사노부(福岡正信, 1913년 2월 2일-2008년 8월 16일) 일본의 농부, 철학자다. 노자의 무위자연을 닮은 자연농법의 창시자다. 저서로는 『짚 한 오라기의 혁명』 등이 있다. 그는 자신의 삶에 대해 다음과 같이 말했다. "저는 아무것도 하지 않아도 되는 농사를 위해, 그러한 생활을 위해, 되도록 아무것도 하지 않고자 노력해왔을 뿐입니다. 50년에 걸쳐서, '저런 것도 하지 않아도 좋지 않을까, 또한 이렇게까지 하지 않아도 좋지 않을까'라며, 되도록이면 아무것도 하지 않는 방법으로 농부의 길을 걸어온 데 지니지 않습니다."

것을 아는 일이 자연에 다가갈 수 있는 첫걸음이다. 자연을 알고 있다고 생각할 때는 자연으로부터 멀어지게 된다."

우리는 자연을 얼마나 알고 있을까? 자연상태의 작물은 어떻게 자랄까? 농약과 비료 없이 작물을 어떻게 건강하게 키울 수 있을까?


"당신은 어째서 포기하지 않습니까?"

일본의 사과농부 기무라 아키노리가 무농약 사과재배를 하겠다고 시작한 때는 1970년대 후반, 무농약, 유기농, 자연농 등 농약과 화학비료를 쓰지 않는 농법[126]에 대한 사람들의 인식이 거의 없던 시절이었다. 처음 농약 없이 사과를 재배하겠다고 결심한 뒤 계속해서 몇 년째 실패를 거듭하자 사람들이 물었다.

"이젠 그만 포기해."

머릿속에도 끊임없이 떠오르는 말이었다. 온갖 노력에도 불구하고 사과밭은 점점 황폐해져 갔다. 한시라도 빨리 농약을 쓰지 않으면 병충해로 사과나무가 모두 말라 죽을 상황이었다. 게다가 아내와 아이들이 지독한 가난에 시달리고 있었다. 그러나 그는 포기하지 않았다. 아니 포기하느냐 마느냐를 제대로 생각해 볼 시간이 없었다. 그의 온 정신은 사과밭에 쏠려 있었다.

"그때의 저는 바싹 말라가는 사과밭의 병증을 살펴보느라 마치 들쥐처럼 온몸의 신경을 곤두세우고 사과나무를, 그리고 자연을 정면으로 마주하고 있었으니까요."

벌써 수년째 농약을 뿌리지 않은 사과밭에는 온갖 벌레들이 들끓었고 사

---

126) 무농약은 제초제, 살충제 등 농약을 쓰지 않고, 유기농은 농약을 쓰지 않고 비료는 화학비료 대신 가축분뇨 등 천연퇴비를 사용한다. 자연재배와 자연농과 같은 농법들은 서로 세부적인 차이는 있으나 대부분 농약과 비료를 주지 않고 잡초를 제거하지 않고 땅도 갈지 않는 등 작물이 스스로 건강하게 자랄 수 있는 흙과 환경을 만들어주는 데 공통점이 있다.

과나무는 말라 죽어가고 있었다. 그것은 농부의 눈으로 볼 때 참담한 광경이었지만 한편으로 놀랍고 흥미로운 장면이었다. 인위적인 손길을 거둔 사과밭에서 자연은 신비로운 자태를 고스란히 드러내고 있었다.

자연에는 참으로 많은 생명, 온갖 벌레들이 살고 있었다. 사과 잎을 갉아먹는 해충인 차잎말이나방 애벌레의 얼굴이 동그랗고 귀엽게 생겼다는 것도 그때 처음 알았다. 어쩌면 당연한 얘기였다. 동물로 치면 소, 말 등 초식동물이 맹수인 육식동물보다 순하게 생긴 것처럼 말이다. 전에는 벌레가 생기는 대로 농약을 뿌려서 죽였기 때문에 벌레가 어떻게 생겼는지 자세히 볼 일도 없었다. 어떤 벌레에 어떤 농약을 치면 되는지만 알았지 정작 벌레에 대해 아는 것이 별로 없었다. 벌레뿐이 아니었다. 사과나무에 대해서도 그랬다. 때가 되면 농약과 비료를 주었을 뿐 정작 사과나무가 어떻게 자라는지는 알지 못했다.

그는 농약을 주지 않는 대신 쓸 수 있는 방법을 다 써보았다. 고추냉이, 밀가루, 우유, 달걀흰자, 후추, 마늘, 고춧가루, 간장, 된장, 소금, 식초, 소주 등 시험 안해 본 것이 없었다. 농약을 대신하여 효과를 낼 수 있는 것만 찾으면 성공할 것 같았다. 매년 새로운 방법을 써 보았지만 결과는 실패였다. 무농약 사과재배에 아무도 성공한 사람이 없었으니 도움을 받을 수 있는 사람도 없었다. 혼자 실패를 거듭하며 어둠 속을 손으로 더듬듯 나아갈 수밖에 없었다. 그러나 그렇게 수년간 실패를 계속하자 결국 한계에 이르렀다. 가난으로 아내와 자식들을 볼 낯이 없었다. 주변 사람들은 손가락질했다. 자신의 신념을 버리지 않았으나 현실은 더 이상 견디기 힘들었다.

1985년, 무농약, 무비료 재배를 한 지 6년째 되는 해였다. 어느 날 늦은 저녁, 그는 자살을 결심하고 산으로 올라갔다. 목을 매고 죽을 요량으로 밧줄을 들고 얼마간 올라갔다. 주변을 둘러보니 밧줄을 맬 적당한 나무가 보였다. 나뭇가지에 밧줄을 걸치려고 던졌는데 그만 빗나가 땅에 떨어지고 말았다. '이런, 헛손질을 하고 말았네'라고 생각하며 밧줄을 가지러 가려는데, 갑자기 저쪽에 사과나무 한 그루가 보였다. 나중에 알고 보니 참나무였지만 그때는 정말 그렇게 보였다. 그 나무는 분명 농약도 비료도 주지 않았을 텐데, 잎이 무성하고 무척 건강해 보였다. 그때 그의 머릿속에 벼락같이 내리치던 깨달음이 있었다.

"농약 한 방울 안 준 이런 산속에서 어떻게 이렇게까지 잎이 무성할까. 왜 벌레와 병은 이 나뭇잎을 해하지 않는 걸까?"

답은 흙이었다. 산의 흙은 밭의 흙과 달랐다. 오랫동안 쌓인 낙엽과 잡초들로 폭신폭신하고 따뜻하고 상쾌한 냄새가 났다. 사실 좋은 흙을 만들어야 한다는 것은 농부라면 항상 듣는 말이었지만 그때까지 한 번도 제대로 생각해본 적이 없었다. 과연 어떤 흙이 좋은 흙일까? 비료를 듬뿍 준 흙이 좋은 흙일까? 하지만 산의 흙은 비료를 안 줘도 비옥하고 산의 나무는 농약을 안 뿌려도 건강하게 자라지 않는가?

드디어 그는 자신이 이제까지 실패만 계속한 이유를 알게 되었다.

"이제껏 농약 대신 벌레나 병을 없애줄 물질만 찾아 헤맸다. 퇴비를 뿌리고 잡초를 깎으며, 사과나무를 주변 자연으로부터 격리하려 했다. 사과나무의 생명이 무엇인지에 관해서는 생각해보지 않았다. 농약을 쓰지 않았어도 농약을 쓴 것이나 마찬가지였다."

"병이나 벌레 때문에 사과나무가 약해졌다고만 생각했다. 그것만 없애면 사과나무가 건강을 되찾을 거라고. …… 그러나 그게 아니었다. 벌레나 병은 오히려 결과였다. 사과나무가 약해졌기 때문에 벌레나 병이 생긴 것이었다. 도토리나무 역시 해충이나 병의 공격에 노출되어 있을 터였다. 그런데도 그토록 건강한 것은 식물은 본래부터 농약 같은 게 없어도 스스로 지킬 힘이 있기 때문이다. 그것이 자연의 본모습이다. 그런 강력한 자연의 힘을 잃어버렸기 때문에 사과나무는 벌레와 병으로 고통받았던 것이다. 자기가 해야 할 일은 그런 자연을 되찾아 주는 일이었다."

그는 흙을 공부하기 시작했다. 흙에는 인간의 눈으로 볼 수 없는 또 다른 세상이 펼쳐지고 있다. 한 줌의 흙에는 수십억에서 수백억에 달하는 어마어마한 수의 미생물이 살고 있다. 미생물만이 아니다. 우거진 잡초와 잡목들 사이에서 크고 작은 동물과 벌레가 같이 살면서 그들의 사체, 오줌과 똥이 낙엽, 마른 풀들과 한데 어우러져 햇빛과 적절한 습기 속에서 미생물에 의해 분해된다. 비옥한 흙은 바로 자연의 수많은 생명이 다 같이 만들어낸 합작품이다.

반면 인간은 농약, 화학비료, 기계를 이용하여 작물을 기르는 매우 다른 방식을 개발했다. 기계를 이용해 땅을 갈아 미생물의 터전을 한꺼번에 뒤집어 버리며, 농약을 쳐서 해충과 잡초뿐 아니라 익충과 흙 속 미생물을 모두 죽인다. 이제 홀로 남은 작물은 더 이상 뿌리를 뻗을 필요 없이 농부가 친절하게도 바로 곁에 뿌려준 비료에서 양분을 얻고 자란다. 이렇게 자라는 작물이 과연 건강하다고 할 수 있을까? 현대농업은 마치 병원에서 환자를 돌보듯 작물을 대한다. 약물과 주사 대신 농약과 비료를 사용한다. 차이점은 병원에서는 환자가 빨리 건강해져 퇴원하기를 바라지만 농장에서는 작물이 보기 먹음직한 농산물을 생산해내는 한 계속 그 상태로 남겨둔다.

그는 처음으로 사과가 아니라 사과나무를 생각했고 나무뿐 아니라 나무의 뿌리가 내린 땅과 환경을 생각했다. 산속의 나무는 왜 건강할까? 산의 나무는 무성한 잡초 사이에서도 건강히 자란다. 아니 잡초가 있기에 건강한 게 아닐까? 온갖 종류의 다양한 풀들은 그만큼 다양한 미생물들을 흙에 살게 하며 비옥한 흙을 만들고, 나무는 그 풀들과 경쟁하며 더 깊고 넓게 뿌리를 뻗는다. 산의 나무 역시 병에 걸리고 약해지기도 하지만 나무가 가진 생명의 힘, 자연의 힘은 그러한 과정 속에서 자라나 강한 면역력과 생존력을 발휘하게 된다.

그는 사과밭의 풀매기를 그만두었다. 그러자 밭은 어느새 풀들로 뒤덮였고, 매년 풀의 종류가 변하면서 점차 사과나무가 건강히 자랄 수 있는 흙으로 변해갔다. 비료도 주지 않고 대신 콩을 심어 흙 속 뿌리혹박테리아의 활동을 도왔다. 인위적으로 주는 비료는 스스로 양분을 만들어내는 미생물들의 활동을 둔하게 하며 양분을 찾는 사과나무의 생존력 또한 약화시킨다. 그가 풀매기를 그만둔 뒤 몇 년이 지나자 차츰 말라 죽어가던 사과나무가 다시 살아나기 시작했다.

1988년 5월, 무농약 사과재배를 시작한 지 10년 만에 드디어 사과가 열렸다. 3년 뒤인 1991년 일본에는 나무가 뿌리째 뽑힐 정도의 태풍이 불어 사과농가에 큰 피해를 입혔다. 하지만 그의 사과밭은 피해를 거의 입지 않았다. 사과나무는 꿈쩍하지 않았고 사과도 80퍼센트 이상 가지에 남아 있었다. 그의 사과나무는 다른 나무에 비해 몇 배나 깊이 뿌리내렸고 사과와 가지의 연결 부위도 훨씬 두껍고 단단했기 때문이다. 그만큼 건강하다는 증거였다.

2007년 8월, 기무라 아키노리가 자신을 인터뷰하러 온 사람에게 느닷없이 보여주고 싶은 게 있다고 했다. 그러더니 그는 자신의 밭에 있는 어느 사과나무의 잎을 가리키며 이렇게 물었다.

"이거, 이 잎을 봐. 동그랗게 구멍이 뚫렸지. 뭐 같아 보여?"

"글쎄요. 벌레 먹은 건가요?"

"아니야. 이건 사과가 스스로 구멍을 낸 거야. 실은 나도 처음엔 벌레 먹은 줄 알고 지나쳤지. 그런데 벌레는 절대 이런 모양으로 잎을 갉아 먹지 않거든. 오랫동안 신기하게 여겨 왔는데, 어느 날 구멍 뚫린 잎 옆에 반점낙엽병 특유의 갈색 병반이 나타난 잎을 발견했지 뭐야. '어라' 싶더군. 그래서 그 병반이 어떻게 되는지 지켜보았지. 그랬더니 병에 걸린 부분이 바짝바짝 말라가는 거야. 잎이 그곳에만 수분 공급을 끊은 거지. 보급로를 끊어 적을 항복시키는 공격법을 쓰는 셈이지. 그러는 사이 병반 부분만 똑 떨어져 나가고, 구멍이 뚫린 거야. …… 아마 사과나무가 본래 가지고 있던 자연의 힘을 이끌어냈을 거야. 알면 알수록 자연은 정말 대단하단 생각이 들어. 자연을 도와주고 그 은혜를 나눠 받는 거지. 그게 진정한 농업이야."

그는 계속해서 말했다.

"안타깝게도 오늘날의 농업은 그런 모습에서 벗어났어. 그 말은 곧 언제까지고 이 방법을 계속할 수 없다는 의미야. …… 과학이 아무리 발전해도 인간은 자연에서 벗어나 살아갈 수 없어. 그렇잖아. 인간 자체가 자연의 산물인걸. 인간이 진심으로 자신을 자연의 조력자로 생각하느냐 않느냐, 난 인간의 미래가 거기 달렸다고 생각해."

진정한 조력자의 역할은 무엇일까? 자연은 매년, 매일, 시시각각 변화한다. 모든 것이 연결되어 있는 자연의 생태계에서 하나가 변하면 모든 것이 변한다. 이와 같이 자연은 언제나 새롭기에 조력자는 자신의 경험과 지식에만 의지할 수 없다. 오히려 그것들을 뒤에 두고 앞에 내세워야 할 것은 자신의 몸과 마음을 자연에 열어두는 자세가 아닐까? 온 감각을 열고 자연 속에서 자연의 일부분이 되어보는 것이 아닐까? 그렇게 될 때 우리가 기르는 작물과 함께 우리도 본연의 모습으로 돌아가 본연의 생명력과 건강함을 되찾게 되지 않을까?

# 닭의 닭다움이란 무엇인가

## 조엘 샐러틴

**조엘 샐러틴**Joel Salatin(1957년 2월 24일-현재)
미국 농부이자 작가, 강연자다. 미국 버지니아 주에 위치한 폴리페이스Polyface 농장(여러 얼굴을 가진 농장이라는 뜻)을 운영하며 닭, 돼지, 소 등을 기르고 있다. 작물에는 화학비료와 농약을 사용하지 않고, 가축에게는 항생제나 호르몬제를 주사하지 않으며 자연방목의 방식으로 기른다.

**우리는 훌륭한 농부가 최고 단계의 장인이라는 사실, 일종의 예술가라는 사실을 간과해 왔다.**

— 웬델 베리,[127] 미국 작가, 농부


폴리페이스 농장을 운영하는 조엘 샐러틴이 자신의 축사에 깔 톱밥을 주문하기 위해 한 제재소에 전화를 걸었다. 전화를 받은 담당자는 친절하게 주문을 받고 톱밥을 배달할 주소와 주문자 이름까지 확인했다. 그리고 두 시간 뒤, 그 제재소로부터 전화가 걸려왔다. 그런데 목소리는 아까와는 달리 친절하지 않았다.

담당자는 갑자기 톱밥을 팔지 않겠다며 이렇게 말했다.

"아까는 뉘신지 몰랐는데, 왠지 이름이 자꾸 걸린다 싶어서 찾아보니까 당신이 바로 그 작자였구먼!"

"네? 무슨 말이죠?"

"당신에게는 백만 달러를 받는다고 해도 톱밥 한 줌 안 팔겠소. 보쇼, 사람이 그러는 게 아니요."

"대체 무슨 말을 하는 겁니까?"

그는 톱밥을 팔지 않겠다는 이유에 대해 다음과 같이 말했다.

"듣자 하니 당신은 소들에게 호르몬을 주사하지 않는다던데, 그건 소를 학대하는 거요. 소들이 자라지 못하잖소. 소에게 사료도 안 주고 풀만 먹인다면서? 그러니 소들이 다 땅딸막하지. 닭들도 그렇소. 위생적인 현대적 양계장에 왜 넣지 않는 거요? 당신네 닭들이 불쌍하오. 또 돼지들이 야산을 들

---

127) 웬델 베리(Wendell Berry, 1934년 8월 5일-현재)는 미국 작가이자 농부다. 그는 성공적인 삶이란 생태적이고 주어진 사명에 따라 자연과 조화로운 삶을 사는 것이라고 정의하며, 우리가 지구에서 올바르게 사는 법을 논의하기 전에 먼저 자신의 작은 땅에서 올바르게 살 줄 알아야한다고 말했다.

쑤시고 다닌다던데, 온 마을에 돼지콜레라를 유행시키려고 작정했소?"

그 말에 그는 당장 대꾸할 말을 찾지 못했다. 황당했다. 도대체 뭐가 정상이고 뭐가 비정상일까? 소에게 호르몬을 주사해 몸집을 크게 만들고, 풀 대신 사료를 먹이고, 넓은 들판에 놓아기르는 대신 좁은 축사에 넣어 키우는 것이 과연 정상일까? 그는 할 수 없이 다른 제재소를 찾아 톱밥을 구해야만 했다.

한 번은 어느 라디오 토크쇼에서 조엘 샐러틴을 초대했다. 토크쇼 진행자는 밀집사육시설을 운영하는 산업축산업을 지지하는 사람이었고 청취자도 대부분 그 분야에서 일하는 사람들이었다.

진행자가 그에게 물었다.

"닭의 닭다움을 표현한다는 말은 무슨 뜻입니까?"

그가 대답했다.

"닭들이 밖에서 뛰어다니고, 운동도 하고, 풀도 먹고, 흙을 파헤칠 수 있다는 뜻입니다."

그러자 진행자는 그의 말에 동의하지 않으면서 이렇게 말했다.

"닭의 닭다움을 지키는 가장 좋은 방법은 닭을 포식자나 비, 악천후로부터 보호하는 일이 아닐까요? 닭이 매에 먹히거나 차가운 비를 맞아 폐렴으로 죽는다면 닭의 능력을 부인하게 된다고 생각하는데요. 닭이 안전하지 않다면, 닭이 죽는다면, 표현할 닭다움이 무슨 소용이겠습니까?"

과연 어느 쪽이 정상일까? 환경적으로 잘 통제되는 축사를 상상해보자. 적절한 온도가 유지되면서 외부 위험으로부터 안전한 축사에서 자라는 동물은 마치 휴가지 냉난방이 잘되는 호텔방에서 룸서비스 받는 사람을 연상케 할지 모른다. 하지만 현실은 이와 다르다. 여기서 닭다움은 닭이 아니라 인간의 관점에서 정의되며, 그러한 관점 뒤에는 더 많은 돈을 벌려는 욕망이 작용한다.

어떻게 하면 닭을 키워 돈을 많이 벌 수 있을까? 우선 자동화시설을 갖춘 대규모 집중사육시설을 짓는다. 처음에는 돈이 많이 들어도 인건비와 관리비용이 적게 드니 나중에 더 큰 이익을 볼 수 있다. 그리고 될 수 있는 대로 많은 닭들을 집어넣는다. 달걀을 낳는 산란계의 경우 철망으로 만든 한 케이지에 보통 여섯 마리에서 아홉 마리를 넣는다. 면적으로 따지면 닭 한 마리에 A4용지 한 장보다 좁은 공간이 배당된다. 날개조차 펴기 힘든 공간에 있으면서 닭들은 부리로 서로를 쪼아 상처를 입히기도 한다. 이를 막기 위해 부리를 3분의 1에서 절반정도 자른다. 또한 조명을 인위적으로 조절하여 산란율을 높이기도 하는데, 이는 자연스런 생체리듬을 방해하여 닭의 면역력을 약화시킨다. 이렇게 면역력이 약해진 닭은 여러 가지 질병에 취약해지고, 그런 닭이 병에 걸리지 않게 하려면 항생제를 먹이지 않을 수 없다.[128]

한편 조엘 샐러틴의 폴리페이스 농장에서는 닭들을 풀밭에서 키운다. 이동식 닭장을 이용하여 넓은 풀밭을 이동해가며 주변에 울타리를 치고 닭을 풀어놓는다. 잡식동물인 닭은 풀과 벌레, 다양한 먹이를 스스로 찾아 먹는다. 튼튼한 다리로 뛰어다니며 온전한 부리로 쪼아 먹는다. 이렇게 자라는 닭은 면역력이 강해 항생제를 먹일 필요가 없다.

그는 농장 전체를 자연의 주기에 맞춰 순환시킨다. 넓은 목초지를 구획별로 나누어 소를 방목시킨다. 한쪽에서 소가 풀을 먹을 때 다른 쪽에서는 새로운 풀이 자라난다. 소가 식사를 마친 뒤에는 닭을 풀어놓는다. 닭은 소똥

---

128) 세계적으로 가축복지에 대한 관심이 높아지고 있는 가운데 유럽은 2006년 가축사료에 넣는 항생제의 전면금지, 2012년 산란계의 케이지 밀집사육의 전면금지를 실시했다. 한국은 아직 강제규정은 없으며, 2012년 산란계에 관한 동물복지인증기준(케이지 내 밀집사육 금지, 부리 자르기 금지, 횃대와 모래목욕이 가능한 깔짚 제공 등)을 마련해 이에 적합한 축산물에 동물복지인증라벨을 부여하고 있다.

을 파헤쳐 그 속의 기생충이나 애벌레를 쪼아 먹는다. 그러면 가축질병의 원인이 되는 기생충도 사라지고 풀의 거름이 되는 배설물도 골고루 퍼진다. 이제 소를 새로운 풀밭으로 이동시키고 같은 순환이 반복된다.

그는 이 모든 과정을 정확히 파악하고 있다. 언제 소를 이동시켜야 가장 신선한 풀을 먹일 수 있는지, 며칠이 지나야 소똥 속 애벌레가 통통해져 닭이 가장 먹기 좋은 상태가 되는지, 즉 얼마 동안 있으면 풀과 가축이 서로 도움을 주며 함께 건강해지고 얼마가 지나면 서로에게 해가 되는지 말이다.

그는 말했다.

"이 방목지는 한해 400단위의 질소를 흡수할 수 있어요. 이동식 닭장을 네 차례 돌리면 딱 그만한 양이 되죠. 만약 그 이상으로 회전시키면 이곳에는 풀이 대사시킬 수 있는 것보다 훨씬 더 많은 양의 질소가 뿌려지게 돼요. 풀이 흡수할 수 없는 나머지 질소는 모두 어딘가로 흘러갈 거고 그러면 오염이라는 문제가 생기게 되죠. 모든 게 연결되어 있다는 거죠. 이 농장은 기계보다는 생물에 가까워요. 다른 생물들처럼 적절한 규모가 있다구요."

아무리 집중사육시설이 현대화되고 위생적으로 운영된다고 하더라도 문제가 될 수밖에 없는 이유가 여기에 있다. 가축을 대규모로 집중사육하면 사료도 집중돼야 한다. 대량의 사료를 만들려면 대규모 농장이 필요하고 대량의 화학비료와 농약이 필요하다. 이는 환경을 오염시키며 궁극적으로 가축과 소비자의 건강에도 영향을 미친다. 가축의 배설물도 집중된다. 적정량의 배설물은 땅을 비옥하게 만들지만 대량의 배설물은 쉽게 오염물질로 변한다. 이를 비료로 만들거나 정화하려면 시설과 비용이 든다.

마트에 진열된 고기와 달걀 값에는 환경과 건강에 드는 비용이 빠져있다. 한 번 오염된 환경이 얼마나 많은 시간과 비용을 들여야 회복될 수 있을지 알 수 없다. 한 번 나빠진 우리의 건강이 다시 회복되는 것도 마찬가지다.

대규모 가축을 집중사육하는 것이 효율적이라는 주장은 거짓일 뿐 아니라 어리석음을 드러낸다. 많은 사람이 자신들이 건강하게 살기 위해 먹는 음식이 자신의 건강을 해치고 있을 뿐 아니라 다음 세대 자손들의 건강까지 해치고 있다는 사실에 무지하다.

또한 산업축산업의 집중사육시설은 단순성과 효율성을 중시하기 때문에 아무리 발전한다 하더라도 자연상태의 복잡한 관계성을 반영하는 데는 한계가 있다.

조엘 샐러틴은 말했다.

"현대의 산업 농부는 생산과정의 단순함을 추구한다. 그들의 입장에서 동식물과의 다양한 관계성이란 일을 복잡하게 만드는 불필요한 군더더기에 불과하다. 하지만 자연은 그렇지 않다. 자연적 농장은 본질적으로 복잡한 관계성을 지닌다. 산업 농장처럼 단순한 생산 모델은 결코 자연적인 농장이 될 수 없다."

그는 암탉이 달걀을 낳는 것을 예로 들어 설명했다.

"많은 양계농장에서는 암탉 둥지의 바닥을 약간 경사지게 만든다. 암탉이 알을 낳으면 달걀이 아래로 굴러가도록 하기 위해서다. 하지만 폴리페이스 농장에서는 절대로 그런 둥지를 사용하지 않는다. 물론 둥지라는 개념이 아예 존재하지 않는 산업 양계장도 있다. 그곳에서 암탉은 움직이기도 힘든 좁은 틀 안에 쪼그리고 앉아서 철망 위로 달걀을 떨어뜨릴 뿐이다. 달걀은 데굴데굴 앞으로 굴러나가 컨베이어벨트를 타고 처리, 포장실로 들어간다. 효율성은 좋다."

"자연의 둥지에 있는 닭을 본 적이 있는가? 먼저 정상적인 상황에서 암탉이 경사면에 둥지를 만드는 경우는 없다. 그들은 항상 평평한 장소를 찾는다. 하지만 이것이 전부는 아니다. 암탉은 둥지에서 상당히 많은 시간을 보낸다. 쭈그리고 앉아서 몸을 꿈틀대며 자리를 잡거나 주변에 있는 지푸라기나 건초를 물어 와서 둥지에 깐다. 알을 낳으려는 암탉은 둥지의 사소한 부분 하나하나에까지 시간과 정성을 기울인다. 이것은 단순한 기계적 절차가 아니다. 알을 낳기에 앞서서 모든 준비를 잘 끝내놓기 위한 것이다. 약에 반쯤 취해 들어가서 그냥 쑥 낳는 게 아니란 말이다."

"짐짝을 놓을 때에도 신경 써서 자리를 잡는 게 상식이다. 하물며 한 생명이 들어있는 알이라면 더 말할 필요도 없다. 온도는 반드시 적정해야 한다. 약간의 사생활도 필요하다. 옮겨 다닐 공간도 있어야 한다. 여기 지푸라기를 물어다가 저기에 놓는다. 부리로 깃털을 정리한다. 둥지 가장자리에 있는 귀찮은 벌레를 쪼아 먹는다. 맛있다. 다른 지푸라기를 옮긴다. 마침내 둥지가 자리를 잡았다. 어느 하나 나무랄 데 없다. 이제 알을 낳을 수 있겠다. 암탉은 평평한 둥지에 김이 모락모락 나는 달걀을 남긴다."

"이러한 둥지를 짓는 것이 달걀의 본질과 어떤 관계인지는 모른다. 과학적으로 어떻게 설명되는지도 모르겠다. 다만, 암탉과 둥지의 관계를 생각하지 않을 수는 없는 것이다. 암탉은 반드시 둥지를 짓고, 지푸라기를 옮기고 평평한 땅에다가 알을 낳아야만 한다. 이러한 관계성은 궁극적으로 내가 나의 후원자들과 갖는 관계 안에서도 반복된다. 만물은 항상 원을 그리며 돌게 마련이다. 모든 것은 모든 것과 관련된다."

달걀의 영양성분을 분석했을 때, 폴리페이스 농장에서 생산하는 달걀이 집중사육시설에서 생산하는 달걀보다 비타민E, 비타민A, 베타카로틴, 엽산, 오메가3 등 좋은 성분은 더 많고 콜레스테롤은 더 적었다. 또한 여기서 생산하는 닭고기가 마트에서 유통되는 닭고기에 비해 세균수가 훨씬 적게 나와 더 위생적이라는 것이 증명되었다.

그렇다면 닭의 닭다움이란 과연 무엇일까? 조엘 샐러틴이 말하는 닭다움은, 그것도 결국 인간에게 제공하는 건강한 먹을거리, 즉 인간의 관점에서 정의되는 것이 아닐까? 다시 말해서, 밀집사육시설에서와 같은 고통은 없더라도 인간을 위해 죽임을 당하는 것, 결국 인간의 음식이 되는 것이 가축의 가축다움의 전부일까?

인권운동가 앨리스 워커[129]는 이렇게 말했다.

"이 세상의 동물은 각자의 존재 이유가 있다. 흑인이 백인을 위해, 여성이 남성을 위해 창조된 것이 아니듯, 동물은 인간을 위해 존재하는 것이 아니다."

동물의 존재 이유, 동물의 동물다움이란 과연 무엇일까? 위의 말처럼 동물이 인간을 위해 존재하는 것이 아니라고 하더라도 동물은 분명 인간과 관계를 맺고 있다. 그렇다면 동물과 인간과의 관계는 동물다움에 어떤 영향을 줄까? 그것은 인간이 그들을 잡아먹을 때 사라질까, 아니면 충족되거나 실현될까? 또한 우리는 동물다움을 말하기 전에 더 중요한 질문에 답할 필요가 있다. 그 질문은 바로 우리의 인간다움에 대한 것이다. 인간다움이란 무엇일까? 우리의 인간다움은 동물과 어떤 관계를 맺고 있을까? 우리의 인간다움은 그들을 잡아먹을 때 사라질까, 아니면 충족되거나 실현될까?

작가이자 농부인 웬델 베리는 말했다.

"우리는 이제 '인간중심적'이라는 비난을 흔히 들으며 감수하고는 하는데, 그러면서 야생 양과 야생 늑대 역시 양 중심적이고 늑대 중심적이라는 사실은 잘 잊는다. …… 야생 양과 농장에서 기르는 양은 어느 정도 차이가 있기는 하지만, 우리는 기르는 양이 야생성을 너무 잃으면 경제성과 쓸모가 없어진다는 사실을 너무 쉽게 잊는다. 실제로 번식이나 외양 등에 문제가 생긴

---

129) 앨리스 워커(Alice Malsenior Walker, 1944년 2월 9일-현재)는 미국의 작가, 인권운동가다. 『컬러 퍼플(The Color Purple)』로 퓰리처상을 수상했으며, 이 소설은 1985년 스티븐 스필버그에 의해 영화로 제작되었다.

다. 기르는 것과 야생은 실은 서로 긴밀히 연관되어 있다. 그 두 세계에서 정말 낯선 것은 기업화된 산업주의다. 삶이 이루어지는 장소에 대한 애정도 없고 삶이 이용하는 물자에 대한 존중도 없는, 난민의 경제생활과도 같은 것이다."

그는 야생의 세계와 인간이 만든 가축의 세계를 구분하면서 또 이와 동시에 두 세계가 서로 밀접하게 관련되어 있음을 지적했다. 그렇다면 무엇이 문제일까? 그는 또 말했다.

"우리가 던져 봐야 할 질문은 야생 세계와 농장에서 기르는 세계가 나눌 수 있는지 없는지가 아니다. 그보다는 그 둘의 분리할 수 없는 연관성을 인간의 경제에서 어떻게 하면 적절히 유지할 수 있느냐이다."

인간은 동물과 분리될 수 없다. 그렇다면 문제는 인간이 그들과 어떤 관계를 맺느냐다. 다시 말해서, 우리가 생각해야 할 것은 동물의 동물다움을 인간을 위해 어떻게 적절하게 이용할 것인가이다. 그리고 이것은 우리에게 보다 더 중요한 질문을 먼저 생각하게 한다. 그것은 바로 우리 자신의 인간다움이다. 인간다움이란 과연 무엇일까? 동물에게 불필요한 고통을 주며 기르고 죽이는 것이 우리의 인간다움을 표현하는 것일까? 또 그와 같은 과정을 모르고 오직 값싼 식품만을 찾는 것이 우리의 인간다움을 표현하는 것일까? 다른 생명의 가치를 존중하지 않고 어떻게 우리의 인간다움을 실현할 수 있을까? 우리의 삶의 방식은 우리의 인간다움을 드러낸다. 지금 우리는 자신의 인간다움을 어떻게 드러내려는가?


그대들 대지의 향기로만 살 수 있다면, 마치 빛으로 살아가는 기생氣生식물처럼.
허나 그대들 먹기 위하여 살해해야 하고 목마름을 달래기 위하여 어미의 젖으로부터 갓난것들을 떼어내야 함을, 그러므로 그 행위를 하나의 예배가 되게 하라. 그대들의 식탁을 제단으로 세우고, 그 위에서 숲과 평원의 순수무구한 것들은 인간 속의 보다 순결한 것, 또 더욱 무구한 것을 위해 희생되어지도록 하라.

그대들 짐승을 살해하여야 할 땐 마음속으로부터 속삭이라.
'그대 살해의 힘으로 나 역시 살해당하고 있음을, 나 역시 먹히는 것. 나의 손아귀 속으로 그대 인도한 법칙은 보다 힘센 손아귀 속으로 나 또한 인도할 것을. 그대 피와 또 내 피란 천공天公의 나무를 키우는 수액에 불과할 뿐인 것.'

그대들 이빨로 사과를 깨물 때엔 마음속으로부터 속삭이라.
'그대 씨앗은 나의 몸속에서 살아갈 것이며, 그대 미래의 싹은 나의 심장 속에서 꽃피리. 그리하여 그대 향기는 내 숨결이 되어 우리 함께 온 계절을 누리리라.'

- 칼릴 지브란Kahlil Gibran[130]의 『예언자』 중에서

---

130) 칼릴 지브란(Kahlil Gibran, 1883년 1월 6일-1931년 4월 10일)은 시인, 화가다. 레바논에서 태어나 미국으로 건너갔다. 저서에는 『예언자』 『부러진 날개』 『광인』 등이 있다. 1923년에 출간된 『예언자』는 20세기 영어로 출간된 책 중 성경 다음으로 많이 팔린 책으로 알려져 있다.

# 자연을 어떻게 대해야 하는가

## 레이첼 카슨

**레이첼 카슨**Rachel Carson(1907년 5월 27일-1964년 4월 14일)
미국 생물학자, 생태주의자, 작가다. 1962년 발간된 『침묵의 봄』은 당시 미국 전역에서 사용되고 있던 살충제나 제초제의 심각한 영향에 대한 대중의 각성을 이끌었다. 그는 자연, 특히 바다를 사랑했으며 저서에는 『우리 주변의 바다』 『바다의 가장자리』 『센스 오브 원더』 등이 있다.

**참아야 하는 것이 우리의 의무라면 알아야 하는 것은 우리의 권리다.**

— 진 로스탄드,[131] 프랑스 생물학자, 철학자

1962년 9월 출간된 레이첼 카슨의 책 『침묵의 봄』은 당시 미국사회에 큰 논란을 불러일으켰다. 그 책의 내용은 DDT, 디엘드린 등 살충제와 제초제를 일상적으로 사용하던 많은 사람들, 그 제품을 제조하던 화학회사들, 그리고 독성화학물질의 규제를 담당하는 정부기관 모두를 놀라게 하기에 충분한 것이었다. 한 정부관계자는 카슨에게 편지를 보내 앞으로 벌어질 사태를 예견하며 이렇게 말했다.

"저는 당신이 시한폭탄의 뇌관을 건드렸다고 봅니다."

한 화학회사가 발 빠르게 대처했다. 『침묵의 봄』에 대항해 '황량한 해'라는 글을 발표해 반격에 나섰다. 그것은 『침묵의 봄』의 첫 번째 장인 '내일을 위한 우화'에 나온 내용을 빗댄 것인데, 먼저 카슨이 쓴 '내일을 위한 우화'의 한 부분을 보자.

"어느 날 낯선 병이 이 지역을 뒤덮어버리더니 모든 것이 변하기 시작했다. 어떤 사악한 마술의 주문이 마을을 덮친 듯했다. …… 잘 놀던 아이들이 갑자기 아파하더니 몇 시간 만에 죽는 일이 일어났다. 낯선 정적이 감돌았다. 새들은 도대체 어디로 가버린 것일까? …… 주변에서 볼 수 있는 몇 마리의 새조차 다 죽어가는 듯 격렬하게 몸을 떨었고 날지 못했다. 죽은 듯 침묵의 봄이 온 것이다."

---

131) 진 로스탄드(Jean Rostand, 1894년 10월 30일-1977년 9월 4일)는 프랑스 생물학자이자 철학자이다. 그는 사회문제에도 적극적으로 참여했는데, 특히 핵무기확산 금지와 사형제 폐지를 주장했다. 실천하는 지식인으로서 그가 남긴 유명한 말 중에는 "한 사람을 죽이면 살인자가 되고, 수백만을 죽이면 정복자가 되고, 모두를 죽이면 신이 된다", "과학은 우리가 인간이 될 만한 가치가 있기도 전에 우리를 신으로 만들었다" 등이 있다. 위의 인용구는 『침묵의 봄』 2장에 인용된 구절이다.

카슨은 살충제로 곤충이 죽고 나중에는 새와 동물, 가축과 사람들까지 죽는 현상을 짧은 우화로 표현했다. 그리고 우화의 마지막을 다음과 같이 끝맺었다.

"이렇듯 세상은 비탄에 잠겼다. 그러나 이 땅에 새로운 생명 탄생을 금지한 것은 사악한 마술도 아니고 악독한 적의 공격도 아니었다. 사람들 자신이 저지른 일이었다."

그는 사람들이 스스로 무엇을 하고 있는지 깨닫기를 바랐고 이것이 그의 책 전체가 담고 있는 메시지였다.

한편 화학회사는 '황량한 해'라는 제목의 글을 전국의 신문사와 방송국에 배포했다. 글 일부는 다음과 같다.

"윙윙거리며 무해한 듯 보이는 파리 한 마리가 따뜻해지는 날씨에 보금자리에서 나왔다. 그녀(이 파리는 암컷이므로)는 장구한 시간 동안 지속돼 온 어떤 힘에 이끌려 적절한 타이밍에 공기 중으로, 나무들 사이로, 마침내 익어가는 자몽이 달린 나무로 날아갔다. 이 지중해과실파리는 그의 뾰족한 부위를 첫 번째 자몽 껍질에 꽂고 작은 구멍을 솜씨있게 만들고는 그 안에 알을 낳았다. 그리고 그는 다른 자몽에서 또 다른 자몽으로 계속 옮겨 다니며 800개도 넘는 과실들을 훼손했다. 이어서 같은 종의 파리들이 똑같은 목적에 이끌려 나왔고 어떤 파리들은 그가 파놓은 구멍을 들락거렸고 다른 파리들은 새로운 우물을 팠다."

글은 이어진다.

"조용히 황량한 해가 그렇게 시작됐다. 위험을 알아차린 사람들은 많지 않았다. 어쨌든 (지난) 겨울에는 집파리가 거의 보이지 않았으니까. 이곳저곳에 있던 몇몇 곤충들이 무엇을 할 수 있겠는가? 어떻게 풍성한 삶이 기껏해야 살충제같이 사소해 보이는 것에 좌우될 수 있을까?"

이 화학회사는 살충제를 사용하지 않아 온통 곤충들로 뒤덮인 세상을 묘사하면서 역설적으로 살충제의 필요성을 강조했다.

카슨은 살충제를 사용했을 때 환경오염으로 모든 생명체가 죽음으로 침묵하게 되는 상황을 그렸고, 화학회사는 살충제를 사용하지 않았을 때 걷잡을 수 없게 늘어난 곤충들에게 모든 식량을 뺏겨 황량해지는 상황을 그렸다. 과연 살충제를 사용해야 할까, 말아야 할까? 그리고 이것이 정말 논란의 핵심일까?

이듬해인 1963년 4월, 현행 이슈를 심층보도하는 TV프로그램 'CBS 리포트'에서 살충제 문제를 다루었다. 레이첼 카슨, 화학회사 대변인, 정부관계자 등이 출연하여 각자의 의견과 주장을 드러내는 자리였다. 인터뷰 진행자가 각 패널들을 개별 인터뷰한 내용을 순서에 맞게 편집해서 보여주었다. 프로그램은 진행자가 카슨의 책『침묵의 봄』을 소개하면서 시작되었다.

"이 책은 올해 베스트셀러 중 하나입니다. 1962년 9월 27일 처음 출간되었습니다. 현재까지 50만 부가 팔렸고, 올해 가장 큰 논란을 일으키는 책이 되었습니다. 생물학자이며『우리를 둘러싼 바다』를 쓴 레이첼 카슨은 4년에 걸쳐 이 책을 준비했고, 책에 담긴 내용은 전국적인 논쟁을 불러일으켰습니다."

이어서 먼저『침묵의 봄』에 실린 카슨의 주장이 그의 목소리로 소개되었다.

"1940년대 이후 해충이라는 현대적인 용어로 설명되는 곤충, 잡초, 설치류와 다른 유기체들을 없애기 위해 200여 종의 기본적인 화학물질들이 제조되었고, 다시 수천 개의 제품으로 만들어져 팔리고 있다. …… 이런 제품들은 농장과 정원, 숲과 가정에서 광범위하게 사용되는데, 해충은 물론 익충에 이르기까지 모든 곤충을 무차별적으로 죽였고 노래하는 새와 시냇가에서 펄떡이며 뛰놀던 물고기까지 침묵시켰다. …… 그것들의 원래 목적은 잡초와 해충 몇 종류만 없애는 것이었는데 말이다. 모든 생물들을 위협으로 몰고 가지 않는 적절한 양의 화학물질만이 살포된다고 믿는 사람이 있을까? 이런 화학물질은 살충제가 아닌 살생제라고 불러야 할 것이다."

다음으로, 화학회사를 대변하는 인물로 로버트 화이트-스티븐스Robert H. White-Stevens 박사가 소개되었다. 그는 실험실에서 인터뷰에 응했고 흰 가운을 입은 모습으로 등장했다.

"레이첼 카슨의 『침묵의 봄』이 주장하는 내용들은 사실을 심각하게 왜곡하고 있습니다. 이 내용들은 과학적 실험의 증거나 일반적인 실제 경험에 의해 전혀 뒷받침되지 않은 것들입니다. 살충제는 사실상 모든 생명을 파괴하는 살생제라는 그의 주장은 말이 되지 않습니다. 선택적인 생물학적 활동 없이 이 물질은 전혀 쓸모없는 것이니까요. 인간의 생존에 대한 진짜 위협은 화학적인 것(살충제)이 아니라 생물학적인 것(곤충)입니다. 즉 곤충 떼가 우리 숲을 벌거숭이로 만들고 경작지를 휩쓸고 식량을 약탈하고 그 여파로 일련의 궁핍과 기아를 초래하고 영양 상태가 부실한 이들에게 심각한 질병을 퍼뜨립니다."

살충제는 원래 인간의 생존을 위해 특정 곤충을 죽이기 위해 만들어졌으므로 그것이 모든 생명을 죽인다는 카슨의 주장은 비과학적일 뿐 아니라 터무니없는 일반화라는 것이다. 그는 또 말했다.

"만약 우리가 카슨 씨의 가르침을 충실히 따른다면, 우리는 다시 중세 암흑시대로 돌아갈 것이고, 곤충, 질병, 해충과 해로운 짐승이 다시 한번 지구의 지배자가 될 것입니다."

프로그램 진행자가 다시 화면에 등장했다.

"오늘날 우리는 원자력과 미사일의 시대에 살고 있습니다. 또한 우리는 벌레 먹지 않은 사과와 측정된 위험의 시대에 살고 있습니다. 레이첼 카슨과 그의 지지자들은 살충제 사용으로 인한 위험이 그로 인한 혜택 -벌레 먹지 않은 사과를 포함하여- 보다 훨씬 크다고 주장합니다. 이 같은 논쟁을 지켜보면서 저는 링컨 대통령이 해리엇 비처 스토우 부인[132]을 만나 건넨 첫마디를 생각해봅니다. '그래요, 당신이 이 위대한 전쟁을 일으킨 책을 쓴 작은 여성이군요. 여기 앉으십시오.'"

진행자는 계속해서 말했다.

"오늘밤 우리는 여기 앉아서 살충제 논란과 문제를 살펴보고 있습니다. 그것은 곤충에서 비롯된 것입니다. 해충으로 인한 피해는 미국에서 한 해 140억 달러에 이릅니다. 인간은 식량을 놓고 3000여 종의 곤충들과 경쟁하고 있습니다. 어떤 종들은 전염병을 옮기고 인간을 직접적으로 공격하기도 합니다. …… 오늘날 우리의 방어무기는 화학독성물질입니다."

흰 가운을 입은 로버트 화이트-스티븐스 박사가 다시 등장해서 살충제 성분에 대해 간략하게 설명했다. 뒤이어 정부 관계자들과 차례로 인터뷰한 내용이 방송되었다. 그들은 모두 살충제의 이점에 대해 말하기 시작했다.

먼저 공중보건국장이 나와 살충제가 국민건강에 미친 영향에 대해 말했다.

"살충제는 이 나라의 국민건강에 상당한 아니 커다란 기여를 해왔습니다. 예를 들어 살충제를 사용하지 않았으면 말라리아는 퇴치하지 못했을 것입니다. 1935년에 미국에서 말라리아 환자는 15만 명에 육박했으나 현재는 거의 찾아볼 수 없습니다."

그는 살충제가 말라리아 이외의 다른 전염병들을 줄이는 데도 크게 기여했으며, 미국뿐 아니라 다른 나라들의 경우들까지 생각한다면 살충제의 중요성은 더한층 커질 것이라고 덧붙였다.

---

132) 해리엇 비처 스토우(Harriet Beecher Stowe, 1811년 6월 14일-1896년 7월 1일)는 미국의 작가다. 그의 대표작인 『톰 아저씨의 오두막』은 비참한 노예제도의 실상을 보여주었으며 당시 노예제도에 관한 여론형성에 큰 영향을 미쳤다.

다음으로 식품의약국장이 살충제가 건강에 미치는 효과에 대해 말했다.

"저는 잔류농약허용치를 초과하지 않는 식품이 인간에게 해를 미쳤다는 어떤 사례도 알지 못합니다."

그는 모든 살충제가 독성이 강한 것은 아니며, 독성이 강한 살충제라도 적은 양을 사용하는 것은 안전에 전혀 문제가 없다고 말했다.

공중보건국장 역시 비슷한 의견을 밝혔다.

"보통 사람들이 일반적으로 사용하는 적은 양의 살충제가 그들의 건강에 위험하다는 증거는 어디에도 없습니다."

카슨은 이러한 정부 관계자들의 살충제에 대한 호의적인 의견에 대해 다음과 같이 응답했다.

"우리는 살충제의 이점에 대해서도, 그 안전성에 대해서도 많이 들어왔습니다. 그러나 그 위험, 실패사례, 비효율성에 대해서는 거의 들어본 적이 없습니다. 국민들은 살충제를 받아들이고 그것의 사용을 묵인하도록 요청받고 있으나, 전체 상황이 어떤지는 모르고 있습니다. 그래서 제가 그 불균형을 해소하고자 하는 겁니다."

카슨이 『침묵의 봄』에서 주장한 것은 많은 사람들이 오해하듯이 살충제의 전면금지가 아니었다. 그의 책에 나온 몇 구절들이 그의 목소리로 인용되었다.

"살충제를 결코 사용해서는 안 된다는 것은 내가 주장하려는 바가 아니다. 내가 지적하고자 하는 것은 무차별적인 독성이 있고 생물학적 문제를 일으킬 수 있는 잠재성을 가진 살충제가 그 위험을 제대로 알지 못하는 사람의 손에 쥐어지고 있다는 사실이다. 더 나아가 우리가 이런 물질이 토양, 물, 야생동물, 인간 스스로에게 어떤 영향을 미치는지 관련 조사가 거의 혹은 전혀 이루어지지 않은 채 사용하도록 허용한다는 사실이다."

"우리는 오늘날 아이들이 태어나면서부터, 아마도 태어나기 전부터 이러한 화학물질에 노출된다는 것을 잊지 말아야 합니다. 그들이 어른이 되었을 때 이러한 노출로 인해 무슨 일이 벌어질까요? 우리는 솔직히 모릅니다. 과거에 이런 경험을 한 적이 전혀 없기 때문입니다."

카슨은 자신이 쥐고 있는 증거들이 뚜렷한 주장을 하기에는 충분하지 않으나 그것들을 근거로 대중에게 경고하기에는 충분하다고 여겼다. 일반 대중은 새롭게 등장하는 수많은 화학물질들의 잠재적 위험에 대해 알지 못했고, 화학회사와 정부는 그 위험을 우선적으로 발견하고 알려야 하는 의무를 제대로 수행하지 않고 있었다. 프로그램이 진행되고 구체적인 질문들이 던져지자 이러한 사실이 점점 드러났다.

뒤에 등장한 농무부 장관에게 인터뷰 진행자가 이렇게 물었다.

"지금까지 일반 대중이 살충제의 잠재적 위험에 관해 충분한 정보를 얻고 있다고 생각하십니까?"

"제가 주저 없이 할 수 있는 대답은 '아니오'입니다."

그렇다면 살충제가 아닌 다른 방법으로 해충을 없앨 수는 없을까? 천적이나 불임처치를 한 수컷을 이용하는 등 생물학적 대안들이 알려져 있었다. 그에게 다시 물었다.

"생물학적 방법에 관해 더 많은 연구를 해야 한다는 데 찬성하십니까?"

"예, 그렇습니다. 그쪽이 우리가 나아가야 하고 점차적으로 나아가고 있는 방향입니다."

"농무부가 생물학적 분야에 들이는 비용은 얼마입니까?"

"연간 150만 달러를 연구에 쓰고 있습니다."

"그 돈은 기업이 살충제 하나를 개발하는 데 투자한다고 밝힌 200만 달러에도 못 미치는 액수이군요."

"살충제를 개발하는 데 드는 비용은 기업에서 대고 있습니다. 그렇다면 생물학적 방제법을 개발하는 데 드는 비용은 누가 댑니까?"

농무부 장관은 잠시 생각하더니 이렇게 답했다.

"납세자들이 내야겠죠."

마지막 대답은 해충을 없애기 위해 왜 화학살충제가 아닌 다른 대안적인 방법은 개발되지 않는지에 대한 근본적인 원인을 암시했다. 아울러 살충제 위험성에 대해 보이는 화학회사들의 소극적인 행태들도 설명되었다. 그들은 기업이윤을 얻고 제품경쟁에서 이기기 위해 자신들이 투자하고 개발한 제품을 방어해야 했다. 하지만 이들의 어떤 행태는 도를 넘는 것이었고 여기에는 정부 부처도 관련있었다.

'CBS 리포트'가 방영된 지 2개월 뒤인 1963년 6월, 살충제 문제에 관한 미국 상원에서 소위원회가 열리고, 카슨이 전문가로서 이 자리에 초청받아 증언했다. 위원회를 주관한 에이브러햄 리비코프Abraham Ribicoff 상원위원은 카슨의 증언을 듣기 전에 중요한 일이 있다며 말을 시작했다. 그것은 '이의 제기된 등록protest registration'이라는 농무부의 화학물질 허가방식에 관한 것이었다.

"이것은 농무부가 어떤 살충제를 불승인하고도 그 제품을 대중에 팔 수 있는 허가를 내주는 방식입니다. 불승인 받은 이유를 제품에 표시할 필요도 없이 말입니다. 이 방식은 정상적인 등록절차의 예외적인 것이고 드물게 일어나는 일이지만, 현재 농무부가 불안전하다는 이유로 불승인한 제품들이 팔리고 있습니다."

그러면서 리비코프 상원위원은 이러한 방식을 철폐시키는 법률안을 올렸다고 말했다. 또한 그는 이 같은 부조리한 관행에도 불구하고 농무부가 그동안 이런 방식으로 등록, 판매허가한 제품들의 이름을 밝히라는 요구에 응하지 않는 데 대해 큰 유감을 표시했다. 그는 말했다.

"저는 제조회사가 정부기관에 영업비밀과 같은 정보를 제출할 때 적절한 보호를 받아야 함을 분명히 인식하고 있습니다. 그러나 지금 여기에 이와 같은 문제는 없습니다. 여기서 문제는 국민은 알 권리가 있다는 것이며, 정부는 왜 담당기관이 현재 판매중인 제품을 불승인했는지 국민에게 알릴 의무가 있다는 것입니다."

이어서 카슨의 증언이 시작됐다. 그는 준비해간 내용을 차분히 읽어 내려 갔다. 물, 토양, 공기, 야생동물 등 광범위한 영역에서 발견되는 환경오염과 인간의 건강위험에 대해 자신이 수집한 증거들을 언급하고 마지막으로 몇 가지 중요한 권고사항을 제시했다. 그중 하나는 다음과 같은 것이었다.

"타인이 뿌린 독성물질로부터 자기 가정을 보호할 권리가 보장돼야 합니다. 저는 법률가가 아니라 생물학자 그리고 한 인간으로서 말하는 것이며, 저는 이것이 인간의 기본권 중 하나라고, 하나가 되어야 한다고 확신합니다."

증언이 끝나고 여러 가지 질문과 대답이 오갔다. 위원회가 끝날 즈음, 논의의 초점은 대안의 개발이었다. 리비코프 상원의원이 카슨에게 질문했다.

"당신은 공중살포를 줄이고 오랫동안 잔류하는 살충제 사용을 최소화할 수 있도록 필요한 조치를 취해야 한다고 했습니다. 당신은 대안이 되는 물질이나 방법을 개발하려는 데 들이는 현재의 노력에 대해 어떻게 생각하십니까? 그런 개발이 경제적으로 실현가능하다고 생각하십니까?"

"음, 현재로선 어려울 것 같습니다. (하지만) 저는 특정한 타입의 화학물질과 오랫동안 잔류하지 않는 화학물질에 관해 더 많은 연구를 할 수 있는 기회가 화학회사에게 분명히 있다고 생각합니다. 기업 입장에서 볼 때 어려움은 이런 것입니다. 그들은 하나의 살충제를 개발해서 다양한 작물들 속에서 다양한 해충들을 죽인다면, 그게 이득이 됩니다. 하지만 공익의 측면에서는 그 반대가 맞습니다. 저는 기업이 특정한 사례에 작용하는 매우 특정한 타입의 화학물질을 더 많이 개발할 수 있기를 바랍니다."

과연 다른 일반기업들과 마찬가지로 이윤추구가 목적인 화학회사에 어떻게 공익을 위한 제품을 개발하기를 기대할 수 있을까? 하지만 이미 그 잠재적 위험에 대해 알게 된 대중은 더 이상 기존 제품들을 구매하지 않았다. 그렇다면 대중의 변화된 생각과 소비행태가 더 나은 변화를 만들 수 있지 않을까?

앞서 언급한 'CBS 리포트'의 마지막 부분에 대한 얘기가 아직 남아있다. 프로그램의 중반 부분이 지나자 살충제 문제에 있어서 카슨과 다른 패널들의 의견 차이가 그리 크지 않다는 것이 드러났다. 카슨은 살충제의 전면금지를 주장하지 않았으며, 화학회사와 정부 관계자들도 살충제의 잠재적 위험성에 대해 모르고 있는 부분이 많고 더 많은 연구가 필요하다는 점에 동의했다. 이 점을 간파한 프로그램 관계자는 양측의 차이를 좀 더 심층적인 차원에서 조명하고자 했다.

프로그램 진행자가 말했다.

"결과적으로, 카슨과 비판자들 간의 논쟁은 살충제 문제라는 특정 이슈를 초월한 듯 보입니다. 이 논쟁은 자연 안에서 인간의 역할, 즉 인간의 이익을 위해 자연을 통제하고 조작하는 것에 관한 문제를 포함하고 있기 때문입니다."

화이트-스티븐스 박사가 말했다.

"카슨은 자연과의 조화가 인간이 생존하기 위한 중요한 힘이라고 주장합니다. 반면 현대의 화학자, 생물학자, 과학자들은 인간이 점차적으로 자연을 통제해왔다고 믿습니다. 인구폭발과 도시, 공항, 도로, 인간의 생활방식으로 자연과의 조화는 이미 깨져있습니다."

카슨이 말했다.

"이들에게 자연과의 조화는 인간이 등장하면 곧 폐기해야 하는 어떤 것으로 여겨지고 있는 게 분명합니다. 이들은 중력의 법칙도 폐기할 수 있다고 생각할지 모르겠습니다. 자연과의 조화는 생명체들과 그들을 둘러싼 환경 간에 맺어진 일련의 관계 위에 세워진 것입니다. 우리는 그저 어떤 잔혹한 힘을 동원해 그 안에 침입해서 다른 많은 것들은 가만 놔둔 채 딱 한 가지만 변화시킬 수는 없습니다. 그렇다고 우리가 결코 개입해서는 안 된다거나 우리에게 유리한 쪽으로 자연과의 조화를 이끌어서는 안 된다는 말이 아닙니다. 하지만 만약 그런 시도를 하게 된다면 우리는 대체 무슨 일을 하고 있는지 알아야만 합니다. 그것이 낳게 될 결과를 알고 있어야만 하는 것입니다."

"인간이 자연에 대해 어떤 태도를 갖느냐는 오늘날 매우 중요합니다. 자연을 파괴할 수 있는 치명적인 무기를 갖게 되었기 때문입니다. 그러나 인간은 자연의 일부이고, 인간이 자연에 맞서는 전쟁은 불가피하게도 자신에 맞서는 전쟁입니다."

그는 마지막으로 이렇게 말했다.

"저는 진정으로 현세대에서 우리가 자연과 조화를 이루어야만 한다고 믿습니다. 우리는 이전까지 인류가 직면한 적 없는 도전에 직면하고 있습니다. 그것은 우리 자신의 성숙함, 즉 우리가 자연이 아니라 우리 스스로를 정복할 수 있음을 증명하는 일입니다."

* * *

지금 우리 상황을 만들어낸 건 우리 마음과 우리 문화다. 이 점을 이해할 때, 우리는 우리 자신과 아이들을 위해 지구의 미래를 재규정하는 데 있어 우리가 얼마나 큰 역할을 할 수 있을지 깨닫는 통찰력과 힘을 가질 수 있다.

― 톰 하트만Thom Hartmann의 『우리 문명의 마지막 시간들』 중에서

그렇다면 카슨이 의미하는 '자연과의 조화'란 무슨 뜻일까? 극단적인 환경 보호주의자들의 주장처럼 자연을 절대 훼손하지 말고 모든 개발에 반대한다는 뜻일까? 비판자들은 그를 이렇게 불렀다.

'새 애호가', '물고기 애호가', '자연숭배자'.

하지만 이러한 비판들은 사실이 아니다. 『침묵의 봄』과 'CBS 리포트'에서 밝혔듯이 카슨은 살충제의 전면금지를 주장하지 않았으며, 인간이 자연에 개입하는 것에 대해서도 반대하지 않았다. 이러한 오해는 뒤에 DDT 사용이 금지되어 수많은 아프리카 사람들이 말라리아로 죽었다고 해서 그를 '대량학살자'로 부르는 것과 일맥상통한다.[133]

'자연과의 조화라는 우상을 광적으로 숭배하는 자'.

또 다른 비판자인 화이트-스티븐스 박사는 그를 이렇게 불렀다. 그는 'CBS 리포트' 출연 전부터 카슨의 주장에 반대하고 화학회사의 입장을 옹호하면서 전국적으로 많은 강연을 했다. 실은 그의 비판은 어떤 면에서 옳았다. 카슨이 'CBS 리포트'에서도 밝혔듯이 '자연과의 조화'가 중력의 법칙과도

---

133) 레이첼 카슨은 『침묵의 봄』에서 DDT를 비롯한 살충제들의 심각한 영향을 보고했으나 그것들의 전면금지를 주장하지는 않았다. 이 책은 대중에게 각성과 충격을 안겨주었으며 이로 인해 촉발된 환경운동으로 1950-60년대 특히 말라리아 등 전염병을 옮기는 모기를 죽이기 위해 왕성하게 사용됐던 DDT는 1970년대 들어 대부분 국가에서 금지되었다. 전문가들은 말라리아 퇴치 프로그램의 실패 원인으로 개발도상국들의 빈곤, 사회 불안정, 정부 지도력의 부재 등 복합적인 요인들을 언급한다. 말라리아모기가 DDT에 갖는 내성도 중요한 요인인데, 이는 주로 광범위하고 무절제한 사용으로 나타났다. 2006년, 세계보건기구(WHO)는 DDT의 사용금지정책을 번복하고 말라리아가 심각한 지역의 경우 실내에서 제한된 양을 사용할 것을 조언했다.

같아서 절대 폐기할 수 없는 것이라고 말했기 때문이다. 그는 살충제 사용 등 여러 이슈에서는 실용적이고 유동성 있는 입장을 보였지만, 이 점에 있어서만큼은 확고했다.

그러나 화이트-스티븐스 박사의 비판이 본질적으로 옳지 않은 이유는 그가 생각하는 '자연과의 조화'가 원래 카슨이 말한 의미와 다르기 때문이다. 그는 그것이 인간이 모든 무기를 내려놓고 곤충과 짐승에게 "지구의 지배자" 자리를 내주는 것이라고 생각했으나, 카슨은 분명 인간이 "자연과의 조화를 우리에게 유리한 쪽으로 이끌" 수 있다고 했다. 즉 '자연과의 조화'는 확고부동한 법칙이지만 인간은 그 법칙을 자신에게 유리하게 이용할 수 있다는 말이다.

그렇다면 그 말은 인간이 그 법칙을 이용해서 자신이 원하는 것은 무엇이든 얻을 수 있다는 의미일까? 그 법칙을 잘 이용하면 마치 아무 부작용 없는 살충제를 사용하는 것처럼 마음대로 해충을 없앨 수 있다는 의미일까?

한편 또 다른 비판자는 이렇게 말했다.

"의자에 깊숙이 몸을 숨기고 앉아서 글을 쓰거나 소로처럼 월든 호숫가에서 살고 싶어하는 사람들에게는 '자연과의 조화'가 멋진 일이 아닐 수 없다. 하지만 오늘날 어떤 주부가 살충제를 쓰지 않아 벌레 먹은 사과를 구입하려 들겠는가?"

이 말은 카슨을 빗대어 한 말이다. 한적한 해변가 집에서 글을 쓰는 작가인 그가 현실을 모른 채 이상주의에 빠진 주장을 한다는 것이다. 과연 정당한 비판일까? 분명 현실을 외면해서는 안 된다. 추운 겨울날 자신은 따뜻한 방에 앉아 창밖으로 누군가 얼어 죽는 모습을 보며 '자연과의 조화'이니 어쩔 수 없다고 말하는 식이 되어서는 안 된다. 벌레 먹은 사과는 아무도 사지 않는 상황에서 자신의 사과밭에 침입한 해충들을 눈앞에 둔 농부에게 무슨 말을 하겠는가? '자연과의 조화'가 무슨 뜻인지 간에 이들에게 의미 있는 말이 되어야 한다. 자연은 냉혹하다. 자연 안에서 인간은 다른 모든 생명과 마찬가지로 치열한 싸움을 벌이고 있다. 그 싸움에서 인간은 어떻게 해야 하는가?

카슨은『침묵의 봄』에서 이렇게 말했다.

"생명이란 인간의 이해를 넘어서는 기적이기에 이에 대항해 싸움을 벌일 때조차도 경외감을 잃어서는 안 된다. 자연을 통제하기 위해 살충제와 같은 무기에 의존하는 것은 우리의 지식과 능력 부족을 드러내는 증거다. 자연의 섭리에 따른다면 야만적인 힘을 사용할 필요도 없을 것이다. 지금 우리에게 필요한 것은 겸손함이다. 과학적 자만심이 자리를 잡을 여지는 어디에도 없다."

그는 경외감을 갖고 그 싸움에 임하라고 조언한다. 하지만 과연 현실에서 가능한 말일까? 어떻게 경외감을 갖고 해충들을 죽일 수 있을까? 경외감을 갖고 자연과 싸움을 벌인다는 말은 과연 무슨 뜻일까?

어니스트 헤밍웨이Ernest Hemingway의 소설『노인과 바다』에는 어부와 물고기 간 치열한 싸움 장면이 나온다. 무려 84일 동안 물고기 한 마리도 잡지 못한 늙은 어부에게 사람들은 이제는 운이 다한 것 같다고 말했지만 그는 결코 포기하지 않았다. 85일째 되던 날 그는 먼 바다에서 한 마리의 거대하고 아름다운 청새치와 맞닥뜨린다. 며칠에 걸친 사투 끝에 청새치를 잡았으나 덩치가 너무 커서 배에 싣지 못하고 배 옆에 묶어 끌고 오게 되는데, 피 냄새를 맡고 쫓아온 상어의 습격을 받아 상당 부분을 뜯어먹히고 만다. 그는 자신이 최선을 다해 얻은 것을 잃어버리자 모든 걸 포기하고 싶은 심정이 된다. 그 순간 그는 자신이 누구인지, 무엇을 하고 있는지, 깊은 생각에 잠겼다.

노인은 말했다.

"하지만 인간은 패배하도록 창조된 게 아니야. 인간은 파멸당할 수는 있을지 몰라도 패배할 수는 없어."

그는 생각했다.

'희망을 버린다는 건 어리석은 일이야. 더구나 그건 죄악이거든.'

'고기를 죽이는 것도 어쩌면 죄가 될지도 몰라. 설령 내가 먹고 살아가기 위해, 또 많은 사람을 먹여 살리기 위해 한 짓이라도 죄가 될 거야. 하지만 그렇게 되면 죄 아닌 게 없겠지. 죄에 대해서는 생각하지 말기로 하자. 그런 것을 생각하기에는 이미 때가 너무 늦었고, 또 죄에 대해 생각하는 일로 벌어 먹고사는 사람도 있으니까 말이야. 죄에 대해선 그런 사람들에게나 맡기면 돼. 고기가 고기로 태어난 것처럼 넌 어부로 태어났을 뿐이니까.'

그는 스스로에게 말을 건네고 있었다.

'네가 그 고기를 죽인 것은 다만 먹고 살기 위해서, 또는 식량으로 팔기 위해서만은 아니었어. 자존심 때문에 그리고 어부이기 때문에 그 녀석을 죽인 거야. 너는 녀석이 아직 살아있을 때도 녀석을 사랑했고, 또 녀석이 죽은 뒤에도 사랑했지. 만약 네가 그놈을 사랑하고 있다면 죽여도 죄가 되지 않는 거야. 아니, 오히려 더 무거운 죄가 되는 걸까?'

그는 생각했다.

'이 세상의 모든 것은 어떤 형태로든 다른 것들을 죽이고 있어. 고기를 잡는 일은 나를 살려주지만, 동시에 나를 죽이기도 하지.'


인간은 육신을 가진 존재이기 때문에 다른 생명을 먹이로 삼을 수밖에 없다. 인간만이 아니라 모든 생명체는 살기 위해서 다른 생명체를 죽일 수밖에 없다. 인간은 청새치를 먹고 청새치는 작은 물고기를 먹고 작은 물고기는 플랑크톤을 먹는다. '자연과의 조화', '경외감'이 무슨 뜻이든 이 엄연한 사실을 떠나서는 아무 의미도 없다.

이해해야 할 것은 이 엄연한 사실이 작동하는 차원에 대해서다. 자연에서 일어나는 모든 죽임이 여기에 해당하는 것은 아니다. 특히 인간이 저지르는 죽임 중 상당수가 이 범위를 넘어선다. 인간은 분명 생존에 필요한 것 이상으로 다른 생명체를 죽이고 있다. 그렇다면 어떤 죽임이 정당화될 수 있는 죽임인가? 『노인과 바다』에서 늙은 어부는 자신이 청새치를 죽인 이유를 생각한다. 먹고 살기 위해서, 식량으로 팔기 위한 이유도 있지만, 가장 근본적으로 자신이 어부이기 때문에 죽였음을 깨닫는다. 즉 자신의 정체성 혹은 생명의 본성에 따라 다른 생명을 죽였다는 뜻이다. 또 그는 그 죽임에 대한 죄를 의심하지만, 사실 자신의 본성을 따르는 일에 죄를 물을 순 없다. 늑대가 양을 죽인다고 죄를 물을 것인가? 배추벌레가 배춧잎을 먹는다고 죄를 물을 것인가? 이것은 가치판단을 할 수 있는 차원에 속하는 일이 아니다.

어부의 깨달음은 이어진다. 그는 자신이 죽인 물고기를 사랑했다. 그렇다면 사랑하면서 죽인다니 무슨 뜻일까? 그가 말한 사랑의 의미를 이해해야 한다. 소설을 좀 더 살펴보면, 그 사랑은 마음속에 불쌍함, 슬픔, 죄책감 같은, 흔히 집에서 키우는 돼지나 닭을 잡을 때의 감정들을 일으키지 않는다. 그는 그 물고기를 죽일 때 전혀 망설이지 않았다. 오히려 죽이기 위해 자신이 가진 모든 능력을 쥐어짜며 최선을 다했다.

네놈이 지금 나를 죽이고 있구나. 네게도 그럴 권리는 있지. 한데 내 형제야, 난 지금껏 너보다 크고, 너보다 아름답고, 또 너보다 침착하고 고결한 놈은 보지 못했구나. 자, 그럼 이리 와서 나를 죽여 보려무나. 누가 누구를 죽이든 그게 무슨 상관이란 말이냐.

그는 그 물고기를 형제라고 불렀고 그에게 역시 자신과 맞서 싸울 권리를 인정했다. 이 싸움은 서로 다른 생명체가 똑같은 생명의 본성에 따라 살기 위해서 벌이는 싸움이다. 어부와 물고기 모두 살기 위해서 싸우는 싸움인 것이다. 이 차원에서 모든 생명체는 똑같은 본성을 나눈 형제이지만 다른 한편으로 영원한 적이다. 서로 사랑하고 존중하면서 서로 죽이는 것이 가능한 차원이다.

우리는 지금 어떤 차원의 의식수준에서 무엇을 하고 있는가? 인간은 다른 생명체들보다 복잡한 의식 차원을 갖는다. 생명의 본성이 아닌 다른 차원의 일들이 우리의 행동에 관여한다. 탐욕, 자만심, 잘못된 시스템과 문화 등이 수많은 죽임을 만들어내는 우리 행동에 영향을 미친다. 그 죽임은 불필요할 뿐 아니라 잘못된 것인데, 왜냐하면 그들이 불쌍해서가 아니라 그 죽임이 결국 우리 자신 역시 죽음으로 이끌고 있기 때문이다. 카슨이 지적한 점이 바로 이것이다. '자연과의 조화'가 이루어지는 생명의 본성 차원이 아닌 다른 차원의 싸움은 자칫 아니 항상 우리 자신을 죽이는 싸움이 되고 만다.

이러한 상황에도 불구하고 우리는 나아지려는 노력을 멈추어서는 안 된다. 어부의 말처럼 인간은 "파멸당할 수는 있을지 몰라도 패배할 수는 없다". 인간이 가진 생명의 본성은 인간이 죽는 날까지 한순간 망설임이나 멈춤도 없이 작동한다. 자신이 가진 생명을 포기하는 것은 인간의 다른 의식 차원에서의 일이지, 생명의 본성이 작동하는 차원에서의 일은 아니다. 우리의 어쩌면 유일한 죄는 바로 생명을 포기하는 것, 희망을 버리는 것이다. 그것은 생명의 본성, 즉 인간의 가장 근본적인 본성, 거부할 수 없는 본성을 거부하는 것이기 때문이다.

종교적 삶이란 무엇인가

# 고통의 의미는 무엇인가

## 테레사 수녀

**테레사 수녀**Mother Teresa(1910년 8월 26일-1997년 9월 5일)
인도에서 활동한 가톨릭 수녀다. '마더 테레사'로 불린다. 본명은 아그네스 곤자 보야지우 Agnes Gonxha Bojaxhiu이며, 북마케도니아에 있는 알바니아계 가정에서 태어났다. 1950년 인도 콜카타에서 '사랑의 선교회'를 설립하고, 빈민, 병자, 고아, 죽어가는 이들을 위해 헌신하는 삶을 살았다. 1979년 노벨평화상을 수상했으며, 2016년 성인으로 시성되었다.

## 내가 목마르다.

— 요한복음 19장 28절

1993년 3월, 83세인 테레사 수녀는 자신을 따르는 사랑의 선교회 사람들에게 다음과 같은 내용의 편지를 보냈다.

"예수님은 여러분을 사랑하실 뿐 아니라 여러분을 간절히 원하십니다. 여러분이 다가가지 않으면 예수님은 여러분을 갈망하십니다. 여러분에게 목마름을 느끼십니다. …… 저에게는 분명합니다. 사랑의 선교회는 예수님의 목마름을 풀어드리기 위해서만 존재합니다. 사랑의 선교회 벽마다 적힌 예수님의 말씀(내가 목마르다. 요한복음 19:28), 그것은 과거에 하신 말씀이 아니라 지금 이곳에서 여러분에게 하시는 말씀입니다."

그는 계속해서 썼다.

"예수님이 왜 '내가 목마르다'라고 말씀하실까요? 그게 무슨 뜻일까요? 말로 설명하기는 너무나 힘듭니다. …… '목마르다'는 말씀은 단순히 '나는 너를 사랑한다'는 말씀보다 훨씬 심오합니다. 예수님이 여러분을 목말라 하신다는 사실을 마음 깊은 곳으로부터 깨달아야만 어떤 사람이 되기를 예수님께서 원하시는지, 그리고 여러분 자신이 예수님을 위해 어떤 사람이 되기를 바라는지 알 수 있습니다."

예수님이 우리를 목말라한다니, 무슨 뜻일까? 예수님은 십자가에서 못 박혀 돌아가시기 전에 "내가 목마르다"고 말씀하셨다. 테레사 수녀는 그 말씀을 영적인 차원에서 해석했다. 그렇다면 그 구체적인 의미는 무엇일까? 예수님이 도대체 우리에게 뭘 목말라하신다는 뜻일까? 우리가 당신 뜻에 따라 어떤 일을 하기를 원한다는 뜻일까? 우리를 당신의 도구로 쓰고 싶다는 뜻일까?

1946년 9월, 인도에 와서 몇 년 지나지 않은 어느 날 테레사 수녀는 기도 중에 예수님의 목소리를 들었다. 그것은 분명하고 구체적인 내용이었다. 지금 있는 로레타 수녀원을 떠나서 거리의 가난한 이들을 돌보라는 것이었다. 로레타 수녀원은 인도에서 주로 교육사업에 헌신하고 있었는데, 테레사 수녀는 수녀원이 운영하는 학교에서 지리, 역사, 가톨릭 교리를 가르치고 있었다. 그런데 어느 날 기도 중에 예수님의 목소리가 들려왔다.

예수님께서 말씀하셨다.

"네가 나를 거절하겠느냐? 네 영혼이 달려 있을 때 나는 너를 위해서 십자가에 매달려 나 자신을 생각하지 않고 아낌없이 나를 주었다. 그런데 이제 너는 어떠냐? 거절하겠느냐? …… 나는 십자가의 청빈을 함께할 자유로운 수녀들을 원한다. 나는 십자가의 순명을 함께할 순종적인 수녀들을 원한다. 나는 십자가의 정결을 함께할 사랑으로 가득 찬 수녀들을 원한다. 네가 나를 위해 이 일을 하지 않겠느냐?"

테레사 수녀가 대답했다.

"저의 유일한 예수님, 당신이 제게 청하시는 것은 제 능력을 넘어서는 일입니다. 저는 당신이 무엇을 원하시는지 그 반도 이해하지 못합니다. 저는 합당하지 않습니다. 죄 많고 나약합니다. 예수님, 가서 다른 영혼을, 더욱 합당하고 더욱 자비로운 영혼을 찾으십시오."

그러자 예수님께서 말씀하셨다.

"너는 내 사랑을 위해 내 아내가 되었다. 너는 나를 위해 인도로 왔다. 그런데 이제 네 배우자인 나를 위해서 또 다른 영혼을 위해서 한 걸음 더 나가는 것을 두려워하느냐? 너의 후한 마음이 차갑게 식었느냐? 이제 내가 너의 두 번째가 되었느냐? 너는 사람들의 영혼을 위해 죽어본 적이 없다. 그래서 그들의 영혼이 어떻게 되든 신경쓰지 않는구나. 너의 마음은 내 어머니의 마음처럼 슬픔에 잠겨본 적이 없다. 내 어머니와 나는 사람들의 영혼을 위해 모든 것을 내주었다. 그런데 너는 어떠냐? 너는 네 소명을 잃을까 봐, 수도원에서 떠나게 될까 봐, 인내가 부족할까 봐 두려워하고 있다. 아니다. 너의 소명은 사랑을 실천하고 고통을 받으며 영혼을 구하는 것이다."

그러나 그는 말했다.

"예수님, 저의 예수님, 제가 속지 않게 해주십시오. 이 일을 원하시는 분이 당신이라면 그 증거를 내리시고, 그렇지 않다면 이 일이 제 영혼을 떠나게 해주십시오. …… 저는 너무나 두렵습니다. 이 두려움은 제가 저 자신을 얼마나 사랑하는지 보여줍니다. 저는 앞으로 올 고통이 두렵습니다. 인도 사람처럼 살면서 그들처럼 입고 그들처럼 먹으며 그들처럼 말하고 그들과 함께 살면서, 그 어떤 것도 제 식으로 하지 못할 것이 두렵습니다. 편안함이 제 마음을 얼마나 많이 차지하고 있는지 모릅니다."

"너는 항상 '제게 바라시는 대로 하십시오'라고 말해왔다. 이제 내가 행동하려고 하니 허락하여라."

"제가 완벽한 로레타 수녀가 되면 안될 이유가 무엇입니까? 이곳에서 당신 사랑의 진정한 제물이 될 수는 없나요? 다른 사람들처럼 될 수 없나요?"

예수님께서 말씀하셨다.

"작은 이여, 나에게 영혼을 데려다 다오. 거리를 헤매는 가난한 어린아이들의 영혼을 나에게 다오. 이 가난한 아이들이 죄로 더러워지는 모습을 보면 내 가슴이 얼마나 아픈지 네가 아느냐? …… 부유하고 능력있는 사람들을 보살필 수녀는 많다. 하지만 내 가난한 이들을 위한 수녀는 하나도 없다. 내가 바라는 이들, 내가 사랑하는 이들이다. 네가 나를 거절하겠느냐?"

다시 말씀하셨다.

"내 작은 이여, 오너라, 오너라. 가난한 이들의 누추한 집으로 나를 이끌어다오. 와서 나의 빛이 되어라. 나 혼자서는 갈 수가 없다. 그들은 나를 모르기 때문에 나를 원하지 않는다. 네가 와서 그들 안으로 들어가 나를 그들에게 인도하여라. 나는 그들의 누추한 집, 그들의 어둡고 불행한 집에 얼마나 들어가고 싶은지 모른다. …… 두려워하지 말라. 날 위해서 이 일을 하라고 네게 요청하는 사람은 바로 나다. 두려워하지 말라. 온 세상이 너에게서 등을 돌리고 너를 비웃더라도, 너의 동료와 장상들이 너를 무시하더라도 두려워 말라. …… 너는 고통을 겪을 것이다. 아주 많은 고통을 말이다. 하지만 내가 너와 함께한다는 사실을 기억해라."

예수님은 슬픔과 고통 속에 버려져 있는 가난한 이들에게 닿기를 간절히 원했고, 테레사 수녀를 그 도구로 사용하기를 원했다. 하지만 테레사 수녀는 두려움과 의심을 쉽게 거두지 못했고, 예수님은 그런 그에게 용기를 북돋우며 거듭해서 청했다.

그는 또한 환시도 보았다. 한 장면에서는 큰 무리의 사람 중에 가난한 이들과 아이들이 그를 보면서 자신들을 구해달라고 외치고 있었고, 또 다른 장면에서는 성모 마리아가 그에게 커다란 슬픔과 고통에 빠진 사람들을 돌보기를 요청했다. 마지막 장면에서는 예수님이 십자가에 매달려 계신 곳에서 그가 성모 마리아와 함께 서 있었고, 예수님이 그에게 말했다.

"내가 너에게 청했다. 그들도 너에게 청했고 내 어머니도 너에게 청했다. 그러니 네가 나를 위해 이 일을 하지 않겠느냐? 그들을 돌보며 그들을 나에게로 데려오지 않겠느냐?"

테레사 수녀는 마침내 응답하지 않을 수 없었다.

"예수님, 저는 당장이라도 시작할 준비가 되어있습니다."

1948년 12월, 테레사 수녀는 인도 콜카타의 빈민가에서 가난하고 버림받은 사람들을 돕는 일을 시작했다. 하지만 일을 시작한 지 얼마 지나지 않아 테레사 수녀에게 큰 고통이 찾아왔다. 그것은 현실에서의 고통이 아니었다. 물론 현실에서 많은 어려움이 있었지만, 그것들은 예수님에게 의지하며 이겨낼 수 있었다. 그에게 닥쳐온 고통은 내면의 고통이었고 예수님에게 의지하며 이겨낼 수 없는 것이었다. 왜냐하면 그것은 예수님에게 버림받은 고통이었기 때문이다.

1959년 6월, 테레사 수녀는 자신이 믿고 따랐던 요셉 노이너Joseph Neuner 신부에게 자신의 고통을 털어놓았다.

"주님, 저의 하느님, 제가 누구이기에 저를 버리십니까? 당신 사랑의 자녀인 제가 이제는 가장 미움받는 자녀, 당신께서 원치 않아 버리시는 자녀, 사랑받지 못한 자녀가 되고 있습니다. 저는 애타게 부르고 매달리며 간절히 원하지만 아무도 대답하지 않습니다. 매달릴 사람이 아무도 없습니다. 아무도, 단 한 사람도 없습니다. 혼자입니다. 어둠은 너무나 짙습니다. 그리고 저는 혼자입니다. 아무도 저를 원하지 않으며 저는 버림받았습니다."

처음에 예수님은 테레사 수녀를 목말라하며 당신의 도구로 쓰기를 원했지만, 이제는 더 이상 그를 원하지도 그 모습을 드러내지도 않았다. 오직 예수님의 뜻에 따르고자 힘든 길을 택한 테레사 수녀는 절망하지 않을 수 없었다.

"사랑이라는 말도 아무것도 가져다주지 않습니다. 하느님께서는 저를 사랑하신다고 하지만 어둠과 차가움과 공허함의 현실은 너무나 커서 그 어떤 것도 제 영혼에 와 닿지 않습니다. 사업이 시작되기 전에는 일치감과 사랑, 신앙, 믿음, 기도, 희생이 그토록 많았는데요. 성심의 부르심에 단순하게 응답한 것이 실수였을까요?"

만약 내가 그토록 깊은 어둠 속에서 애타게 부르는데도 아무도 대답하지 않는다면, 누군가의 사랑을 믿을 수 있을까? 오히려 배신당하고 버림받은 것 같아 분노와 저주를 쏟아내지 않을까? 그 존재조차 부인하게 되지 않을까?

"수녀님들과 다른 사람들은 제가 언제나 미소를 짓는다고 말합니다. 그들은 제 신앙과 믿음과 사랑이 저의 온 존재를 가득 채우고 있다고 생각합니다. 하지만 저의 쾌활함이 공허함과 비참함을 가리는 외투일 뿐이라는 사실을 그들이 알까요?"

절망에도 불구하고 테레사 수녀는 다른 사람들 앞에서 자신의 고통을 내색하지 않을 뿐 아니라 미소를 잃지 않았다. 그뿐 아니라 자신을 버린 예수님에게도 미소로 대하고자 했다. 그러면서 자신에게 주어진 고통을 어떻게든 이해하고 받아들이고자 했다.

"저의 하느님, 이토록 작은 저에게 도대체 무엇을 하고 계십니까? 제 마음에 당신의 수난을 새기겠다고 하셨는데, 이것이 그 답인가요? 이것이 당신께 영광을 드린다면, 당신께서 여기에서 단 한 방울의 기쁨이라도 얻으신다면, 이로써 사람들의 영혼이 당신에게 다가간다면, 제 고통이 당신의 목마름을 채워드린다면, 주님, 제가 여기 있습니다. 저는 이 모든 것을 삶이 끝날 때까지 기쁘게 받아들이겠습니다. 저는 언제나 당신의 감춰진 얼굴에 미소를 짓겠습니다."

그렇지만 고통의 의미는 쉽게 이해되지 않았고 쉽게 받아들일 수 없었다. 사업은 어려움이 없는 것은 아니었지만 오히려 번창하고 있었다. 많은 수녀와 협력자들이 나타났고 그들의 헌신적인 도움으로 사업은 발전했다. 그런데 문제는 '그 사업을 나에게 명하신 예수님이 나를 버리신 것'이었다. 본인의 뜻을 따르라고 하시고는 모든 것을 맡기고 그 뜻을 따라나선 테레사 수녀를 버리시다니. 도대체 왜 이런 일이 그에게 일어나는 것일까?

1961년 4월, 테레사 수녀는 또 다른 편지에서 이렇게 썼다.

"신부님, 49년경이나 50년 이래로 이 끔찍한 상실감, 말할 수 없는 어둠,

외로움, 하느님을 향한 끊임없는 갈망이 시작되었고, 이 모든 것은 제 마음 깊은 곳을 괴롭혔습니다. 어둠이 너무나 심해서 저는 마음으로도 이성으로도 아무것도 보지 못합니다. 제 영혼에 하느님이 계셔야 할 자리는 비어 있습니다. …… 천국, 영혼, 왜 이것들은 단지 말일 뿐 저에게 아무런 의미가 없을까요? 제 삶은 너무나 모순적인 것 같습니다. 저는 영혼을 돕고 있지만 그들이 어디로 가도록 돕는 걸까요? 왜 이런 모든 일이 생기는 걸까요?"

고통은 오랫동안 계속되었고 끝날 줄 몰랐다. 그것은 그의 말대로 지옥과도 같은 고통이었다. 그렇지만 그는 자신의 믿음과 하느님의 사업을 포기하지 않았다. 어떻게 그럴 수 있을까? 어디서 그런 힘이 나오는 것일까? 그는 편지에서 이렇게 적었다.

"예전에 저는 하느님 앞에서 하느님을 사랑하고 하느님께 이야기하며 몇 시간이고 시간을 보내곤 했지만 이제는 묵상도 제대로 되지 않습니다. …… 하지만 제 마음 깊은 곳 어딘가에서 하느님에 대한 간절한 소망이 어둠을 뚫고 계속 나타납니다. 밖에서 일을 하거나 사람들을 만날 때면 바로 제 안에 무척 가까이 살아있는 누군가의 존재가 있습니다. 이것이 무엇인지 저는 모르겠지만 제 마음속 하느님에 대한 사랑은 무척 자주, 심지어는 매일매일 더욱 참되어지고 있습니다. 저는 무의식중에 예수님께 가장 놀라운 사랑을 보여주는 증표를 이야기하고 있는 저 자신을 발견하곤 합니다."

이상하게도 하느님의 존재를 느낄 수 없는데도 그에 대한 사랑과 믿음은 줄어들지 않고 오히려 커져갔다. 이제 그를 지탱하는 힘은 하느님으로부터가 아니라 자신으로부터 나오고 있었다. 그것은 어둠 속을 뚫고 나오는 빛줄기와 같았고, 그 빛은 자신의 내면으로부터 나오고 있었다.

우리는 어둠을 얼마나 이해하고 있을까? 빛이 있기에 어둠이 있고, 어둠이 있기에 빛이 있다는 상대론적 세계를 관찰하는 것으로는 부족하다. 그 상대적인 차원을 관통하는 절대적인 차원, 삶을 지배하는 원칙을 살펴야 한다. 왜 빛과 어둠, 기쁨과 슬픔, 선과 악이 존재하는지, 즉 상대론적 세계가 왜 존재하는지에 관한 이해가 필요하다. 많은 종교와 철학에서 서로 다른 방식으로 설명하고 있지만, 이에 관한 한 이야기가 『신과 나눈 이야기 1』에 소개되어있다.

자신이 빛임을 알고 있는 작은 영혼이 있었다.

"나는 빛이다. 나는 빛이다."

하지만 그는 알고 있을 뿐 느낄 수 없었다. 그가 있던 절대계에서는 빛 외에는 아무것도 없었기 때문이다. 모든 영혼이 위대하고 완벽하고 장엄한 신의 광채로 빛나고 있었다. 작은 영혼의 빛은 그 위대한 빛 속에서 존재를 드러낼 수 없었다. 그는 자신을 체험하기를 갈망했다. 그러던 어느 날 신의 목소리가 들렸다.

"작은 영혼이여, 네 그런 갈망을 충족시키려면 무엇을 해야 하는지 아느냐?"

"오, 신이시여, 무엇을 해야 합니까? 저는 무엇이든 하겠습니다!"

그러자 신이 말했다.

"너를 우리로부터 분리해야 한다. 그러고 난 다음 너 자신을 어둠이라 불러야 한다."

"거룩한 신이시여, 어둠이 무엇입니까?"

"그것은 네가 아닌 것이다."

신이 대답했고 그는 이해했다. 그리하여 그는 신의 말대로 자신을 전체에서 분리시켰고, 그럼으로써 절대계에서 상대계로 들어갔다. 상대계인 물질계에서 그는 그의 갈망대로 자신을 체험할 수 있었다. 그는 어둠을 끌어들이고 그것을 느낄 수 있었다. 하지만 그가 체험한 어둠은 너무나 깊었고 고통스러웠다. 끝내 그는 울부짖었다.

"하느님, 내 하느님, 어찌하여 나를 버리셨나이까?"

우리도 고통 속에 이렇게 외치곤 한다. 하지만 신은 우리 중 누구도 버리지 않았다. 필요한 것은 우리가 왜 여기에 있는지를 기억하는 것뿐이다. 우리는 자신이 누구인지 체험하기 위해 왔다. 그러므로 어둠을 밝히는 빛이 되어라. 어둠을 저주하지 말라.

테레사 수녀가 겪는 고통은 그만 겪는 것이 아니었다. 편지를 받은 노이너 신부는 영적인 삶을 살았던 많은 이들이 이런 고통을 경험했음을 알고 있었다. 노이너 신부는 테레사 수녀에게 답장을 보냈다.

"하느님은 숨어있지만 분명히 존재하시며 자신이 수난 중에 우리의 구원을 위해서 죄 많은 세상의 어둠과 짐을 지셔야 했던 예수님과 하나라는 확신이 있어야만 어둔 밤을 견딜 수 있습니다. 어둠 속에 하느님이 숨어 존재하신다는 확실한 증거는 바로 하느님에 대한 목마름, 하느님의 빛을 단 한 줄기만이라도 보고 싶다는 간절한 바람입니다. 하느님이 그 사람의 마음에 존재하지 않는다면 하느님을 간절히 바랄 수 없습니다. 따라서 이와 같은 시련에 대한 유일한 대응책은 하느님께 완전히 자신을 내어드리며 예수님과 하나되어 어둠을 받아들이는 것밖에 없습니다."

테레사 수녀와 똑같이 예수님도 하느님으로부터 버림받은 것 같은 고통을 겪었다. 예수님은 인간의 고통을 모르면서 인간을 구원하지 않았다. 그것은 하느님의 뜻이 아니었다. 인간의 가장 큰 고통, 비참하게 죽어가는 사람들의 가장 큰 고통은 모든 이에게서 모든 것으로부터 버림받는 고통이다. 예수님은 겟세마네 동산에 올라 땅에 엎드려 "내 아버지시여, 할 수만 있다면 이 잔을 내게서 거두소서. 하지만 나의 뜻대로 하지 마시옵고 아버지의 뜻대로 하옵소서(마태복음 26:39)"라고 기도하면서 하느님의 뜻을 받아들이고자 했으나, 십자가에 못 박혀서는 끝내 "하느님, 내 하느님, 어찌하여 나를 버리셨나이까(마태복음 27:46)"라고 고통 속에 울부짖었다. 하느님은 예수님이 인간의 고통을 스스로 겪으면서 인간을 구원하는 길을 보여주기를 원하셨고, 예수님은 그렇게 했다. 이제 테레사 수녀가 그 길을 따르고 있었다.

빛이 어둠을 뚫고 드러나듯이 존재는 오로지 고통을 통해서 그 본질을 드러냈다. 우리 존재의 본질은 신을 향한 것이었고, 어둠은 역설적으로 작용하고 있었다. 하느님의 존재를 알 수 없게 만드는 어둠은 보다 큰 차원에서 하느님의 존재와 섭리를 알 수 있는 길로 테레사 수녀를 이끌고 있었다. 신부님의 말씀은 그에게 큰 도움이 되었다. 그는 감사하며 다음과 같이 적었다.

"11년 만에 처음으로 저는 어둠을 사랑하게 되었습니다. 이제 그 어둠이 예수님의 어둠과 이 땅에 존재하는 고통의 작은 부분이라고 믿기 때문입니다. 신부님께서는 제가 어둠을 신부님이 쓰신 대로 '당신 일의 영적 측면'으로 받아들이는 법을 가르쳐주셨습니다. 오늘 저는 진실로 큰 기쁨을 느꼈습니다. 예수님은 더 이상 고난을 겪을 수 없지만 제 안에서 그것을 겪고 싶어하십니다. 저는 이제 그 어느 때보다도 더 예수님에게 저 자신을 내어드립니다."

마침내 그는 어둠의 고통을 이해하고 받아들이기 시작했다. 그것은 예수님을 따르는 과정이기도 했지만 더 정확히 말해서는 예수님이 되어가는 과정이었다. 즉 그는 스스로 빛이 되어가는 중이었다.

1962년 3월, 테레사 수녀는 동료들에게 말했다.

"여러분은 세상에 존재해야 하지만 세상의 사람이 되어서는 안 됩니다. 여러분이 발하는 빛은 아주 순수해야 하고 여러분이 하는 사랑은 불타올라야 합니다. 여러분이 믿는 신앙은 확신으로 가득해야 합니다. 사람들이 여러분을 볼 때, 예수님만을 볼 수 있어야 합니다."

그에게 조언을 했던 노이너 신부는 후에 다음과 같이 말했다.

"우리는 어둠이 사실은 마더 테레사와 예수님을 하나 되게 하는 신비로운 연결고리였음을 알 수 있다. 하느님을 향한 친밀하고 간절한 바람이 닿은 것이다. 그 외에는 어떤 것도 마더 테레사의 마음을 채우지 못한다. 그러한 바람은 분명 하느님의 숨은 존재를 통해서만 가능하다. 우리는 우리에게 아주 가깝지 않은 것을 간절히 바랄 수 없다. 목마름은 단순히 물이 없다는 것이 아니라 그 이상이다. 돌은 목마름을 느끼지 않으며 물에 의존하는 살아있는 생물만이 목마름을 느낀다. 아무 생각 없이 매일 수돗물을 트는 사람과 사막에서 샘을 찾아 헤매며 목마름에 고통받는 여행자 중에서 어느 쪽이 생명을 주는 물에 대해 더 잘 알겠는가?"

어둠은 신비롭게도 테레사 수녀와 예수님을 분리시킴과 동시에 일치시키고 있었다. 하느님으로부터 버림받았다고 느끼면서 그에 대한 믿음을 잃지 않는 모습은 서로 닮아있었고, 이것을 완성시키는 힘은 바로 목마름이었다. 어둠의 고통이 커질수록 그칠 줄 모르고 오히려 커져가는 목마름의 힘이었다.


1987년 4월, 로마에 있는 한 신부님이 기도 중에 예수님의 말씀을 들었다.

"마더 테레사에게 '내가 목마르다'고 말하여라."

그는 생각했다.

'기도하고 있는데 왜 이런 분심이 드는 거지.'

그러나 몇 분 뒤 똑같은 말씀이 들렸다.

"마더 테레사에게 '내가 목마르다'고 말하여라."

그는 고개를 들어 벽에 걸린 커다란 십자가를 보며 속으로 물었다.

"저에게 하시는 말씀입니까?"

그러자 똑같은 말씀이 머릿속으로 강하게 들어왔다.

"마더 테레사에게 '내가 목마르다'고 말하여라."

그 신부님은 전에 그와 같은 경험을 한 적이 없었고 그 후에도 없었다. 그는 어쨌든 이 말을 전해야겠다는 강력한 생각이 들었고, 테레사 수녀에게 편지를 써서 보냈다. 수녀님의 사정을 전혀 몰랐던 신부님은 "제가 미쳤다고 생각하실 지도 모르지만 제가 겪은 일을 이야기해야겠다는 생각이 강하게 들었다"고 적었다.

그 뒤 테레사 수녀와 그 신부가 만나게 되었다. 테레사 수녀가 물었다.

"신부님이 '마더 테레사에게 내가 목마르다고 말하여라'라는 예수님의 말씀을 들으신 분이십니까?"

그가 그렇다고 하자, 테레사 수녀는 그의 얼굴을 잠시 보더니 또 물었다.

"그 외에 무슨 말씀을 하셨나요?"

"아무것도요. 제가 들은 것은 그게 전부입니다."

"무슨 뜻이셨을까요?"

"저는 모릅니다. 수녀님께 알려야겠다는 충동을 느꼈다는 것 외에는 아무것도 모릅니다. 저는 전령일 뿐입니다."

테레사 수녀가 예수님으로부터 버림받지 않았다는 증거였다. 예수님은 당신의 사업이 계속되기를 원한다는 증거를 보이는 한편, 계속해서 자신의 존재를 드러내지 않았다. 예수님의 목마름이 계속되고 테레사 수녀의 목마름도 계속되는 것, 그게 그의 뜻이었다. 테레사 수녀와 오랫동안 긴밀한 관계를 유지해온 브라이언 콜로제이척Brian Kolodiejchuk 신부에 의하면 어둠은 그가 죽을 때까지 지속되었다. 하지만 어둠은 테레사 수녀에게 더 이상 고통을 줄 수 없었다. 빛을 낼 수 없는 존재에게 어둠은 고통이지만, 빛을 내는 존재에게 어둠은 더 이상 문제가 되지 않았다. 자신이 누구인지 깨달은 존재에게 어둠은 더 이상 방해가 되지 않았다. 더 타는 목마름으로 신을 원하고 신에게 다가갈 뿐이었다. 더 밝게 어둠을 밝힐 뿐이었다.

1996년, 세상을 떠나기 1년 전 86세의 테레사 수녀는 심장질환으로 병원에 입원 중이었다. 몸을 제대로 가누기 힘든 상태에서 뭔가를 쓰기 위해 펜을 달라고 청했다. 하지만 제대로 글이 써지지 않아 2-3일 연습한 다음에야 겨우 쓸 수 있게 되었다. 그는 이렇게 적었다.

"나는 예수님을 원합니다."

마지막 순간까지 그는 예수님에 대한 목마름을 잃지 않았다.


나는 시간이 끝나는 마지막 순간까지 언제나 너희와 함께 있을 것이다.

너희와 나의 합일은 완벽하다.

그것은 언제나 그랬고 언제나 그러하며 언제나 그럴 것이다.

너희와 나는 하나다. 지금 그리고 앞으로도 영원히.

이제 가서 너희 삶이 이 진실을 진술토록 만들어라.

너희의 낮과 밤들을 너희 안의 가장 고귀한 생각들로 채워라.

너희의 지금 순간들을 너희를 통해 드러내는 신의 장엄한 황홀경으로 만들어라.

네 손길이 닿는 모든 이에게 네 영원하고 조건 없는 사랑을 표현하는 것으로 그렇게 하라.

어둠 속의 빛이 돼라. 그리고 어둠을 저주하지 마라.

빛을 가져오는 자가 되어라.

네가 바로 그러하다.

그러니 그렇게 되어라.

- 「신과 나눈 이야기 2」 중에서


\* \* \*

테레사 수녀를 비판하는 사람들도 있었다. 가난한 사람들을 무상으로 도와주는 것이 정말 그들에게 도움이 되는가? 인도 방갈로레에서 열린 회의에서 어떤 수녀가 말했다.

"테레사 수녀님이 하시는 일을 다시 한 번 깊이 생각해 볼 필요가 있습니다. 가난한 사람들에게 돈을 받지 않고 음식을 나눠주는 것은 그들을 망치는 일입니다. 그들은 놀아도 음식이 생기므로 자꾸 게을러집니다. 그래서 인간으로서의 품위도 체면도 잃어버립니다."

모두가 잠잠해질 때까지 기다린 뒤 테레사 수녀가 대답했다.

"많은 이들이 저한테 가난한 사람들의 버릇을 망쳐놓고 있다고 말합니다. 하지만 그 누구도 하느님만큼 우리의 버릇을 망쳐놓는 분은 없습니다. 하느님이 우리에게 거저 주신 선물들을 보세요. 당신은 눈이 좋아 볼 수 있습니다. 만일 하느님이 당신에게 눈을 주신 것에 대해 돈을 요구하신다면 어떨까요? 우리는 끊임없이 숨을 쉬고 산소로 생명을 유지하지만 돈 한 푼 지불하지 않습니다. 만약 하느님이 우리에게 4시간을 일한 대가로 2시간의 햇볕을 주겠다고 하신다면 우리 중에 몇 사람이나 살아남을 수 있겠습니까?"

가난한 이들을 무상으로 돕는 것이 그들을 의존적으로 만들어 자립할 수 없게 하는 일일까? 버릇없게 만들어 인간으로서의 기본적 품위를 잃게 하는 일일까?

한 언론인이 테레사 수녀에게 물었다.

"임종자의 집[134]에서는 무엇을 하고 있으며, 또 앞으로 무엇을 하고자 합니까?"

테레사 수녀가 대답했다.

"우선 그들이 필요 없는 사람이 아니라는 것을 알고 느끼게 해 주고 싶습

---

134) 임종자의 집은 힌디어로 니르말 흐리다이Nirmal Hriday이며, 뜻은 성모 마리아의 순결한 마음의 장소다. 테레사 수녀와 사랑의 선교회 수녀들이 죽음을 앞둔 임종자들이 품위 있게 죽을 수 있도록 돕는 곳이다.

니다. 이 사람들을 소중하게 생각하고 있고, 또한 그들과 함께 있고 싶어하는 사람들이 있다는 것을 알게 해주고 싶습니다. 적어도 살아있는 몇 시간만이라도 그들이 사람에게도, 하느님에게도 소중한 사람으로 생각되고 있다는 것을 알게 해주고 싶습니다. 그들 또한 하느님의 자녀로서 잊힌 사람이 아니라는 것을 알게 해주고 싶습니다."

누군가가 나를 진심으로 소중하게 대해준다면 어떨까? 한 치의 의심도 없이 나를 성실하고 품위 있는 사람이라고 믿고 대해준다면? 나를 단지 가난해서 불쌍해서 도움이 필요해서 도와주는 게 아니라 내가 원래 지극히 가치 있고 소중한 존재이기 때문에 도와준다면 나는 어떤 마음이 들까? 게으르고 버릇없어질까? 그 도움을 당연히 여기고 계속 이용해먹으려는 생각을 할까?

언젠가 한 여인이 테레사 수녀를 찾아왔다. 여인의 품에는 아기가 안겨 있었다.

"사흘 동안이나 굶은 나머지 먹을 것을 얻으려고 두세 집을 찾아갔답니다. 그런데 사람들이 저한테 말하길 젊으니까 일을 해서 밥벌이를 하라더군요. 누구 하나 먹을 것을 주지 않았어요."

테레사 수녀가 서둘러 먹을 것을 가지고 돌아왔을 때, 품속의 아기는 이미 죽어있었다.

과연 아기의 죽음은 누구의 책임일까? 먹을 것을 주지 않은 사람들의 책임일까? 아기 엄마인 여인의 책임일까? 여인은 아기를 살리기 위해 무슨 짓을 해서라도 먹을 것을 구해야 하지 않았을까? 도둑질은 아니더라도 찾는다면 허드렛일, 막노동일 등, 정당하게 일해서 돈 버는 일이 있을 것이다. 분명 이 여인뿐 아니라 가난한 사람들이 아무리 어려운 상황일지라도 정당하게 일해서 자립할 수 있는 방법이 있을 것이고, 그들이 할 수 있는데도 안하고 게으름을 부린 부분이 있을 것이다. 분명 그렇게 우리는 그들 스스로 에게 책임이 있음을 밝혀낼 수 있을 것이다. 그렇게 우리는 그들의 문제와 책임이 우리 쪽으로 넘어오지 않게 할 수 있을 것이다.

그러나 인간의 품위란 가난한 사람만 지켜야하는 것인가? 누군가를 죽게 내버려두는 것, 누군가를 살릴 수 있는 기회를 잡지 않는 것은 인간의 품위를 잃는 일은 아닐까? 한 쪽은 가진 것이 없어 품위를 지키기 어렵지만, 다른 쪽은 가진 것을 나누지 않음으로써 스스로 인간의 품위를 저버린다. 스스로 인간의 품위를 저버리는 사람은 물질적으로 부유할지 몰라도 영적으로 가난한 사람이다. 영적 가난은 물질적 가난보다 더 근원적인 문제가 아닐까?

어떤 이가 물었다.

"가난을 없애려면 어떻게 해야 할까요?"

테레사 수녀가 대답했다.

"그것은 당신과 나의 문제입니다. 당신과 내가 가난한 사람들과 함께 나누는 법을 배울 때에만 가능할 것입니다."

"오늘날 가장 큰 병은 결핵이나 나병이 아니라 다른 사람으로부터 사랑받지 못하고 남이 필요로 하지도 않으며 남으로부터 보살핌을 받지 못하는 것입니다. 육체의 병은 약으로 고칠 수 있지만 고독, 절망, 무기력 등 정신적인 병은 사랑으로 고쳐야 합니다. 빵 한 조각 때문에 죽어가는 사람도 많지만 사랑받지 못해 죽어가는 사람은 더 많습니다. 가장 큰 악은 사랑과 자비의 부족, 이웃에 대한 얼음같이 찬 무관심입니다."

결국 사랑만이 해결책이다. 그러나 테레사 수녀가 생각하는 사랑은 편안한 사랑이 아니라 고통스러운 사랑이었다. 그는 말했다.

"진정한 사랑이 되려면 사랑이 고통스러워야 한다는 사실을 깨닫는 것이 매우 중요합니다. 다른 사람들에게 해를 끼치지 않고 진정 그들을 이롭게 하기 위해서는 무엇이든 다 기꺼이 내주어야합니다. 고통스러울 때까지 기꺼이 주어야합니다. 만약 그러지 않는다면 내 안에 진정한 사랑이 없다는 말이며, 나는 내 주변 사람들에게 평화가 아니라 불의를 가져다줄 것입니다."

사랑이 고통스러워야 한다는 말은 무슨 뜻일까? 사랑 없이 주는 것이 불의를 가져다준다니 무슨 뜻일까? 고통 없이 주는 것은 영적 차원에서 나에게 아무런 영향을 주지 않는다. 비록 물질적으로 남에게 아무리 많이 베풀어도 나라는 생각의 틀은 깨어지지 않고 오히려 견고해진다. 나의 자아는 자비로운 나, 인자한 나, 선한 나라는 이미지를 먹으며 자라나고, 그로써 나와 남의 분리는 더 깊어진다. 물질적 차원뿐만 아니라 도덕적, 심리적 차원에서 훌륭하고 우월한 나와 열등하고 모자란 남으로 분리되며, 결국 이 같은 분리의식에 뿌리내린 가난과 불의, 불평등의 사회구조는 더 고착된다.

반면 고통을 동반한 사랑은 나를 변화시킨다. 고통스럽다는 것은 나라는 껍질이 깨지고 나라는 벽이 무너지고 있다는 증거다. 껍질이 깨지고 벽이 무너져야 비로소 그들과 나를 가로막았던 경계가 사라진다. 경계 없는 곳에서 삶은 숨쉬며, 우리는 서로의 진실에 가닿는다. 경계 없는 마음속에 내가 투사한 상대방의 모습은 사라지고, 있는 그대로의 상대방이 보인다. 그곳에서 우리가 진정 서로가 누구인지 볼 수 있다.

1961년 7월, 테레사 수녀는 사랑의 선교회 수녀들에게 말했다.

"사랑하는 나의 자녀 여러분, 우리가 고통을 겪지 않는다면 우리의 사업은 훌륭하고 도움이 되는 단순한 사회사업에 지나지 않을 뿐, 예수 그리스도의 일인 구속救贖[135]의 일부가 되지는 못할 것입니다. 예수님은 우리의 삶과 우리

---

135) 구속救贖: 죄를 대신하여 구원함

의 외로움, 우리의 고뇌와 죽음에 함께 함으로써 우리를 도우려 하셨습니다. 예수님께서는 그 모든 일을 몸소 떠맡아 아주 어둔 밤 속으로 가지고 오셨습니다. 우리와 하나가 됨으로써 우리를 구속하셨습니다. 이제 우리도 그렇게 하도록 허락을 받았습니다. 가난한 사람들의 물질적인 빈곤뿐 아니라 그들의 영적인 가난까지 모든 절망은 구속되어야 하며, 우리는 그것을 함께 해야 합니다."

사랑의 무기는 고통이다. 사랑은 고통 없이 아무것도 할 수 없다. 고통 없이는 강렬한 분노와 증오를 녹일 수도, 그 속에 감추어진 두려움을 드러낼 수도 없고, 고통 없이는 단단한 편견과 고정관념을 뚫을 수도, 그 속에 숨어 있는 참된 본성을 드러낼 수도 없다. 온전한 우리의 모습은 예수님을 닮았다. 테레사 수녀가 불완전한 우리에게서 항상 보려고 했던 모습이 바로 이것이다. 고통스러운 사랑을 통해 우리는 각자의 본모습과 서로의 본모습을 볼 수 있으며, 그때 비로소 서로가 진실로 원하는 것, 정말로 필요한 것이 무엇인지 알 수 있으며, 그것들을 적절한 순간에 적절한 방법으로 주고받음으로써 서로를 치유한다. 그러므로 사랑으로 주는 것은 상대방을 온전하게 하되 결코 의존적이게 하지 않으며, 인간의 품위를 높이되 결코 낮추는 법이 없다.

만일 그대가 두려움 속에서

오직 사랑의 편안함과 사랑의 즐거움만을 찾는다면,

그때는 차라리 그대의 벗은 몸을 가리고

사랑의 추수마당을 떠나 다른 세계로 가는 것이 나으리라.

그 곳은 계절이 사라진 세계,

그대가 웃을 수 있지만 맘껏 웃을 수 없고,

울 수 있지만 맘껏 울을 수 없는 곳.

사랑은 그것 외에는 아무것도 주지 않으며

사랑은 그것 외에는 아무것도 받지 않는 것.

사랑은 소유할 수도 소유당할 수도 없는 것.

사랑은 오직 사랑만으로 충분하기에.


그대가 사랑할 때

'신은 내 마음속에 있다'고 하지 말고

'나는 신의 마음속에 있다'고 말하라.

또한 그대가 사랑의 길을 가리킬 수 있다고 생각하지 말라.

만약 그대가 그럴 만하다면 사랑이 그대에게 길을 인도하리라.


사랑은 스스로를 채우는 것 외에 다른 바람이 없는 것.

그러나 만약 그대가 사랑하면서 바라는 것이 필요하다면,

이런 것들이 그대의 바람이 되게 하라.

얼음이 녹아 시냇물이 되어 밤을 향해 음율에 맞추어 노래하며 흘러가기를.

지나친 부드러움으로 인한 고통을 알게 되기를.

사랑에 대한 그대 자신의 생각으로 인해 스스로 상처받기를.

그리하여 기꺼이, 즐겁게 피 흘리기를.


- 칼릴 지브란의 『예언자』 중에서

# 자비는 어디에서 오는가

## 달라이 라마

**달라이 라마**Dalai Lama(1935년 7월 6일-현재)

티베트의 정치적, 종교적 지도자를 칭하는 말이다. 14대 달라이 라마인 텐진 갸초는 현재
는 중국의 청해성이 된 티베트의 아무드 지방에서 태어났다. 2살 때 13대 달라이 라마의 환
생자로 발견되어 4살 때 14대 달라이 라마로 추대되었다. 1959년 중국의 티베트 통치에 항
거하며 인도로 망명했다. 달라이 라마는 큰 바다와 같은 스승이라는 뜻으로, 1대 달라이 라
마인 게둔 둡빠가 티베트를 위한 영원한 헌신을 서원하였고, 티베트 사람들은 그가 죽은 뒤
지금까지 환생을 거듭하며 대를 이어나가고 있다고 믿는다.

세상의 모든 행복은 어디에서 오는가.

그 모든 것은 남을 위하는 데서 온다.

세상의 모든 불행은 어디에서 오는가.

그 모든 것은 자신을 위하는 데서 온다.

— 샨티데바의 『입보리행론入菩提行論』[136] 중에서

2002년 1월, 인도 부다가야에서 칼라차크라 입문행사[137]가 시작됐다. 이 행사는 티베트 불교의 최대행사로 티베트의 정치, 종교지도자이며 인도로 망명한 달라이 라마가 주재했다. 달라이 라마는 '살아있는 부처'라 일컬어지며, 많은 티베트 사람들이 생전에 그를 보기를 소원한다. 이번 행사에도 수많은 사람들이 달라이 라마를 직접 보기 위해 먼 길을 마다하지 않고 왔으며, 그 중에는 롭상 틴리Lobsang Thinley라는 눈이 보이지 않는 젊은 남성이 있었다.

달라이 라마가 군중들 속에서 이 남성을 발견한 것은 우연이었다. 하지만 달라이 라마를 오랫동안 곁에서 수행해온 사람들은 그가 많은 사람 중에서 특히 어렵고 힘든 사람들을 쉽게 찾아내곤 했다는 것을 잘 알고 있었다. 롭상 틴리는 땅바닥에 앉아 있었고 옆에는 그의 나이 든 어머니가 있었다. 달라이 라마는 그에게 다가가 그의 손을 잡고 어디서 왔는지, 치료를 받은 적이 있는지 등을 물었다.

---

136) 인도의 승려이자 불교학자인 샨티데바(Shantideva)가 부처님의 가르침을 저술한 것이다. 『입보리행론』으로 흔히 알려져 있으며, 8세기 인도에서 산스크리트어로 출간된 이래로 여러 나라 언어로 번역되어 널리 읽혀졌다. 특히 티베트 불교에서 이를 성스러운 경전으로 간주하고 있다.

137) 칼라차크라(Kalachakra)는 산스크리트어로 시간의 수레바퀴라는 뜻이며, 구체적으로 우주의 순환, 인간 신체 속의 순환, 인간 정신의 깨달음을 향한 영적 수행을 의미한다. 칼라차크라 입문행사는 티베트 불교에서 스승이 제자를 영적 수행에 입문시키는 의식이다. 공(空)과 자비심(compassion)을 바탕으로 깊은 명상 속에서 만다라(Mandala)를 그리는 과정이 포함되어 있다. 만다라는 색깔을 입힌 고운 모래를 가지고 부처님, 진리의 형상, 우주의 모습 등을 정성을 다해 만들고 이를 다시 흩어버림으로써 '모든 것이 공이다'라는 진리를 깨닫게 도와주는 일종의 수행방법이다.

그는 열다섯 살에 심한 뇌진탕을 겪고 난 뒤 시력을 잃었다. 그의 어머니가 아들을 치료하기 위해 온갖 노력을 다했지만 소용이 없었다. 의사는 시신경이 심하게 손상되어 누군가로부터 안구를 기증받지 않는 한 다시 앞을 보기는 불가능하다고 했다. 그는 달라이 라마를 보기 위해 티베트 고원 북동부에서부터 히말라야를 넘어 네팔을 거쳐 인도로 넘어왔다. 어머니는 가진 재산을 팔고 친척에게 돈을 빌려 아들과의 여행경비를 마련했다. 짧은 대화를 마치고 달라이 라마가 떠나려고 하자, 이 젊은 남성은 차마 그의 손을 놓지 못하는 듯했다. 달라이 라마는 수행원에게 자신의 주치의가 이 남성을 진찰해서 혹시라도 어떤 도움을 줄 수 있는지 알아보라고 했다.

그러나 지시를 받은 주치의가 그를 만나보러 가기도 전에 누군가 주치의에게 소식을 전했다. 그에게 안구를 기증하겠다는 사람이 나타났다는 것이다. 안구기증은 죽은 다음에 하기는 해도 살아서 하는 경우는 거의 없었다. 기증하겠다는 사람은 어떤 젊은 승려인데 그와 롭상 틴리는 여기 오는 길에서 우연히 만나 잠시 동안 알고 지낸 것이 전부였다.

주치의는 이 소식을 듣고 롭상 틴리를 만나러 갔다. 그에게 안구기증을 받기 전에 철저한 검사를 먼저 받아야 한다고 말했다. 그러자 그는 이렇게 말했다.

"저는 안구 기증에 대해 오랫동안 깊이 생각해보았습니다. 물론 안구를 기증하겠다는 분으로부터 형언할 수 없는 깊은 감동을 받았습니다. 하지만 저는 결국 그 제의를 거절할 수밖에 없다고 말했습니다. 제가 장님이 된 뒤에 여러 해 동안 말할 수 없는 고통을 받았는데, 또 다른 사람이 저와 똑같은 고통을 겪어야만 한다는 사실을 도저히 받아들일 수가 없습니다."

그가 말하는 동안 그의 어머니는 곁에서 계속 눈물을 흘리고 있었다. 비록 안구 이식을 받지 않더라도 누군가 그 같은 제안을 했다는 사실 자체가 그와 그의 어머니에게 큰 영향을 미쳤음에 틀림없다. 그는 앞으로도 과거와 똑같이 장님이겠지만 과거와는 전혀 다른 삶을 살아갈 것이다.

달라이 라마는 주치의로부터 이 모든 사실을 전해 들었다. 이야기를 듣는 동안 그는 아무 말도 하지 않았지만, 주치의는 그에게서 어떤 강렬한 에너지가 흘러나오는 것을 느꼈다.

주치의는 말했다.

"그건 내 삶에서 가장 소중한 순간 중 하나였습니다. 그 승려에 대한 이야기를 미처 끝내기도 전에 나는 달라이 라마의 내면 깊은 곳에서 무한히 큰 감정이 일고 자비의 물결이 흘러나오는 걸 느꼈습니다. 그것은 마치 물질적인 실체를 갖고 있는 것처럼 너무도 생생하게 느껴졌습니다. 하지만 그는 한마디의 말도 하지 않았습니다. 내 눈에서 눈물이 흘러내리기 시작했습니다. 전에는 그런 것을 느껴본 적이 한 번도 없었습니다. 너무도 강렬한 자비의 마음이 나를 감싸 내 안으로 스며들었습니다."

달라이 라마의 마음속에서는 무슨 일이 일어났던 것일까? 자비란 과연 어디에서 오는 것일까? 그것은 누구에게라도 베풀어지는 것일까, 심지어 적에게도?


2001년 5월, 미국 방문 중인 달라이 라마를 유명한 토크쇼 진행자, 오프라 윈프리Oprah Winfrey가 인터뷰했다. 인터뷰 도중 윈프리가 질문했다.

"세상 사람들에게 명상을 권하고 싶으신가요?"

"참으로 어리석은 질문이군요."

달라이 라마의 대답은 즉각적이었으며, 순간 분위기는 얼어붙었다. 누구도 공개석상에서 오프라 윈프리에게 그런 식으로 답변한 적이 없었기 때문이다. 그 같은 분위기를 감지했는지 못했는지, 달라이 라마는 잠시 뒤 말을 이었다.

"사람들이 명상하는 것이 좋을까요? 나는 그렇다고 생각합니다. 사람들이 자신의 내면을 좀 더 들여다본다면 세상을 위해서도 좋은 일이 될 것입니다. 우리는 지금 충분히 그렇게 하고 있지 않습니다. 나는 사람들이 종교를 가져야 한다고 말하는 것이 아닙니다. 내 말은 그런 뜻이 아니에요. 우리는 우리 내면에 잠재된 가능성에 좀 더 관심을 기울여야 한다는 것입니다."

아마도 그는 명상이 자신에게 너무나 당연하고 자연스러운 것이기 때문에 그렇게 대답했을지 모른다. 그러나 사람들이 명상과 특정 종교를 연결지어 받아들일지 몰라 좀 더 명확한 부연설명을 한 것이다. 그러자 오프라 윈프리가 재치 있게 말했다

"아, 저도 그것을 믿습니다! 제가 어리석은 질문을 한 이유가 바로 그거예요. 당신으로부터 그 말을 듣고 싶었거든요. 저도 확실히 그것을 믿어요."

윈프리는 또 물었다.

"제가 펴내는 잡지에 저는 '내가 확실히 알고 있는 것'이라는 제목의 칼럼을 쓰고 있습니다. 당신이 확실히 알고 있는 것은 무엇인가요? 조금의 의심도 하지 않는 것 한 가지가 있다면 무엇인가요?"

달라이 라마는 이번에도 주저 없이 대답했다.

"자비가 행복의 가장 큰 원천이라는 것입니다. 행복한 삶과 행복한 세상을 위한 …… 그것은 조금의 의심도 없는 사실입니다."

"다른 사람에게 준 만큼 자신에게 되돌아온다는 뜻이죠? 저도 그 말씀에 동의해요."

달라이 라마가 크게 웃으며 말했다.

"우리는 동의하는 게 많으니 참으로 좋군요! 비록 다른 문화, 다른 사상, 다른 삶의 방식을 갖고 있긴 해도 우리는 언제나 똑같은 인간 존재입니다."

윈프리가 다시 물었다.

"똑같은 인간 존재라는 건 우리 모두가 같은 마음을 갖고 있다는 말씀인 가요?"

얼핏 단순해 보이는 질문이었지만 이에 대한 달라이 라마의 답변은 진지 했다.

"그건 좀 더 복잡한 문제입니다. 사람들은 진지한 성찰 없이 인간은 이렇 다, 인간은 저렇다고 이야기합니다. 하지만 우리가 정말 인간에 대해 분석하 면, 우리는 아무것도 발견할 수 없습니다."

둘 간의 대화는 예기치 않은 곳으로 흘러가기 시작했다.

"아무것도 발견할 수 없다고요?"

"그것이 불교의 '공空'이라는 개념입니다. 공은 아무것도 존재하지 않는다 는 뜻이 아닙니다. 실제로 모든 것은 존재하지만, 그것들이 어떤 방식으로 존재하는지 우리는 알아낼 길이 없습니다. 그래서 모두 공인 것이지요."

"아······."

"여기 이 테이블 위에 있는 꽃병을 예로 들어봅시다. 이 꽃병은 이곳에 존 재하지만, 그것의 존재 방식을 우리는 발견할 수 없습니다. 따라서 공입니 다. 그 본성 자체가 텅 비어있지요."

달라이 라마는 뭔가 더 설명하려는 듯 보였지만, 그는 아무래도 더 이상 이 복잡한 주제에 빠져들기를 원치 않는 듯했다.

"제 독자들이 이해하도록 설명하기에는 어려운 주제인 것 같군요."

윈프리는 이렇게 말하면서 다른 주제로 질문을 옮겨갔다.


공空이 중요한 것은 그것이 자비compassion의 본질과 밀접히 관련되어 있 기 때문이다. 자비는 달라이 라마가 계속해서 말해온 주제이며, 부처님의 가 르침에서도 가장 중요한 내용 중 하나다. 오랫동안 달라이 라마를 인터뷰해

온 빅터 챈Victor Chan 교수가 어느 날 그에게 물었다.

"자비가 무엇입니까?"

"자비는 다른 사람의 어려움과 고통을 염려하고 걱정하는 마음입니다. 가족과 친구만이 아니라 다른 모든 사람에 대해서 말입니다. 적들도 예외가 될 수 없습니다. 우리의 감정을 잘 분석해보면 한 가지 사실이 분명해집니다. 만일 우리가 자신만 생각하고 다른 사람들을 잊어버린다면 우리의 마음은 매우 좁은 공간만을 차지합니다. 그 작은 공간 안에서는 사소한 문제조차도 매우 크게 보입니다. 하지만 당신이 다른 사람들을 염려하는 마음을 가질 때 당신의 마음은 자동적으로 넓어집니다. 이때는 당신 자신의 문제가 설령 아무리 큰 것이라 해도 별로 크게 느껴지지 않습니다. 그러면 그 결과는 무엇일까요? 마음의 평화가 훨씬 커지는 것이지요."

빅터 챈 교수가 다시 물었다.

"그렇다면 어떻게 자비의 마음을 키울 수 있습니까?"

달라이 라마가 대답했다.

"공을 이해하면 자비심을 키우는 데 많은 도움이 됩니다. 그것이 강한 자비심을 갖게 해준다는 데는 의심할 여지가 없습니다."

그는 또 말했다.

"나는 확신을 갖고 말할 수 있습니다. 당신이 만일 공과 자비에 대해 명상한다면 당신이 노력을 오래 기울일수록 당신은 매일매일 눈에 보이는 이익을 얻게 될 것입니다. 삶을 살아가는 당신의 자세 전체가 변할 것입니다. …… 공을 이해하는 것은 사물의 경계선을 부드럽게 만들며 그런 다음에는 자비가 사물에 새로운 형태를 부여합니다."

도대체 무슨 말일까? 공이 사물의 경계선을 부드럽게 하고 자비는 그 사물에 새로운 형태를 부여한다니, 이런 말은 실제 경험으로부터 나온 것일까,

아니면 그저 설명을 위한 묘사일까? 여기에 대한 대답은 공을 어느 정도 깨닫고 체험한 사람이 아니고서는 불가능할 것이다.

달라이 라마는 또 다른 자리에서 공과 자비에 대해 다음과 같이 설명했다.

"모든 존재는 서로 의존하고 있으며 상호관련되어 있는데, 이러한 상호의존성, 상호관련성을 불교에서는 공이라고 부릅니다. 따라서 공은 아무것도 없다는 뜻이 아닙니다. …… 그러니까 무아無我는 나라는 존재가 없다는 뜻이 아니라 나에 대한 이해방식의 근본적인 변화를 뜻합니다. 즉 그것은 마음의 소멸이 아니라 마음의 혁명입니다."

"자비는 얄팍한 의무감이나 규범적 도덕감에서 나오는 것이 아니라 바로 무아의 지혜에서 스스로 우러나오는 것입니다."

결국 핵심은 나에 있다. 무엇보다 분명하다고 생각했던 나라는 존재의 단단함이 그 본질을 들여다보기 시작하자 점차 투명해지고 부드러워진다. 내 몸은 내 선조들과 그 뒤를 이은 부모님으로부터 태어나 내가 매일 먹는 음식으로부터 만들어지며 주변 환경과도 밀접하게 관련되어 있어 잠시라도 숨을 쉬지 않으면 죽게 된다. 어떤 존재가 없으면 나도 없다고 할 때 둘을 서로 다른 존재라고 할 수 있을까? 또한 내가 나라고 생각하는 나의 정신 역시 내가 자라오면서 겪은 수많은 경험, 수많은 사람과의 관계 속에서 형성된 것이다. 그들이 없었다면 지금의 나는 전혀 다른 내가 되어있을지 모르는 일이다.

하지만 이와 같은 상호의존, 공에 대한 이해가 나와 세계에 대해 좀 더 큰 시각, 전체적인 시각을 제공한다고 하더라도 그것이 반드시 자비심을 갖게 한다고 할 수 있을까? 내가 다른 존재들과 연결되어 있다는 사실이 왜 자비심을 일으킬까? 만약 사람들끼리 연결되어 있음을 인정하더라도 그 연결은 좋은 관계도 있고 나쁜 관계도 있는 게 현실이다. 상호의존성을 강조하는 것은 좋은 관계의 사람에게는 좋은 감정을 느끼게 하더라도 나쁜 관계의 사람에게는 오히려 더 큰 적대감을 느끼게 하는 것은 아닐까? 그들로부터 내가 나쁜 영향, 피해를 받았음을 다시금 되새기게 되기 때문에 말이다.

따라서 자비심이 친구뿐만 아니라 적에게도 똑같이 베풀어지는 것이라면, 상호의존, 공에 대한 위와 같은 이해수준으로는 자비심을 온전히 이해할 수 없다. 그렇다면 공은 도대체 무엇일까? 상호의존은 과연 우리가 어떤 방식으로 연결되어 있음을 의미하는 것일까? 이것은 무아의 지혜를 깨닫지 못한 범인凡人으로서는 전혀 이해가 불가능한 것일까?

불교경전 중 하나인 『반야심경』[138]에는 다음과 같은 유명한 구절이 있다.

"색은 곧 공이요, 공은 곧 색이다色卽是空 空卽是色."

색色은 형상이 있음을 뜻하고 공空은 형상이 없음을 뜻하므로, 유형이 곧 무형이며, 무형이 곧 유형이라는 뜻이 된다. 이 구절은 현상과 본질, 물질과 정신, 상대적 차원과 절대적 차원을 대비시킴과 동시에 그 둘이 같다고 말함으로써 마치 양극단인 양전하와 음전하가 만나 천지를 개벽시키는 듯한 방식으로 말로 설명할 수 없는 진리를 설명하고 있다.

한편 기독교적 영감을 불러일으키는 『기적수업』[139]이라는 책에는 다음과 같은 구절이 있다.

"실재적인 어떤 것도 위태로워질 수 없고, 비실재인 어떤 것도 존재할 수 없다."

---

138) 『반야심경(般若心經)』은 『금강경』과 더불어 대승경전 중 가장 널리 알려진 경전의 하나로 649년 현장에 의해 한역되었다. '색즉시공 공즉시색(色卽是空 空卽是色)'이라는 구절은 이 경전의 핵심사상을 표현한다.

139) 『기적수업(A Course In Miracles)』은 헬렌 슈크만이 자신의 내면으로부터 들려오는 예수님의 음성을 받아 적은 책이다. 여기서 인용한 구절의 원문은 다음과 같다. "Nothing real can be threatened. Nothing unreal exists."

이 역시 앞에서와는 다른 관점에서 같은 진리를 설명하고 있다. 불교가 상대적 차원과 절대적 차원을 맞붙임으로써 말할 수 없는 진리를 말했다면, 여기서는 양 차원을 수직으로 꿰뚫는 방식으로 진리를 말하고 있다. 마리안느 윌리암슨Marianne Williamson은 이 구절을 실재하는 것이 오직 사랑뿐이며, 사랑 외의 것은 모두 환상이라고 풀이했다.

그렇다면 이러한 색공과 사랑의 심오한 진리가 우리의 현실에 주는 의미는 무엇일까? 공의 차원에서 모든 존재가 연결되어 있고 나조차도 실체가 없다지만, 현실에서 내가 느끼는 고통은 왜 이다지도 선명한 것일까? 실재하는 게 오직 사랑이며 사랑 외의 것은 모두 환상이라지만, 현실에서는 왜 그 반대, 즉 사랑 외의 것이 실재이고 사랑이 환상인 듯 느껴지는 것일까? 도대체 색공과 사랑이 진실이라면 왜 이런 모순이 존재할까? 아니 애초에 왜 이런 세상이 만들어진 것일까?

2012년 7월, 마리안느 윌리암슨은 오프라 윈프리의 토크쇼에 나와 대화를 나누었다. 대화 주제는 용서에 관한 것이었고, 그는 사람들에게 자신에게 상처입힌 누군가를 위해 매일 기도할 것을 권유했다.

그러자 오프라 윈프리가 놀라며 물었다.

"그들을 위해 기도하라고요?"

마리안느 윌리암슨이 대답했다.

"그렇습니다. 『기적수업』에 따르면 당신이 세상을 변화시키는 가장 큰 힘은 세상에 대한 당신 스스로의 마음을 변화시키는 힘입니다. 모든 마음들은 연결되어 있고, 당신의 마음이 끝나고 내 마음이 시작되는 곳이란 없습니다."

"하지만 그건 힘들어요. 어떻게 자신에게 큰 해를 끼친 사람을 위해 기도를 하나요?"

"그래요? 그럼 분노, 유독하고 비통한 감정을 계속 안고 사는 건 쉬운가요? 사람들은 (기도가) 힘들다고 하는데, 정말 힘든 것은 이 분노를 안고 살아가는 것입니다. 그것이 더 힘든 것입니다."

마리안느 윌리암슨은 이어서 말했다.

"우주는 스스로 조직하며 스스로 교정하는 기능을 하기 때문에 만약 어떤 사람이 나에게 해를 가했다면, 우주는 이미 그것에 작동하기 시작합니다. 우주는 물질세계에서 어떤 사람이 나에게서 빼앗아간 것을 다시 내게 돌려주는 방식으로 작동합니다. 저는 그것을 신성한 보상법칙이라고 부릅니다. 그러나 내 마음이 닫혀있다면, 나는 우주가 가져다주는 그 기적과도 같은 새로운 가능성을 받을 수 없습니다."

"신성한 보상법칙이란 뭔지 주는 대로 받는다는 호혜성과는 다른가요?

"다릅니다."

마리안느 윌리암슨은 그의 책 『신성한 보상법칙』에서 다음과 같이 설명하고 있다.

"인간은 모두 충족되고 번성하게 되어있습니다. 우리는 우리 삶의 모든 영역에서 창조적 가능성의 가장 높은 수준으로 올라가게 되어있습니다. 신성한 보상법칙은 설사 우리가 물질세계에서 부족함을 경험한다고 하더라도 영적인 세계에서는 그 부족함을 충분하고 넘칠 정도로 보상해주는 능력이 있음을 말합니다."

그는 또 말했다.

"그러나 『기적수업』에 따르면 성령은 당신이 받을 준비가 될 때까지 당신을 위한 그 기적을 간직하고 있습니다. 그러므로 만약 당신이 마음을 연다면, 우주는 어떤 방식으로든 그 기적을 당신에게 줄 방법을 찾을 것입니다. 어떤 다른 사람, 다른 시간, 다른 상황이 될 수 있겠지만 그 기적은 당신 것입니다."

그는 계속해서 설명했다.

"그것은 거기에 있습니다. 우주에서는 어떤 사랑이든 그것은 당신 것입니다. 당신의 사랑은 그 정의에 의하면 신이 당신에게 직접 쓴 필적입니다. 수정란이 아기로 태어나고, 싹이 꽃으로 피어나듯 당신의 삶은 이미 신의 마음속에 가장 높은 창조적 가능성을 향해 나아가도록 프로그램되어 있습니다. 일어날 수 있는 모든 멋진 일들은 이미 우주의 에테르[140]에 프로그램되어 있습니다. 청사진은 이미 존재합니다."

오프라 윈프리가 물었다.

"그럼 내가 무엇을 하는 게 중요한가요?"

"그럼요. 그것은 컴퓨터에 있는 파일과도 같은 것이기 때문입니다. 만약 내 마음이 열려있지 않다면, 나는 천상에 있는 그 가능성을 지상에서 다운로드 받지 않는 것입니다. 그것은 지울 수 없는 파일입니다. 그러나 만약 내가 그것을 컴퓨터 스크린에 다운받지 않으면, 즉 내가 계속 비통함에 빠져있다면, 내가 내 스크린에서 얻는 것은 비통함일 뿐입니다."

"오, 그 말은 제 눈에서 눈물이 나게 하는군요. 방금 저는 그 의미를 알았어요. …… 그렇군요. 모든 것은 거기에 있군요. 자신이 단지 그것을 다운받기만 하면 되는 것이군요. 그리고 신은 항상 그것을 기다리고 있고요."

용서에 관한 또다른 이야기가 『신과 나눈 이야기 3』에 소개되어 있다. 모든 것이 완벽한 절대적 차원에 있는 작은 영혼이 자신이 가진 고귀한 신성을 체험하고 싶었다. 그는 자신이 가진 큰 사랑과 자비를 체험하기 위해 용

---

140) 에테르(ether)는 우리 눈에 보이지 않는 공기와 같이 우주의 허공을 채우며, 물질, 에너지의 전달이 가능하도록 한다. 모든 물질이 존재할 수 있도록 바탕이 되는, 공간과도 같은 물질이라고 할 수 있다.

서를 선택했다. 하지만 문제가 있었다. 용서하려면 먼저 누군가 자기에게 나쁜 일을 해야 하는데, 절대적 차원에서는 모두가 완전하고 사랑으로 가득 찬 영혼들이어서 아무도 나쁜 일을 저지르지 않았고 따라서 용서할 일도 없었던 것이다.

작은 영혼이 말했다.

"나보다 덜 완벽한 건 하나도 찾을 수 없어요! 그럼 전 누굴 용서해야 하죠?"

그 때였다. 한 영혼이 무리 중에서 나오며 말했다.

"날 용서해주면 돼."

"그렇지만 뭘 용서한단 말이야?"

"내가 네 다음번 생으로 들어가서 네가 용서해줄 일을 할게."

"하지만 뭘? 이토록 완벽한 존재인 네가 어떻게 내가 용서할 일을 하겠니?"

그러자 그 영혼은 상냥하게 웃으며 말했다.

"오, 우린 틀림없이 뭔가 방법을 생각해낼 수 있을 거야."

"하지만 너는 왜 그렇게 하려는 거니?"

작은 영혼은 그처럼 완벽한 존재가 왜 나쁜 일을 하려는 건지 도대체 이해할 수 없었다.

"간단해. 난 널 사랑하기 때문에 그렇게 하려는 거야. 너는 자신을 용서로 체험하고 싶은 거잖아. 그렇지 않니? 게다가 너도 날 위해 같은 일을 했으니까."

"내가 그랬다고?"

"물론이지. 기억 안나니? 우리는, 너와 나는, 모든 것이었어. 우리는 위와 아래였고, 오른쪽과 왼쪽이었어. 우리는 여기와 저기였고, 현재와 과거였어. 우리는 크고 작음이었고, 남자와 여자였으며, 옳고 그름이었어. 우리 모두는 그 모든 것이었어. 그리고 우리는 그렇게 하기로 동의했어. 서로가 자신을 신의 가장 장대한 부분으로 체험할 수 있게 말이야. 왜냐하면 우리는 이해하고 있었거든. 자신 아닌 것이 없다면 자신도 있을 수 없다는 걸 말이야. 차가움 없이 너는 따뜻함일 수 없지. 슬픔 없이 너는 행복일 수 없고, 이른바 악 없이는 선이란 체험도 존재할 수 없지. 만일 네가 뭔가가 되기를 선택한다면, 그 체험을 하기 위해서는 그것에 대립하는 어떤 것 또는 누군가가 네 우주 어딘가에 나타나야 해."

그러면서 그 영혼은 그 대립되는 누군가가 바로 신이 보낸 특별한 천사이며, 이런 체험을 할 수 있는 거 자체가 바로 신의 선물이라고 설명했다. 그리고는 이렇게 말했다.

"그 대신 내가 너한테 한 가지만 부탁할게."

"뭐든지! 뭐든지 들어줄게."

작은 영혼은 자신이 원하는 체험을 할 수 있게 되었다는 것이 너무 기뻐 말했다. 그러자 그 영혼이 말했다.

"내가 너를 때리고 괴롭히는 순간에 말이야. 네가 상상하지 못했던 가장 못된 짓을 내가 너에게 저지르는 순간에 말이야……. 그 순간에 내가 진짜로 누군지 기억해줘."

작은 영혼은 약속했다.

"그럴게. 잊지 않을게. 내가 지금 보는 완벽한 네 모습 그대로 볼게. 네가 진짜 누구인지 기억할게. 언제까지나 말이야."


달라이 라마는 이렇게 말했다.

"용서는 우리가 세상의 모든 존재를 향해 나아갈 수 있게 한다."

진정한 용서와 자비는 절대적 차원으로 들어가는 열쇠다. 공의 차원, 나와 남의 구별이 없는 무아의 경지에서 누가 누굴 용서하겠는가? 혹은 사랑만을 보는 차원에서 용서할 일이 무엇이겠는가? 만약 이러한 진리를 내가 받아들인다면, 남은 질문은 아마 다음의 것이다.

'평범하고 부족한 내가 어떻게 용서와 자비를 행할 수 있을까?'

하지만 만약 내가 고귀한 신성을 지니고 태어났으며 우리 모두가 그 같은 본성을 갖고 같은 차원에서 왔다는 진리를 받아들인다면, 이 같은 질문은 다음과 같이 바뀐다.

'과연 나는 언제까지 용서와 자비를 행하기를 거부할 것인가?'

용서와 자비는 한 줄기 빛과 같이 고통에 찬 이 세계를 뚫고 우리에게 내려온다. 그 빛은 상처받은 자와 상처 입힌 자 모두의 내면에 존재하는 동일한 신성을 비추며, 우리 모두를 구원하는 빛이다. 이제 그 빛속으로 들어가기를 선택하는 것은 전적으로 당신에게 달려 있다.

'그대여, 빛 속을 걷는 삶을 살겠는가?'

당신의 선택을 전 우주가 기다리고 있다.

어떻게 살 것인가

# 인간종의 운명은 무엇인가

## 제인 구달

**제인 구달**Jane Goodall(1934년 4월 3일-현재)
영국의 침팬지 연구자, 동물보호운동가, 환경운동가다. 탄자니아의 곰베 침팬지 보호구역에서 10여 년간 침팬지에 대해 연구했으며, 동물, 식물, 지구환경보호를 위해 저술, 강연 등 다양한 활동을 해오고 있다. 저서로는 『제인 구달』 『인간의 그늘에서』 『희망의 이유』 『희망의 씨앗』 등이 있다.

인간의 도덕적, 정신적 진화는 이제 막 시작되었을 뿐이다. 미래에 있어 이 진화는 인간의 활동을 지배하게 될 것이다.

— 피에르 르콩트 뒤 노위,[141] 프랑스 생리학자

진화론에 따르면 지구의 생명체는 38억 년 전 최초로 생겨난 박테리아로부터 현재 우리가 볼 수 있는 어류, 양서류, 파충류, 포유류 등으로 진화해왔다. 그것은 마치 하나의 거대한 나무에서 수많은 가지들이 뻗어 나가는 것과 같았다. 그중 인간과 침팬지는 약 7백만 년 전 같은 조상으로부터 갈라져 나와 그 뒤 각각 독자적으로 진화했다. 침팬지는 생물학적으로 인간과 가장 가까운 친척이며, 둘의 유전자는 98% 이상 동일하다. 따라서 침팬지 연구는 인간의 본성을 살피는 데 중요한 실마리가 된다. 연구자들은 특히 전쟁과 학살, 인류 역사에서 드러난 엄청난 공격성과 파괴성이 사회, 문화적으로 학습된 것인지 아니면 선천적으로 타고난 본성인지 궁금했다.

제인 구달 역시 마음속에 이러한 질문을 품고 있었다.

"왜 인간종種은 그다지도 파괴적인가? 왜 그렇게 이기적이고 탐욕스럽고 때로는 진정으로 사악한가?"

그는 오랫동안 이 물음을 진지하게 탐구했다. 1960년 7월, 아프리카의 탄자니아에서 침팬지 연구를 시작하면서 그는 침팬지가 인간보다 훨씬 덜 공격적이라고 생각했으며, 따라서 인간의 공격성은 본능적이거나 선천적인 것이라기보다 후천적인 것, 사회, 문화적으로 학습한 것이라고 믿었다.

---

141) 피에르 르콩트 뒤 노위(Pierre Lecomte du nouy, 1883년 12월 20일-1947년 9월 22일)는 프랑스 출신 생리학자다. 과학, 철학, 종교를 넘나드는 폭넓은 범위의 저술활동을 펼쳤으며, 『인간의 운명』에서 그는 인간의 진화가 생물학적 차원을 넘어 도덕적, 영적 진화로 나아가고 있다고 말했다.

그러던 중 한 번은 그가 숲에서 침팬지들에게 포위당한 적이 있었다. 침팬지들은 나뭇가지를 세차게 흔들며 소리를 질러댔다. 그러더니 갑자기 한 마리가 발을 구르며 그를 향해 정면으로 돌진해왔다. 순간 그는 자신이 갈가리 찢길 거란 생각이 들었다. 다 자란 수컷 침팬지의 힘은 성인남자보다 몇 배 세며, 만약 인간을 공격한다면 쉽게 치명상을 입힐 수 있다. 자기 힘을 과시하듯 큰 소리를 내며 돌진해온 침팬지는 다행히 마지막에 방향을 틀어 비켜 갔다. 얼마나 오래 웅크리고 있었을까? 그가 고개를 들어 주위를 살폈을 때는 침팬지들이 모두 사라진 뒤였다. 그때 그는 야생 침팬지에게 섣불리 다가가거나 접촉하는 것이 얼마나 위험한 일인지 처음으로 알게 되었다.

하지만 이런 일로 침팬지가 공격적인 본능을 가졌다고 단정할 수는 없었다. 침팬지들은 흥분을 잘하고 사소한 일로 싸우기도 했지만, 싸움은 대부분 시끄러운 소리를 지르고 서로 자기 힘을 과시하는 위협수준에서 멈췄다. 서로 죽이거나 치명적인 상처를 입히는 싸움은 그때까지만 해도 목격하지 못했다. 그러다가 우연한 기회에 침팬지의 잔인성을 알게 되는 사건이 발생했다.

1971년 한 연구원이 수컷 침팬지 여럿이 다른 집단의 암컷 침팬지 한 마리를 공격하는 것을 목격했다. 수컷 침팬지들은 18개월 된 새끼를 가진 암컷을 잔인하게 공격했다. 공격은 5분 이상 계속되었다. 암컷은 간신히 빠져나왔으나 심한 상처를 입고 피를 많이 흘렸기 때문에 아마도 어딘가에서 죽었으리라 예상되었다. 수컷 침팬지들은 그의 새끼를 빼앗아 죽이고 일부분을 먹었다. 충격에 빠진 연구원들은 이를 일회성 사건이라 여겼다. 하지만 그 후 사례는 더 많이 목격되었고 암컷만이 아니라 수컷 침팬지도 희생되었다. 주로 무리에서 이탈한 침팬지를 대상으로 여럿이 붙잡아 짓밟고 다리를 비틀고 고환을 물어뜯고 잔인하게 죽였다. 만약 그들의 손에 인간의 무기가 주어지고 사용법을 배운다면 인간들처럼 서로를 죽이는 데 쓸 것이 분명했다.

제인 구달이 이 같은 내용을 책으로 출판하려 하자, 그의 동료가 말했다. "당신은 이것을 출판하지 말아야 합니다. 갈등에 몰입하는 인간의 성향은 타고난 것이며 따라서 전쟁은 필연적이라는 것, 즉 유인원과 유사한 우리의 사나운 조상들로부터 전해진 인간의 숙명이자 유감스러운 유산이라는 것을 '증명'하려고 하는 책임감 없는 과학자와 저자들에게 그들이 필요로 하는 자료를 주는 일이기 때문입니다."

학계에서는 오랫동안 인간의 공격성에 대한 논쟁이 있었다. 한편에서는 공격성이 선천적으로 타고난 본성이며, 따라서 전쟁과 범죄가 피할 수 없는 일이라고 주장했다. 다른 편에서는 공격성이 후천적으로 학습된 것이며, 따라서 그러한 학습경험을 대체함으로써 평화로운 이상사회를 건설할 수 있다고 주장했다. 제인 구달은 진실을 숨기기보다 알리는 것이 도움이 되리라 믿고 자신의 연구결과를 출판했다. 혼란을 가져오는 것은 진실이 아니라 무지라고 믿었다.

다른 한편으로, 그는 침팬지가 사랑, 연민, 배려의 본성을 갖고 있음을 보여주는 증거도 제시했다. 실제로 침팬지 무리 안에서 공격적인 행동보다는 애정에 넘친 평화적인 상호작용을 훨씬 더 많이 발견할 수 있다. 서로 껴안고 입맞추고 장난치고 간질거리며 낄낄거린다. 물에 빠진 동료를 어려움을 무릅쓰고 구조하는 영웅적인 사례들도 목격되며, 싸우고 나서 서로 털고르기를 하며 화해하는 장면들도 자주 관찰된다. 침팬지가 자신들의 공격성을 조절하고 서로 간의 문제를 평화적으로 해결할 수 있다면 인간도 그럴 수 있는 것이 당연하다.

인간과 침팬지의 접촉도 앞서 있었던 사례처럼 두렵기만 한 것은 아니었다. 제인 구달은 자신이 데이비드 그레이비어드David Greybeard라고 이름붙인 회색빛 수염을 가진 침팬지와 있었던 일을 생생히 기억하고 있었다.

어느 날 그는 숲에서 데이비드를 발견하고 그 뒤를 따라갔다. 빽빽한 덤불을 빠져나왔을 때 그는 데이비드를 놓친 줄 알았다. 하지만 데이비드는 마치 그를 기다려주기라도 한 듯 근처 시냇가에 앉아 있었다. 그는 그가 앉은 자리에서 조금 거리를 두고 옆에 앉았다. 거기서 그의 눈을 들여다보았다. 다른 영장류들과 다르게 침팬지는 눈을 직접 쳐다보는 것을 위협으로 여기지 않았다. 그의 눈에서 침착하고 자신 있는 성격이 느껴졌다. 동물에게 개별적인 특성이 있다는 것은 그때까지만 해도 비과학적인 생각이라고 여겨졌으나 제인 구달은 개의치 않았다. 그는 자신이 오랫동안 기르던 개 러스터처럼 모든 개가 자기만의 특성을 지녔다는 사실을 체험으로 알고 있었다.

마침 데이비드와 그가 앉은 자리에 잘 익은 야자 열매 하나가 떨어져 있었다. 그는 그것을 주워 손에 들고는 데이비드에게 주려고 팔을 뻗었다. 그러자 데이비드는 관심 없다는 듯 고개를 돌렸고 그는 손을 가까이 가져가며 한 번 더 권했다. 그러자 데이비드는 고개를 돌려 열매를 보았다가 그를 한 번 쳐다보았다. 그리고는 자기 손으로 그 손에 놓인 열매를 슬쩍 쳐서 떨어뜨리고 대신 제인의 손을 힘 있게 그러나 부드럽게 쥐었다. 마치 열매는 원치 않지만 그걸 준 마음은 알고 받아들였다는 듯 말이다.

그는 그 순간의 느낌을 다음과 같이 전했다.

"그 순간 나를 안심시키려는 그의 뜻을 이해하는 데에는 어떤 과학적 지식도 필요하지 않았다. 내 손을 부드럽게 잡은 그의 손가락에서 느껴지는 촉감은 지성이 아닌 더 원시적인 감정을 통하여 이야기하는 것 같았다. 그 몇 초 동안은 인간과 침팬지가 따로 진화해온 그 장구한 시간의 장벽이 무너지는 듯했다."

서로 다른 세계에 존재하는 두 종種이 서로의 마음을 완벽하게 전달하고 이해한 순간이었다. 종간의 장벽이 무너지자 이 같은 연결은 시공간 속으로 뻗어 나갔다. 인간은 침팬지뿐만 아니라 다른 모든 동물과 식물, 물, 공기, 지구, 태양과 우주의 행성들까지 전체가 하나의 생명이라는 거대한 뿌리로 연결되어 있었다. 생명은 우주의 시작과 끝을 가로지르며 영겁의 시간 동안 진화라는 메커니즘을 통해 이어져 내려오고 있었다. 순간 모든 것이 명료해졌다. 그 자신을 둘러싼 거대한 통일된 힘이 느껴지고 그 힘의 일부로서 자신이 다른 존재들과 어떻게 관계를 맺어야 할지 분명해졌다. 시공간을 둘러싼 모든 것이 한 덩어리가 되어 순간 속에 영원이 느껴졌다. 평화가 밀려왔다. 인간의 이해를 넘어선 평화였다.

1859년 『종의 기원』을 발표한 찰스 다윈[142]은 그로부터 12년 후인 1871년에 『인간의 유래와 성선택』이란 책을 발표했다. 그는 이 책에서 인간의 가장 원시적인 조상에서부터 어류, 양서류, 파충류, 조류, 포유류, 유인원과 인간에 이르기까지 진화과정을 설명하고는 이렇게 적었다.

"나는 인간의 기원에 대해 엄청난 길이의 계통도를 제시했다. 그러나 이 긴 계통도에 고결한 특성이 있다고 말할 수는 없다. 어떤 사람들은 이 세상이 오랫동안 인간의 출현을 준비했다고 말한다. 이것은 어느 한편으로는 맞는 이야기일 수 있다. 인간의 조상들도 긴 계보 덕분에 출현했기 때문이다. 이 사슬의 고리 중 어느 하나만 존재하지 않았더라도 인간은 오늘날과 같은 모습은 아니었을 것이다."

그는 인간의 기원을 설명하면서 인간종에 앞서 출현한 모든 생명체가 마

---

142) 찰스 다윈(Charles Darwin, 1809년 2월 12일-1882년 4월 19일)은 영국 생물학자, 박물학자다. "종이 불변하지 않는다"는 그의 발견과 주장은 당시 학계와 일반 사람들에게 모두 큰 충격을 주었으며 현재까지도 영향력을 발휘하고 있다.

치 인간을 위해 준비되어있었다는 식의 인간중심적 입장을 지지하지는 않았지만, 그러한 인간의 조상 중 하나라도 존재하지 않았더라면 오늘날의 인간은 없었거나 전혀 다른 모습일 수 있음을 인정했다. 즉 그들 모두가 있었기에 인간이 지금과 같은 모습으로 존재할 수 있었던 것이다.

또 그는 이 책의 마지막 부분에서 이렇게 말했다.

"인간은 비록 자기 자신이 노력해서만은 아니지만 생물계에서 가장 높은 지위에 오르게 된 것에 대해 약간의 자부심을 가져도 될 것이다. 그리고 인간이 처음부터 그 지위에 있었던 것이 아니라 낮은 데서부터 올라왔다는 사실은 미래에 더 높은 곳에 도달할 수도 있다는 희망을 품게 한다. …… 그러나 우리가 인정해야 할 것은 인정해야 한다. 인간은 고귀한 자질, 가장 비천한 대상에게 느끼는 연민, 다른 사람뿐만 아니라 가장 보잘것없는 하등동물에게까지 베푸는 자비심, 태양계의 운동과 구성을 통찰하는 존엄한 지성 같은 것을 갖추고 있다. 하지만 인간의 신체 구조 속에는 비천한 기원이 지워지지 않는 흔적으로 여전히 남아있다."

그는 인간이 가장 단순한 생물로부터 진화하여 가장 높은 위치에 올랐다고 하면서 그런 인간의 고귀한 자질로 연민, 자비, 지성을 들었다. 또한 그는 인간이 미래에 더 높은 곳에 도달할 수 있다고 말했지만, 그것이 무엇을 의미하는지 구체적으로 설명하지 않았다. 과연 인간 종이 도달할 수 있는 더 높은 곳은 어떤 곳일까? 인간종의 앞으로의 운명은 무엇일까?

2009년 11월, 제인 구달은 한 인터뷰에서 다음과 같은 질문을 받았다.

"우리가 걸어온 진화라는 긴 여행길에서 그런 공감은 어디서 비롯된 것입니까? 그것은 어디서 온 것입니까?"

그가 데이비드 그레이비어드와 교감을 주고받았던 일을 얘기한 뒤 나온 질문이었다. 그는 대답했다.

"어머니와 자식 간 결속에서 온 것입니다. 우리와 침팬지, 다른 유인원들에게 있어서 정말 그렇습니다. 모든 사회적 행동표현의 뿌리는 어머니와 자식 간 관계에 있습니다."

그러자 인터뷰 진행자가 말했다.

"당신은 잔인성이 인간의 가장 나쁜 죄라고 했습니다. 맞지요? 그러나 당신은 침팬지 연구로부터 동물들도 잔인할 수 있음을 알아냈습니다."

"예, 그렇습니다. 그러나 저는 침팬지가 (인간과 같은) 지적 능력을 갖고 있다고 생각하지 않습니다. 저는 침팬지가 고의적으로 고통을 준다고 생각하지 않습니다. 알다시피 우리는 고의적으로 고문을 가합니다. 육체적 혹은 정신으로요. 우리는 고문을 계획하고 냉정하게 실행할 수 있습니다. 침팬지의 잔인성은 항상 순간적인 충동에 의한 것입니다. 환경 속에 어떤 것이 광기에 가까운 폭력을 촉발합니다."

"당신은 수컷 침팬지들이 한 마리의 암컷을 공격하는 것을 보았지요?"

"예, 그렇습니다."

"당신은 그들이 동족끼리 잡아먹는 것을 보았지요?"

"예, 그렇습니다."

"암컷 침팬지들까지도 다른 먹이가 있는데도 불구하고 같은 집단에서 태어난 어린 침팬지를 잡아먹었습니다. 당신은 침팬지 간 원시적 형태의 전쟁을 보았습니다. 여기서 우리는 무엇을 배울 수 있을까요? 당신은 인간과 인간의 진화에 대해 배우기 위해 침팬지들을 관찰했습니다. 침팬지들의 공격성으로부터 당신은 어떤 결론을 얻었습니까?"

"음, 어떤 이들은 인간에게 전쟁과 폭력은 불가피한 것이라는 결론을 내렸습니다. 제가 내린 결론은 인간이 긴 진화과정에서 공격적인 성향을 물려

받았다는 것입니다. 우리가 세계 역사를 살펴볼 때 인간이 극도로 잔인하고 공격적일 수 있고 실제로 그랬다는 사실을 부인할 수 없습니다. 또한 이와 동등하게 우리는 침팬지에게서 볼 수 있듯이 사랑, 자비, 이타주의적 경향을 물려받았습니다. 따라서 우리는 이 두 가지 경향을 모두 갖고 있습니다. 즉 우리 각자에게는 어두운 면과 고귀한 면이 함께 있습니다. 그리고 제가 생각하기에 그중 어떤 것을 억누르고 어떤 것을 개발할지는 우리 각자에게 달렸습니다."

그의 주장은 말하자면 인간이 진화의 조상들로부터 악한 본성과 선한 본성 두 가지를 모두 물려받았다는 것이다. 그러나 그것이 인간이 가진 본성 전부일까? 과거의 조상들과는 달리 인간만이 갖는 또 다른 본성은 없을까?

인터뷰 진행자가 물었다.

"당신은 침팬지 연구가 계속해서 진화해가는 인간의 궁극적인 운명에 대한 믿음을 굳혔다고 쓴 적이 있습니다. 그것은 무엇입니까? 무엇이 인간의 궁극적인 운명입니까? 그리고 침팬지 연구가 무슨 기여를 했습니까?"

이에 대한 제인 구달의 대답은 어쩌면 그가 침팬지 연구자 혹은 과학자로서 할 수 있는 대답을 넘어선 것이었다. 그는 말했다.

"지구상에 있는 어떤 생명체보다 인간과 비슷한 침팬지는 인간과 다른 모든 생명체와의 차이점을 알게 해줍니다. 인간만의 독특한 점을요. 그래서 보다시피 인간은 언어가 있고 그것을 통해 지적인 발전을 이루어냈습니다. 또 그것은 세련된 도덕성을 만들어내고, 삶의 의미, 모든 것에 대한 물음을 던지게 하였습니다. 따라서 저는 인간이 이제 어떤 의미에서 영적인 진화로 나아가고 있거나 나아가야 한다고 생각합니다. '왜'라는 물음 없이도 우리가 알고 있는 곳으로 말입니다."

왜 인간 본성을 인간 아닌 다른 존재에게서 찾는가? 인간을 가장 인간답게 하는 것은 다른 존재에는 없는 인간만이 가진 무언가가 아닌가? 침팬지 연구는 인간의 본성을 아는 데 많은 도움을 주었지만, 얻어진 진실은 절반의 진실이다. 인간과 침팬지는 서로 공통점과 차이점이 있으며, 이 중에 더 중요한 것은 차이점이다. 만약 둘 사이 차이점이 없었다면, 인간은 애초에 침팬지와 같은 조상으로부터 분리되지 않았을 것이며, 그 뒤 독자적으로 진화한 오늘날의 인간도 없었을 것이다. 장구한 진화의 역사 속에서 인간은 박테리아로부터 유인원 조상에 이르는 모든 생명체에 내재하는 물리적 생존을 위한 본성인 공격성과 사랑의 본성을 이어받았으며, 다른 한편으로 다른 생명체에게는 없는 인간만의 독특한 본성을 지녔고, 그것으로 인해 인간은 거대한 생명의 나무에서 뻗어 나와 독자적인 가지로 탄생할 수 있었다.

이제 대화는 이성의 영역을 벗어나고 있었다. 인터뷰 진행자가 물었다.

"하지만 '왜'라는 물음은 근본적인 물음이 아닌가요? 왜라고 물을 수 있는 것이 우리를 인간이게 만드는 것 중 하나가 아닌가요?"

"그렇습니다만, 우리는 어쩌면 너무 자주 묻는지도 모릅니다. 우리는 가끔은 우리가 그저 알 뿐인 어떤 것에 만족해야 할지 모릅니다. '어떻게 내가 알지?'라는 물음 없이 말입니다."

그는 직관과 통찰, 믿음과 확신의 영역에 대해 말하고 있었다. 그는 아마도 자신이 데이비드 그레이비어드와 어떤 언어적 수단의 도움 없이도 서로 완벽하게 마음을 주고받았던 순간, 그것을 통해 세계와 자기 삶에 대해 어떤 통찰을 얻은 순간을 떠올렸는지도 모른다. 우리는 인간이 이성적이고 합리적인 사고를 통해 중요한 것을 얻는다고 생각하지만, 어쩌면 더 중요한 것은 그것과는 다른 채널을 통해 얻어지는 게 아닐까? 다른 사람을 죽이는 것이 나쁘다는 것을 꼭 논리적인 사고로 알아야 하는 것일까? 도움이 필요한 사람을 도와야 한다는 것을 꼭 가르쳐야 아는 것일까? 자신이 진정 원하는 것이 무엇인지를 분석적으로 생각한다고 알 수 있을까? 진행자는 더 파고들지 않았고 대화의 주제는 곧 다른 이슈로 옮겨갔다.

제인 구달은 크고 발달된 두뇌와 거기에서 비롯된 지적 능력, 그리고 신으로부터 주어진 영적 에너지가 인간만이 가진 독특한 특성이라고 생각했다. 과학과 종교, 진화론과 창조론의 대립은 그에게 문제가 되지 않았다. 창조주가 7일 동안 세상을 만들었다는 성경말씀은 하루가 수백, 수천만 년인 진화의 역사를 은유적으로 표현한 것이라고 믿었다. 그는 말했다.

"아마 신은 한 생명체가 신의 목적에 적합하게 진화하는 것을 지켜보았을 지도 모르지요. 호모 사피엔스가 그런 두뇌와 정신과 잠재력을 갖게 됐을 거예요. 그때 신께서 인간 최초의 남성과 여성에게 영혼을 불어넣고 그들을 성령으로 가득 채웠을 것입니다."

제인 구달은 인간 내면에 창조주의 일부인 순수한 영혼이 살아있음을 확신했고, 그것을 사랑하고 성장시키는 것이 인간의 운명이라고 생각했다. 그는 자신이 항상 의문을 품었던 '네 이웃을 네 몸같이 사랑하라'는 성경말씀에 대해 생각했다. 어떻게 불완전한 나를 사랑할 수 있으며 더군다나 남을 사랑할 수 있는가? 그러나 우리가 사랑해야 하는 나는 불완전하고 자기중심적인 자아가 아니라 모든 인간이 창조주로부터 받은 완전하고 순수한 영혼이며, 진화론의 관점에서 보면 오랜 진화를 거쳐 완성된 인간의 본성이다. 그것은 우리가 가진 한계를 극복할 수 있는 능력이며, 자기 안의 벽뿐 아니라 우리 사이의 벽을 허물고 서로를 진정 이해하고 사랑할 수 있는 능력이다. 결국 '이웃을 네 몸같이 사랑하라'는 말은 무엇을 하라는 당위명제라기보다 사실명제다. 우리 모두가 연결되어 있고 너와 내가 하나라는 진실을 말하는 것이며, 사랑은 그 진실이 있는 그대로 드러나는 방식일 뿐이다. 우리의 운명은 그것을 깨닫고 실현하는 것이다.

그는 말했다.

"우리가 인간과 동물에 대한 잔인함을 사랑과 연민으로 넘어설 수만 있다면, 인간 도덕과 영적인 발전의 새로운 시대를 열 수 있을 것이다. 그리고 궁극적으로는 우리의 가장 독특한 특성, 인간성을 실현할 수 있을 것이다."

"우리가 도덕적 진화를 가속화하고 인간의 운명에 조금이라도 빨리 도달하기 위해 해야 할 일은 분명하다. 그것은 어마어마한 일이지만 결코 불가능한 것은 아니다. 우리 모두는 평범하고 일상적인 인간 존재로부터 성인聖人으로 진화해야만 한다."

인간종의 운명은 무엇인가? 인간은 여전히 거대한 진화의 수레바퀴 안에 놓여 있으며, 그 수레바퀴는 우리가 거역할 수 없는 운명의 방향으로 나아가고 있다. 자신의 욕구와 감정을 초월하는 능력, 지식을 지혜로 변화시키는 능력, 끝없이 추구하고 노력하는 능력, 자신의 무한한 잠재력을 깨닫고 실현하는 능력은 인간만의 특별한 능력일 뿐 아니라 모든 인간에게 주어진 본성이다. 이러한 본성이 동물적인 본성과 같은 점은 우리가 그것을 무시하거나 억누르려 해도 소용없다는 것이며, 다른 점은 그것이 우리 존재 자체를 변화시킨다는 것이다. 다시 말해서, 우리의 참된 본성은 우리의 본성을 극복하는 데 있으며, 우리의 참된 운명은 우리의 운명을 변화시키는 데 있다.

# 대지를 소유할 수 있는가

## 시애틀 추장과 구르는천둥

**시애틀 추장**Chief Seattle(대략 1786년-1866년 6월 7일)
북아메리카 인디언 추장이다. 본명은 시앨트Si'ahl이며, 수콰미쉬족 아버지와 두와미쉬족 어머니 사이에서 태어났다. 수콰미쉬족과 두와미쉬족은 둘 다 강가에 사는 사람들이라는 뜻을 갖고 있다. 미국 워싱턴 주 시애틀이라는 도시는 그의 이름을 따서 지어졌다고 한다.

**구르는천둥**Rolling Thunder(1916년 9월 10일-1997년 1월 23일)
미국 인디언 체로키족 전통을 이어받은 치료사다. 인간과 자연의 조화와 합일, 모든 존재간의 연결을 강조하는 인디언 문화의 가르침을 전하기 위해 노력했다.

당신은 대지를 소유할 수 있겠지만, 당신이 소유한 건 그저 땅일 뿐.

당신이 바람의 모든 색깔들로 그림을 그릴 수 있기까지는.

— 영화 '포카혼타스Pocahontas' 중에서


1620년 12월 21일, 영국에서 출발한 '메이플라워'[143]라는 이름의 배 한 척이 미국 동부 해안에 닿았다. 배 안에는 자신들의 종교적 신념에 따라 살고자 자기 나라를 떠난 백인 청교도들이 타고 있었다. 그들은 새로운 대륙의 아름다운 대지를 보고 감탄하였으나 곧 겨울이 되어 눈이 내리자 극심한 추위와 배고픔에 시달렸다. 그들은 견디다 못해 근처 인디언[144] 마을로 들어가 먹을 것을 훔쳤다.

당시 해안 근처에는 왐파노그족, 이로쿼이족, 포와탄족, 피쿼트족 등 많은 인디언 부족들이 살고 있었다. 인디언들은 새로 온 백인들이 자신들의 음식을 훔쳐갔다는 것을 알고도 묵인했는데, 왜냐하면 그들 사회에서는 욕심을 내어 훔치는 게 아니라 배가 고파 음식을 훔친 것은 죄가 되지 않기 때문이다. 인디언들은 백인들에게 옥수수를 기르는 법, 물고기를 잡는 법 등을 알려주었다. 인디언들의 도움으로 백인들은 자신들이 머물 땅을 정하고 집을 짓고 생활을 안정시켜가기 시작했다. 인디언들과 백인들은 서로 조약을 맺고 평화를 유지해갔다.

---

143) 메이플라워(Mayflower)는 오월의 꽃이라는 뜻으로 영국 청교도들이 대서양을 건너 미국으로 타고 간 배의 이름이다. 1620년 9월, 영국 남서부 플리머스에서 승객 102명을 태우고 출발해 11월 미국 동부 프로빈스타운 항구에 도착했고, 12월에 현재 미국 매사추세츠 주 플리머스라 불리는 곳에 내렸다.

144) 아메리카 '인디언(American Indian)은 아메리카 원주민, 토착민을 말한다. 인디언이라는 말은 콜럼버스 이후 사용하게 되었는데, 이는 콜럼버스가 자신이 도착한 아메리카를 인도로, 아메리카에 사는 원주민을 인도인으로 잘못 생각한 것으로부터 기인했다는 설이 있다. 대부분 아메리카 인디언들은 자기 부족의 이름으로 불리기를 원하며, 그것이 아니면 그냥 '인디언'으로 불리기를 바란다.

뒤이어 점점 더 많은 백인이 바다를 건너왔고 이들은 더 많은 땅이 필요했다. 백인들은 인디언들로부터 자신들이 가진 칼, 도끼, 옷 등을 가지고 흥정하여 땅을 샀다. 인디언들의 호의와 호기심을 이용해서 적은 가치의 물건을 주고 많은 땅을 샀다. 백인들은 그 땅에 울타리를 치고 다른 사람들이 못 들어오게 했다. 하지만 인디언들은 땅을 넘겨주고도 계속해서 그 땅에 들어와 사냥하고 물고기를 잡았다. 땅을 산 백인들은 화나고 이해할 수 없는 일이었다.

한 번은 백인들과 인디언들 사이에 재판이 열렸다. 인디언 중에서는 왐파노그족 추장이 나왔다. 백인들은 자기 땅에 들어온 인디언들을 침입자로 규정하며 이렇게 주장했다.

"우리는 1천만 평에 이르는 땅을 옷 일곱 벌, 괭이 여덟 자루, 도끼 아홉 자루, 무명 옷감 9미터, 칼 스무 자루를 주고 샀다. 이제 이 땅은 우리의 것이다. 누구도 우리가 소유한 지역을 침입해선 안 된다."

그러자 왐파노그족 마사소이트 추장이 말했다.

"당신들이 소유라고 부르는 그것이 무엇인가? 땅은 누구도 소유할 수 없다. 땅은 우리의 어머니나 마찬가지이기 때문이다. 그 어머니는 자신의 자식들인 동물과 새, 물고기, 그리고 모든 인간을 먹여 살린다. 숲과 강물 등 땅위에 있는 것들은 모두에게 속한 것이며, 누구나 그것을 사용할 수 있다. 어떻게 한 인간이 그것들을 오직 자신의 것이라고만 주장할 수 있는가?"

백인들은 그의 말을 이해할 수 없었다.

"그럼 왜 우리에게 이 땅을 팔았는가?"

마사소이트 추장이 대답했다.

"당신들은 자신들의 나라를 떠나 낯선 곳에 온 사람들 아닌가. 그래서 우리가 이 땅을 함께 사용할 권리를 당신들에게 준 것이다. 당신들 혼자 그것을 독차지하라고 준 것이 아니다. 세상에 그런 것은 없다."

　인디언들은 백인들이 땅에 울타리를 치는 것을 이해할 수 없었다. 그들에게 대지는 풍요로운 어머니와 같아서 인간뿐만 아니라 뛰어다니는 짐승, 날아다니는 새, 살아있는 모든 것들을 먹여 살리는 존재이며, 그 안에서 모두가 어우러져 살아가는 공간이지 누가 누구를 혹은 무엇을 지배하고 소유할수 있는 것이 아니었다. 쉴 새 없이 흐르는 강물에 어떻게 경계를 지어 내 것과 네 것을 구분한단 말인가? 그들이 백인들에게 땅을 내준 것은 대지의 같은 형제로서 그곳에서 함께 살 권리를 인정해준 것이지 그 땅에 울타리를 치고 다른 사람이 지나다닐 수 없도록 막고 자기들만 이용할 수 있는 권리를준 것이 아니었다. 그 같은 권리는 누구에게도 없었으며 누구에게도 줄 수없는 것이었다.

　백인들 역시 인디언들을 이해할 수 없었다. 백인들은 자신들이 무언가를 소유한다는 것은, 곧 다른 사람이 아닌 자신만이 그것을 쓸 수 있는 배타적인 권리를 의미했다. 이는 서로가 생존하기 위해 다른 사람과 경쟁하고 싸우고, 또 자연을 이용하고 착취하는 서양의 오랜 문화 속에서 발전되어온 것이었다. 결국 백인들은 자신들이 이해할 수 없었던 인디언들을 무력으로 대하기 시작했다. 무력을 사용해 서로 간의 문제를 해결하는 것 역시 자신들에게 익숙한 방식이었다.

　1850년 어느 늦은 여름날, 미국 북서부의 엘리엇 만에는 금을 캐기 위해온 많은 백인이 있었다. 원래 그곳은 연어 떼가 강을 거슬러 올라오는 길목으로 수콰미쉬족과 두와미쉬족 인디언들이 사는 곳이었다. 매년 이맘때, 인디언들은 이곳에서 처음으로 올라오는 연어 떼를 보며 그해 겨울 양식이 얼마나 풍요로울지를 가늠해보곤 했다. 이날 그곳에서 백인들은 연어 떼를 보러온 한 무리의 인디언들과 마주쳤다. 백인들이 놀란 눈으로 보자, 시애틀 추장이 그들을 향해 말했다.

"나의 이름은 시앨트이다. 그리고 나와 함께 온, 지금 당신들 앞에 서 있는 이 한 무리의 사람들은 나의 부족이며 나는 그들의 추장이다. 우리는 이곳에 왜 왔는가? 연어 떼를 구경하기 위해서다. 올해의 첫 연어 떼가 강물로 거슬러 올라오는 것을 축하하기 위해 여기에 왔다. 연어는 우리의 주된 식량이기 때문에 연어 떼가 일찌감치 큰 무리를 지어 강의 위쪽으로 거슬러오는 걸 보는 것만큼 우리에게 즐거운 일은 없다. …… 우리가 무리를 이루어 몰려왔다고 해서 마치 전투를 벌일 양 온 것으로 생각하지 말라. 우리는 인사하기 위해서 온 것이다. 나는 당신들이 우리 땅에 온 것을 기쁘게 여기고 있다. 당신들과 우리는 모두 이 대지의 아들들이며, 어느 한 사람 뜻 없이 만들어진 이가 없다."

그는 말을 이었다.

"하지만 한 가지 묻고 싶은 것이 있다. 당신들은 그저 땅을 파헤치고, 건물을 세우고, 나무들을 쓰러뜨린다. 그래서 행복한가? 연어 떼를 바라보며 다가올 겨울의 행복을 짐작하는 우리만큼 행복한가? 얼굴 흰 사람들의 도시 풍경은 얼굴 붉은 사람들의 눈에는 하나의 고통이다. 하지만 그것은 어쩌면 우리 얼굴 붉은 사람들이 야만인이라서 잘 이해하지 못하기 때문인지도 모른다."

"들소는 모두 죽음을 당하고, 야생마들은 모두 길들여지고, 숲의 은밀한 구석까지 사람들의 냄새로 가득하다. 그리고 산마다 목소리를 전하는 전선 줄이 어지럽게 드리워져 있다. 덤불숲은 어디에 있는가? 없어져 버렸다. 독수리는 어디에 있는가? 사라져 버렸다. …… 이제 삶은 끝났고, '살아남는 일'만이 시작되었다. 이 넓은 대지와 하늘은 삶을 살 때는 더없이 풍요로웠지만, '살아남는 일'에는 더없이 막막한 곳일 따름이다. 연어 떼를 보았으니 이제 나와 나의 부족은 행복한 얼굴로 돌아간다. 어쩌면 또 한 번의 행복한 겨울은 짐작에 그칠 뿐, 나의 부족에게 다시는 찾아오지 않을 꿈일지도 모른다. 우리는 당신들 얼굴 흰 사람들에게 밀려, 살아남기 위해 막막한 겨울 들판으로 뿔뿔이 흩어져야 할지도 모른다."

수많은 인디언 부족들이 땅에서 쫓겨나고 죽임을 당하고 있었다. 자연 속에서 주어진 것에 감사하며 풍요로운 삶을 살던 인디언들이 이제 생존의 위기에 몰려있었다. 강을 거슬러 오르는 연어 떼를 보며 행복한 표정을 짓는 인디언들의 삶이 백인들에 의해 처참하게 파괴되고 있었다.

그러면 백인들은 그러한 삶 속에서 어떻게 느끼고 있을까? 대지와 자연을 자신들의 것으로 소유함으로써 그들은 과연 자신이 원하던 행복과 안정을 얻었다고 생각할까?


1854년 수콰미쉬족과 두와미쉬족 인디언들은 자신들의 땅에서 쫓겨났다. 백인들은 인디언 보호구역[145]을 정해놓고 살아남은 인디언들을 모두 그곳으로 밀어 넣었다. 그곳은 대부분이 황무지였고 예전에 그들이 살던 지역에 비해 터무니없이 좁았다. 하지만 인디언들은 가지 않을 수 없었다. 상부의 명령을 전달하러 온 백인관리 한 명이 수콰미쉬족과 두와미쉬족 인디언들을 모아놓고 앞으로 그들이 어디로 가야하는지를 설명했다. 그러자 그 자리에 있던 68세의 시애틀 추장이 일어나 깊은 탄식 속에 이렇게 말했다.

"우리가 어떻게 공기를 사고팔 수 있단 말인가? 대지의 따뜻함을 어떻게 사고판다는 말인가? 우리로선 상상하기조차 어려운 일이다. 부드러운 공기

---

145) 인디언 보호구역(Indian Reservation Area)는 미국 국무부 인디언정책국에서 지정해서 아메리카 인디언들이 살도록 만든 지역을 말한다. 미국 전체 면적의 약 2.3퍼센트를 차지한다.

와 재잘거리는 시냇물을 우리가 어떻게 소유할 수 있으며, 또한 소유하지도 않은 것을 어떻게 사고팔 수 있단 말인가?"

그는 또 말했다.

"우리는 대지의 일부분이며 대지는 우리의 일부분이다. 들꽃은 우리의 누이이고 순록과 말과 독수리는 우리의 형제다. 강의 물결과 초원에 핀 꽃들의 수액, 조랑말의 땀과 인간의 땀은 모두 하나다. 모두가 같은 부족, 우리의 부족이다. 따라서 워싱턴에 있는 백인대추장이 우리 땅을 사겠다고 한 제의는 우리에게 우리의 누이와 형제와 우리 자신을 팔아넘기라는 말과 다름없다. 우리는 그가 우리의 삶의 방식을 전혀 이해하지 못하고 있음을 안다. …… 대지는 그의 형제가 아니라 적이며, 그는 대지를 정복한 다음 그곳으로 이주한다. 그는 대지에 대해 아무것도 상관하지 않는다. 어머니인 대지와 맏형인 하늘을 물건처럼 취급한다. 결국 그의 욕심은 대지를 다 먹어치워 사막으로 만들고야 말 것이다."

인디언들의 삶의 방식이란 어떤 것일까? 인디언들에게 대지는 모든 것을 감싸는 어머니와 같은 존재였고, 생명을 가진 모든 존재는 어머니의 품안에서 자라는 형제와 같았다. 또한 대지에는 그들의 조상과 형제들이 묻혀있었고 그 풍요로운 대지로부터 또다시 새로운 후손이 생명을 이어갈 것이었다. 그들은 대지를 달리며 조상들과 후손들의 숨결을 느꼈고, 대지를 밟으며 그들의 얼굴을 보았다.

반면 백인들의 삶의 방식은 어떤 것일까? 그들의 소유하는 삶이란 어떤 삶일까? 내가 대지를 소유한다는 말은 무슨 뜻일까? 소유는 분리를 전제로 한다. 나와 대지의 분리, 나와 다른 사람들 간의 분리를 전제로 한다. 내가 대지를 소유한다는 것은 내가 그것을 마음대로 할 수 있다는 뜻이며, 또한 다른 사람이 아닌 나만이 그럴 수 있다는 뜻이다. 이러한 소유양식 속에서 사람들의 관계는 협력보다는 경쟁으로 나아간다.

사회심리학자 에리히 프롬[146]은 이렇게 말했다.

"사유재산을 소유하려는 욕망은 공공연하든, 은밀한 방식으로든 다른 사람에게서 재산을 빼앗기 위해 폭력을 사용하려는 욕망을 불러일으킨다. 소유양식 안에서 사람의 행복은 다른 사람들에 대한 우월성, 힘 그리고 좀 더 분석해보면 정복하고 빼앗고 죽이는 능력에 달려 있다."

시애틀 추장은 깊은 슬픔 속에 백인들에게 조언했다.

"당신들의 아이들에게 가르쳐야 한다. 우리가 발을 딛고 있는 이 땅은 조상들의 육신과 같은 것이라고. 그래서 대지를 존중하게 해야 한다. 대지가 풍요로울 때 우리의 삶도 풍요롭다는 진리를 가르쳐야 한다. 우리가 우리의 아이들에게 가르치듯이, 당신들도 당신들의 아이들에게 대지가 우리의 어머니라는 사실을 가르쳐야 한다. 대지에 가해지는 일은 대지의 자식들에게도 가해진다. 사람이 땅을 파헤치는 것은 곧 그들 자신의 삶도 파헤치는 것이다. 우리는 이것을 안다. 대지는 인간에게 속한 것이 아니며, 인간이 오히려 대지에게 속해 있다."

마지막으로 그는 자신들이 부족의 땅을 떠나더라도 조상과 친구, 아이들의 무덤을 방문할 수 있게 해달라고 부탁했다.

수많은 인디언이 땅을 빼앗기고 쫓겨났다. 그로부터 100년이 넘는 세월이 흐른 뒤 1972년 5월, 미국 샌프란시스코 한 강당에서는 3천 명의 청중들이 모여 한 사람의 이야기에 귀 기울이고 있었다. 그의 이름은 '구르는천둥'이었고, 그는 체로키족의 문화와 전통을 이어받은 치료사였다. 그가 말했다.

---

146) 에리히 프롬(Erich Seligmann Fromm, 1900년 3월 23일-1980년 3월 18일)은 독일 사회심리학자다. 독일에서 태어난 유대인이며 나치가 독일을 장악하자 미국으로 건너왔다. 저서로는 『자유로부터의 도피』 『사랑의 기술』 『소유냐 존재냐』 등이 있다.

"인간이 한 장소를 더럽히면 그 더러움은 사방으로 퍼진다. 마치 암과 종양이 몸 전체로 번지는 것과 같다. 대지는 지금 병들어 있다. 인간이 대지를 잘못 대했기 때문이다. 머지않아 많은 문제가 일어날 것이다. 가까운 미래에 크나큰 자연재해가 일어날지도 모른다. 그런 것들은 대지가 자신의 병을 치료하기 위한 필수적인 과정이다. 이 대지 위에 세워진 많은 것들은 대지에 속한 것들이 아니다. 그것들은 신체에 침투한 바이러스처럼 대지에게는 참을 수 없는 이물질들이다. 당신들은 아직 문제의 심각성을 느끼지 못할지도 모르지만, 머지않아 대지는 자신의 병을 치료하기 위해 몸을 크게 흔들기 시작할 것이다. 이것은 사실 열병을 앓거나 먹은 것을 토하는 것과 같으며, 당신들은 이것을 신체가 스스로를 바로잡는 과정이라고 부를 수도 있다."

그의 말은 미래를 예견하는 듯했다. 환경오염으로 인해 전 지구적 차원에서의 재앙이 다가올 것임을 말하고 있었다.

"사람들은 한편으론 자연 보호에 대해 말하면서 다른 한편으론 여전히 자연에 대항해 싸우고 있다. 아니면 최소한 자연을 무시한다. 당신들이 첫 번째 할 일은 날마다 당신들의 어머니에게 감사드리는 일이다. 음식을 먹을 때마다, 풀 위를 걸을 때마다 어머니 대지에게 감사를 드리는 단순한 일이다. 아니, 어쩌면 당신들에겐 그것이 첫걸음이 아닐지도 모른다. 당신들이 맨 처음으로 할 일은 중단하는 일이다. 대지를 약탈하는 일을 중단하는 일 말이다."

나는 스스로가 자연을 어떻게 대하고 있는지 알고 있는가? 내 옆의 누군가가 대지를 약탈하고 자연을 착취하는 일에 무지한가, 알고도 눈감는가, 아니면 동참하는가? 그것이 결국 모두에게 영향을 주는 일임을 알고 있는가?

"사람들이 이 사실을 깨닫는 것이 무엇보다 중요하다. 지구는 하나의 살아있는 생명체다. 인간과 마찬가지로 그 자체의 의지를 가진 보다 높은 차원의 인격체다. 따라서 지구 역시 육체적으로나 정신적으로 건강할 때가 있고 병들 때가 있다. 사람이 자신의 신체를 존중해야 하듯이 지구도 마찬가지다. 지구에 상처를 주는 것은 곧 자기 자신에게 상처를 가하는 일이며, 자기 자신에게 상처를 가하는 것은 곧 지구에 상처를 가하는 일이다."

자연을 해치는 일이 결국에 나에게 영향을 줄 것이라는 말은 이해할 수 있어도, 나를 해치는 일이 곧 자연에도 영향을 줄 것이라는 말은 쉽게 이해할 수 없다. 내가 자신에게 상처를 주는 일이 곧 지구에 상처를 주는 일이라니 그것은 무슨 뜻일까?

"문명인들이 이것을 이해하는 일은 쉽지 않을 것이다. 이해란 책이나 교사를 통해 어떤 사실을 아는 것과는 다르기 때문이다. 이해는 사랑과 존중하는 마음에서 비롯된다. …… 모든 존재는 자신만의 의지와 삶의 방식, 그리고 자신만의 목적을 갖고 있다. 우리 모두는 그것을 존중해야 한다. 생명을 존중하는 마음은 하나의 느낌이나 자세가 아니다. 삶의 방식이다. 우리 자신과 주위 생명체들에 대한 인간의 의무인 것이다."

모든 존재를 존중한다는 것은 무슨 뜻일까? 나는 내가 나를 사랑하는 방식으로 남을 사랑한다. 내가 내 욕망을 충족시키듯 사랑하는 사람의 욕망을 충족시키고자 한다. 자연을 사랑하는 것도 마찬가지다. 나를 아끼듯 자연을 아낀다. 내 방을 청소하듯 자연을 청소한다. 그러나 그것이 자연을 아끼는 올바른 방식일까? 동물과 식물은 어떤 존재이며 어떻게 살아가는 것이 그들의 방식일까? 나는 무의식적으로 나의 방식으로 모든 것을 대할 뿐 상대방의 방식이 무엇인지 생각하지 않는다.

구르는천둥이 말했다.

"백인들은 모든 것을 서둘러 원하며, 많은 노력 없이 그것을 얻고자 한다. 그래서 오히려 그들은 더 많은 걸 놓친다. 무엇보다도 삶에 대한 이해를 놓치게 되는데, 그것은 그들이 이해에 필요한 만큼 충분히 그 세계에 몸담고 있지 않기 때문이다. 그들은 지금 당장 쉽게 빠른 대답을 원한다. 삶의 가르침은 그런 식으로 찾아오지 않는다. 단순히 자리에 앉아 진리에 대해 토론한다고 해서 진리가 얻어지는 것은 아니다. 진리는 그런 것이 아니다. 당신은 진리를 살아야 하고, 진리의 한 부분이 되어야 한다."

여전히 나는 진리와 떨어져 진리를 이야기하고 있지는 않는가? 자연 속에서 살면서 자연과 분리된 삶을 살고 있지는 않는가? 다른 사람과 함께 살면서 다른 사람과 분리된 삶을 살고 있지는 않는가? 상대방을 존중한다고하면서 상대방의 방식이 아닌 나의 방식으로 존중하고 있지는 않는가? 상대방의 방식이 무엇인지 궁금해 한 적이 있는가? 내가 상대방의 방식이 무엇인지 진정으로 관심을 가질 때, 서로 간 경계는 허물어지기 시작한다. 그 경계가 무너질 때 비로소 나는 나 자신에게 상처 입히는 일을 멈출 수 있다. 나라고 할 만한 것이 없기 때문이다. 그 때 비로소 나는 우리라는 거대한 존재의 네트워크 속으로 들어가 대지의 한 부분, 진리의 한 부분이 되어 삶을 살아가게 된다. 모두가 하나인 삶을 살아가게 된다. 사실 삶은 어떤 차원에서 원래부터 그래왔고 지금도 그렇다. 문제는 내가 그 차원으로 들어가느냐 마느냐이다.

대지는 우리의 어머니, 그 어머니를 잘 보살피라.

나무와 동물과 새들, 자연의 모든 친척을 존중하라.

위대한 신비를 향해 가슴과 영혼을 열라.

모든 생명은 신성한 것, 모든 존재를 존경하는 마음으로 대하라.

대지로부터 오직 필요한 것만을 취하고, 그 이상은 그냥 놓아두라.

모든 새로운 날마다 위대한 신비에 감사하라.

진실을 말하라. 하지만 사람들 속에선 오직 선한 것만을 보라.

자연의 리듬을 따르라. 태양과 함께 일어나고 태양과 함께 잠들라.

삶의 여행을 즐기라. 하지만 발자취를 남기지 마라.

아침에 눈을 뜨거나 저녁에 잠들기 전에 뭇 생명과 자신 안에 있는 생명에 대해 감사하라.

위대한 신비가 자신에게 준 많은 좋은 것들과, 날마다 조금씩 더 성장할 기회를 갖게 된 것에 대해서도 감사하라.

다른 사람의 모카신을 신고 두 달 동안 걸어 보지 않고서는 그를 판단하지 마라.

어떤 상황에서든 진실함을 잃지 마라. 삶에서 자신을 행복으로 이끄는 것과, 자신을 파괴하는 것을 구분할 수 있어야 한다. 그것이 참다운 지혜다.

마음이 안내하는 소리에 귀 기울이고, 그 소리를 따르라. 여러 가지 형태로 찾아오는 해답에 마음을 열어두라. 해답은 기도를 통해, 꿈을 통해, 또는 홀로 고요히 있는 시간을 통해서도 올 수 있다.

- 인디언들의 가르침, 류시화의 『나는 왜 너가 아니고 나인가』 중에서

# 어떻게 살 것인가

## 헨리 데이비드 소로

**헨리 데이비드 소로**Henry David Thoreau(1817년 7월 12일-1862년 5월 6일)
미국의 사상가, 수필가다. 매사추세츠주의 콩코드에서 태어나 평생 자기 고향의 자연을 사랑하고 즐기며 살았다. 물질적 삶이 아닌 정신적 삶을 추구하며 자기 내면의 법칙과 양심에 따라 살았다. 그의 정신과 사상은 톨스토이, 간디, 마틴 루터 킹 등 많은 이들에게 영향을 주었다. 저서로는 『월든』 『시민불복종』 『콩코드 강과 메리맥 강에서 보낸 일주일』 『메인 숲』 등이 있다. 미국 작가 엘윈 브룩스 화이트는 『월든』을 가치를 잃어가는 우리 사회에 대한 엄숙한 경고라고 평하면서 대학들이 현명하다면 졸업장 대신 『월든』을 한 권씩 주어야 한다고 말했다.

그대의 눈을 안으로 돌려보라. 그러면 그대 속에 여태껏 발견하지 못했던 천 개의 지역을 찾아내리라. 그곳을 탐사하라. 그리고 자기 자신이라는 우주학의 전문가가 되라.

— 윌리엄 해빙턴William Habington의 '나의 영예로운 친구 나이트 경에게' 중에서

1837년 8월, 헨리 데이비드 소로는 하버드대학을 졸업했다. 이때 학교에서는 '현대 상업주의 정신이 국가에 미치는 영향'이라는 주제를 두고 학회가 열렸는데, 소로는 자신의 발표문에서 다음과 같이 말했다.

"누군가가 먼 별에서 우리 지구와 그 위에 거주하고 있는 불안한 동물인 인간 100명을 관찰한다면, 그는 아름다운 거처를 가진 존경할만한 인물 1명을 발견하고 99명은 지구 표면에서 한 줌 금빛 먼지를 긁어모으느라 야단법석인 모습을 보게 될 것이다."

그는 이어 말했다.

"우리가 살고 있는 이 신비한 세계는 편리의 세계이기보다 경이의 세계다. 유용성의 세계이기보다 미의 세계이며, 사용할 대상이 아니라 경탄하고 향유해야 할 대상이다. 모든 것의 질서가 어쩌면 뒤집혀야 한다. 일곱 번째 날이 인간 노동의 날이어야 하고, 이날에 이마에 맺힌 땀방울의 덕택으로 생계를 꾸려야 한다. 나머지 6일은 그의 사랑과 영혼을 위한 안식일이어야 하며, 그날들에 이 넓디넓은 정원을 손질하고 자연의 부드러운 영향력과 숭고한 계시를 흡입해야 한다."

그의 말처럼 대부분의 사람이 대부분의 시간을 돈벌고 일하며 보낸다. 그러나 돈을 버는 것이 자기 인생 대부분의 시간과 노력을 들일만큼 삶에서 중요한 일일까? 그렇게 번 돈으로 우리는 정말 원했던 것을 얻는가? 우리는 과연 어떻게 살아야 하는가? 내가 진정 원하는 삶은 무엇인가? 삶에서 중요

한 것은 과연 무엇인가?

1838년 3월, 소로는 자신의 일기장에 다음과 같이 썼다.

"사람이 무엇을 해야 부끄럽지 않을 수 있을까? 분명 아무것도 하지 않아
도 된다. 대신에 '게으름뱅이'라는 별칭이 붙는다. 먼저 자신부터가 스스로를
그렇게 부를 것이다. 그렇지만 무언가를 한다고 해서 과연 더 나아지는 것
인가? 실제로 무언가를 이루어놓을 것인가, 아니면 무언가를 망쳐놓을 것인
가? 설사 무엇을 이룬다 해도 그것이 이루지 않은 것보다 못하거나, 기껏해
야 보잘것없는 것에 불과하지는 않을까?"

"인간이란 길에 떨어진 빵부스러기를 모아다가 곳간에 쌓아놓으려 버둥거
리는 개미와 다를 바 없다. 그러다가 기진맥진해져서는 한숨을 내쉬며 하늘
과 땅을 바라본다. 그동안 하늘과 땅 또한 서로를 바라본다. 인간으로, 세
상으로, 성과로 보이는 것들이 밤의 어둠 속으로 사라진다. 인간이란 늘 같
은 길을 달려가도록 운명 지어진 것은 아닐까? 자기 자신을 책망하고 억누
르고 비틀고 몸부림치는 인간이 번듯하고 온전하고 신비스러운 삶의 무언
가를 열어놓을 수 있을까?"

그는 삶이 무엇인지, 인간이 무엇인지 고민했다. 과연 인간은 먹고살기 위
해 힘들게 살다가 가는 보잘것없는 존재일까? 설사 평생의 노력을 기울여
대단한 성과를 이루었다 할지라도 어차피 시간이 지나 모두 사라지는 것이
라면 무슨 소용이 있을까? 도대체 삶의 의미, 삶의 본질은 무엇일까?

1845년 7월, 마침내 소로는 자기 삶의 본질을 찾는 실험을 시작했다. 그
는 자기가 살던 매사추세츠주 콩코드 근처에 있는 월든Walden 호숫가에 들
어가 그 속에 오두막집을 짓고 살았다. 그는 자신의 저서 『월든』에서 숲에

들어간 이유를 이렇게 설명했다.

"내가 숲으로 들어간 것은 삶을 의도적으로 살기 위해서였다. 삶의 가장 본질적인 부분만을 마주하면서 삶이 가르치는 바를 내가 배울 수 있는지 알고 싶었고, 또 죽을 때 내가 삶을 진정 살았는지 알기 바랐기 때문이다. 삶은 그토록 소중한 것이기에 나는 삶이 아닌 것을 살지 않으려고 했다."

"나는 삶을 깊게 살기를 원했고, 삶의 모든 골수를 빨아 마시고 싶었다. 또한 삶이 아닌 것들을 모두 몰아내기 위해 강인한 전사처럼 살기를 원했다. 풀을 넓게 잘라내고 잡초를 베어내 삶이란 것을 구석으로 몰아넣은 다음 그것을 가장 기본적인 요소로 압축시켜 만일 삶이 비천한 것으로 드러난다면 있는 그대로 적나라하게 세상에 알릴 것이나, 그렇지 않고 삶이 고결한 것으로 판명된다면 스스로 그 고결함을 경험해 그것에 대한 진실한 보고서를 작성하기를 원했다."

소로는 삶의 본질을 찾기 위해 의식주 등 필요하지만 중요하지 않은 것들은 할 수 있는 한 간소하게 줄였다. 적은 돈으로 집을 짓고 집에는 침대 하나, 식탁 하나, 책상 하나, 의자 셋 등 꼭 필요한 것들만 들였다. 또한 자신의 옷차림에 신경쓰지 않고 옷은 이곳저곳 기우거나 헤질 때까지 입었으며, 음식은 쌀, 옥수수가루, 감자 등 간소하게 먹고 커피나 차도 마시지 않고 물만 먹었다. 이와 같이 최소한의 물질생활에 필요한 돈과 양식을 얻기 위해 1년에 6주 정도 일하면 되었다. 그 외 시간은 무엇이든 자신이 하고 싶은 일을 할 수 있었다. 그는 대부분의 시간을 자연에서 보냈다.

"여름 아침에 일상이 된 목욕을 하고 햇살이 잘 드는 문간에 앉아 해 뜰 무렵부터 정오까지 공상에 빠져 있곤 했다. 소나무와 호두나무와 옻나무 사이에서 방해하는 이 없는 고독과 정적 속에 앉아 있었다. 새들은 집주변에서 노래 부르거나, 집 안팎을 소리 없이 날아다녔다. 그렇게 해는 서쪽 창가로 기울어 갔고, 멀리 대로를 지나는 여행자의 마차소리가 들려오면 그제야 나는 시간이 한참 흘러갔음을 깨닫곤 했다. 그런 날에 나는 밤에 옥수수가 자라듯 성장했다. …… 덕분에 나는 동양 사람이 일을 포기하고 명상에 잠기는 이유가 무엇인지 깨달았다."

"이웃 사람들의 눈에 이런 내 삶은 몹시도 게을러 보였으리라. 그러나 새와 꽃이 그들의 기준으로 나를 평가했다면, 내 삶도 결코 부족해 보이지 않았을 터다. 인간이 자신의 내면에서 삶의 동기를 찾아야 한다는 점은 불변의 진리다. …… 삶은 그 자체로 즐거움이었고, 나날이 새로워지기를 멈추지 않았다. 그것은 수많은 장면으로 구성되어 끝없이 이어지는 한 편의 드라마와도 같았다. 만약 우리가 항상 자신이 최근에 익힌 최선의 방법으로 삶을 산다면, 우리는 결코 권태에 빠지지 않을 것이다. 당신 내면의 천재성을 충실히 따르라. 그것은 반드시 새로운 전망을 시시각각 펼쳐 보이리라."

자기 삶을 누구의 기준으로 평가하는 것이 옳을까? 그 자신의 기준에 따르면 그의 삶은 게으르지도 부족하지도 않았다. 그는 자기 내면의 동기와 법칙에 따라 충실히 시간을 보냈다. 자연 속에서 자신이 정말 원하는 것을 하면서 살았으며, 자연은 그에 부응해서인지 그 깊이와 신비를 차근차근 드러냈다.

"상쾌한 저녁이다. 이런 때에는 온몸이 하나의 감각기관이 되어 신체의 모든 땀구멍으로 기쁨을 빨아들인다. 나는 전에 없는 해방감을 느끼며 자연 속에서 그 일부분이 되어 이리저리 배회한다. 날씨가 흐리고 바람이 불어 좀 쌀쌀하긴 해도 셔츠만 입은 채 돌이 쌓인 호숫가를 거닐어 본다. 각별히 눈길을 끄는 것도 없지만, 모든 자연현상이 그 어느 때보다 내 마음을 흡족하게 한다. 왕개구리들은 밤을 맞아들이느라고 요란하게 울어대고, 쏙독새의 울음소리는 잔물결이 이는 호수 수면을 타고 온다. 바람에 나부끼는 오리나무와 백양나무 잎에 대한 친화감 때문에 거의 숨이 막힐 것 같다. 그러나 호수나 내 마음이나 잔잔한 파문이 일 뿐, 거칠어지지는 않는다."

숲속에서 마주치는 동물도 그에게는 자연의 가르침을 전해주는 영감의 대상이 되었다.

"길가에서 뱀 한 마리를 보았다. 뱀이 살아있나 싶어 발로 뱀을 건드렸다. 뱀은 입안에 두꺼비 한 마리를 물고 있었는데 제 입보다 세 배나 넓게 턱을 벌리고 두꺼비를 삼킬 태세였다. 하지만 급히 먹이를 버리고 달아났다. 두꺼비는 비명을 지르거나 졸도할 정도로 놀라지 않고, 내가 자신의 명상을 방해라도 했다는 듯 잔뜩 진흙이 묻어 햇빛에 번들거리는 궁둥이와 뒷다리로 생명의 은인인 나를 피해 한가로이 기어갔다. 그 모습을 보니 나는 두꺼비가 갖고 있는 건강한 무관심이 얼마나 놀라운 것인지 생각했다."

무엇보다 그에게 큰 감명을 준 것은 야생의 자연이었다. 한 번은 매사추세츠 주 월든 호숫가를 떠나 메인 주의 숲속으로 여행을 갔는데, 그곳에는 사람의 손길이 닿지 않은 야생지역이 많았다. 그는 숲에서 가장 높은 산인 크타든 산에서 내려오는 길에 오래전 번개를 맞아 불탄 것으로 보이는 지역을 발견했다. 그곳은 광활하고 음울하며 무시무시했지만 아름다웠다.

"나는 경외심을 품으며 스스로 밟고 선 땅을 바라보았다. 신비한 힘이 그곳에 무엇을 만들었는지, 그 작품의 형태와 양식과 소재를 알고자 했다. 이것이 우리가 혼돈과 오랜 암흑 속에서 만들어졌다고 들었던 바로 그 땅이었다. 사람이 만든 정원은 존재하지 않고 오직 손대지 않은 세상만 존재했다. 잔디밭도 아니고, 목장도 아니고, 목초지도 아니고 삼림도 아니고 초원도 아니고 농경지도 아니고 그렇다고 황무지도 아니었다. 영원하도록 만들어진 지구라는 행성의 신선하고 천연 그대로의 표면이었다."

그곳에서 그는 자신의 몸에 어떤 전율이 느껴지는 것을 지켜보았다. 그의 모든 감각이 눈앞에 펼쳐진 원시의 자연을 있는 그대로 받아들이고, 그 광경은 아무런 여과막 없이 관통하여 그의 삶을 흔들어 깨웠다.

"나는 내 몸에 두려움을 느끼며 서 있다. 내가 속박된 이 몸이 아주 낯설어졌다. 나는 영혼도 유령도 두려워하지 않는다. 나 자신이 그중 하나이기 때문이다 - 내 몸은 그것들을 두려워할지 모르나 - 나는 몸의 부분을 두려워하고 몸을 맞닥뜨릴 때면 마음을 졸인다. 나를 사로잡은 이 강렬한 힘은 무엇일까? 신비에 대해 말해보자! 자연 속 우리의 삶을 생각해보자. 매일같이 보고 만나는 자연 - 바위, 나무, 뺨에 스쳐가는 바람! 굳건한 대지! 현실의 세계! 공통의 감각! 교신하라! 교신하라! 우리는 누구인가? 우리가 있는 이 곳은 어디인가?"

야생의 자연은 외부세계의 본질적인 부분이었다. 인간은 사회의 구성원이기 전에 자연의 일부분이며, 자연은 개발된 자연이기 전에 모두 야생의 자연이었다. 인간을 포함한 모든 생명은 그곳에서 태어났으며, 우리 존재의 깊은 부분은 여전히 그곳에 뿌리내리고 영양분을 받으며 살고 있다. 그는 말했다.

"야생이 숨 쉬는 곳, 그곳에서 인간의 영혼은 성장하고, 시인들은 자란다. 삶은 날 것이다. 가장 야생적인 삶이 가장 생생한 삶이다. 그것은 인간에 의해 길들여지지 않으며 오히려 인간을 새롭게 한다. 진정 독립적인 인간들이란 길들여지지 않으며 사회에 의해서 결코 파괴되지 않는 야생의 인간들이다."

그렇다면 만약 야생의 자연이 외부세계의 본질적인 부분이라면, 내면세계의 본질적인 부분은 무엇일까? 소로는 1845년 7월부터 1847년 9월까지 월든 호숫가에 머물면서 진지하고도 끈질기게 자기 삶의 본질을 찾는 노력을 계속했고, 그로 인해 그의 외부세계와 내면세계는 확장됐다.

그는 자신의 일기에 다음과 같은 시를 남겼다.

전에는 듣지 못하던 내 귀가 듣고

보지 못하던 내 눈이 보고

세월을 살던 내가 순간을 살고

배운 지식밖에 모르던 내가 진리를 안다


소리 너머의 소리를 듣고

빛 너머의 빛을 본다

태양이 그 빛을 잃는다


그는 또 자신의 일기에 이렇게 썼다.

"귀를 닫고 눈을 감고 단 한 순간이라도 자신의 의식과 대화를 나눌 수 있다면, 모든 벽과 울타리가 사라지고 내 발밑에서 땅이 회전하는 것을 느낄 수 있다. 그리하여 끝없는 미지의 바다 한가운데에서 내 무거운 생각을 지구와 우주의 힘으로 공중에 띄울 수 있다. 그게 아니면 모든 수수께끼가 풀린 광대한 생각의 바다처럼 부풀어 오를 수 있다. 거기서 직선의 두 끝이 만나고 그 깊이에서 영원과 공간이 한바탕 놀이를 한다. 나는 끝도 목적도 모르는 처음에 와 있다. 나 자신의 강렬한 빛이 모든 하찮은 빛들을 쉴새없이 흩어놓으므로, 나를 비추는 해는 어디에도 없다. 나는 우주라는 곳간의 가장 중요한 핵이다."

"최상의 생각에는 어둠이 없을 뿐 아니라 선악도 없다. 전 우주가 최상의 생각을 향해가는 하얀 빛으로 가득 차서 넘실거린다. 자연의 도덕적 측면이란 인간의 편견에 불과하다. …… 우리는 드물게 이런 경험을 하곤 한다. 옳고 그름이라는 딜레마에 빠지지 않고 미덕을 행할 필요를 넘어서 주위 공기를 호흡하며 그저 살아가면 되는 변치 않는 빛 속으로 들어가는 것이다. 이러한 삶을 무어라 이를 말이 없다. 그저 생명력 자체라고나 할까. 침묵은 이에 대한 설교자다. 아는 이는 설교하려 들지 않기 때문에 침묵은 영원히 계속된다."

그가 경험한 것은 무엇일까? 분명 보통 사람으로는 알기 어렵고 경험한 사람도 말로 표현하기 어려운 것이리라. 그것은 소로가 자기 내면으로 깊이 들어가 발견하게 된 새로운 차원의 세계다. 우리는 자신의 내면세계에 대해 얼마나 아는가? 그것은 알만한 가치가 없는 것인가, 아니면 그와는 반대로 무엇보다 중요하게 알려고 노력해야 할 것인가? 소로가 경험한 바로는 그 세계를 표현할 수 있는 유일한 언어는 침묵이며 그것은 텅 빈 침묵이 아니라 가득하고 충만한 침묵이었다. 그는 말했다.

"침묵이란 의식 있는 영혼이 자신과 나누는 대화다. 영혼이 한순간이라도 그 자신의 무한성에 주의를 기울일 때, 그때 그 자리에 침묵이 존재한다. 침묵은 항상 어디에서나 누구나 들을 수 있다. 만약 우리가 침묵을 듣는다면, 우리는 그 충고에 항상 귀 기울이게 될 것이다."

침묵을 들을 수 있다니 도대체 무슨 말일까? 그가 말하는 침묵은 소리없음이 아니다. 오히려 그것은 모든 소리의 뿌리, 가장 원초적이고 진실한 소리였다. 그것은 그의 말대로 누구나 들을 수 있는 것일지는 모르나 분명 누구나 쉽게 들을 수 있는 것은 아니다.

"모든 소리는 침묵의 하인이자 그 물자를 대는 일꾼이다. 침묵은 그들의 주인이며 더욱이 성실히 노력해야 찾을 수 있는 참된 주인이다. 가장 명료하고 뜻깊은 말 뒤에는 언제나 의미심장한 침묵이 떠돈다. …… 모든 소리는 침묵의 겉면에 생긴 거품과 같이 생기자마자 터져버리는 것으로, 그 아래 흐르는 강물이 얼마나 강한 생명력을 갖고 있는지 보여준다. …… 침묵을 드높이고 굳건하게 할수록, 소리는 조화롭고 순수한 선율이 된다."

그는 침묵 속에 황홀경을 맛보았다. 내면세계가 깊은 침묵으로 빠져들 때 외부세계는 그 실체로 다가왔다. 내면세계로부터 외부세계를 가로막는 벽이 무너지자, 대지에서 불어오는 미풍은 그의 내면 깊은 곳으로 들어가 그의 존재 전체를 부드럽게 감싸 올렸다.

"내 마음에 형언할 수 없는 기쁨이 끝없이 넘치고 있다. 거룩한 환희와 상승하고 확장하는 듯한 느낌으로 가득하다. 나는 아무 일도 하지 않는다. 나를 초월한 힘이 나를 이끈다. 내 삶은 스스로는 얻을 수 없는 기쁨이자 환희다. 나는 이 일의 증인이다. 난 내가 알게 된 것을 말할 뿐이다."

이 같은 때에 그는 철저히 증인, 목격자, 관찰자였다. 우리가 자기 내면세계를 알고자 하는 진지한 노력을 기울여 자신이 가진 온갖 선입견과 욕망을 걷어내고 고요히 자기 내면을 지켜볼 때, 그곳은 우리 삶에 모든 중요한 영감을 주는 근원지로서 그 실체를 드러낸다.

"무아경의 상태를 아무런 열매도 맺지 못하는 상태라고 생각할지 모르지만 적어도 무아경의 상태는 다음과 같은 가치 하나는 갖고 있다. 우리는 천재성이 군림하는 동안에는 표현할 능력을 잃을지 모른다. 하지만 우리의 재능이 활동하는 보다 조용한 계절에 우리의 그림을 그리는 것이 바로 저 희귀한 무아경의 추억들이다. 그 추억들은 우리의 붓이 담길, 영원히 마르지 않는 물감통이라 할 수 있다. 따라서 어떤 삶의 경험이든 그 물감으로 물들일 수 있다. …… 우리가 제대로 경치를 볼 때 경치는 삶에 영향을 미친다. 경치를 바라봄으로써 살아가는 법, 최고의 삶에 이르는 법을 배운다. …… 이것이 내가 날마다 하는 일이다."

그는 자연으로부터 다양한 영감을 받았으며 때로는 인간과 인간이 만든 인공물로부터도 받았다. 한 번은 전신주에 걸린 전선의 가녀린 떨림에서 어떤 메시지를 들었다. 그는 즉시 전신주 아래 바위에 걸터앉아 귀 기울였다.

그러자 소리는 희미했지만 확실하게 다음과 같은 말이 들렸다. 그것은 자기 자식을 부드럽게 타이르는 듯한 말투였다.

"애야, 마음에 깊이 새겨 결코 잊지 말아야 한다. 지금 네가 걷고 있는 삶보다 더 높은 단계의 삶, 무한히 더 높은 단계의 삶이 있다. 그 길은 멀고 험하지만 네 인생을 모두 바쳐서라도 꼭 도달해야 할 소중한 길임을 절대로 잊지 말아라."

과연 삶의 의미, 삶의 본질이란 무엇일까? 우리는 어떻게 살아야 하는가? 그러나 또 한편으로 우리는 자신이 삶의 의미나 본질을 찾는 이유가 무엇인지 생각해 볼 필요가 있다. 그것은 자신이 지금 뭔가 부족하고 아쉬운 삶을 살고 있기 때문이 아닌가? 그렇다면 왜 지금 당장 자신이 하고 싶은 일을 하지 않는가? 왜 지금 당장 자신 내면의 가장 고귀하고 진실한 부름에 응하여 살지 않는가? 그리고 그 앞에 펼쳐질 삶의 정수를 맛보려하지 않는가? 무엇에 자신의 마음을 뺏기고 있는가? 아니 무엇에 마음을 빼앗기도록 자신을 왜 그냥 내버려두고 있는가? 자기 삶의 주인 자리를 누구에게 내주고 있는가?

1847년 9월, 소로는 그가 사랑하는 월든 호숫가 오두막집을 나왔다. 그는 자신이 떠나게 된 이유를 다음과 같이 말했다. 이유가 무엇이든 그가 자기 내면의 굳건한 동기와 법칙에 따라 행동한 것은 분명하다.

"나는 숲을 들어갈 때와 마찬가지의 중요한 이유로 숲을 떠났다. 내 앞에는 살아야 할 또 다른 몇 개의 삶이 남아있는 것처럼 느껴졌으며, 그래서 숲에서의 생활에는 더 이상의 시간을 할애할 수 없었다. 자신도 느끼지 못하는 사이에 얼마나 쉽게 어떤 정해진 길을 밟게 되고 스스로를 위해 다져진 길을 만들게 되는지 그저 놀라울 따름이다. 내가 숲속에 살기 시작한 지 일주일이 채 안 돼 내 오두막 문간에서 호수까지 내 발자국으로 인해 길이 났다.

(그러니) 이 세상의 큰길은 얼마나 닳고 먼지투성이며, 전통과 타협의 바퀴 자국은 또 얼마나 깊이 패였겠는가!"

그는 이어 말했다.

"나는 편히 선실에 묵으면서 손님으로 항해하는 것보다는 차라리 인생의 돛대 앞에서 갑판 위에 있기를 원했다. 이제 갑판 아래로 내려가고 싶은 생각은 없다."

* * *

당신은 자기 자신을 알게 되면 될수록 사물을 똑바로 볼 수 있게 됩니다. 자기인식에는 끝이 없으며, 목적에 도달하는 일도, 결론에 도달하는 일도 없습니다. 그것은 끝없이 흐르는 강물과 같은 것입니다. 그런 것을 배우며 그 속으로 깊이 돌진함으로써 당신은 마음의 평화를 찾아가는 것입니다. 스스로 강요하는 자기수련에 의해서가 아니고, 자기인식을 통해서 정신이 고요를 찾게 되었을 때, 그 고요와 침묵 속에서 진실한 실재라는 것이 탄생합니다.

— 지두 크리슈나무르티,[147] 「자기로부터의 혁명 1」 중에서

1848년 3월, 소로가 월든 호숫가를 떠나 자신이 살던 콩코드로 돌아온 지 몇 달이 지난 때였다. 해리슨 블레이크Harrison Blake라는 한 신학자가 그에게 편지를 보냈다. 편지에는 다음과 같은 내용이 담겨있었다.

"신이 지금 이곳에 존재한다는 당신의 철학이 내게 새로운 의미를 갖고 점점 분명하게 다가옵니다. 우리는 다만 매 순간 온 마음을 다해 그를 맞이해야 합니다. 그러면 신은 자신의 존재로 우리 영혼을 채울 것입니다. 우리가 할 일은 오직 신을 향해 우리의 영혼을 열어두는 일일 것입니다. 그밖에 우리가 해야 할 일이 무엇이 있을까요?"

"부탁하건대, 지금 이 시간 내게 말씀해주시기 바랍니다. 행동을 절제하고 생활을 간소화하고 무엇보다 지금 여기에서의 존재를 위해 영혼을 활짝 여는 당신을 존경합니다. …… (그러나) 과연 내가 지금 당장 나 자신을 진리 안에 세워둘 수 있을까요? 나의 욕망들을 최소화시킨 채로 …… 나는 이 순간 자연과 사람들에게 보다 가까이 다가가야 합니다. 그러면 삶은 무한히 풍요로

---

147) 지두 크리슈나무르티(Jiddu Krishnamurti, 1895년 5월-1986년 2월 17일)는 인도의 사상가다. 어린 나이에 신지학협회로부터 '세계의 스승'으로 발탁되어 영국, 프랑스 등에서 교육받았으나 나중에 "진리는 길이 없는 땅이다. 어떤 종교나 단체에 소속되어 있더라도 인간은 진리에 도달할 수 없다"며 협회를 해산했다. 그는 개인의 정신이 근본적으로 바뀌지 않고는 어떠한 의미 있는 변화도 있을 수 없다고 보았다.

워질 것입니다. 그러나 슬프게도 나는 가장자리에서 떨고만 있습니다."

블레이크는 전에 만났던 소로에게서 흔들림 없는 확신과 평화를 보고 감명을 받아 편지를 보내게 되었다. 편지에서 그는 "우리가 할 일은 오직 신을 향해 우리의 영혼을 열어두는 일"이라고 했지만, 다른 한편으로는 어떻게 그럴 수 있는지 확신이 없는 듯했다. 이런 그에게 소로는 무슨 조언을 해줄 수 있을까?

소로는 자신의 답장에서 이렇게 말했다.

"소위 신중하고 영리한 사람들이라고 일컬어지는 그들은 마치 은행원처럼 삶의 대부분을 책상 앞에서 앉아서 보냅니다. 그렇게 열정이라고는 거의 없이 지내다가 점점 녹이 슬고 결국 사라져버립니다. 무엇인가 아는 사람들이라면 이 빛나는 태양 아래서 과연 그런 삶을 살아야만 할까요? 그들은 빵이 무엇인지, 또 그것이 무엇을 위한 것인지 진정으로 알고 있을까요? 그들은 삶이 무엇인지 아는 걸까요? 만일 그들이 무엇인가를 안다면, 지금 당장 자신들에게 익숙한 그 장소를 떠날 것입니다."

"인간은 사물이나 현상을 정확하게 바라보지 못합니다. 어떤 일이 이루어지지 않는 것도 그 때문입니다. 자신의 경험을 냉철하게 관찰하고 그것에 대해 있는 그대로 말할 수 있는 사람은 많지 않습니다. 우리의 꿈이 너무 시기상조라고 말할 근거가 무엇인가요? 당신은 전 생애에 걸쳐 오직 한 가지 목표를 향해 충실히 노력하고도 아무런 결과를 얻지 못한 사람에 대해 들어본 적이 있습니까?. …… 그러나 우리는 자신이 무엇을 원하는지조차 모르고 있습니다."

소로는 우리가 무언가를 이루지 못하는 이유가 사물이나 현상을 정확하게 바라보지 못하기 때문이라고 말했다. 우리가 제대로 보지 못하다니 무슨 말일까? 우리는 그저 보이는 것을 볼 뿐이지 않는가? 게다가 그것이 그렇게 중요한 일일까?


1848년 5월, 소로는 슬픔에 대해 묻는 블레이크에게 다음과 같이 답장했다.

"당신은 내가 슬픔에 대한 특별한 철학을 갖고 있는지 물었습니다. 견딜 수 없는 슬픔이란 것에 대해 나는 아는 바가 거의 없습니다. 내게 있어서 가장 깊고 진정한 슬픔은 단지 일시적인 후회뿐입니다. 내 슬픔의 자리는 그저 적당한 무관심으로 채워져 있을 것입니다. 나는 그런 사람이고 미련스럽게도 참을성이 많습니다. 마치 한겨울에 봄의 태양을 기다리듯이 말입니다."

이어 그는 말했다.

"나는 내가 느끼는 감정들에 결코 나 자신을 완전히 맡겨버리지 않습니다. 항상 어느 정도 거리를 두고 그것들에 대해 관찰자적인 태도를 가집니다. 내가 온 존재를 바쳐 몰두하는 단 한 가지의 일은 '바라보는 일'입니다. 나는 감정을 느끼기보다는 '보는 일'에 더 온전히 몰입합니다."

자신이 느끼는 감정에 자신을 맡겨버리지 않는다니 무슨 말일까? 감정을 느끼기보다 바라보다니 그게 무슨 말일까? 게다가 어째서 소로는 그것이 온 존재를 바쳐 몰두할 만큼 중요한 일이라고 말한 것일까?

인도의 사상가, 크리슈나무르티는 어떤 감정이 자기 마음속에서 일어날 때 그것에 이름을 붙이지 말고 지켜보라고 했다. 누군가 그에게 이유를 묻자 크리슈나무르티는 다음과 같이 대답했다.

"만일 당신이 이름붙이기를 하지 않으면, 당신은 감정이 생길 때마다 그 감정을 하나하나 정성스럽게 처리해야 합니다. 그러나 거기에 이름을 붙였을 때 그 감정은 그 이름과 다른 것일까요? 혹은 그 이름이 그 감정을 불러일으키는 것이지 않을까요? 이 점을 잘 생각해보십시오. 이름을 붙였을 때 우리는 대개 그 감정을 강화하고 있는 것입니다. 그 감정과 이름붙이는 행위는 동시적인 것입니다. 만일 이름붙이기와 감정 사이에 거리가 있으면 그 감정이 이름붙이기와 틀린 것인지 아닌지를 발견할 수 있을 것입니다. 그때 당신은 이름붙이지 않고 그 감정을 처리할 수 있습니다."

우리가 누군가로부터 분노를 느꼈다고 한다면, 그에 따라 우리의 반응은 이미 어느 정도 틀이 정해진다. 하지만 그것이 정말 분노일까? 우리가 느끼는 어떤 감정도 새롭지 않은 것이 없으며 복잡하지 않은 것이 없다. 만약 우리가 그것을 분노라고 이름붙이기 전에 이 새롭고 복잡한 것을 지극히 예민한 눈으로 있는 그대로 관찰한다면, 그에 따른 우리의 반응은 달라지지 않을까?

그는 계속해서 말했다.

"만일 내가 감정에 이름을 붙이지 않는다면, 즉 만일 생각이 단지 말만을 위해서 활동하지 않는다면, 다시 말해서 만일 내가 말이나 이미지나 상징 등의 관점에서 생각하지 않는다면 - 우리는 대개 그렇게 하고 있지만 - 그때 어떤 일이 일어날까요? 확실히 그때 정신은 단순한 관찰자는 아닙니다. …… 그때 정신은 고요해져 있는 것이 아닐까요? 그것도 강요당해서 그렇게 된 것이 아니고 그저 고요한 것입니다. 정신이 참으로 고요해졌을 때는 표출된 감정을 즉시 처리할 수 있습니다. 우리가 감정에 이름을 붙이고 그에 따라 감정을 강화할 때에만 그 감정은 지속됩니다. 그리고 감정은 그 중심에 축적되어, 이번에는 그 감정을 강화하기도 하고, 혹은 전달하기 위하여 그 중심에다 더욱 많은 이름을 부여합니다."

그는 이런 식의 지켜보기를 '수동적 응시'라고 부르고 이에 대해 다음과 같이 설명했다.

"당신이 수동적으로 응시하고 있을 때 당신은 그 수동성 - 태만하거나 졸고 있는 상태가 아니고 극도로 연마된 예민성입니다 - 을 통해서 당신이 직면하고 있는 문제가 전혀 다른 의미를 지니고 있음을 알게 됩니다. …… 그리하여 문제는 스스로 포함하고 있는 참된 의미를 말하기 시작합니다. 만일 당신이 계속해서 응시하고 있게 되면 모든 문제는 표면적으로가 아니라 근본적으로 해결되어 버립니다."

크리슈나무르티는 말했다.

"바람이 멎었을 때 호수는 잔잔해집니다. 당신이 호수를 잔잔하게 할 수는 없습니다. 우리가 할 일은 미지의 것을 추적하는 것이 아니라 우리 마음속에 있는 혼란이나 동요나 고통을 이해하는 일입니다. 그런 다음에 저 추측할 수 없는 것이 어느 틈엔가 홀연히 모습을 나타냅니다. 그리고 그 속에 무한한 기쁨이 있습니다."

소로 역시 이러한 상태를 '침묵의 무한한 소리'라고 표현하면서 다음과 같이 말했다.

"침묵의 무한한 소리에 귀 기울이지 않는 이는 누구인가? 침묵은 언제나 어깨에 메고 다니면서 수시로 들어야 하는 진리의 확성기다. 왕과 조신들이 의견을 물어보아야 마땅한, 애매한 대답으로 난처해질 염려가 없는 단 하나뿐인 신탁, 진정한 델포이[148]이자 도도나[149]다. 모든 계시는 침묵을 통해서만 이루어지며, 사람들이 침묵의 신탁에 귀 기울여야만 분명한 통찰을 얻게 되고, 깨달은 시대의 특징을 지니게 된다. 하지만 멀리 떨어진 낯선 델포이나 미친 무녀를 찾아 이리저리 떠돌아다닐수록 사람의 일생은 어두워지고 무거워진다."

---

148) 델포이(Delphi)는 그리스 중부지방에 위치하고 있는 고대 그리스시대 신전이다. 고대 그리스인들이 자신들이 믿는 신의 신탁이 이루어진 곳을 말한다. 이들은 델포이를 세상의 중심이라고 생각했다.

149) 도도나(Dodona)는 그리스 북서부지방에 위치한 에페이로스에 있는 고대 그리스시대 신전이다. 도도나는 제우스 신전이고 델포이는 아폴론 신전이다.

문제는 그 문제가 일어난 차원에서는 해결할 수 없다. 문제를 해결하기 위해서는 그와는 다른, 더 높은 차원으로 가야 한다. 고요한 침묵의 상태에서 지켜볼 때, 우리의 생각과 감정은 무게를 잃고 본래 모습을 드러낸다. 그때 비로소 지혜와 통찰이 생기면서, 우리는 올바른 생각을 할 수 있게 되고, 올바른 생각은 우리를 올바른 삶으로 인도한다.

　1850년 4월, 소로는 블레이크에게 보낸 편지에서 이렇게 말했다.
　"겨울날 아침, 단 하나의 사물이라도 있는 그대로 바라보는 데 성공한다면, 비록 그것이 나무에 매달린 얼어붙은 사과 한 개에 불과하더라도 얼마나 대단한 성과입니까! 나는 그것이 어슴푸레한 우주를 밝힐 것이라고 생각합니다. 얼마나 막대한 부를 우리는 발견한 것입니까! 우리가 열린 눈을 가질 때, 우리의 시야가 자유로워질 때, 신은 우리 앞에 모습을 드러냅니다. 필요하다면 신조차도 홀로 내버려 두십시오. 신을 발견하고자 원한다면, 그와 서로를 존중할 수 있는 거리를 두어야 합니다. 신을 발견하는 것은 그를 만나러 가고 있을 때가 아니라 단지 그를 홀로 남겨두고 돌아설 때입니다."
　우리가 신을 발견하고자 원한다면 그 이유는 무엇인가? 삶의 의미나 본질을 찾는다면 그 이유는 무엇인가? 만약 우리가 모든 사물과 현상을 있는 그대로 정확하게 볼 수 있다면, 자신의 마음속에 고통과 즐거움이 일어나고 사라지는 전 과정을 단지 지켜볼 수 있다면, 신을 포함하여 우리 앞에 일어나는 모든 경이로운 일들에도 빠져들지 않고 바라볼 수 있다면, 그래서 그것들을 있는 그대로 이해할 수 있다면, 우리가 더 원할 것이 과연 남아있을까?
　소로는 말했다.
　"당신은 삶을 살아가겠습니까, 아니면 미라가 되겠습니까? 뜨거운 태양빛을 견디며 살아가겠습니까, 아니면 수천 년간 지하묘지 속에서 안전하게 쉬겠습니까? 전자의 경우 당신에게 일어날 수 있는 가장 끔찍한 사고는 목이 부러지는 것입니다. 목이 부러지는 것을 막으려고 당신의 마음과 영혼을 부러지게 하겠습니까? 목과 담뱃대라는 것은 어차피 부러질 운명에 있는 것들입니다."

1860년 5월, 소로는 블레이크에게 보낸 편지에서 다음과 같이 충고했다.

"인간이 만들어내는 가장 중요하고 유일한 것은 그의 마음 또는 운명입니다. 그런 사실을 스스로 깨닫지 못한다 해도, 또한 굳이 '나 자신의 운명은 이곳에서 만들고 수선함 - 당신 것은 제외'라고 커다랗게 간판을 써 붙이지 않아도 그는 그 분야의 전문가입니다. 그는 하루 24시간 그 일을 하고 마무리를 합니다. 다른 일은 소홀히 하거나 망쳐버리더라도 그 일을 소홀히 하는 사람은 없습니다."

너무나 당연하면서도 제대로 보지 못한 사실이다. 살아있는 동안 자기 삶을 살지 않는 사람은 아무도 없다. 우리는 다른 누구의 삶이 아닌 오직 자기 삶만을 살 뿐이다. 그러나 누가 당신 삶의 진정한 주인인가? 매 순간 자기 삶의 주인으로 사는 사람이 몇이나 되는가? 매 순간 의식적으로 깨어있는 사람이 몇이나 되는가? 물질세계에 대해 관심을 쏟기보다 자기 내면세계를 알기 위해 노력하는 사람이 몇이나 되는가? 위대한 업적을 이루기보다 자기 삶을 위대하게 만들기 위해 노력하는 사람이 몇이나 되는가? 삶에서 중요한 것은 무엇이며, 우리는 도대체 무엇을 위해 살고 있는가?

소로는 우리에게 조언한다.

"우리가 가진 생각이 우리 삶의 가장 중요한 사건입니다. 그 밖의 다른 것들은 단지 우리가 이곳에 머무는 동안 불어가는 바람이 쓰는 일기에 불과할 뿐입니다. 나는 나 자신에게 말합니다. 네가 좋다고 고백한 그 일을 조금만 더 해보라고. 자기 자신에게 만족하든 만족하지 않든 거기엔 분명 이유가 있습니다. 우리에겐 가치를 따질 수조차 없는 놀라운 사고능력이 있습니다. 시도해보고자 하는 일이 있다면 주저하지 말고 시도하십시오. 마음을 불편하게 하는 의혹은 품고 있지 마십시오. 배가 고프지 않으면 음식을 먹을 필요가 없다는 것을 기억하십시오. 신문을 읽지 마십시오. 습관적으로 감상에 젖지 마십시오. 건강을 위해 스스로 육체를 돌보십시오. 모든 일이 자신의 생각과 같으리라고 기대하지는 마십시오. 아무도 해줄 수 없는 일을 스스로에게 해주십시오. 그 밖의 다른 일은 모두 잊어버리십시오."

1862년 5월, 소로는 생을 마감했다. 블레이크는 소로의 건강이 나빠지기 전까지 계속해서 편지를 교환했다. 블레이크는 후에 이를 회고하며 말했다.

"때로 나는 그의 편지들을 다시 읽어보곤 한다. 몇 번을 읽어도 싫증나지 않는 그의 글들을 읽고 있으면 전에 몰랐던 새로운 의미를 발견하기도 하고 전보다 더 강력한 가르침을 얻기도 한다. 따라서 어떤 의미에서 그 편지들은 아직 개봉되지 않았고 내게 도착하지 못했으며 어쩌면 내가 세상을 떠나기 전까지는 완전히 도착하지 않을지도 모른다. 그 편지들은 그 안에 담긴 진정한 가르침을 온전히 이해할 수 있는 사람에게 부쳐진 것이므로."

# 우리는
# 함께 나아갈 것이다

숨을 쉴 때마다 매번 당신은 수십억 개의 원소를 들이마신다. 그중 몇백만 개의 원소들은 수명이 아주 긴 아르곤 가스 원소들로 몇 초 뒤에는 당신이 내쉬는 숨과 함께 밖으로 나와 대기 중에 흩어진다. 그것들은 아주 오랜 세월 그런 식으로 인간의 몸을 드나들었다. 지금 당신이 들이마시는 공기 속의 어떤 원소들은 부처나 예수의 콧속으로 들어갔던 것도 있고 한때 동굴에 사는 원시인의 폐 속을 방문했던 것도 있다.

- 롤프 에드버그Rolf Edberg, 스웨덴 외교관, 저널리스트

우주는 너무 광대해서 낱낱의 인격과 맺는 관계를 초월해있다. 살면서 우리가 할 수 있는 가장 위대한 일은 우리 자신의 작은 자아 속에서가 아니라 우리 삶이 전체와 연관되어 있음을 깨닫고 그 속에서 우리의 삶을 꾸려가는 것이다.

- 헬렌 니어링Helen Nearing, 미국 자연주의 운동가, 작가

이 책은 평화의 길을 걸어간 인물들의 가슴속 진실에 관한 책이다. 누구

나 가슴속 깊은 곳에는 진실이 자리하고 있다. 그 진실이 서로 만났을 때 우리는 다른 사람의 삶으로부터 감동을 느끼게 된다. 진실은 또한 변화를 이끈다. 조금이라도 의미 있는 변화는 모두 진실로부터 시작된다. 그러면 이와 같이 진실이 감동과 변화를 일으키는 이유는 무엇일까? 그것은 우리가 진실의 차원에서 서로 연결되어 있기 때문이다. 여기서 연결되어 있다는 말은 매우 상투적인 표현일지 모른다. 그 차원에서 우리는 서로 연결되어 있는 이상으로 연결되어 있기 때문이다.

나는 현재 우리 앞에 놓인 전 지구적 문제와 위기들을 극복하기 위해서 우리가 누구인지, 나와 우리의 관계를 보다 명확하게 이해해야 한다고 생각한다. 나와 우리는 몇 가지 방식으로 이해될 수 있다.

첫째, 물리적 차원에서 나와 우리는 하나의 운명공동체로 이해될 수 있다. 나와 우리라는 개념은 하나의 돌멩이 속에 존재하는 아주 작은 알갱이들과 그 돌멩이 자체로 비유해볼 수 있다. 마치 지구 속에 존재하는 수많은 생명들과 지구와의 관계처럼 말이다. 겉으로 보면 돌멩이는 가만히 있는 것처럼 보이지만 그 속의 알갱이들이 각자 끊임없이 움직이고 있다. 만약 이들이 의식 있는 존재라면 서로가 분리된 존재라고 여겼을 테지만, 사실 이들은 모두 하나다. 누가 그 돌멩이를 던지기라도 하면 돌멩이 속 알갱이들은 모두 함께 날아갈 것이다. 물리적 차원에서 이들은 운명공동체이며 말 그대로 하나다. 나와 지구처럼 말이다.

실제로 우리라는 개념에 어떤 경계를 설정하기란 불가능하다. 앞에서 예로 든 돌멩이나 지구도 그보다 더 큰 환경에 영향을 받는다. 우주에는 어떤 경계도 없고 모든 것이 모든 것에 영향을 준다. 지구가 없으면 나도 없고 태양이 없으면 나도 살 수 없다. 그렇다면 태양과 나를 분리된 존재라고 할 수 있을까? 이렇듯 우리에는 지구상의 모든 인간, 동물, 식물, 자연환경, 그리고 태양계, 우주, 모든 것이 경계 없이 하나로 녹아들어 있다. 그러므로 나라는 존재는 이 모든 것과 분리될 수 없는 전체의 한 부분이다.

둘째, 심리적 차원에서 우리는 시공간을 가로지르는 개념이다. 여기서 우리는 가족, 친구, 민족, 국가 등으로 순차적으로 확장되는 개념이 아니다. 우리는 추상적인 개념처럼 보이지만 다른 한편으로 구체적이고 사적이다. 예를 들어 나는 북극곰이나 우주의 어떤 별에 대해 친구나 동료보다 더 큰 친밀감을 느낄 수 있으며, 과거 혹은 미래의 어떤 존재에 대해 강한 연대감을 느낄 수 있다. 마찬가지로 내가 가진 생각들은 과거나 현재에 존재하는 수많은 나 아닌 것들로부터 영향을 받아 이루어진다. 그것들은 시공간을 가로질러 나에게 영향을 미치고 말 그대로 나를 형성한다.

그러나 우리라는 개념을 이해하기 위해 무엇보다 중요한 것은 우리가 어떤 물리적, 심리적 존재라기보다 인식의 차원 혹은 더 나아가 의식 자체라는 점이다. 우리는 나에다 너를 덧붙이거나 나를 확장한 개념이 아니며, 나를 중심으로 나에게 영향을 미치는 수많은 존재들을 총칭해서 말하는 개념이 아니다. 내가 무엇과 연결된 게 아니라, 반대로 무엇과 내가 연결된 것이다. 그것은 모든 존재의 근원 혹은 모두의 삶을 움직이는 근원적인 원리나 힘이라고 할 수 있다. 그것은 내가 나를 개별적인 주체로 인식할 수 있게 하는 의식의 뿌리, 바탕 의식을 말한다. 그것은 '나는 누구인가', '우리는 누구인가'라는 질문이 일어나고 또 사라지는 근원적인 의식의 차원을 말한다. 마치 표면에서 물결이 일었다 사라지는 바다와 같다. 그리고 바다 또한 더 크고 알 수 없는 힘에 의해 움직인다.

"내가 삶을 이끄는 게 아니라 삶이 나를 이끈다."

이 말을 이해할 때, 나는 새로운 차원에서의 삶을 시작할 준비가 되어있다. 즉 우리라는 차원에서의 삶에 나를 내맡길 준비가 된 것이다. 이제 나는 나에게 주어진 고통의 의미를 이해하고 그것을 제대로 볼 수 있는 의식 차원으로 들어간다. 내가 중심이 아닌 차원에서 다른 존재와의 관계를 경험하게 된다.

삶은 지극히 내밀하고 사적이고 동시에 사회적이고 우주적이다. 내 마음 가장 깊은 곳의 진실이야말로 가장 사회적이고 우주적인 것이다. 그것은 한 순간도 멈출 수 없이 나라는 경계를 넘어 모든 것을 향해 뻗어 나간다. 내가 아니라 그 진실이 나의 실체다. 나는 앞으로도 계속 두 발을 땅 위에 딛고 자아의 영역, 분리의 차원에서 생각하고 느끼며 살아갈 것이지만, 내 안의 진실은 나를 허공에 띄워 날아오르게 할 것이다. 그것은 나를 영원한 바다로 이끌어 고요와 평화, 즉 우리를 맛보게 할 것이다. 나와 너의 분리가 없는 곳에서 나는 나를 구하기 위해 이기적일 필요도, 너를 구하기 위해 이타적일 필요도 없다. 우리는 함께 나아갈 것이다.

마지막으로, 내 개인적인 이야기를 덧붙이며 이 글을 끝내고 싶다. 마흔이 훌쩍 넘어서야 나는 내 안의 좋은 것들이 어떻게 자라고 열매를 맺게 되었는지를 핵심적으로 표현할 수 있게 되었다. 내가 어렸을 때 일요일 아침이면 아버지는 가족들을 위해 자주 아침식사를 준비해주셨다. 특히 달걀 여러 개를 풀고 그 안에 햄과 양파를 잘게 썰어 넣고, 파를 송송 썰어 넣고, 함께 버무려 너무 굳지도 무르지도 않게 익힌 스크램블의 맛은 그야말로 예술이었다. 요리하시면서 아버지는 좋아하는 노래나 멜로디를 허밍으로 흥얼거리셨다. 어머니는 식탁에 앉아 아버지를 도우시거나 다른 일을 하셨다. 두 분은 형과 나를 깨우지 않으시려는 듯 크지 않은 소리로 대화를 나누셨고 자주 웃으셨다. 두 분의 조곤조곤한 대화소리와 웃음소리가 맛있는 냄새와 함께 형과 내가 자고 있는 방 안으로 스며들어왔다. 그것은 뭐랄까, 마치 부드러운 파동이나 에너지막과 같았다. 부드럽고 얇지만 절대 찢어지지 않는 재질로 만들어져 우리와 집안 전체를 감싸고 있는 듯이 느껴졌다. 지금 생각해보면 그것은 세상 아이들 누구라도 그 안에서 완벽하게 안전하면서도 자유로움을 느끼게 하는 어떤 것이었다. 나는 어느새 잠에서 깨어 당장이라도 식탁으로 달려갈 준비가 되어있었다. 마침내 부엌에서 우리를 부르는 목소리가 들리고, 형과 나는 신나게 방문을 열고 나갔다. 그렇게 우리 가족은 맛있는 아침을 먹으며 함께 얘기하고 웃었다.

어린 시절 들었던 아버지의 부드러운 허밍과 두 분의 기분좋은 웃음소리, 그것이 내 안의 좋은 모든 것을 자라게 했다. 틀림없다.

이 책을 어머니께 바친다. 어머니는 형과 내가 어렸을 때 책을 많이 읽어주셨는데, 그중에 위인전이 한 권 있었다. 성경책처럼 얇은 종이로 된 두꺼운 책이었는데, 정확한 책 제목은 기억나지 않고, 아무튼 위인들의 짤막하고 재미난 일화들을 모은 책이었다. 마음을 깨끗하게 하기 위해 비누를 먹은 이상재 독립운동가, 빌린 책을 밤새 보다가 비에 적신 링컨 대통령의 이야기가 생각난다. 형과 나는 매일 밤 이런 이야기들을 들으며 잠에 들었다. 어머니는 또한 어릴 때부터 내 일은 내가 선택할 수 있게 도와주셨다. 내가 입을 옷이나 자전거를 고르는 일부터 대학과 학과를 정하는 일까지 필요한 조언은 아끼지 않으셨지만 최종 선택권은 항상 내게 있었다. 그와 같은 훈련으로 나는 살면서 점점 더 스스로 만족스럽고 후회하지 않을 선택을 할 수 있게 되었다. 나는 여기까지만 하고 아버지께는 어떤 감사의 말도 덧붙일 필요가 없음을 알고 있다. 나는 아버지께서 이 책을 어머니께 바친다는 사실을 알고 어머니와 똑같이 기뻐하시리라는 것을 잘 알고 있다.

## |참고문헌|

### 들어가는 말
에리히 프롬 (1988). 소유냐 삶이냐. 두풍.
마이클 커닝햄 (2018). 디 아워스. 비채.

### 1. 비폭력으로 어떻게 싸우는가 - 마틴 루터 킹 vs. 말콤 엑스
마틴 루터 킹 (1989). 나에게는 꿈이 있습니다. 예찬사.
스캇 펙 (2012). 아직도 가야할 길: 그리고 저 너머에. 율리시즈.
알렉스 헤일리 (1993). 말콤 엑스. 기원전.
제임스 콘 (2005). 맬컴 엑스 vs. 마틴 루터 킹. 갑인공방.
클레이본 카슨 (2000). 마틴 루터 킹 자서전: 나에게는 꿈이 있습니다. 바다출판사.
클레이본 카슨, 크리스 세퍼드 (2005). 양심을 깨우는 소리. 위드북스.
클레이본 카슨, 피터 홀로란 (2002). 한밤의 노크 소리. 홍성사.
Carmichael, S. (1971). Stokely Speaks: Black Power Back to Pan-Africanism. Random House.

### 2. 비협력운동은 폭력인가 - 타고르 vs. 간디
간디, 타고르 (1983). 간디와 타고르의 대화. 석탑.
라빈드라나트 타고르 (2002). 기탄잘리. 소담출판사.
Bhattcharya, S. (1997). The Mahatma and the poet: Letters and debates between Gandhi and Tagore 1915-1941.
New Delhi: India. National Book Trust.

### 3. 적과 어떻게 협상할 것인가 - 넬슨 만델라
넬슨 만델라 (2006). 만델라 자서전: 자유를 향한 머나먼 길. 두레.
막스두 프레즈 (2004). 나는 아프리카인이다. 당대.
존 칼린 (2010). 우리가 꿈꾸는 기적 인빅터스. 웅진씽크빅.
Mbeki, T. (1996, May 8). I am an African. https://en.wikipedia.org/wiki/I_Am_an_African에서 2018, 4, 8 인출
Department of Justice and Constitutional Development (1997, February 3). Viljoen to seek amnesty for pre-election plot. http://www.justice.gov.za/trc/media%5C1997%5C9702/s970203c.htm에서 2018, 4, 8 인출
Department of Justice and Constitutional Development (1997, May 14). De Klerk apologies again for Apartheid.
http://www.justice.gov.za/trc/media%5C1997%5C9705/s970514a.htm에서 2018, 4, 8 인출
Department of Justice and Constitutional Development (1997, November 24). Truth and Reconciliation
Commission, Amnesty hearing: Janusz Walus. http://www.justice.gov.za/trc/amntrans%5Cpta/2derby1.htm에서
2018, 4, 8 인출

### 4. 용서와 화해는 가능한가 - 남아프리카 진실화해위원회
데스몬드 투투 (2009). 용서없이 미래없다. 홍성사.
데스몬드 투투, 음포 투투 (2010). 선하게 태어난 우리. 나무생각.
엘리 위젤 (1986). 그날밤. 지성기획.

품라 고보도 마디키젤라 (2003). 그날밤 한 인간이 죽었다. 달금.

프리실라 B. 헤이너 (2008). 국가폭력과 세계의 진실위원회. 역사비평사.

Truth and Reconciliation Commission Amnesty Hearings (1997, July 8). https://www.justice.gov.za/trc/amntrans/capetown/capetown_biehl01.htm에서 2020. 1. 10 인출

Truth and Reconciliation Commission Amnesty Hearings (1997, July 9). https://www.justice.gov.za/trc/amntrans/capetown/capetown_biehl02.htm에서 2020. 1. 10 인출

Truth and Reconciliation Commission Amnesty Hearings (1997, July 9). https://www.justice.gov.za/trc/amntrans/capetown/capetown_stjames.htm에서 2020. 1. 10 인출

### 5. 누가 왜 전쟁을 하는가 - 로버트 맥나마라 vs. 보응우옌잡

바오 닌 (2012). 전쟁의 슬픔. 아시아.

히가시 다이시쿠 (2004). 우리는 왜 전쟁을 했을까: 미국, 베트남 적과의 대화. 역사넷.

MaNamara, R. S., Blight, J. G., Brigham, R. K., Biersteker, T. J., & Schandler, H. Y. (1999). Argument without end. New York: PubicAffairs.

### 6. 테러를 어떻게 사라지게 할 것인가 - 수전 손택

루소 (1988). 사회계약론. 홍신문화사.

수전 손택 (2004). 타인의 고통. 이후.

수전 손택 (2007). 문학은 자유다. 이후.

조지 W. 부시 (2011). 결정의 순간. YBM.

Arendt, H. (1979). On Hannah Arendt. In Melvyn A. Hill (Ed.), Hannah Arendt: Recovery of the Public World (pp. 301-339). New York: St. Martin's Press.

The Guardian. (2001, September 11). Full transcript of George Bush's statement. https://www.theguardian.com/world/2001/sep/11/september11.usa19에서 2020, 6, 11 인출

### 7. 폭력의 악순환에서 어떻게 벗어날 것인가 - 바삼 아라민과 라미 엘하난

스코트 A. 헌트 (2003). 평화의 미래. 아름다운사람들.

American Friends of Combatants for Peace (n.d.). Bassam Aramin. https://afcfp.org/speakers/bassam-aramin에서 2020, 6, 6 인출

Democracy Now! (2013, 2, 26). United by loss, Israeli & Palestinian dads call for a joint nonviolent Intifada against Occupation. https://www.democracynow.org/2013/2/26/united_by_loss_israeli_palestinian_dads에서 2020, 6, 6 인출

Donna J. Perry (2011). The Israeli-Palestinian Peace Movement: Combatants for Peace. NY: New York. Palgrave Macmillan.

Hermon, S. (2012). Within the Eye of the Storm [Film]. Firefly Pictures, Nisansun Productions.

The Parents Circle - Families Forum (n.d.). Rami Elhanan.   https://www.theparentscircle.org/en/stories/rami-elhanan_eng에서 2020, 6, 6 인출

### 8. 동양평화를 어떻게 이룰 것인가 - 안중근 vs. 이토 히로부미

안중근 (2014). 안중근 의사 자서전. 범우.

안중근평화연구원 (2014). 안중근 자료집 제3권 안중근 신문기록. 채륜.

안중근평화연구원 (2014). 안중근 자료집 제9권 안중근·우덕순·조도선·유동하 공판기록-공판시말서. 채륜.

한상일 (2015). 이토 히로부미와 대한제국. 까치글방.

Gandhi, M. (1963). The collected works of Mahatma Gandhi, Vol. IX. New Delhi: Publications Division Government of India.

## 9. 조선은 왜 독립해야 하는가 - 여운형

몽양여운형선생 전집발간위원회 (1991). 몽양여운형전집 1. 한울.

몽양여운형선생 전집발간위원회 (1993). 몽양여운형전집 2. 한울.

변은진 (2018). 독립과 통일 의지로 일관한 신뢰의 지도자 여운형. 역사공간.

안창호 (1947). 도산 안창호. 흥사단출판부.

여연구 (2001). 나의 아버지 여운형. 김영사.

여운형 (2008). 조선독립의 당위성(외). 범우.

이규수 (2019). 일본 언론 보도를 통해 본 여운형의 일본 방문. 몽양 여운형 도쿄제국호텔 연설 100주년 기념 국제학술심포지엄, pp. 98-130. 11월 27일. 서울: 한국언론진흥재단국제회의장.

이기형 (2004). 여운형 평전. 실천문학사.

이정식 (2008). 여운형: 시대와 사상을 초월한 융화주의자. 서울대학교출판부.

이정식, 최상용, 조영건 외 (2007). 여운형을 말한다. 아름다운책.

3·1운동 및 대한민국임시정부 수립 100주년 기념사업추진위원회 (2019). 쉽고 바르게 읽는 3·1독립선언서.

## 10. 무엇이 나라를 지탱하는가 - 에이브러햄 링컨

게리 윌스 (2004). 링컨의 연설. 돋을새김.

데이비드 허버트 도날드 (2003). 링컨 1. 살림.

데이비드 허버트 도날드 (2003). 링컨 2. 살림.

도리스 컨스 굿윈 (2005). 권력의 조건. 21세기북스.

에이브러햄 링컨 (2012). 링컨의 연설과 편지. 이산.

프레드 캐플런 (2010). 링컨. 열림원.

하워드 진 (2006). 미국민중사 1. 이후.

하워드 진, 앤서니 아노브 (2011). 미국민중사를 만든 목소리들. 이후.

Atkinson, D. (2007). Leadership - by the book. Xulon Press.

English, T. D., & Burr, C. C. (1863). The old guard: A monthly journal devoted to the principles of 1776 and 1787. New York: C. Chauncey Burr & Co.

Lincoln Home National Historic Site (n.d.). The Lincoln-Douglas Debate of 1858. https://www.nps.gov/liho/learn/historyculture/debates.htm에서 2020, 6, 12 인출

## 11. 인도는 어떤 독립국가가 될 것인가 - 간디 vs. 네루

라가반 이예르 (2018). 마하트마 간디의 도덕, 정치사상 1: 문명, 정치, 종교. 나남.

자와하를랄 네루 (2005). 네루 자서전: 자유를 향하여. 간디서원.

E. F. 슈마허 (2001). 작은 것이 아름답다: 인간중심의 경제를 위하여. 문예출판사.

E. F. 슈마허 외 (2006). 자발적 가난. 그물코.

Nehru, J. (1988). A bunch of old letters: Written mostly to Jawaharlal Nehru and some written by him. Delhi:

Oxford University Press.

## 12. 식품의 안전성을 어떻게 확보할 것인가 - rBGH를 승인하지 않은 과학자들

데이비드 마이클스 (2009). 청부과학: 환경, 보건 분야의 전문가가 파헤친 자본과 과학의 위험한 뒷거래. 이마고.

마리 모니크 로뱅 (2014). 몬산토: 죽음을 생산하는 기업. 이레.

박상표 (2017). 구부러진 과학에 진실의 망치를 두드리다: 수의사 박상표가 남긴 이야기. 따비.

Epstein, S. (1989, July 27). Growth hormones would endanger milk. The Los Angeles Times.

Guest, G. (1989, August 1). Response by the FDA. The Los Angeles Times.

Panzer, F. (1972, May 1). The Roper proposal. American Tobacco Records; Master Settlement Agreement. https://www.industrydocuments.ucsf.edu/tobacco/docs/#id=mywn0134에서 2020, 6, 19 인출

Parliament of Canada. (1999, April 26). Proceedings of the Standing Senate Committee on Agriculture and Forestry. Issue 33 - Evidence. https://sencanada.ca/en/Content/SEN/Committee/361/AGRI/33ev-e에서 2020, 6, 20 인출

## 13. 세상의 편견은 어떻게 변화하는가 - 재키 로빈슨

Berkow, I. (2005, November 2). Two men who did the right thing. The New York Times. https://www.nytimes.com/2005/11/02/sports/baseball/two-men-who-did-the-right-thing.html에서 2020, 6, 13 인출

Helgeland, B. (Director) (2013). 42 [Film]. Warner Brothers Pictures.

Rampersad, A. (1997). Jackie Robinson: A biography. Random House.

## 14. 가난이란 무엇인가 - 정일우

김동원 (감독) (2017). 내 친구 정일우. 푸른영상, 제정구기념사업회, 한국예수회.

김동원 (감독, 제작) (1988). 상계동 올림픽.

김수환 (1995). 참으로 사람답게 살기 위하여. 사람과사람.

김형국 (1998). 상계동사태의 전말: 상계동 세입자에서 명동성당 천막민까지. 김형국, 하성규 (편), 불량주택 재개발론 (pp. 305-334). 나남출판.

백승우 (2017). 1980년대 재개발대상지역 세입자들의 집단 정체성 형성: 상계5동 173번지를 중심으로. 연세대학교 대학원 석사학위논문.

정일우 (2009). 예수회 신부 정일우 이야기. 제정구기념사업회.

정일우, 제정구 (2014). 가난살이. 제정구기념사업회.

제정구 (2000). 가짐없는 큰 자유. 학고재.

## 15. 인술이란 무엇인가 - 장기려

닐 도날드 월쉬 (1997). 신과 나눈 이야기 1. 아름드리미디어.

맹자 (1999). 맹자. 홍익출판사.

여운학 (1980). 생명과 사랑-인간 장기려. 규장문화사.

여운학 (1980). 평화와 사랑-장기려수상집. 규장문화사.

이기환 (2002). 성산 장기려. 한걸음.

장기려 (1985). 장기려회고록. 규장문화사.

지강유철 (2007). 장기려, 그 사람. 홍성사.

### 16. 타인을 어떻게 대할 것인가 - 장일순

김익록 (2010). 나는 미처 몰랐네 그대가 나였다는 것을. 도솔.

마하 고사난다 (2003). 한 걸음이 걸음. 무한.

무위당을 기리는 모임 (2004). 너를 보고 나는 부끄러웠네. 녹색평론사.

장일순 (2009). 나락 한알 속의 우주. 녹색평론사.

장일순 (2003). 무위당 장일순의 노자이야기. 삼인.

최성현 (2004). 좁쌀 한 알. 도솔.


### 17. 장애는 왜 존재하는가 - 펄 벅

마사 베크 (2000). 아담을 기다리며. 녹색평론사.

펄 벅 (2003). 자라지 않는 아이. 양철북.

피터 콘 (2004). 펄벅평전. 은행나무.


### 18. 장애가 우리에게 주는 의미는 무엇인가 - 템플 그랜딘

토마스 만 (2010). 파우스트 박사 1. 민음사.

템플 그랜딘 (2005). 나는 그림으로 생각한다. 양철북.

템플 그랜딘 (2011). 어느 자폐인 이야기. 김영사.

템플 그랜딘, 캐서린 존슨 (2006). 동물과의 대화. 샘터.

헬렌 켈러 (2008). 헬렌 켈러 자서전. 산해.

헬렌 켈러 (2005). 사흘만 볼 수 있다면. 산해.


### 19. 아이를 어떻게 사랑할 것인가 - 야누슈 코르차크

베티 진 리프턴 (2020). 아이들의 왕 야누슈 코르차크. 양철북.

빅터 프랭클 (2005). 죽음의 수용소에서. 청아출판사.

송순재 (2017). 코르차크 읽기. 내일을여는책.

송순재, 고병헌, 황덕명 (2014). 영혼의 성장과 자유를 위한 교사론. 내일을여는책.

야누슈 코르차크 (2002). 야누슈 코르차크의 아이들. 양철북.

야누슈 코르차크 (2002). 어떻게 아이들을 사랑해야 하는가. 내일을여는책.

Krispel, R. (Director). (2013). The Last Korczak Boy [Documentary].


### 20. 아이들에게 자유란 무엇인가 - A. S. 닐

호머 레인 (2011). 아이들은 어떻게 성장하는가. 민들레.

A. S. 닐 (2006). 자유로운 아이들 서머힐. 아름드리미디어.


### 21. 사과나무는 농약없이 어떻게 자라는가 - 기무라 아키노리

기무라 아키노리 (2010). 사과가 가르쳐준 것. 김영사.

기무라 아키노리, 이시카와 다쿠지 (2015). 흙의 학교. 목수책방.

이시카와 다쿠지 (2009). 기적의 사과. 김영사.

패트릭 라이든, 강수희 (감독, 제작) (2015). 다큐 '자연농'.

후쿠오카 마사노부 (1990). 짚 한 오라기의 혁명. 한살림

## 22. 닭의 닭다움이란 무엇인가 - 조엘 샐러틴

남진현 (프로듀서) (2010, 10, 24). KBS 스페셜: 미국 농부 조엘의 혁명. KBS.

마이클 폴란 (2008). 잡식동물의 딜레마. 다른세상.

박상표 (2012). 가축이 행복해야 인간이 건강하다. 개마고원.

웬델 베리 (2011). 온 삶을 먹다. 낮은산.

조엘 샐러틴 (2012). 미친 농부의 순전한 기쁨. 랜덤하우스코리아.

조엘 샐러틴 (2020). 돼지다운 돼지. 홍성사.

칼릴 지브란 (1975). 예언자. 문예출판사.

## 23. 자연을 어떻게 대해야 하는가 - 레이첼 카슨

레이첼 카슨 (2002). 침묵의 봄. 에코리브르.

린다 리어 (2004). 레이첼 카슨 평전. 샨티.

어니스트 헤밍웨이 (2012). 노인과 바다. 민음사.

윌리엄 사우더 (2014). 레이첼 카슨: 환경운동의 역사이자 현재. 에코리브르.

톰 하트만 (1999). 우리 문명의 마지막 시간들. 아름드리미디어.

CBS Reports. (1963, April 3). The silent spring of Rachel Carson. CBS Reports.

Monsanto. (1962, October). The desolate year. Monsanto Magazine, 4-9.

Rachel Carson Congressional Testimony. (1963, June 4) Give earth a chance: Environmental activism in Michigan. http://michiganintheworld.history.lsa.umich.edu/environmentalism/items/show/472에서 2020, 6, 14 인출

## 24. 고통의 의미는 무엇인가 - 테레사 수녀

닐 도날드 월쉬 (1997). 신과 나눈 이야기 1. 아름드리미디어.

닐 도날드 월쉬 (1998). 신과 나눈 이야기 2. 아름드리미디어.

마더 테레사, 브라이언 콜로디척 (2008). 마더 테레사 나의 빛이 되어라. 오래된미래.

마더 테레사, 브라이언 콜로디척 (2016). 먼저 먹이라: 마더 테레사, 무너진 세상을 걸어간 성녀. 학고재.

베키 베니나트 (2001). 마더 테레사의 아름다운 선물. 샘터사.

신홍범 (2016). 마더 테레사: 그 사랑의 생애와 메시지. 두레.

자야 찰리하, 에드워드 르 졸리 (2010). 마더 테레사의 사랑하는 기쁨: 일상을 행복으로 이끄는 묵상집. 순.

칼릴 지브란 (1975). 예언자. 문예출판사.

호세 루이스 곤살레스 발라도 (2010). 마더 데레사 자서전. 민음인.

## 25. 자비는 어디에서 오는가 - 달라이 라마

김용옥 (2002). 달라이 라마와 도올의 만남 (3). 통나무.

닐 도날드 월쉬 (1999). 신과 나눈 이야기 3. 아름드리미디어.

달라이 라마, 빅터 챈 (2004). 용서. 오래된 미래.

마리안느 윌리암슨 (1992). 사랑의 기적. 아름드리미디어.

샨띠데바 (2013). 샨띠데바의 입보리행론. 담앤북스.

윌리엄 테드포드, 헬렌 슈크만 (2012). 기적수업 원본. 지필미디어.

Williamson, M. (2014). The law of divine compensation. HarperOne.

Walsh, D. N. (1998). Conversations with god, book 3. Hampton Roads.

Oprah Winfrey Network. (2012, July 29). Oprah & Marianne Williamson: 20 Years after "A Return to Love". http://www.oprah.com/own-super-soul-sunday/marianne-williamson-on-forgiveness-and-divine-compensation-video 에서 2020, 8, 10 인출

### 26. 인간종의 운명은 무엇인가 - 제인 구달
제인 구달 (2000). 희망의 이유. 궁리출판.
제인 구달 (2001). 인간의 그늘에서. 사이언스북스.
찰스 다윈 (2018). 인간의 기원 I. 동서문화사.
찰스 다윈 (2018). 인간의 기원 II. 동서문화사.
피에르 르콩트 뒤 노위 (2015). 인간의 운명. 뜻이있는사람들.
Public Affairs Television. (2009, November 27). Bill Moyers Journal: Jane Goodall. http://www.pbs.org/moyers/journal/11272009/transcript1.html에서 2020, 6, 11 인출

### 27. 대지를 소유할 수 있는가 - 시애틀 추장과 구르는천둥
더글라스 보이드 (2002). 구르는 천둥. 김영사.
류시화 (2003). 나는 왜 너가 아니고 나인가. 김영사.
마이크 가브리엘, 에릭 골드버그 (감독). (1995). 포카혼타스 (영화). 월트 디즈니 픽처스.
우르릉천둥 (2002). 우르릉천둥이 말하다. 나무심는사람.

### 28. 어떻게 살 것인가 - 헨리 데이비드 소로
에드워드 월도 에머슨 (2013). 소로와 함께한 나날들. 책 읽는 오두막.
크리슈나무르티 (1992). 자기로부터의 혁명 1. 범우사.
헨리 데이비드 소로 (2017). 소로의 메인 숲. 책읽는귀족.
헨리 데이비드 소로 (2017). 소로의 일기. 갈라파고스.
헨리 데이비드 소로 (2018). 월든. 미르북컴퍼니.
헨리 데이비드 소로 (2005). 구도자에게 보낸 편지. 오래된미래.
헨리 데이비드 소로 (2012). 소로우의 강. 갈라파고스.
헨리 솔트 (2001). 헨리 데이빗 소로우. 양문.

### 맺는 글
헬렌 니어링 (1997). 아름다운 삶, 사랑 그리고 마무리. 보리.

## 김재신

"당신이 삶을 회피한다면 평화는 오지 않는다"는 버지니아 울프의 말처럼 평화는 삶을 회피하지 않고 직면할 때 그 모습을 드러낸다. 삶을 직면한다는 것은 더 이상 삶 앞에 나를 두지 않는 것을 말한다. 그것은 삶을 이끄는 게 내가 아니라 삶 자체임을 알아챌 때 시작된다. 삶을 고요한 침묵 속에 지켜볼 때 내면으로부터 진실이 떠오른다. 삶의 진실은 지극히 내밀하고 사적이다. 그러나 그것은 동시에 사회적이고 우주적이다. 진실은 내면에 불을 밝히고 그 빛은 물결치듯 세상과 우주로 뻗어 나간다. 진실을 따르는 삶이 진정한 삶이며, 그것이 곧 평화의 길이다. 이 책은 그 길을 걸어간 사람들의 이야기다.

저자는 미국 매사추세츠 대학에서 사회심리학(세부전공 평화심리학)을 공부하고 박사학위를 받았다. 전쟁과 평화, 폭력과 비폭력, 난민, 인권, 환경 등 다양한 분야와 이슈에 관심을 갖고 있으며, 현재 단국대학교 분쟁해결연구센터에 소속되어 연구활동을 하고 있다.